LE LIVRE

DES

PROVERBES FRANÇAIS.

I.

PARIS. TYPOGRAPHIE DE HENRI PLON
IMPRIMEUR DE L'EMPEREUR,
8, RUE GARANCIÈRE.

LE LIVRE

DES

PROVERBES FRANÇAIS

PRÉCÉDÉ

DE RECHERCHES HISTORIQUES

SUR LES PROVERBES FRANÇAIS

ET LEUR EMPLOI

DANS LA LITTÉRATURE DU MOYEN AGE ET DE LA RENAISSANCE

PAR

M. LE ROUX DE LINCY

SECONDE ÉDITION
REVUE, CORRIGÉE ET AUGMENTÉE

TOME PREMIER

PARIS

ADOLPHE DELAHAYS, LIBRAIRE-ÉDITEUR

4-6, RUE VOLTAIRE, 4-6

1859

AVERTISSEMENT.

Cette nouvelle édition du *Livre des Proverbes français* est divisée en quatorze séries (1). Chaque série se rapporte à un ordre de faits différents, et contient les proverbes qui s'y rattachent.

---

(1) Voici dans quel ordre je les ai classées :
1. Proverbes sacrés. — Dieu. — Jésus-Christ. — Personnages de l'Ancien et du Nouveau Testament. — Apôtres. — Saints. — Papes. — Évêques. — Prêtres. — Moines. — Religions diverses autres que la religion catholique. — Diable. — Mythologie ancienne et moderne.
2. Proverbes relatifs a la nature physique — Éléments. — Terre. — Métaux. — Pierres. — Plantes. — Fruits. — Culture des biens de la terre.
3. Temps. — Astres. — Année. — Cours de l'année. — Saisons. — Jours. — Heures.
4. Proverbes relatifs aux animaux. — Quadrupèdes. — Oiseaux. — Insectes. — Poissons.
5. Proverbes relatifs a l'homme. — Homme en général. — Homme en particulier. — Femme. — Enfants. — Organes. — Membres. — Mouvements du corps. — Maladies. — Infirmités. — Médecine. — Médecins.
6. Proverbes historiques. — Pays. — Peuples anciens et modernes autres que la France et les Français.
7. Proverbes historiques. — Provinces, villes, villages, fleuves, rivières de France.
8. Proverbes historiques. Blasons. — Devises. — Surnoms.
9. Proverbes historiques. — Noms propres en général.
10. Condition. — Rang. — Dignités. — Chevalerie. — Noblesse. — Titre. — Guerre. — Chasse. — Jeux. — Divertissements.
11. Politique. — Législation. — Jurisprudence. — Sciences. — Lettres. — Arts. — Commerce. — Navigation. — Professions diverses. — Métiers.
12. Coutumes. — Usages anciens et modernes. — Costumes. — Meubles.
13. Nourriture. — Repas.
14. Proverbes moraux.

Non-seulement je me suis efforcé de réunir tous les proverbes français, mais encore j'ai voulu faire connaître depuis quelle époque chacun de ces proverbes était employé ; c'est pourquoi l'indication du siècle suit le titre abrégé des ouvrages manuscrits ou imprimés dans lesquels j'ai puisé.

Ceux qui ont écrit avant moi sur les *Proverbes français* se sont contentés de dépouiller quelques recueils imprimés des XVIᵉ et XVIIᵉ siècles. Je me suis imposé une tâche plus grande. Les proverbes étaient d'un usage très-commun dans notre littérature, du XIIᵉ au XVᵉ siècle ; aussi ai-je exploré avec soin les ouvrages principaux de cette époque. La moisson que j'y ai faite a été abondante, et je puis dire que je dois à cette source une des parties les plus neuves de mon travail.

J'ai suivi dans les séries l'ordre alphabétique et rangé chaque proverbe sous le mot principal auquel il se rapporte. Cependant je me suis écarté de cet ordre dans la série XIV et dernière : chaque proverbe y est classé suivant le premier mot par lequel il commence, et voici pourquoi : Les proverbes relatifs à la morale, concis, faciles à comprendre, n'ont pas besoin d'explications ; la mémoire en retient facilement un grand nombre, surtout quand ils commencent par le même mot : sous la préposition *qui* on en trouvera plus de deux cents. On aime ces *litanies proverbiales*, si je puis dire, consacrées par le temps ; elles rappellent à l'esprit, sous une forme identique, des idées analogues, que je n'ai pas voulu troubler en les soumettant à l'ordre rigoureux des matières.

Le *Livre des Proverbes français* est terminé par des appendices assez étendus au sujet desquels je dois à mes lecteurs quelques mots d'éclaircissements.

Les trois premiers de ces appendices se composent de plusieurs pièces inédites des XIIᵉ, XIIIᵉ et XIVᵉ siècles. La première est une traduction, en vers français du XIIᵉ siècle, des distiques de *Dyonisius Cato*. On peut voir dans mes *Recherches historiques* quelle influence ces fameux distiques ont exercée sur la littérature des proverbes pendant le moyen âge; j'ai pensé qu'il n'était pas sans intérêt d'en faire connaître le plus ancien texte en notre langue rapproché de l'original. La seconde est une version fort curieuse des *Proverbes au Villain*, dont j'ai aussi donné l'histoire. Cette version a été copiée à Oxford, par M. Francisque Michel, dans un manuscrit du xive siècle. J'ai supprimé quelques strophes qui ne formaient que des répétitions, ou qui m'ont paru trop libres pour être reproduites. La troisième est une collection des *Proverbes communs de France*, d'après un manuscrit de la bibliothèque de Cambridge, dont je dois la communication à l'obligeance de M. Francisque Michel.

Un grand nombre des proverbes que renferment ces deux pièces se retrouvent dans les séries différentes auxquelles ils se rapportent. Mon but, en les donnant dans leur ensemble, a été de faire connaître le caractère et la forme de ces recueils, dont chaque partie était si souvent employée séparément dans les compositions du moyen âge.

Le quatrième appendice comprend : 1º Une série de proverbes recueillis principalement dans les poëtes français des xiie, xiiie et xive siècles, dont je dois également communication à M. Francisque Michel; 2º les proverbes cités dans la farce de Pathelin. On trouvera dans le cinquième tous ceux que j'ai pu recueillir dans les œuvres de Régnier, de Molière, de La Fontaine et de Regnard. En recueillant les proverbes dont ces auteurs célèbres ont fait usage, j'ai eu pour but de compléter les *Recherches historiques* placées en tête de mon travail, et dont je vais parler plus loin.

La bibliographie, dans un ouvrage comme celui-ci, a beaucoup d'importance; c'est pourquoi je me suis appliqué à la rendre exacte et complète. Elle se compose : 1º d'une description et de quelques extraits de tous les manuscrits que j'ai consultés ou connus ; 2º du titre de tous les livres français imprimés sur les proverbes ; 3º du titre des différents ouvrages que j'ai cités le plus fréquemment.

J'ai dû compléter cette partie de mon travail dans ma nouvelle édition, en ajoutant le titre de plusieurs ouvrages relatifs aux proverbes français qui avaient échappé à mes recherches, ou qui ont été publiés depuis 1842. Un des plus importants est le livre que le très-regrettable M. Duplessis a donné en 1847, sous le titre suivant : *Bibliographie parémiologique,* etc. J'y ai trouvé des indications précieuses que je me suis empressé de mettre à profit.

Après avoir recueilli tous nos proverbes français, il fallait encore donner l'histoire des ouvrages aussi nombreux que divers composés sur cette matière depuis la fin du xiiᵉ siècle jusqu'au xviiiᵉ. Il était aussi curieux de rechercher quel emploi les auteurs en tous genres qui ont écrit pendant cette longue période avaient fait des proverbes. Cet examen a été pour moi le sujet d'une étude assez étendue que j'ai divisée en trois parties ; dans la première, j'apprécie le caractère des proverbes français ; je donne aussi l'histoire des principaux recueils de proverbes composés depuis le xiiᵉ siècle jusqu'à la fin du xvᵉ ; dans la seconde je continue l'examen de ces recueils depuis l'origine de l'imprimerie jusqu'au xviiiᵉ siècle ; enfin dans la troisième, je recherche comment les écrivains français des différentes époques ont employé les proverbes dans leurs ouvrages. Cette étude, dont les parties principales se trouvent dans ma première édition, a été revue avec une attention scrupuleuse, complétée, et, je l'espère, améliorée.

Ce ne sont pas seulement les préliminaires, la bibliographie et les appendices du *Livre des proverbes français* qui ont été corrigés et augmentés dans cette nouvelle édition; chacune des séries qui le composent a été l'objet d'un examen très-minutieux. Des proverbes ont été retrouvés, des exemples ajoutés, des explications nouvelles données; quant aux explications, on pourra me reprocher de ne pas m'être assez étendu, et d'avoir simplement reproduit plusieurs proverbes qui auraient eu besoin d'éclaircissements : j'ai préféré citer seulement, sans avoir la prétention de tout expliquer. Certains proverbes en usage dans une société qui n'est plus ne peuvent être compris de nous qu'imparfaitement : au lieu de hasarder une conjecture, je me suis conformé à cette règle : *Dans le doute, abstiens-toi.*

On pourra juger du nombre et de l'importance des additions que j'ai faites par les détails suivants : Les proverbes historiques relatifs aux provinces, aux villes, aux bourgs, aux plus petites localités de la France, sont très-nombreux; il n'est pas rare de rencontrer dans chaque commune plusieurs proverbes de ce genre, dont souvent il est impossible de découvrir l'origine. Ces proverbes font allusion à des événements qui avaient de l'importance, dont les contemporains ont essayé de transmettre le souvenir, mais qui peu à peu ont été perdus ou altérés (1). Jusqu'à présent ces sortes de pro-

---

(1) Voici un fait curieux relatif à ce genre de proverbes que je tiens d'un de mes confrères de l'École des Chartes, M. Jules Quicherat, aujourd'hui professeur de cette école. A Ruffey (Doubs), on chantait jadis, sur l'air des leçons de Noël, une litanie de proverbes applicables aux villages de ce canton :

Vandales d' Ruffey
Margousiots d' Cheviguey, etc.

C'est dans la première campagne qu'il a entreprise en 1857, pour constater la véritable position de l'*Alesia* de César, que M. Jules Quicherat a recueilli ce détail. Tous ceux qui s'occupent de nos antiquités nationales savent quelles proportions a prises depuis un an la polémique soutenue à ce sujet. Cette polémique vient d'être habilement résumée dans le *Moniteur universel* par M. Ernest Desjardins. J'y trouve les faits suivants, relatifs aux proverbes et dictons populaires de nos différentes

verbes, épars dans des ouvrages de toutes les époques et sur toutes les matières, n'ont pas été recueillis; ceux que j'étais parvenu à réunir dans la première édition de mon travail s'élevaient à plus de cinq cents; ce nombre est doublé certainement dans cette édition nouvelle, et je ne doute pas qu'il ne soit possible de l'augmenter considérablement encore. J'ai dû me borner trop souvent à citer le proverbe ou le dicton relatifs à de petites localités, sans donner d'explication; du reste j'ai eu toujours soin d'indiquer les sources, et je fais appel aux natifs, ou aux habitants de nos différentes provinces, qui peuvent tous m'aider à compléter et à éclaircir cette partie de mon travail.

Il y a maintenant seize années accomplies que j'ai donné la première édition de cet ouvrage; à peine était-il terminé que j'en ai reconnu l'insuffisance et les défauts. Je me suis appliqué, dans le cours des études qui m'ont occupé depuis cette époque, à recueillir les notes et les matériaux nécessaires à l'achèvement de cette édition nouvelle; c'est pourquoi je me suis empressé d'accueillir l'offre qui m'a été faite de la publier.

---

localités, et je m'empresse de les consigner ici : « Les habitants
» de Myon appellent ceux d'Alaise *Mendjou*, qui se prononce
» ailleurs *Menjou*, et qui signifie dans les deux cas *mangeurs*.
» Pourquoi cette appellation de mangeurs donnée aux Alaisiens,
» qui ont moins de ressources peut-être que les habitants des
» communes voisines, et qui ne peuvent guère s'empêcher
» d'être les plus sobres de ce canton? Il faut trouver une origine à cette épithète de mangeurs qui n'a aucun sens par elle-
» même.... Il ne faut pas oublier, d'autre part, que l'on a retrouvé quelquefois l'origine des populations dans ces mots
» injurieux dépourvus de sens apparent, et qu'on se renvoie
» de ville en ville, de bourgade en bourgade, comme les *Cousiots* des Landes, qui ne sont autres que les anciens *Cocosates*; les *Guépins* d'Orléans, qui sont les *Genabini*, etc. L'on
» comprendra alors comment les *Man-Dhuib*, *Mandubii*, dans
» César, ont pu devenir les *Mendou, Mendjou, Menjou, Menjou*
» (Mangeurs). » (*Moniteur du samedi* 16 *octobre* 1858.)

RECHERCHES HISTORIQUES
SUR LES
PROVERBES FRANÇAIS
ET LEUR EMPLOI DANS LA LITTÉRATURE
DU MOYEN AGE ET DE LA RENAISSANCE.

§ Ier.

ORIGINE ET CARACTÈRE DE NOS ANCIENS PROVERBES. — EXAMEN DES RECUEILS DE PROVERBES COMPOSÉS DEPUIS LE XIIe JUSQU'AU XVe SIÈCLE.

Les proverbes ont toujours été d'usage parmi nous, et l'on en trouve dans les premiers livres écrits en français. Le mot n'est pas tout à fait aussi ancien; c'est seulement dans le cours du XIIIe siècle qu'il commence à être usité. Avant cette époque on se servait du mot *Respit*, un peu plus tard de celui de *Reprouvier*, jusqu'à ce que le *Proverbium* des Latins ait entièrement prévalu (1).

Nos usages, nos mœurs, notre histoire, ont servi de textes à un grand nombre de proverbes. A ces sources, qui sont très-abondantes, il faut en ajouter deux autres,

---

(1) Dans la traduction des quatre *Livres des Rois en français du XIIe siècle*, on trouve ce passage, liv. 1, chap. 19, vers. 24 : De ço levad une parole que l'um solt dire *par respit* : est Saul entre les prophètes. *Unde et exivit proverbium : num est Saul inter prophetas.* (Voyez p. 76 du volume que j'ai publié dans la collection des documents inédits pour servir à l'histoire de France, sous ce titre : *Les quatre Livres des Rois traduits en français du XIIe siècle*, etc., etc. Paris, Imprimerie Royale, 1841,

la Bible, principalement les ouvrages attribués au roi Salomon, et les auteurs classiques de l'antiquité.

On ne doit pas être surpris que la Bible ait exercé de l'influence sur nos anciens proverbes français. Au moyen âge, la Bible était le livre par excellence, celui qu'on étudiait avant tous les autres, et qui servait de modèle à presque toutes les compositions. Salomon, comme auteur du livre de la Sagesse, de l'Ecclésiaste, et enfin des *Proverbes*, devait jouer un grand rôle dans cette littérature. La merveilleuse légende inventée par les rabbins juifs et par les chrétiens de l'Orient, dans laquelle le fils de David était considéré comme le roi de la magie, avait, dès le xiie siècle, pénétré parmi nous (1).

---

1 vol. in-4°.) De même Chrestien de Troyes, poëte français du xiie siècle, dit au commencement d'*Erec et d'Enide* :

> Li vilains dist en son *respit*.

(Voyez ma description des manuscrits du *Roman de Brut*, t. I, p. 37.)

Le mot *Reprouvier* est employé dans un grand nombre de livres du xiiie siècle :

> Pour ce li vilains dit souvent en *reprouvier* :
> Ami pour ami veille.
> (*Roman de Jourdain de Blave*.)

> Vous savez bien qu'on dit en *reprouvier*,
> Qui est bien ne se meuve.
> (*Dit des Annelles*.)

L'auteur du Roman de Baudouin de Sebourg, qui écrivait à la fin du xiiie siècle, a employé le mot *Proverbe* :

> Pour ce dist .I. Proverbes miex vaut trouver en voie
> Un boin certain ami que denier en corvie.
> (T. I, p. 31.)

(1) A la traduction française des quatre *Livres des Rois*, citée dans la note précédente, est joint un commentaire qui contient, sur le pouvoir magique de Salomon, les détails suivants : « E Deu li dunad tele grâce que il neis encuntre deable tele chose truvad ki mestier out à la salveted e à la guarison de gens. E unt charme truvad par unt il soleis asuager les mals ; unes cunjureisuns truvad par unt l'um pout deable del cors de home jeter e si destreindre que il n'i pout returner, etc. » (Voyez les quatre *Livres des Rois en français du xiie siècle, etc.*, p. 241.)

Salomon, dans cette légende, était devenu l'inventeur des lettres syriaques et arabes; son pouvoir n'avait pas de bornes : toute la nature, animaux, végétaux, minéraux, obéissait à sa voix; quand il voulait traverser le monde, il était porté par les vents dans les sphères célestes; enfin ce prince avait été assez heureux pour que la reine des fourmis s'arrêtât un jour dans sa main, et s'entretînt longtemps avec lui sur la sagesse. On comprend qu'avec une telle réputation le fils de David soit devenu le héros du proverbe et que son nom ait été pris pour le synonyme de la prudence. A cette légende il faut rattacher un ouvrage aussi singulier par le sujet que par la forme : c'est un dialogue en vers français, dont la plus ancienne rédaction remonte à la fin du XIIe siècle. Salomon et un certain *Marcoul*, son interlocuteur, disent chacun un proverbe. Le roi-prophète, fidèle à son caractère, prononce toujours une sentence grave, une vérité de la plus haute morale; son interlocuteur lui répond dans le même sens à vrai dire, mais par un proverbe populaire qui rappelle beaucoup la sagesse naïve de Sancho Pança : voici deux exemples :

Qui sages hom sera
Jà trop ne parlera,
Ce dist Salomons.

Qui jà mot ne dira
Grant noise ne fera,
Marcol li respond.

Bien boivre et bien mangier
Fait homme assoagier,
Ce dist Salomon.

'Et ventre engroissier
Fait ceinture alascher,
Marcol li respond.

Ce poëme, divisé ordinairement en soixante strophes de six vers, est attribué au comte de Bretagne, sans qu'on puisse dire si un des princes de cette famille en est l'auteur, ou bien s'il lui a été seulement dédié. Des rédactions bien différentes se trouvent dans les manuscrits; celle dont je viens de parler ne me paraît pas la plus ancienne, et il faut assigner ce rang à une autre version divisée en cent soixante strophes de quatre, de trois et de deux vers. Elle se distingue par un caractère tout particulier, celui d'une satire violente contre les femmes et d'une liberté d'expressions portée jusqu'au cynisme. Des rencontres hardies et fort plaisantes en résultent, mais elles sont d'autant plus difficiles à reproduire. Voici une des strophes, la moins libre de toutes :

> Loez le paon,
> Si fait à bandon
> Sa queue parroir,
> *Ce dist Salomons.*
>
> Pute se demonstre
> En rue et se monstre
> Por loenge avoir;
> *Marcoul li respond.*

Cette dernière version est anonyme, et le texte varie dans les différents manuscrits. S'il m'est permis de hasarder quelque conjecture au sujet de l'auteur ou de l'inventeur de ce texte à proverbes, je pense qu'il faut le chercher dans les écoles universitaires du XIIe siècle. Dans ces écoles on apprenait par cœur les ouvrages de Salomon, et les *Proverbes* du roi-prophète faisaient partie de l'enseignement. Ce qui pourrait encore venir à l'appui de ma conjecture, c'est que parmi les hommes célèbres auxquels le moyen âge donnait le nom de *philosophes* se trouve *Marcus*, que l'on représente tantôt comme le fils de Caton, tantôt comme *Marcus Porcius Caton* lui-même. *Marcoul*, n'est-ce pas le nom altéré de Marcus Caton? Du reste, quel que soit l'auteur de cette singulière facétie, il est certain qu'elle remonte à une date très-ancienne. Guillaume de Tyr, qui écrivait son histoire des croisades dans la seconde moitié du XIIe siècle, parle du dialogue entre *Marcoul et Salomon* comme d'un récit très-populaire; mais c'est à tort qu'il croit reconnaître dans Abdime, fils d'Abdœmon, qui, suivant Josèphe, expliquait les énigmes, l'interlocuteur de Salomon (1).

Les dits de Marcoul et de Salomon ont eu beaucoup de vogue pendant plusieurs siècles : cités assez souvent on y fait encore des allusions fréquentes, et Rabelais, si habile dans la science des proverbes, n'a pas manqué de parler de cet ouvrage; liv. I, chap. 33 de *Gargantua*, il met ces mots dans la bouche d'un de ses personnages :

> Qui ne s'adventure n'a cheval ny mule,
> *Ce dict Salomon.*
> Qui trop s'adventure perd cheval et mule,
> *Respondit Marcon.*

Telles ont été l'origine et la cause du grand rôle joué par Salomon dans la littérature des proverbes. Son nom, devenu synonyme de la sagesse, se retrouve dans certains dictons populaires, moitié plaisant, moitié satirique. Je me contenterai d'une citation. A propos d'un homme sot et niais qui commet quelque bévue, l'on dit : *Il est sage comme le roi Salomon, il revient des champs pour faire k k à la maison.*

Le roi-prophète n'est pas le seul personnage des saintes Écritures dont le nom soit passé en proverbe; sans parler de *Job*, de *Tobie*, de l'auteur de l'*Exode* qui figurent parmi les grands philosophes, on se rappelle ces proverbes : *La fourchette du père Adam, l'Arche de Noé, vieux comme Hérode*, et plusieurs autres encore. L'usage d'emprunter aux saintes Écritures différentes manières de parler proverbiales a toujours été pratiqué parmi nous. Il ne faut pas oublier que plusieurs sentences de l'Évangile sont devenues des proverbes. Ainsi dans ce fameux discours sur la montagne, où la morale divine de Jésus-Christ brille d'un si vif éclat, on peut citer :

---

(1) Voici les paroles de Guillaume de Tyr qui se trouvent au liv. I, ch. 13, de son histoire : « Et hic fortasse est quem fabu-
» losæ popularium narrationes *Marcolfum* vocant, de quo dici-
» tur quod Salomonis solvebat ænigmata et ei respondebat
» æquipollenter iterum solvenda proponens. »

Chap. v, verset 3. Bienheureux les pauvres d'esprit, parce que le royaume des cieux est à eux.

Chap. vi, verset 21. Car là où est vostre thrésor, là aussy est vostre cœur.

Verset 24. Nul ne peut servir deux maîtres, car ou il haïra l'un, et aimera l'autre, ou il se soumettra à l'un et méprisera l'autre.

Verset 34. A chaque jour suffit son mal.

Chap. vii, verset 3. Pourquoy voyez-vous une paille dans l'œil de vostre frère, lorsque vous ne vous appercevez pas d'une poutre qui est dans vostre œil?

Verset 6. Ne donnez point les choses saintes aux chiens, et ne jettez point vos perles devant les pourceaux, de peur qu'ils ne les foulent aux pieds, et que se tournant contre vous-mêmes ils ne vous déchirent.

Verset 17. Tout arbre qui est bon produit de bons fruits, et tout arbre qui est mauvais produit de mauvais fruits.

Verset 26. Mais quiconque entend de moi ces instructions, et ne les pratique pas, est semblable à un insensé qui a bâti sa maison sur le sable.

De même, en suivant le texte de saint Matthieu, on trouve encore plusieurs autres exemples.

Chap. x, verset 14. Lorsque quelqu'un ne voudra point vous recevoir ou écouter vos paroles, en sortant de cette maison ou de cette ville, *secouez la poussière de vos pieds.*

Chap. xii, verset 33. *C'est par le fruit qu'on connoist l'arbre.*

Verset 34. *La bouche parle de la plénitude du cœur.*

Chap. xiii, verset 57. Et ils se scandalisoient sur son sujet, mais Jésus leur dit : *Un prophète n'est sans honneur que dans son pays et dans sa maison.*

Chap. xix, verset 30. *Mais plusieurs qui avoient été les premiers seront les derniers, et plusieurs qui avoient été les derniers seront les premiers.*

Chap. xxii, verset 21. *Rendez donc à César ce qui est à César, et à Dieu ce qui est à Dieu.*

Chap. xxvi, verset 23. *Celui qui met la main avec moy dans le plat me doit trahir.*

Verset 52... *Car tous ceux qui prendront l'épée périront par l'épée.*

Les mêmes paroles se retrouvent dans les trois autres Évangélistes; on peut encore y signaler des passages devenus également proverbes; dans l'Evangile de saint Marc, chap. 1er, v. 7... : *Et je ne suis pas digne de délier la courroie de ses souliers,* en me prosternant devant lui.

Chap. x, verset 25. Il est plus facile *qu'un chameau passe par le trou d'une aiguille* qu'il ne l'est qu'un riche entre dans le royaume de Dieu.

Dans l'Evangile de saint Luc, chap. vi, verset 23 : Sans doute vous allez m'appliquer ce proverbe : *Médecin, guérissez-vous vous-même.*

Chap. xi, verset 23. Si quelqu'un veut venir à ma suite qu'il renonce à soi-même, *qu'il porte sa croix tous les jours.*

Chap. xiv, verset 11. *Car quiconque s'élève sera abaissé, et quiconque s'abaisse sera élevé.*

Dans celui de saint Jean, chap. viii, verset 7 : Que celui de vous qui est sans péché *lui jette la première pierre.*

Plusieurs locutions proverbiales sont empruntées aussi à différents points de l'Evangile, mais principalement au récit de la Passion : *Boire le calice jusqu'à la lie.* — *Heureux comme Barabbas à la Passion.* — *Je m'en lave les mains.* — *Renvoyer de Caïphe à Pilate.*

L'usage d'employer les paroles de la sainte Écriture dégénéra même en abus. Henry Estienne, qui écrivait son *Apologie pour Hérodote* dans la première moitié du xvie siècle, n'a pas manqué de le signaler comme faisant partie des habitudes vicieuses de son temps... « On est
» venu, dit-il, jusques à appliquer une grand'part des
» passages de l'Escriture saincte à la louange d'hommes
» et de femmes de toute qualité; et puis comme on s'es-
» toit servi d'aucuns propos pour honorer, aussi s'est-on
» servi de quelques-uns pour vitupérer et diffamer ceux
» auxquels on en vouloit, comme a sceu très-bien faire
» entr'autres nostre maistre Pasquin; et pourroit estre

» que l'invention seroit venue de luy, et que ceux qui
» ont donné du temps du roy François Ier de ce nom,
» des quolibets à tous les seigneurs et dames de la cour,
» tirez des paroles de la Bible, avoyent esté en son
» eschole. » Henry Estienne ajoute encore de nombreux
passages du texte sacré que de son temps l'on appliquait à toutes sortes d'usages profanes; par exemple :
« Et les bons compagnons ne se jouent-ils pas tous les
» jours de ces mots de saint Paul : *Si quis episcopatum*
» *desiderat, bonum opus desiderat*, disans *si quis epis-*
» *copatum desiderat bonum, opus desiderat.* Bref, il
» leur semble qu'une gosserie ne vaut rien s'il n'y a de
» la dérision des parolles de la saincte Escriture, comme
» l'abbé qui dist de l'année des vins rostis : *Spiritus vitæ*
» *erat in rotis* (1). »

Il est bon d'observer que le mot *Dieu* placé dans un grand nombre de proverbes ne l'est jamais d'une manière inconvenante; on peut en dire autant du nom de Jésus-Christ et de celui de la Vierge Marie. Des deux proverbes dans lequel ce dernier nom est employé, l'un rappelle une idée triste, mais pleine de douceur et de charité; le voici : *L'on montre la vierge Marie aux fous.*

Le même respect ne s'est pas attaché aux noms des saints; la littérature légendaire, tout en donnant naissance à un grand nombre de proverbes, n'a pas été assez puissante pour arrêter le sarcasme et la moquerie. Parmi les proverbes français du xve siècle, on trouve celui-ci : *Saint ne peut mentir;* mais on trouve aussi à la même époque : *A tel saint telle offrande. — Quand Dieu le veut, le saint ne peut. — Tel saint tel miracle.* — Et encore : *Il vaut mieux s'adresser à Dieu qu'à ses saints.* Quant aux proverbes qui s'appliquent à un saint en particulier, ils font généralement allusion à un fait de sa légende. Le nombre en est assez grand, et n'a rien qui doive surprendre quand on se rappelle la ferveur avec laquelle pendant le moyen âge le culte des saints a été

---

(1) *Apologie pour Hérodote*, chap. 14.

pratiqué. Une ironie plus grande encore et beaucoup de licence se font remarquer dans les proverbes relatifs aux papes, aux prêtres ou aux moines. Dans un recueil composé au xve siècle, j'ai trouvé : *L'on doit prier pour le pape;* mais dans un autre de la fin du xvie siècle, j'ai recueilli cet adage : *Il faut avoir du nez pour estre pape.* — Et plus encore : *Dieu sçait comme se font les papes!*

Dès le xiiie siècle plusieurs proverbes ont consacré les vices et le libertinage des moines. Ainsi *l'envie des moines noirs,* et cette apostrophe : *Vilain moine,* font partie des dictons populaires du xiiie siècle, et dans nos anciens fabliaux, on lit : *Li abis ne fait pas le religieux, mais la bonne conscience.*

Le diable a été aussi le sujet de beaucoup de proverbes; généralement ils ont un sens plaisant ou moqueur, et sont pris au figuré. Par exemple : *C'est un pauvre diable.* — *Il n'est pas si diable qu'il est noir.* — *C'est un bon diable.* Plusieurs cependant s'adressent à l'esprit malin, et indiquent ou la frayeur ou le mépris : *Au diable l'on peut faire tort* (xve siècle). — *C'est un pauvre diable qui n'a point d'âmes.* — *Le diable ne dort jamais.* — *Le diable est trop subtil* (xve siècle).

Où le diable ne peut aller
Sa mère tâche d'y mander.

(xvie siècle.)

C'est dans les recueils composés au xvie siècle que l'on trouve principalement ces maximes hardies qui sentent la réforme et l'esprit de révolte; je n'en citerai qu'une, mais elle est caractéristique, et n'a pu être faite qu'après toutes les révolutions religieuses qui ont bouleversé l'Europe au xvie siècle : *Une religion peu à peu emporte une autre.*

J'ai remarqué plus haut que pendant le moyen âge on donnait le nom de *philosophes* à certains personnages célèbres de l'antiquité; parmi eux on comptait principalement des auteurs grecs et latins. Cette dénomination était déjà en usage dans les écoles au commencement du xiiie siècle : Guyot de Provins, qui composa son poëme satirique (1) avant 1250, parle des philosophes anciens :

> Qui furent ainz (*avant*) les chrestiens.

Il dit avoir entendu dans les écoles d'Arles raconter leur vie, leur histoire, puis il donne leur nom, parmi lesquels j'ai remarqué : *Platon, Sénèque, Aristote, Virgile, Socrate, Diogènes, Ovide, Tullius* et *Oraces*.

Quelques ouvrages de ces génies fameux échappés aux révolutions servaient, comme de nos jours, à l'enseignement dans les écoles ; malheureusement ils ne servaient pas seuls ; des écrits sans valeur, méprisés aujourd'hui et avec raison, presque toujours apocryphes, étaient souvent préférés aux chefs-d'œuvre de Virgile et de Cicéron. C'est pourquoi l'on trouve parmi les philosophes : *Cligers, Priscien, Stace,* et le fameux *Dyonisius Cato*, qui usurpa le premier rang dans la littérature des proverbes. Le nom de ces philosophes devint populaire dans les écoles, et l'on forma, en se servant des ouvrages qu'ils avaient laissés, ou qui leur étaient attribués, un recueil de sentences morales en vers, qui fut appelé le *Dit des Philosophes*, ou *Proverbes as Philosophes*. Les manuscrits français de la fin du XIIIe siècle et du commencement du XIVe renferment plusieurs rédactions de cet ouvrage ; elles sont différentes, et le nom des philosophes varie toujours. Le plus étendu de ces ouvrages est celui qui fut composé par le trouvère Alars de Cambrai, au milieu du XIIIe siècle. Dans le prologue de l'une de ces versions, les philosophes sont au nombre de vingt. Voici leurs noms : *Tulles, Salemons, Sénèque, Térence, Lucain, Perses, Ciceron, Diogènes, Horace, Juvénal, Socrates, Ovide, Salluste, Isidore, Aristote, Caton, Platon, Virgile, Macrobes* (2).

---

(1) *La Bible Guyot de Provins*. Ce poëme a été publié t. II, p. 307 du *Recueil de Fabliaux et Contes des poëtes françois des* XIIe, XIIIe, XIVe *et* XVe *siècles, etc.*, édit. de M. Méon, Paris, 1808, 4 vol. in-8°.

(2) A la fin du t. II, dans notre Bibliographie, partie Ire, on

Cette énumération peut faire comprendre combien était obscure la science qui régnait à cette époque, puisque l'on faisait deux auteurs distincts de Tullius et de Cicéron. Ce roman des philosophes est divisé en chapitres assez courts, et contient une imitation, en vers français, des sentences que les auteurs nommés précédemment ont employées dans leurs écrits. Les quatre premiers chapitres résument le traité de Cicéron sur l'Amitié. Dans les chapitres suivants on trouve une amplification des sentences appartenant à chaque philosophe. Par exemple : *Lucains dit que la richesse ne doit pas enorgueillir* ; cette sentence est suivie de trente vers destinés à la faire comprendre.

Sous le titre plus spécial de *Proverbes aux Philosophes*, on rencontre dans différents manuscrits une suite de quatrains composés de proverbes assez vulgaires ; chacun de ces quatrains, dont le nombre varie, porte le nom d'un philosophe. Voici, par exemple, celui qui est attribué à Juvénal :

Jurenaus. Tant vaut amour comme argent dure.
Quant argent faut amour est nule.
Qui despent le sien folement
Si n'est amez de nule gent.

Dans le *Roman d'Alars de Cambrai*, il est encore possible de retrouver une imitation, sinon une traduction sévère, des œuvres de Virgile, d'Aristote ou de Platon ; dans les quatrains proverbiaux, au contraire, ces grands noms servent de cadre à des vérités plus ou moins vulgaires, mais que parfois l'on chercherait en vain dans les écrits de ceux à qui elles sont attribuées. Il existe encore, sous le titre de *Proverbes de Séneke le philosophe*, un petit recueil de sentences extraites des œuvres de cet auteur latin. Le traducteur a fait précéder son travail d'un préambule assez court et qui contient un abrégé de la vie de Sénèque. Il y est fait mention de ses rapports avec saint Paul : c'est même

---

trouvera le *Prologue d'Alars de Cambrai*, description du manuscrit n° B. L. F. 283 de la Bibliothèque de l'Arsenal.

à cette circonstance douteuse de sa vie que le philosophe latin doit l'honneur que les écrivains français du moyen âge lui ont fait d'abréger ses écrits (1).

Dans les dernières années du xive siècle Guillaume de Tignonville, docte personnage qui peu d'années après devait se signaler comme prévôt de la ville de Paris (2), composa un ouvrage en prose sous le titre de *Dits des Philosophes;* cet ouvrage renferme la plupart

---

(1) Voici ce préambule, qui ne manque pas d'intérêt : « Séneke son maistre fist Nérons mourir à pou d'occoison, kar il le vit. 1. jour devant lui; et li souvint des batéures qu'il li avoit faites en s'enfance, comme cis qui ses mestres estoit. Il en fu espris d'ire si que li dist qu'il l'esconvenoit morir; mais tant li feroit-il de grâce que il eslesist de quele mort. Sénekes print que on le féist sennier des. 11. bras en un baing. Et ainsi avint. Et morut, dont ce fu grans damaiges, car mult estoit bons philosophes, et avoit dit mult de beles sentences. Il fu oncles Lucain le poete, et fu nez de Cordes en Espeingne. Il fu mult acointes saint Pol et li envoia maint espitle et sains Pol lui. Aucunes envoiast-il à Néron ke sains Pol li avoit envoiée; dont Nerons s'esmerveilla, mult de la grant science que il vit. » (Manuscrit de la Bibliothèque Royale, fonds N. D. 274 *bis*, fol. 6 r°. Pour les proverbes de Sénèque, voir dans la Bibliographie, part. 1re.)

(2) L'auteur de cette traduction, Guillaume de Tignonville, vivait dans la dernière partie du xive siècle. Il fut conseiller et chambellan de Charles VI, puis prévôt de la ville de Paris, de 1401 à 1408, enfin président de la chambre des comptes jusqu'à sa mort, arrivée en 1414. Il est resté célèbre dans l'histoire par la malheureuse exécution de deux clercs de l'Université, coupables d'un assassinat. Il les avait fait pendre de nuit, à la lueur des flambeaux, et ils demeurèrent attachés durant quatre mois au gibet de Paris. Mais l'Université réclama hautement contre cet attentat aux priviléges de son ordre, et Guillaume de Tignonville fut désappointé de son office. Presque tous les historiens ajoutent que Tignonville fut obligé d'aller lui-même dépendre les deux cadavres et de leur donner un baiser sur la bouche, ce qui n'est pas probable. M. P. Paris, à qui je dois les détails de cette note, a recueilli dans une chronique manuscrite contemporaine la version la plus certaine de ce fait, et l'a publiée, t. V, p. 3, des Manuscrits françois de la Bibliothèque du Roi; leur histoire, etc. Paris, 1842, in-8°.

des proverbes moraux connus à cette époque. C'est, du reste, le même sujet que celui qui fut traité en vers un siècle et demi avant par Alars de Cambrai. Il n'est pas sans intérêt pour l'histoire de notre ancienne littérature de signaler les différences qui existent entre ces deux ouvrages. Voici d'abord les noms des philosophes auxquels Guillaume de Tignonville a emprunté les sentences dont son recueil est composé : Chap. 1, Sedechias. Chap. 2, Hermès. Chap. 3, Vac? Chap. 4, Raqualkin. Chap. 5, Homer. Chap. 6, Solon. Chap. 7, Zabion. Chap. 8, Ipocras (Hippocrate). Chap. 9, Pithagoras. Chap. 10, Diogènes. Chap. 11, Socrates. Chap. 12, Platon. Chap. 13, Aristote. Chap. 14, le grant roy Alixandre philozophe. Chap. 15, Ptolomée. Chap. 16, Assaron. Chap. 17, Logimond? Chap. 18, Orose. Chap. 19, Sacdarge? Chap. 20, Thésile. Chap. 21, saint Grégoire. Chap. 22, Galien. Chap. 23, Ditz de plusieurs philosophes. Voici les noms qu'on trouve dans ce chapitre : Prothège? Aristan? Simicrates? Fongace? Archasan? Loginon? Kukalle? Théofrastes. Discomès? Nychomacque? Tymetus? Athalin? Philotèque? Windarius? Dimicras? Octiphon? Oricas? Talles-Milesius. Pygnone? Eugène? Escripton? Adrian? Hermès. Quiriamis? Dimicrate. Philippe, disciple de Pitagoras. Silecques? Molerus? Tracalique? Aristide. Pictagoras. Phelippe, roy de Macédoine. Aristophanus. Anaxagoras.

Ce chapitre termine la première partie du Livre des philosophes. La seconde est composée d'un traité intitulé *Dits de Aristote et d'aucuns philosophes*, et d'un recueil de maximes composé avec les Distiques de Caton et les Proverbes de Sénèque (1). Tignonville donne son ouvrage comme étant une traduction du latin. On trouve en effet une compilation en cette langue qui a pu servir de modèle aux différentes versions, soit en prose, soit en vers, ayant pour titre *Moralités ou Dits des philosophes*.

---

(1) J'ai analysé l'ouvrage de Guillaume de Tignonville d'après un manuscrit sur vélin des premières années du xve siècle, qui, après avoir fait partie de la riche collection de M. Barrois, de Lille, a passé en Angleterre, où cette collection a été vendue.

Elle date du xiie siècle environ, et renferme un extrait des ouvrages latins les mieux connus à cette époque : Cicéron, Sénèque, Horace, Virgile et Lucain. Mais il faut observer que chacun des translateurs a étendu le texte qui lui servait de modèle, et placé au nombre des philosophes les hommes remarquables dont il rencontrait l'histoire ou les ouvrages; voilà comment Tignonville a rattaché à son travail tous les noms fameux ou inconnus que j'ai cités précédemment.

Au commencement des différents chapitres consacrés à chaque philosophe, on trouve des détails aussi étranges que curieux sur la vie de quelques hommes célèbres. Voici le prologue consacré à Hermès : « Hermès fut né
» en Egypte; et vaut autant à dire en grec comme Mer-
» cure, et en ebrieu comme Enoch qui fu filz Jareth, le
» filz Mathaleel, le filz Quinoy, le filz Enoy, le filz Seth,
» le filz Adam. Et fut devant le grant deluge. Après le-
» quel fut ung autre deluge qui noya le pays d'Egipte,
» et ala par toutes terres iiii[xx] et deux ans, avec luy lxxii
» personnes de divers languaiges qui tousjours enhor-
» toient les gens à obéir à Dieu. Et ediffia cent et huit
» villes, les quelles il remplit de sciences, et fut le pre-
» mier qui trouva les sciences des estoilles, et establit à
» tout le peuple de chacun climat loy pertinente et con-
» venable à leurs oppinions. Au quel Hermès les roys du
» temps de lors obéyrent, et toutes leurs terres et les
» habitans et illes de mer, et les contraint à garder la loy
» de Dieu, à dire vérité, à despriser le monde, à garder
» justice et à acquérir leur sauvement en l'autre monde.
» Et commanda oraisons et prières estre faictes, jeûner
» chacun moys le jour de samedy, et destruyre les en-
» nemis de leur foy, etc., etc. »

Je trouve encore sur Homère les détails suivants :

« Homer fut versifieur ancien en Grèce et de plus
» grant estat entre les Grecz; et fust après Moïse le pro-
» phete v[e] et lx ans, qui fist moult de bonnes choses.
» Et tous les versifieurs de Gresce ensuyvirent sa dis-
» cipline; lequel Homer vendu, emprisonné et baillé
» ainsi comme ung serf s'expose en vente. Ung qui le
» voloit acheter luy demanda dont il estoit? et il luy

» respondit qu'il estoit de père et de mère; et puis luy
» dist : Veulx tu que je te achapte? Et il respondit : Por-
» quoy me demande tu conseil de ton argent? Et puis
» luy demanda : A quoy es tu bon? Homer respondit :
» A estre délivré. Et demoura longuement en prison, et
» puis le délivrèrent. Il estoit homme de belle stature,
» de belle grandeur et de belle forme. Et vesquit cent et
» un an. » Evidemment Guillaume de Tignonville con-
fond ici l'auteur de l'*Iliade* avec Esope le Phrygien;
mais, au milieu de ces erreurs, on peut démêler le fait
réel; on sent que la renaissance approche, et qu'on n'est
pas loin de revenir à l'étude de l'antiquité : c'est ainsi
qu'on peut signaler dans les notices sur Solon, sur Dio-
gène, sur Hippocrate et sur quelques autres philosophes,
des détails qui ne manquent pas de vérité.

De tous ces livres de morale employés pendant le
moyen âge pour l'instruction de la jeunesse, le plus
célèbre est celui qui porte le nom de Dyonisius Cato.
C'est un recueil de préceptes divisé en quatre parties,
dans lequel la sagesse antique du paganisme est mêlée
aux enseignements des premiers chrétiens. Il est assez
difficile de dire quel est le véritable auteur de ce recueil,
et plusieurs dissertations savantes et fort étendues, faites
au XVIIe siècle, n'ont rien conclu à ce sujet. Cet ouvrage
a été pendant plusieurs siècles attribué à *Caton l'Ancien*,
qui l'avait composé, disait-on, pour l'instruction de son
fils. Mais il était facile de s'assurer que ni Caton le Censeur, ni Caton d'Utique ne pouvaient avoir écrit ce livre,
tel au moins qu'il nous est parvenu, puisque *Virgile*,
Ovide et *Lucain* sont nommés parmi les poëtes dont la
lecture est recommandée. Le savant Albert Fabricius
fixe avec raison la date des Distiques au second siècle de
notre ère, et au règne de l'empereur Valentinien. Ce
recueil a joui d'une grande autorité, principalement
dans les écoles, où il était considéré comme l'ouvrage que,
d'après Aulu-Gelle (*Lib.* XI, *cap.* 2), le censeur romain
avait écrit pour son fils. Depuis le IIe siècle jusqu'au
XIIe, de nombreux témoignages prouvent l'importance des *Disticha Catonis;* Isidore les cite dans ses
Gloses : Alcuin, Pierre Abélard, Hincmar, archevêque de

Reims, et plusieurs autres les invoquent en témoignage, et Jean de Salisbury en fait l'éloge comme d'un livre excellent pour l'éducation des enfants, et très-propre à leur inspirer les meilleurs principes de vertu. La réputation des Distiques était donc bien établie dans les différentes universités de l'Europe à l'époque où on commença à les traduire en français.

C'est dans la première moitié du XIIe siècle qu'un certain moine, appelé Everard, essaya de tourner en vers français les Distiques de Caton. Il composa sur chaque sentence de *Caton* une strophe de six vers. Par exemple :

> *Datum serva,*
> *Foro te para.*

> Mult soit bien gardée
> Chose ki est donée
> Par Deu et par gent.
> Al marchié quant vus alez.
> Mult bel vus aturnez
> Et ascemèement.

> *Si Romana cupis vel Punica noscere bella,*
> *Lucanum queras qui Martis prœlia dicet.*
> Si vels que tu ne failles
> De savoir les batailles
> D'Aufrike ou de Rome,
> Lucan aprend,
> Kar illuec trouveras
> De guerre la summe.

Comme on peut en juger, Everard s'est contenté de suivre le texte latin qu'il avait sous les yeux, et son ouvrage est plutôt un recueil de sentences morales qu'un livre de proverbes.

C'est pendant le XIIIe siècle que les Distiques de Caton, destinés d'abord à l'éducation de la jeunesse, sont devenus une collection de proverbes plus ou moins étendue, selon le caprice des imitateurs. La vieille traduction du moine Everard n'était pas très-répandue en France, c'est pourquoi on traduisit l'ouvrage de nouveau ; mais loin de s'astreindre à une fidélité rigoureuse, on s'écarta beaucoup du modèle ; on y fit principalement des additions nombreuses. Parmi ceux qui traduisirent ou imitèrent les Distiques pendant le cours du XIII᷄ siècle, on compte quatre poëtes : Adam de Sueil, Adam de Givency (1), Jehan de Paris ou du Chastelet, qui vivait en 1260, et Helie de Vinchester (2).

C'est principalement dans les traductions différentes faites par ces anciens rimeurs que l'ouvrage du pseudonyme Dyonisius Cato fut transformé en un recueil de proverbes. Il suffit pour s'en convaincre de comparer la version d'Adam de Givency avec le texte latin. Chaque fois que l'occasion s'en présente, celui-ci ne manque pas d'ajouter aux sentences du *Caton* le proverbe commun qui s'y rapporte. Voici comment il traduit ce passage du préambule placé en tête des Distiques :

Igitur mea præcepta ita legito ut intelligas; legere enim et non intelligere negligere est.

     Se tu lis livres sace bien
     Les quès tu lis et s'es retien
     Et tout entendes ton affaire;
     Car autrement seust d'esploit faire
     Li homme qui list et rien n'entent
     Comme cil qui cace et rien ne prent.

Le moine Everard, dans sa traduction naïve mais fidèle, avait dit :

« Pur tels acheisons, fiz, jeo te semolg ke mes preceps lise. Mais nient entendre et lire ceo est adès pire, si voil que tu t'en chasties. »

Ce seul exemple suffira pour faire comprendre comment le *Caton* a été transformé en un livre de proverbes. Avant de continuer l'histoire des traducteurs de Caton, j'observerai que, dès le XIII᷄ siècle, on doutait de l'authenticité de cet ouvrage. Adam de Givency, dans un petit prologue placé en tête de son poëme, dit fort bien que les uns attribuent les Distiques à Caton le Censeur,

---

(1) ROQUEFORT, *État de la poésie françoise dans les XII᷄ et XIII᷄ siècles, etc.*, p, 232.

(2) Voir DE LA RUE, t. 3, p. 150. Pour *Jehan du Châtelet*, voir GOUJET, *Bibliothèque françoise*, t. V, p. 7.

les autres à Caton d'Utique : plusieurs enfin prétendent que ce ne fut ni l'un ni l'autre, mais un maître qui avait nom Tullius. Après tout, vous choisirez celui que vous voudrez, ajoute le trouvère, peu soucieux d'engager à cet égard une discussion littéraire; quel qu'il fût, c'était un homme d'une grande sagesse (1).

Les traductions composées au XIIIe siècle, dont je viens de parler précédemment, ont été suivies pendant le XIVe, car à cette époque je ne trouve aucune autre traduction nouvelle à mentionner. Les manuscrits nombreux qui contiennent les Distiques en vers français reproduisent toujours l'œuvre ou des deux Adam, ou de Jehan du Chastelet, plus commune en France que celle d'Helie de Vinchester ou d'Everard, qui mourut moine de l'abbaye de Kirkam en Ecosse. Ce fut dans la seconde moitié du XVe siècle que l'on traduisit de nouveau le texte latin des Distiques. Je signalerai Jean Lefèvre, qui, dans son prologue, attribue les Distiques à Caton d'Utique et fait entendre qu'il s'est contenté de mettre en vers une ancienne traduction (2). Il existe encore une autre version de la même époque parmi les manuscrits de la Bibliothèque de l'Arsenal. En voici le titre : *Cy commence le livre des beaux dits de Caton, translatez par maistre Jehan Ackeyman dit le Laboureur, natif de Nevele en Flandres, et par luy dediée aux nobles enfants de Montmorency, fuix de monseigneur Philippe de Nevele et de madame Marie de Horne, ses très honorés seigneurs et dames.*

D'après ces paroles on peut croire que Jehan Ackeyman, précepteur des enfants de Montmorency, traduisit pour leur usage les Distiques de Caton, et que ce livre servait toujours, comme dans les premiers siècles de notre ère, à l'instruction de la jeunesse.

La grande réputation dont avaient joui pendant

---

(1) Voyez le prologue de *Jean de Chastelet* dans notre Bibliographie, part. 1re, Description du manuscrit de la Bibliothèque impériale, n° 632^3, suppl. franç.

(2) Voyez Bibliographie, part. 1re, Description du manuscrit, n° 7068^4.

le moyen âge les Distiques moraux attribués à Caton, fut cause que peu d'années après l'invention de l'imprimerie cet ouvrage fut publié dans différents pays de l'Europe, non-seulement en latin, mais en français et en anglais. Ainsi la première édition latine connue est considérée par certains bibliographes comme antérieure à l'année 1445; une autre édition imprimée à Augsbourg porte le millésime de 1475 (1).

Une traduction française fut aussi imprimée à Lyon en 1492 (1 vol. in-4º), et dès l'année 1480 une autre traduction en prose avait été publiée sans date en un volume petit in-folio à deux colonnes. De plus, en 1493, Caxton imprimait une traduction des Distiques en anglais d'après le texte français (2). Avec le XVIe siècle commence une série de traductions différentes imprimées depuis 1530 environ, et dont paraissaient presque chaque année des éditions plus ou moins considérables : ce sont, en 1530, les Quatre Livres de Caton, pour la doctrine de la jeunesse, par Fr. Habert; en 1533, les Mots et Sentences dorés du maître de sagesse Caton, en français et latin, avec bons enseignements, proverbes et adages, par H. Macé; et plusieurs autres recueils de même nature qu'il serait trop long d'énumérer ici (3).

Tous ces ouvrages se composaient non-seulement du *Caton* en latin et en français, mais encore d'une suite de proverbes, de sentences, de dictons populaires plus ou moins variés, suivant le goût de leur auteur. Le mieux connu de ces recueils et celui qui fut le plus souvent réimprimé, c'est le volume petit in-8º gothique que publia vers cette époque Pierre Grosnet, poëte assez fécond, né à Toussy, dans le diocèse d'Auxerre.

En 1533, il avait fait paraître une Suite aux Mots

---

(1) Voyez BRUNET, *Manuel du libraire*, t. I, p. 350, et le *Supplément*, t. I, p. 284.
(2) *The Booke callied Cathon*, translated oute of frenche into Englyssh, by William Caxton, in Thabbay of Westmynstre, the yere MCCCCLXXXIII, in-fol.
(3) Voyez Bibliographie, part. II.

dorés de Caton, qui contenait un grand nombre de sentences, de proverbes, de dictons de toute nature. Voici le titre de ce premier ouvrage de Grosnet, dont un exemplaire sur vélin se trouve à la Bibliothèque impériale : *Le second volume des Motz dorez du grand et saige Cathon, lesquels sont en latin et en françois*, etc., in-8°, 1533. A la suite de ce premier travail, Pierre Grosnet entreprit de revoir les traductions des Distiques, fort répandues à cette époque, et d'y ajouter un grand nombre de pièces dans le même genre. C'est ce que prouve une épître dédicatoire placée en tête des Mots dorés, et qui commence par ces mots : « A très honorez seigneurs
» Messeigneurs Henry de Valois Dauphin de France et
» Charles duc d'Angouleme, Pierre Grosnet rend très
» humble honneur et immortel salut.

» Après vous avoir adressé et dédié le second volume
» des Mots dorez du grand et sage Caton, avec un en-
» chiridion des vertus morales et intellectuables, en moy
» j'ay considéré ce premier volume du dit Cathon voir
» visiter, corriger et augmenter, et puis adresser à vos
» très dignes majestés (1). »

Le livre de Grosnet, bien qu'il ait été plusieurs fois réimprimé, ne fut pas la dernière traduction des Distiques faite pendant le xvie siècle. On en compte encore trois autres dont Jacques Bourlé, docteur en Sorbonne, Michel Papillon de Seyssel, docteur en médecine, Mathurin Cordier, mort en 1565, furent les auteurs. En 1574 parut aussi la première édition des fameux quatrains du sieur de Pibrac, que l'on peut considérer comme une imitation des Distiques, et plusieurs fois pendant le cours du xviie siècle on reproduisit sous différentes formes les Mots dorés de Caton. Comme on le voit, cet ouvrage, quel qu'en ait été l'auteur, a joui pendant plus de douze cents années d'une popularité immense. Composé d'abord pour l'instruction de la jeunesse, il a été mis en œuvre par différents trouvères du moyen âge, qui en ont fait le texte d'un poëme moral et

---

(1) Voir Bibliographie, part. II.

d'un recueil de proverbes. A l'imitation de ces vieux poëtes, nos rimeurs du xv⁰ et du xvi⁰ siècle se sont emparés des Distiques pour les joindre à leurs élucubrations. Enfin ce livre est redevenu ce qu'il avait été dans l'origine, un recueil de quatrains à l'usage de l'enfance. Aujourd'hui il est complétement oublié.

Les Distiques de Caton ne furent pas le seul ouvrage latin mis en vers français pendant les xiv⁰ et xv⁰ siècles qui ait servi de cadre à des recueils de proverbes moraux. J'ai trouvé dans deux manuscrits de la Bibliothèque impériale une imitation en vers français du xv⁰ siècle d'un des traités latins de Jean de Garlande, par un auteur anonyme, et une autre composition du même genre et de la même époque, mais plus étendue, faite par un certain *Ouvrier Thomas*. Il déclare avoir mis en vers français les proverbes d'Alain.

> Graces à Dieu cy la doctrine
> Des proverbes Alain define,
> De latin en franchais rimée.

Sans aucun doute, c'est Alain de Lille dont le poëte a voulu parler, cet évêque d'Auxerre si connu au xii⁰ siècle et que sa science avait fait nommer le *docteur universel*. Je trouve en effet parmi les ouvrages de ce docteur un recueil de sentences ayant pour titre : *Dictorum memorabilium seu sententiarum magistri Alani liber*. Mais cet ouvrage, auquel Ouvrier Thomas donne le titre de proverbes, est plutôt une œuvre de morale, et il rentre beaucoup dans ces compositions ascétiques, presque étrangères au sujet de ces recherches; aussi, je ne le cite ici que comme une des imitations du livre de Dyonisius Cato (1).

J'ai trouvé parmi les manuscrits de la Bibliothèque impériale deux recueils composés au milieu du xv⁰ siècle, qui contiennent une suite de dictons populaires et de proverbes français rangés suivant l'ordre alphabétique. Le premier, qui date de l'année 1456, a été compilé

---

(1) Voyez Bibliographie, part. 1ʳᵉ, Description du manuscrit n° Saint-Vict. 561 et n° suppl. franc. 1316.

par un certain Jehan Miclot, chanoine de Lille en Flandre, et fait partie d'un volume écrit sur vélin, renfermant plusieurs traités de morale. Ce recueil paraît avoir été composé à l'usage de Philippe le Bon, duc de Bourgogne, auquel il est dédié. On retrouve au nombre des proverbes recueillis par Jehan Mielot presque tous ceux qui étaient vulgaires pendant le moyen âge. Le travail du chanoine de Lille paraît avoir servi de modèle à celui que Jean de la Veprie, prieur de Clairvaux, exécuta vers l'année 1495. Dans le second manuscrit, qui remonte à la moitié du xv° siècle, chaque proverbe est accompagné d'un long commentaire dont la forme est empruntée à ceux qu'on joint ordinairement au Digeste et aux Décrétales (1).

C'est principalement dans les ouvrages de cette sorte que l'on commence à rencontrer ces suites de sentences proverbiales rangées sous le même mot, et qui donnent un caractère tout particulier aux proverbes relatifs à la morale. Ces longues énumérations se retrouvent dans *les Proverbes communs*, livre célèbre, souvent réimprimé aux xv° et xvi° siècles.

Jusqu'à présent, j'ai fait connaître la partie scientifique de la littérature proverbiale française. Déjà on peut y saisir les traces de cet esprit caustique et railleur naturel à notre nation. Mais il faut observer que tout dans cette partie ne nous appartient pas. On y retrouve beaucoup de sentences empruntées aux saintes Écritures et aux ouvrages, soit en prose, soit en vers, de quelques grands génies de l'antiquité. Seulement, ces sentences ont été appliquées à nos goûts, à nos usages. Il n'en est pas ainsi des trois recueils de proverbes que je vais examiner, et qui résument assez bien l'esprit et les passions du peuple en France pendant le moyen âge. Là rien n'est imité : le bon sens du vulgaire brille de tout son éclat et donne une grande valeur à ces proverbes originaux. Le titre du premier et du plus ancien de ces recueils en explique le sujet; le voici : *Proverbes ru-*

---

(1) Voyez Bibliographie, part. 1re, Description du manuscrit n° S. F. 201 et n° 7618³³.

raux et vulgaux. C'est une suite d'environ six cents proverbes encore en usage aujourd'hui. Malgré le temps qui s'est écoulé depuis le milieu du XIIIᵉ siècle, époque à laquelle remontent ces proverbes, malgré les changements qui se sont opérés dans nos mœurs, dans nos habitudes, dans nos croyances, dans notre langage, depuis cette époque, ces sentences empruntées aux laboureurs et au vulgaire sont encore à présent dans toutes les bouches. Je dirai plus : la rédaction n'a pas changé ; ainsi, je vais en copier textuellement plusieurs dans un manuscrit du XIIIᵉ siècle. *Bonne jornée fait qui de fol se delivre.* — *Ki premiers prent ne s'en repent.* — *Ki bien aime à tart oublie.* — *Mieux vaut un tien que .ii. tu l'auras.* — *Ki donne tost il donne deux fois.* — *D'autrui cuir large couroie.* — *Il fait mal esveiller le chien qui dort.* — *Qui plus a plus convoite.* — *On oblie plus tost le bien que le mal,* — *Tant grate chevre que mal gist.* — *Besoin fait vieille troter.* — *Qui petit a petit perd.*

Ces exemples, que je pourrais multiplier, suffisent pour faire juger du caractère des proverbes ruraux. J'ajouterai que plusieurs de ces proverbes, sans reproduire le cynisme de langage que j'ai signalé dans les Dits de *Marcoul* et de *Salomon*, ne sont pas exempts d'une certaine rudesse, et d'une crudité d'expression qui nous révèlent leur origine. Par exemple :

Li pires riens qui soit c'est male famme.
(La pire chose qui soit c'est une mauvaise femme.)
Oignez le vilain la paume et il vous chira ens.
(Oignez la paume d'un vilain et il vous chiera dedans.)

Plusieurs des caractères que je viens d'observer dans les *Proverbes ruraux et vulgaux* se retrouvent dans une autre pièce du même genre, dont les manuscrits de la fin du XIIIᵉ et du commencement du XIVᵉ siècle renferment des rédactions différentes. Cette pièce est intitulée : *Proverbes au Villain*, ou bien encore, *Proverbes au comte de Bretagne*. Elle est divisée par strophes inégales de six, de huit et de neuf vers. Quelquefois, plusieurs proverbes analogues sont réunis dans la même strophe, ou bien encore plusieurs vers sont consacrés au développement d'un seul proverbe, rejeté à la fin de chaque strophe ; par exemple :

> Li vilains si mengue
> Le blé de sa charrue,
> Ja plus n'aura s'avoir.
> Mais quant il est bien ivres
> Dont cuide estre delivre
> Et cuide assez avoir.
> Plus a de paroles en .I. mui de vin
> Qu'il n'a en cent charetées de froment,
>   Ce dist li vilains.

Le vilain qui mange le blé de sa charrue n'aura bientôt plus rien. Mais quand il est bien ivre, il se croit libre et assez riche. Il y a plus de paroles dans un muid de vin que dans cent charretées de froment, ce dit le vilain.

Dans quelques strophes, une sentence morale est rapprochée d'un proverbe emprunté à la nature physique :

> Li clers qu'est non poissanz
> Est moult humilians
> Et quiert en charité.
> Et quant sa force est grant,
> Serpent, guivre volant,
> N'est de sa cruelté.
> Qui paist gaignon de pain
> Tost est mors en la main,
>   Ce dist li vilains.

Le clerc qui n'a aucun pouvoir est très-humble et demande la charité. Mais quand sa force est grande, serpent, monstre volant ne sont pas plus cruels que lui. Qui donne à un mâtin du pain est bientôt mordu à la main, ce dit le vilain.

D'après le refrain qui termine chaque strophe, on pourrait croire que les différentes versions des *Proverbes au Villain* ont été composées avec des dictons populaires plus anciens, semblables aux *Proverbes ruraux*. Quant à la rédaction, qui a pour titre : *Ci commencent les Proverbes au comte de Bretagne*, le même problème que pour les Dits de Marcoul se représente ici. J'ignore si elle a été dédiée à quelque prince de cette maison, ou si un d'eux a composé ce recueil d'anciens proverbes. Le caractère des *Proverbes au Villain* se rapproche beaucoup plus que la pièce précédente des sentences morales attribuées aux différents philosophes dont j'ai parlé précédemment. Quoi qu'il en soit, c'est encore un recueil de ces anciens adages que le peuple aimait à répéter. Pour bien saisir toute la portée de ces proverbes, moitié sévères, moitié plaisants, mais toujours satiriques, attribués au vilain, il faut savoir quel sens on a donné pendant le moyen âge à ce mot. Généralement il était pris dans une acception mauvaise et comme synonyme de lâche, de poltron, enfin de notre mot *canaille*. Pour s'en convaincre, il suffit de jeter les yeux sur la série des proverbes où les vilains sont mis en jeu (1) : qu'y trouve-t-on ? Haine et mépris : qu'il me suffise de rappeler ici :

> Oignez villain il vous poindra.
> Poignez villain il vous oindra.
>
> Vilain affamé demi-enragé.
>
> Vilain enrichi ne connoît parent n'ami.
>
> Graissez les bottes d'un villain il dira qu'on les lui brûle.

De plus différentes pièces, soit en prose, soit en vers, ont constaté tout le mépris qu'entraînait après elle cette expression de *vilain*. Une entre autres renferme à cet égard les révélations les plus curieuses ; elle est intitulée : *Des* XXIII *manières de vilains* (2). Elle énumère toutes les espèces de vilains que l'on connaissait au XIIIe siècle et leur caractère différent. Il serait trop long de les rapporter ici. Je me contenterai d'un exemple ou deux : « Li vilains Babuins est cil ki va devant Nostre-» Dame à Paris, et regarde les rois et dist : Vés-là » Pepin, vés-là Charlemainne. » Ce genre de vilain rappelle fort bien le badaud de nos jours. « Li vilains » Princes si est cil qui va plaidier devant le baillif por » les autres vilains, et dist : Sire, au tans mon aïoul et

---

(1) Voyez dans la série n° XI, t. II, p. 60.
(2) Paris, Silvestre, 1833. Pièce in-8°, publiée par M. Francisque Michel.

» mon besaïol, nos vaches furent par ces prés, nos
» brebis par ces copeis. »

A ce caractère flétrissant attaché au nom de *vilain*, et qui seul est affecté à ce mot aujourd'hui, se joignait aussi, au xiiie siècle, une idée de malice et de moquerie, analogue à celle que le peuple attache encore aux bossus. Cette idée est une des principales causes qui ont donné aux vilains cette réputation de sagesse que l'on croit volontiers le partage des classes souffrantes et malheureuses. Par un instinct naturel, le peuple attribue à ces classes une expérience pratique bien supérieure aux spéculations incomplètes de la science philosophique. Telle est l'origine, telles sont les causes de cette leçon de morale que, dans le recueil de proverbes qui lui est attribué, le *vilain* nous a léguée.

La troisième pièce, à laquelle on a donné le nom du *Dit de l'Apostoile* (le Dit du pape), se distingue par un genre tout à fait particulier. Rigoureusement parlant, elle ne se compose pas de proverbes, mais plutôt de *dictons populaires*. C'est une suite de sobriquets appliqués aux villes principales de la France, et aux différentes contrées de l'Europe, pendant le moyen âge. Ces sobriquets, empruntés soit au commerce, soit aux usages, soit à la position physique des pays divers, jettent le plus grand jour sur leur histoire, et à ce titre le *Dit de l'Apostoile* mérite d'être étudié avec soin. C'est ainsi que dans cette simple énumération : *Concile d'Apostoile. — Parlementz de Roi. — Assemblée de chevaliers. — Compaignie de clercs. — Buveries de bourgeois. — Foule de vilains*, on peut se faire une idée de ce qu'était la société féodale, et le caractère des classes diverses qui la partageaient. On trouve aussi dans cette pièce les qualifications particulières aux différents pays de l'Europe. Elles nous initient à la connaissance des mœurs, des usages, du degré de civilisation de chacun de ces pays. Ces dictons populaires sont d'autant plus curieux, qu'un grand nombre s'appliquent aux anciennes provinces, ou aux villes principales de notre France ; ils contiennent des détails précieux sur la position physique, le commerce, l'industrie, le caractère particulier de chacune d'elles.

Les détails dans lesquels je suis entré au sujet du *Dit de l'Apostoile* m'ont servi de transition naturelle pour passer à l'examen d'un genre de proverbes qu'on retrouve chez tous les peuples, mais principalement chez nous : je veux parler des proverbes historiques. La différence qui existe entre ces proverbes et les adages proprement dits est facile à saisir. Tandis que ces derniers consacrent une vérité morale ou vulgaire, le proverbe historique rappelle un événement remarquable, singulier, ou un homme célèbre, à quelque titre que ce soit. Le proverbe historique fait encore allusion au caractère physique et moral d'un pays, d'un peuple, d'une ville. On peut considérer ces proverbes comme des annales populaires destinées à graver dans la mémoire d'une nation certains faits de son histoire (1). Cherche-t-on à connaître la véritable origine de ces proverbes, elle échappe; seulement on acquiert la certitude qu'ils remontent plus haut qu'on ne le pensait d'abord. Souvent il arrive que les événements, vrais ou faux, auxquels les compilateurs rattachent l'origine de ces proverbes sont de beaucoup postérieurs, et qu'on trouve ces proverbes déjà en usage cent années auparavant. Voici un exemple : A propos de la *Moutarde de Dijon*, ouvrez le premier venu de ces recueils d'anecdotes ou de proverbes qui se publient chaque année, et vous y trouverez que les habitants de Dijon, ayant équipé à leurs frais mille hommes d'armes, les envoyèrent, en 1388, au duc Philippe le Hardi, occupé à conquérir la Flandre ; qu'en récompense de ce service, le duc accorda aux habitants de Dijon la permission de porter ses armes, dont la devise était *Mout me tarde*. Mais comme dans cette devise, écrite sur un rouleau, la syllabe *me* se trouvait sous les deux autres, on lut *moutarde*, de là serait venu ce sobriquet appliqué aux habitants de Dijon. Mais ce qui doit faire douter un peu de la réalité de l'anecdote, c'est que l'on trouve dans le

---

(1) Voir, plus haut, ce que j'ai dit dans l'Avertissement, sur les proverbes historiques relatifs aux provinces, villes et communes de France.

Dit de l'Apostoile, composé à la fin du XIIIe siècle, *moutarde de Dijon*. Il en est ainsi pour les *anguilles de Melun* et pour ce proverbe si connu : *Faute d'un point Martin perdit son âne.*

On trouve presque toujours une explication jointe aux proverbes historiques ; c'est quand on cherche à vérifier l'exactitude de cette explication qu'on s'aperçoit des opinions singulières et des erreurs émises à ce sujet.

Les proverbes relatifs à des noms propres sont assez considérables. Il n'est personne qui, en cherchant dans sa mémoire, ne s'en rappelle quelques-uns. On peut les diviser pour la France en deux catégories : ceux qui se rapportent à des noms propres de tous les temps, de tous les pays ; ceux qui appartiennent au blason. La plus grande partie des devises héraldiques ne sont autres que d'anciens proverbes appliqués au nom des grandes familles. Par exemple :

Le bois est vert et les feuilles sont *Arces.*
A tout venant *Beaujeu.*
Maille à maille se fait l'*Aubergeon.*
Bonne est *Lahaye* autour du Bled.

Il existe encore un certain nombre de dictons populaires qui se rapportent à la noblesse de chacune de nos provinces ; ainsi pour la Bourgogne :

Riche de Châlon,
Noble de Vienne,
Preux de Vergy,
Fiers de Neuchâtel ;
Et la maison de Beaufremont
D'où sont sortis les bons barons.

Pour le Dauphiné :

Arces, Varces, Grange et Comiers,
Tel les regarde qui ne les ose toucher,
Mais gare la queue des Alleman
Et des Berangiers.

Pour la Bretagne, dans l'évêché de Léon :

Antiquité de Penhoet,
Vaillance de Chastel,
Richesse de Kerman,
Chevalerie de Kergournadec.

Pour l'Angoumois :

Pautres, Chambes et Tisons
Sont d'Angoulesme les anciennes maisons.

Les proverbes de cette nature ont un grand intérêt; ils consacrent le souvenir d'une civilisation qui n'est plus, et s'élèvent à toute la dignité de l'histoire.

Quant aux proverbes relatifs aux noms propres qui n'appartiennent pas au blason, ils sont très-variés et se rapportent à des hommes de toutes les époques et de tous les rangs. Ils affectent un caractère particulier, celui de la satire et de la moquerie; on pourra s'en convaincre en lisant ceux que j'ai recueillis dans la neuvième série de mon travail.

§ II.

RECUEIL DE PROVERBES FRANÇAIS IMPRIMÉS. — EXAMEN DES PRINCIPAUX OUVRAGES CONSACRÉS A L'HISTOIRE ET A L'EXPLICATION DES PROVERBES.

Avec la naissance de l'imprimerie, c'est-à-dire avec la seconde moitié du xve siècle, les recueils de proverbes, déjà répandus en France, le devinrent plus encore. En donnant l'histoire des *Mots dorés de Caton*, j'ai dit que les bibliographes placent au nombre des essais de l'art typographique la première édition de cet ouvrage; la même observation s'applique à cette œuvre singulière intitulée : *Les Proverbes de Salomon et de Marcoul*, dont j'ai parlé précédemment. Dès l'année 1482, au rapport de Panzer, une version latine de ce dialogue était imprimée à Anvers, et deux éditions du texte français furent publiées antérieurement aux premières années du xve siècle (1).

Ainsi qu'il est arrivé ordinairement pour les ouvrages qui, après avoir joui pendant le moyen âge d'une grande célébrité, ont été imprimés au xve siècle, le *Dialogue*

---

(1) BRUNET, *Manuel du Libraire*, t. I, p. 547; t. III, p. 283. *Nouvelles Recherches*, t. III, p. 225.

de *Salomon et de Marcoul* a subi de grandes altérations. Cette forme piquante qui se trouve dans les textes du XIIIe siècle, *ce dit Salomon. Marcoul lui répond*, a été remplacée par un simple dialogue que l'on trouve déjà dans certaines rédactions manuscrites du XVe siècle (1). Les auteurs de la version imprimée ont renchéri sur la liberté de langage déjà bien grande dans la pièce qu'ils imitaient, et sont tombés par conséquent dans un cynisme qui interdit la lecture de cette œuvre plaisante à tous les esprits délicats.

Au nombre des recueils de proverbes français le plus anciennement imprimés, il faut placer celui qui a pour titre *les Proverbes communs*. J'ai indiqué précédemment à quels ouvrages manuscrits ce recueil était emprunté. Il eut plusieurs éditions et servit de modèle à un livre moitié français, moitié latin, fort en vogue dans les écoles sous le nom de *Proverbia Gallica*. Un certain Jean Gille de *Nuis* ou *des Noyers* est l'auteur de la version latine, et depuis le commencement du XVIe siècle jusqu'aux premières années du XVIIe, ce recueil fut réimprimé sous toutes les formes. Cette célébrité n'a rien qui doive surprendre, car on retrouve dans ce livre la plupart de ces maximes déjà connues au XIIIe siècle sous le titre de *Proverbes ruraux et vulgaux*. On y trouve aussi ces vieux adages qui sont aujourd'hui encore dans toutes les bouches, et qu'un usage de plusieurs siècles a consacrés. Dans les rédactions différentes, l'ordre alphabétique est observé, non pas un ordre alphabétique rigoureux, mais chaque proverbe est placé sous la lettre par laquelle il commence. Jehan Mielot, ainsi que je l'ai dit précédemment, a suivi cet ordre, qui présentait plus de clarté et facilitait l'opération de la mémoire.

C'est dans les recueils de cette nature, et aussi dans les calendriers nombreux qui se publient chaque année,

---

(1) Voyez, dans un manuscrit de la bibliothèque d'Épinal, n° 59, une version intitulée : *la Disputation de Salomon et de Marcou*. Elle a été imprimée col. 58 du journal allemand publié à Carlsruhe, par M. Mone, sous le titre de *Anzeiger für Kunde der Teutschen Vorzeit. Funfter Jahrgang*, 1836, in-4°.

qu'on rencontre un genre de proverbes particulièrement consacrés au temps, aux saisons, à la culture de la terre et aux différents jours de l'année. Ces proverbes, dont l'origine remonte à une époque reculée, font partie de la science du laboureur, du berger, de tous ceux enfin qui se livrent aux travaux de la campagne. C'est le résultat d'une expérience de plusieurs siècles ; certains phénomènes peuvent quelquefois les contrarier, et, comme on dit, faire mentir le proverbe ; mais la plupart du temps, le cours des saisons en justifie l'exactitude. On trouve parmi ces vieux adages d'excellents conseils pour la culture, bien connus des laboureurs, qui les mettent journellement en pratique. Ce qui d'ailleurs en prouve l'ancienneté, c'est que tous ceux qui ont rapport aux différents jours de l'année sont placés sous l'invocation du saint auquel chaque jour est consacré. Par exemple :

A la Saint-Antoine
Les jours croissent le repas d'un moine

A la Saint-Barnabé
La faux au pré.

A la Sainte-Catherine
Tout bois prend racine.

Passé la Saint-Clément
Ne sème plus froment (1).

Pendant le cours du XVIᵉ siècle, le recueil des *Proverbes communs* fut plusieurs fois imité. Sans parler des traducteurs de Caton, qui tous reproduisirent, soit en entier, soit en partie, ce recueil, il existe différents ouvrages dans le même genre. Le plus célèbre, et celui qui fut le plus souvent réimprimé, a pour titre original : *Recueil des Sentences notables et Dictons communs, Proverbes et Refrains ; traduit du latin, de l'italien et de l'espagnol, par Gabriel Mûrier.* Anvers, 1568, in-12. En 1577, le même livre fut imprimé à Lyon sous le titre suivant : *Trésor des Sentences dorées, Dits, Proverbes et Dictons communs, réduits selon l'ordre*

---

(1) Voyez t. I, série nº III, p. 76.

alphabétique; avec le Bouquet de philosophie morale réduit par Demandes et Réponses. Lyon, 1577, in-16. D'autres éditions du même ouvrage parurent à Rouen et à Paris, en 1578, 1579, 1582 (1), et il fut encore réimprimé en 1617. J'ai cherché vainement dans les biographies quelques détails sur *Gabriel Murier* ou *Meurier* (2), qui ne prend d'autres titres que celui de citoyen d'Anvers. Antoine Duverdier est le seul qui parle de lui (3); encore ne donne-t-il aucuns détails sur sa vie; il se contente de rapporter le titre de deux ouvrages de grammaire dont Murier est également l'auteur. On trouve, au commencement du *Thrésor des Sentences*, une liste des écrivains anciens et modernes cités dans ce recueil, et, d'après cette liste, on voit que Murier ne s'est pas contenté de reproduire le *Caton* et les *Proverbes communs*, il a aussi reproduit la plupart des sentences morales des auteurs classiques de l'antiquité; il a encore mis à contribution quelques recueils espagnols ou italiens.

Les proverbes principaux appartenant à ces deux langues furent traduits en français vers la fin du XVIe siècle. Plusieurs ouvrages dans ce genre comptent au nombre de nos vieux recueils français; le premier est anonyme; en voici le titre :

Bonne-Réponce à tous propos : Livre auquel est contenu grand nombre de Proverbes et Sentences joyeuses, traduit de l'italien en françois. Paris, 1547, in-16 (4).

On retrouve avec plaisir, dans ce charmant petit livre, une grande partie des *Proverbes communs* mêlés à cer-

---

(1) Brunet, *Manuel du Libraire*, t. II, p. 536.

(2) Bien que la plupart des éditions du *Trésor* portent le nom de *Meurier*, je crois que l'auteur s'appelait Murier. Voici une phrase de sa dédicace à messire de Winechem qui le prouve suffisamment : « Considérez, Monseigneur, que le petit *Meurier*,
» arbriceau presque déramé, ne peut produire, ne présenter,
» sinon le peu qu'il a..... »

(3) *Bibliothèque françoise*, t. IV, p. 9, de l'édition de Rigoley de Juvigny.

(4) Brunet, *Manuel du Libraire*, t. I, p. 251, cite plusieurs éditions de ce livre.

tains adages historiques, relatifs aux diverses contrées de l'Italie.

Les mêmes adages sont reproduits dans le recueil qu'un certain *Gomès de Trier* publia en 1611, sous le titre singulier que je vais rapporter ici :

Le Jardin de Récréation, au quel croissent rameaux, fleurs et fruits très-beaux, gentils et souefs, soubz le nom de Six mille proverbes et plaisantes rencontres françoises, recueillis et triéez par GOMÈS DE TRIER, *non seulement utiles mais délectables pour tous esprits désireux de la très-noble et copieuse langue françoise, nouvellement mis en lumière, à Amsterdam,* par PAUL DE RAVESTEYN, *anno* 1611, 1 vol. petit in-4º.

Bien qu'on ait regardé ce recueil comme une traduction du livre italien que G. Florio publia à peu près sous le même titre à Londres, en 1591 (1), il est certain que Gomès de Trier a fait entrer dans son recueil et les *Proverbes communs* et d'autres ouvrages répandus en France pendant le cours du XVIᵉ siècle.

Parmi tous les livres de proverbes imprimés à cette dernière époque, je dois assigner un rang tout particulier à celui que Jean Lebon, médecin du cardinal de Guise, composa sous ce titre : *Adages et Proverbes de Solon de Voge, par l'Hétropolitain* (2). Autant qu'on peut

---

(1) *Giardino di Ricreatione, nel quale crescono fronde, fiori e frutti, vaghe, leghiadre e soave, sotto nome di sei miglia proverbii, e piacevoli riboboli italiani;* raccolto da Giovanni Florio. Londa, 1591, in-4º.

(2) Comme je n'ai trouvé aucun détail sur ce polygraphe dans les biographies, je vais reproduire ici l'article que Duverdier, dans sa *Bibliothèque françoise,* lui a consacré :

« Jean le Bon, du pays de Bassigny, médecin de Monsieur le Cardinal de Guise, a escrit : *Advertissement à Ronsard, touchant sa Franciade,* imprimé à Paris, in-8º, par Denys du Pré, 1568; *Le Rhin au Roi,* où, à l'imitation du Danube, qui a parlé par plusieurs fois, par prosopopée, aux Empereurs Romains, il introduit le fleuve du Rhin, parlant au roi, l'exhortant de le venir voir et jouir de ce qui lui appartient, et, en ce faisant, estre terreur à ces Réistres qui viennent fourrager la Lorraine, et ravager la Champagne; imprimé à Paris, in-8º, par Denys du Pré, 1569; *Adages* ou *Proverbes françois,* imprimés à Paris,

en juger par la liste des ouvrages qu'il avait écrits (1), Jean Lebon était un homme savant et laborieux ; c'était, de plus, un esprit élevé, d'une grande indépendance et rempli de malice. Son recueil de proverbes le prouve suffisamment. Jean Lebon, né dans le village d'Autreville, près de Chaumont en Bassigny, paraît avoir vécu jusqu'à la fin du XVIe siècle. Suivant la dédicace qu'il a faite au cardinal de Guise, en 1571, d'un petit livre sur l'étymologie des mots français, il était vieux à cette époque, et avait usé son âge dans la pratique de la médecine. Jean Lebon a consacré une grande partie de la préface des *Adages françois* à expliquer la nature du proverbe et de l'adage ; ce qu'il dit à ce sujet mérite d'être cité :

« Le proverbe doit estre une voix de ville assouventée
» en divers propos, ayant grace apparente et élégance
» authentique par sus le parler populacier, qui est en
» partie cause qu'on l'appete (*qu'on le recherche*) tant
» à raison de son admirable antiquité. »

« . . . .
» L'on peut faire de l'adage comme du cousteau Delphique, c'est à scavoir s'en servir en plusieurs ma-

---

in-8°, par Nicolas Bonfons ; *Etymologicon françois*, imprimé à Paris, in-8°, par Denys du Pré, 1571 ; *De l'Origine et Invention de la Rime*, imprimé à Lyon par Benoist Rigaud, 1582 ; *Abrégé de la propriété des bains de Plomiers* (Plombières), imprimé à Paris, in-8°, par Charles Macé, 1576. — Ses traductions : *La Physionomie du grand philosophe Aristote*, c'est-à-dire la science de juger de quelle vie et complexion est un chacun, imprimé à Paris, in-8°, par Robert Masselin, 1553 ; *Opuscule de Galien, d'alaigrir le corps*, interprété en françois, par Jean le Bon, imprimé à Paris, in-16, par Estienne Groulleau, 1556 ; *La Physionomie d'Adamant, sophiste*, interprétée par Jean le Bon, avec un livre des *Neves ou Verrues naturelles*, imprimé à Paris, in-8°, par Guillaume Guillard, 1556 ; *Galen, de connoistre les affections de l'esprit et d'y remédier ; Dialogue de l'Antre de Mercure ; Epître à ses amis*, touchant la liberté parisienne, imprimé à Paris, in-16, par Pierre Gautier, 1557. » (*Bibliothèque françoise* de DUVERDIER, t. IV de l'édition de Rigoley de Juvigny, p. 355.)

(1) Voyez la note 2 de la page précédente.

» nières, » dit encore Lebon, et il énumère les différents sujets auxquels peuvent être empruntés les *Adages*. Il en reconnaît six espèces : *Les choses semblables, les animaux, les personnes, les personnes fabuleuses de comédies, d'histoire, les nations, les estats ou offices.* Suivant lui, l'adage est toujours une comparaison. Voici les exemples empruntés aux personnages historiques : *Plus grave que Caton, plus riche que Crésus, plus envieux que Zoïle, plus inhumain que Timon.*

Le recueil de Lebon, divisé en quatre parties, se compose d'environ cinq mille proverbes ou dictons, sur toutes les matières, rangées à peu près suivant l'ordre alphabétique. J'en ai recueilli un grand nombre de relatifs à la France ou aux différentes provinces et villes qui la composent. Jean Lebon aime à consigner les dictons populaires dirigés contre les avocats, les médecins ou les femmes. Quant à ces derniers, on peut lui faire le reproche d'une trop grande licence de langage. On y remarque aussi beaucoup d'esprit. C'est dans son livre qu'on trouve : *A qui Dieu veut aider sa femme luy meurt. — Les femmes sont toujours meilleures l'année qui vient. — Une femme ne cèle que ce qu'elle ne sait pas.* Après tout, il n'a fait que recueillir les adages répétés par le peuple à ce sujet, et dont tous les livres de proverbes sont remplis.

Ce qui distingue principalement le livre de l'Hétropolitain, c'est une grande indépendance d'opinion sur tous les points, c'est l'expression hardie, moqueuse, de la plupart des proverbes dont se compose son ouvrage. J'en ai cité deux précédemment contre le pape et la religion ; j'y joindrai les suivants : *Le roi n'est qu'un homme. — L'impératrice n'est qu'une femme. — Trop de chasteaux en France et de là trop de pauvres. — Les grands n'aiment les petits que pour le service.* Lebon ajoute quelquefois aux proverbes qu'il rapporte des commentaires curieux, destinés à en éclaircir le sens (1) ; malheureusement, ces commentaires que l'auteur appelle *exposition* sont assez rares. Il est fâcheux qu'il ne

---

(1) Voyez t. I, p. 254, 327 ; t. II, p. 116.

les ait pas multipliés, l'ouvrage y aurait gagné en clarté et en documents précieux sur les mœurs et les usages de la France antérieurement au xvII^e siècle.

Le livre des Adages françois commence la série des recueils dans lesquels les proverbes sont expliqués. Déjà dans la première moitié du xvie siècle, Charles de Bouvelles, chanoine de Noyon, publia en trois livres les Adages françois, avec une interprétation latine appliquée à chacun. En 1557, Guillaume le Noir, libraire de Paris, fit paraître une imitation abrégée et française de ce travail, sous le titre de *Proverbes et Dits sentencieux, avec l'interprétation d'iceux*, par CHARLES DE BOUVELLES, chanoine de Noyon, 1 vol. in-8°.

Malheureusement, dans ces deux ouvrages, les explications données par Bouvelles sont plutôt morales qu'historiques, ce qui leur ôte beaucoup d'intérêt.

D'autres écrivains du xvie siècle s'appliquèrent encore à découvrir l'origine de nos anciens proverbes. Lacroix du Maine, dans un discours sur les Lettres françaises, composé en 1579, comptait douze auteurs qui avaient traité cette matière, quatre en latin, huit en français. Lui-même avait fait un livre dont il indique ainsi le sujet : *Les Proverbes ou Adages françois, avecques leur interprétation* (1).

Henri Estienne, qui n'a jamais oublié, dans ses différents ouvrages, de citer nos vieux proverbes, avait entrepris un travail sur cette matière. En 1593, il publia, sous le titre singulier de *Premices, ou premier livre des Proverbes épigrammatizez ou des Epigrammes proverbializez*, le commencement de ses recherches. Mais ce petit livre ne contient que certains adages consacrés à Dieu, avec un commentaire emprunté au texte de la Bible. Henri Estienne a été plus explicite dans son livre intitulé : *De la Précellence du Langage françois*. Il en a consacré une partie notable à l'explication d'un certain nombre de proverbes français les plus communs,

---

(1) Voyez *Bibliothèque française de Lacroix du Maine et du Verdier*, t. II, p. LXI et LXVIII, édition de Rigolet de Juvigny.

Ses observations historiques ou littéraires très-curieuses, très-délicates, donnent beaucoup d'importance à ce commentaire. Il y traite encore une question importante que son érudition lui rendait facile : la comparaison des proverbes français avec ceux des autres peuples, tels que les Grecs et les Romains chez les anciens, les Italiens et les Espagnols chez les modernes. A cet égard, je dois observer que le travail dont Henri Estienne nous a donné quelques exemples n'a pas encore été fait d'une manière complète et tel qu'on pourrait l'attendre de l'érudition moderne. Je connais sans doute plusieurs ouvrages dans lesquels un nombre plus ou moins considérable des proverbes usités chez les différentes nations ont été réunis à la suite les uns des autres ; mais le travail dont je veux parler devrait consister dans une nomenclature comparée, aussi complète, aussi exacte que possible, des proverbes usités chez tous les peuples, ce qui permettrait de saisir d'un seul coup d'œil les différentes formes sous lesquelles la même pensée peut se traduire. Une citation empruntée au livre de Henri Estienne me fera mieux comprendre : « Ce XII⁰ proverbe : *Nature ne peut mentir*, ou *Ce que nature donne, nul ne le peut oster*, convient avec ce que dit le mesme poëte (Horace) : *Naturam expellas furca, tamen usque recurret*, et de ceci mesme sommes advertis par l'exemple du poulain :

> Ce que poulain prend en jeunesse
> Il le continue en vieillesse ;

ou ainsi :

> Ce que poulain prend en domture
> Il le maintient autant qu'il dure.

La mesme chose s'exprime encore en ceste sorte : *Le loup mourra en sa peau qui ne l'escorchera vif*, et pour user des mots anciens : *En tel pel com naist li leups morir l'estueut ;* au lieu qu'on diroit aujourd'hui : *En tel peau qu'ha le loup quand il naist morir li eschet ;* le proverbe grec dist qu'il change bien de poil mais non de naturel : Ο λυκος την τριχα αλλον την γνωμην αλλατει; en latin : *Lupus pilum non ingenium mutat* (1).

A la même époque Pasquier, dans ses *Recherches sur la France*, consacrait tout un livre (le huitième) à une explication historique de nos proverbes les plus communs. Son travail est important, rempli de science, et sert de base à tous les ouvrages qui traitent le même sujet. Si quelques-unes de ses conjectures sont hasardées, le plus grand nombre est juste et appuyé sur des preuves incontestables.

Au nombre des livres originaux sur cette matière, il faut encore compter trois ouvrages publiés dans le cours du XVIIe siècle.

Le premier a pour titre : *L'Etymologie, ou Explication des Proverbes françois, divisée en trois livres, par chapitres, en forme de dialogue*, par FLEURY DE BELLINGEN, à la Haye, 1656, petit in-8°. Cet ouvrage, écrit en forme de dialogue, dont les interlocuteurs sont appelés *Simplician* et *Cosme*, contient sur chacun de nos anciens proverbes, principalement sur les proverbes historiques, des explications fort étendues et des anecdotes souvent curieuses. Sans aucun doute, un grand nombre de ces anecdotes ont été fabriquées à plaisir, et ne méritent pas de confiance, mais quelques-unes sont vraies, d'autres assez probables; il est d'ailleurs intéressant de connaître les récits que la tradition populaire rattache à nos anciens dictons. L'auteur de ce travail a été victime d'un plagiat des plus remarquables, que Charles Nodier a signalé dans ses *Mélanges tirés d'une petite bibliothèque* (2). En 1665, le libraire Pepingué, fit paraître sous le titre de : *Les Illustres Proverbes nouveaux et historiques*, etc., un ouvrage en deux parties qui n'était autre qu'une réimpression du travail de Bellingen; seulement on avait supprimé le nom du véritable auteur et changé le titre. « L'éditeur des *Illustres* » *Proverbes*, dit Nodier, s'il est permis de donner le

---

(1) *Excellence du langage françois*, etc., p. 227.
(2) *Mélanges tirés d'une petite bibliothèque*, ou *Variétés littéraires et philosophiques*, in-8°, 1829, p. 129.

» nom d'éditeur à l'homme qui exerce un pareil com-
» merce, n'a fait d'autres frais d'imaginative que de
» substituer à *Cosme* un philosophe et à *Simplician* un
» manant. Du reste, ses personnages disent absolument
» les mêmes choses, dans les mêmes termes, toutes les
» fois que les bienséances du pays et les conditions du
» privilége le permettent. On peut conclure de là qu'il
» s'est bien gardé de conserver tout ce qui présente
» un sens hardi, et que les équivoques plaisantes, les
» étymologies un peu vives que ce sujet amenait si na-
» turellement et rendait souvent nécessaires, ont été
» soigneusement retranchées, sans égard même pour
» l'enchaînement du sens et pour la promesse des som-
» maires qui précèdent chaque chapitre. »

Le second ouvrage est dû aux veilles d'un magistrat distingué de l'ancienne province de Normandie. Jacques Mosans de Brieux, né à Caen en 1614, conseiller au parlement de Metz, se retira dans un âge peu avancé dans sa ville natale et cultiva avec succès les lettres, principalement la poésie latine. Etant jeune, il avait longtemps voyagé en Allemagne, en Angleterre, et beaucoup fréquenté les bibliothèques publiques. Il y recherchait tout ce qui pouvait éclaircir nos antiquités nationales; c'est ainsi qu'il parvint à recueillir les matériaux nécessaires à la composition d'un livre assez court, mais qui renferme, principalement sur nos anciens proverbes, des indications précieuses. Il est intitulé : *Les Origines de quelques coutumes anciennes et de plusieurs façons de parler triviales, avec un vieux manuscrit en vers, touchant l'origine des chevaliers bannerets.* A Caen, MDCLXXII, 1 vol. in-18.

Ce livre, que Mosans de Brieux dédia au duc de Montausier, son bienfaiteur, est devenu fort rare, soit qu'il ait été tiré à petit nombre, soit qu'une cause imprévue en ait détruit les exemplaires. Les amateurs recherchent avec empressement ce petit volume, dont la lecture justifie pleinement la réputation. Un grand nombre des citations que Mosans de Brieux avait recueillies dans des ouvrages manuscrits nous sont mieux connues aujourd'hui, parce que ces ouvrages ont été imprimés;

mais l'auteur des *Origines* n'en a pas moins le mérite de s'en être servi le premier, et de les avoir appliquées à des sujets intéressants.

Le troisième ouvrage est intitulé : *Curiositez françoises pour servir de supplément aux Dictionnaires, ou Recueil de plusieurs belles proprietez, avec une infinité de proverbes et quolibets pour l'explication de toutes sortes de livres*, 1640, in-12.

Antoine Oudin, secrétaire-interprète du roi, professeur des langues italienne et espagnole, philologue distingué, est l'auteur de ce travail curieux et piquant. Il renferme principalement les locutions proverbiales usitées dans notre langue, avec des explications très-courtes, mais exactes pour la plupart. Il est fâcheux que l'auteur, qui était très-versé dans la littérature facétieuse des xvie et xviie siècles, n'ait pas cité les ouvrages dans lesquels il a recueilli tous les proverbes qu'il rapporte ; son travail y aurait beaucoup gagné. On peut encore lui reprocher de n'avoir pas suivi un ordre alphabétique assez rigoureux pour le dispenser d'ajouter une table des matières dont l'absence rend toutes recherches fort difficiles dans les *Curiositez françoises*. Malgré ces défauts ce travail est original et unique dans son genre.

Je ne pousserai pas plus loin l'examen critique des différents ouvrages français relatifs aux proverbes. Quant à tous ces livres publiés depuis la fin du xviie siècle jusqu'à nos jours sous le titre de *Dictionnaire*, ou *Histoire des Proverbes*, on trouvera dans la seconde division de la Bibliographie le titre exact des plus importants. Sans aucun doute, quelques-uns de ces travaux renferment des indications précieuses : ainsi P. J. Le Roux dans son *Dictionnaire comique*, l'abbé Tuet dans ses *Matinées sénonaises*, Lamesangère dans son *Dictionnaire des Proverbes français*, et le chevalier de Méry dans son *Histoire des Proverbes*, ont réuni des détails intéressants ; mais, pour la plus grande partie, ces travaux sont copiés les uns sur les autres, et renferment bon nombre d'indications fautives ou incomplètes.

§ III.

DE L'EMPLOI DES PROVERBES PAR LES AUTEURS FRANÇAIS DEPUIS LE XIIe SIÈCLE JUSQU'AU XVIIe SIÈCLE.

Les recherches précédentes ont pu faire juger de la nature et de la diversité des proverbes français depuis le xiie siècle jusqu'au xvie. Pour les compléter, il me reste encore à examiner comment nos auteurs ont employé les proverbes à la même époque, enfin quelle part il faut accorder dans notre littérature à cette antique sagesse des nations.

J'ai dit, au commencement de ces recherches, que l'on trouvait des proverbes dans les premiers livres français. En effet, nos vieux poëtes du xiie et du xiiie siècle les ont souvent cités ; on peut facilement en recueillir un grand nombre dans les ouvrages qu'ils nous ont laissés. Non-seulement leurs fabliaux, leurs contes en sont remplis, mais on en rencontre même dans les compositions sérieuses, dans les Vies de saints, par exemple, et dans les Romans de chevalerie. Cet usage n'a rien de surprenant quand on se rappelle que la plupart de ces compositions, livrées aux jongleurs et aux ménestrels, s'adressaient au peuple, qui se pressait à en écouter le récit. Déjà au milieu du xiie siècle, un grand nombre de nos proverbes étaient vulgaires, et Chrestien de Troyes, qui composait ses grands poëmes à cette époque, n'a pas manqué de mettre à profit ceux qui couraient de son temps. Voici, par exemple, le début de Perceval, l'un de ses romans les plus graves, puisqu'il contient le récit de la recherche du *Graal*, vase sacré dans lequel Jésus-Christ célébra la Cène :

> Qui petit sème petit cuelt ;
> Et qui auques recoillir vuelt
> An tel lieu sa semance espande
> Que fruit à cent dobles li rande ;
> Car an terre qui rien ne vaut
> Bonne semance i seche et faut (1).

---

(1) « Celui qui épargne sa semence doit peu recueillir ; et
« celui qui veut recueillir doit répandre sa semence dans une

Le même poëte a commencé ainsi le *Roman d'Erec et d'Enide* :

> Li vilains dist en son respit,
> Que tele chose a l'en en despit
> Qui mult valz mialz que l'en ne cuide (1).

Benoît de Sainte-More, qui écrivit aussi au milieu du XIIe siècle, dès le début de son *Roman de Troyes*, cite un proverbe :

> Salomons nos enseigne et dit,
> Et se l' trovons en son esprit,
> Que nus ne doit son sen céler,
> Ains le doit ensi demostrer (2).

Ces exemples, que je pourrais multiplier, suffisent pour prouver que nos vieux poëtes ne craignaient pas de mêler à leurs œuvres les plus sérieuses les proverbes populaires.

Je dois même observer que dans plusieurs poëmes des XIIe et XIIIe siècles, j'ai rencontré cette forme employée par Chrestien de Troyes (3) :

> Li vilains dit en son respit, etc.
> (*Le vilain dit en son proverbe.*)

» terre telle qu'elle lui rende cent fois ce qu'il a semé. Car
» dans une terre qui ne vaut rien la bonne semence y sèche et
» manque. » (*Perceval le Vieux*, manuscrit de la Bibliothèque
royale, n° 73 Cangé.) Voyez aussi notre description des manuscrits du *Roman de Brut*, t. I de ce roman, p. L.

(1) Le Vilain dit en son proverbe que l'on méprise souvent une chose qui vaut beaucoup mieux que l'on ne croit (*Roman d'Erec et d'Énide*, manuscrit de la Bibliothèque royale, Cangé n° 73.) Voyez aussi notre description des manuscrits du *Roman de Brut*, t. I, p. XXXVII.

(2) Salomon nous enseigne et dit, et nous le trouvons en écrit, *que nul ne doit céler sa science, mais qu'au contraire on doit la répandre*. (Le *Roman de Troyes*, manuscrit de la Bibliothèque Royale, Cangé n° 73. Voyez aussi notre description des manuscrits du *Roman de Brut*, t. I, p. XLIII.)

(3) Voyez au tome II, dans les appendices n° IV.

Ce qui pourrait me faire penser que les plus anciens proverbes français se rencontrent dans cette pièce si connue pendant le moyen âge, intitulée : *Proverbes au Villain*, et dont j'ai parlé dans la première partie de ces Recherches (1). C'est principalement au début de leurs ouvrages que les trouvères plaçaient ces anciennes maximes qu'ils empruntaient soit à la tradition, soit au texte de la sainte Ecriture, ou bien encore aux ouvrages de quelques auteurs de l'antiquité classique désignés sous le nom de philosophes. Les trouvères ont adopté cette forme principalement dans leurs contes et leurs fabliaux. Presque tous (et on sait que le nombre en est considérable) commencent ou finissent par un proverbe, et il n'est pas rare d'en trouver plusieurs au milieu du récit. Les auteurs du *Roman du Renart*, du *Roman de la Rose*, ceux des différents recueils de fables, Marie de France principalement, ont suivi le même principe; pour ces derniers, on peut dire que les proverbes faisaient partie du genre de leur composition. Les poëtes français du moyen âge, qui nous ont laissé de longues chroniques en vers, se sont aussi conformés à l'usage admis généralement. Robert Wace dans les *Roman de Brut* et *de Rou*, Benoît de Sainte-Môre dans sa *Chronique des ducs de Normandie*, Philippe Mouskès dans son *Histoire universelle*, aussi bien que les auteurs du *Chevalier au cigne*, de la *Chanson d'Antioche* et de *Baudoin de Sebourg*, citent très-souvent les proverbes; et même on en trouve un à la fin de presque toutes les strophes de Baudoin de Sebourg. Godefroy de Paris, qui nous a laissé une chronique métrique assez piquante

---

(1) Les *Proverbes au Villain* sont déjà cités dans un poëme sérieux composé dans la première moitié du xiie siècle par le trouvère anglo-normand Philippe de Thaun : au commencement de son poëme intitulé : *Livre des Créatures*, Philippe s'exprime ainsi : *Redargutio per Proverbia*.

Ceo dit en *repruver* li Vilain al buver :
La pire ruclette criet de la charrette ; etc.

(*Popular Treatises on Science written during the middle ages in Anglo-saxon, Anglo-norman, and English*, etc., Edited by Thomas Wright. Londres, 1842, in-8°, p. 22.)

des seize premières années du xive siècles, a fait des proverbes un usage tout particulier. Son ouvrage contient le récit d'événements assez considérables, tels que les batailles de Courtrai et de Mons en Puelle, le démêlé du pape Boniface VIII avec Philippe le Bel, la condamnation des Templiers, celle des brus de Philippe le Bel, celle d'Enguerrand de Marigny, et quelques autres faits encore qu'il serait trop long d'énumérer. Godefroy ne manque jamais de mêler à ses récits quelques-uns de ces proverbes usités depuis longtemps déjà quand il écrivait; en parlant des hauts barons morts en 1302, à la bataille de Courtrai, il dit :

> Miex vaut fouir que mal atendre
> Et reculer pour miex férir ;
> Mès l'on redist : Miex vaut morir
> A honor qu'à deshonnor vivre.

Et plus loin :

> Le proverbe tient son lieu fort
> Qui dist : « Qui est mort si est mort. »

A propos des rébellions continuelles des Flamands, sous l'année 1305 :

> Ne sougiet ne vient à honnor
> Qui rebelle à son seingnor,
> Ce puet-on souvent esprouver ;
> En la queue gist l'encombrier.

L'année suivante, en parlant de l'expulsion des juifs du royaume, il cite ces proverbes vulgaires :

> En petit d'heure Diex labeure.....
> Tel rit un matin qui le soir pleure.

Quand il arrive, en 1307, à la condamnation si étrange, si imprévue de l'ordre fameux des Templiers, Godefroy ne se contente pas de reproduire le proverbe commun :

> Tant va pot à eve qu'il brise ;

il réunit, dans une suite de douze à quinze vers, plusieurs sentences proverbiales de ce genre :

> Le dé ont eu longuemant
> Mais torné lor est autremant.

Sous l'année 1314, il relate en ces termes la fin prématurée du pape Clément V :

> Après Pasques, à la quinzaine,
> Droit au mardi de la semaine,
> Mist à Clément nostre apostoile
> Sous le banc la mort sa viele.

Mettre sa viele sous le banc, expression proverbiale singulière, qui se retrouve dans Villon, et dont le sens est assez difficile à saisir :

> Ma vielle ay mys soubz le banc.
> (*Grand Testament*, St. LX.)

Non-seulement les poëtes du XIIe et du XIIIe siècle se sont beaucoup servis des proverbes, mais les prosateurs de la même époque en ont fait un emploi fréquent. Les écrivains les plus graves, les moralistes, les chroniqueurs n'ont pas dédaigné ces vieilles maximes si bien en harmonie avec le style simple, naïf qu'ils employaient.

Dans les circonstances les plus solennelles, les orateurs, qu'ils fussent clercs ou laïques, ne se faisaient aucun scrupule de citer les proverbes, même les plus vulgaires. En 1406, un concile de l'Eglise gallicane fut tenu à Paris, au sujet du schisme qui divisait l'Occident entre les deux papes siégeant à Rome et à Avignon. Plusieurs docteurs célèbres de l'université prirent la parole, Jean Petit, entre autres, qui, l'année suivante, devait excuser d'une façon si étrange le meurtre de Louis, duc d'Orléans. Sa virulente harangue, dirigée contre Benoît XIII, contient plusieurs proverbes ; je ne citerai que cette phrase : « Mais plus tard Benedic » (Benoît XIII), considérant que ce n'était pas jeu » d'enfants, et que *l'eau ne venait plus au moulin...* » Guillaume Fillastre, doyen de l'église de Reims, qui prit la parole après Jean Petit, s'exprime aussi de cette façon : « Obéir au pape, puis désobéir, lui obéir de

» nouveau, et de nouveau lui refuser obéissance, on
» dirait que *c'est la chanson du Ricochet* (1). »

L'année précédente, en 1405, le célèbre Jean Gerson, chancelier de l'Eglise de Paris, fit, au nom de l'université, une longue remontrance sur le gouvernement du royaume, au roi Charles VI, environné de son conseil. Contre l'usage admis généralement, il employa la langue française, et ne dédaigna pas les citations de quelques proverbes vulgaires. En parlant du peuple et du danger que l'on court à le servir : *Ce n'est doncques riens d'aide ou faveur du commun; fol est qui s'y fie.* — *Qui commun sert nul ne l'en paye.* — *Qui de tout se tait de tout a paix*, dit-il plus bas; et encore : « Dieu » sçait si les conseils de France vont à la moustarde » et se chantent à la vielle, tant sont secrets! » *Chef bien peigné porte mal bacinet.* — *D'aultrui cuir large courroye* (2). Il ne faut pas s'étonner après cela si, même dans la chaire évangélique, certains prédicateurs, tels qu'Olivier Maillard et quelques autres, employaient les proverbes pour convaincre leur auditoire (3).

Parmi les chroniqueurs du XIIIe siècle, il en est un principalement qui s'est complu à citer les proverbes français les plus vulgaires : c'est l'auteur anonyme de la *Chronique de Rains*, écrivain populaire si jamais il en

---

(1) Voyez, dans la Chronique anonyme du moine de Saint-Denis, le récit de ce concile provincial, année 1406. Voyez aussi un article curieux de M. L. Moland, intitulé : *Un épisode révolutionnaire de l'histoire de l'Eglise*, Revue contemporaine, t. XXXV, p. 87 (n° du 15 décembre 1857).

(2) Harengue faicte au nom de l'Université de Paris devant le roy Charles sixiesme et tout le conseil, en 1405, etc., par maistre Jehan Gerson, etc. Paris, 1824, in-8°.

(3) Sermon de F. Olivier Maillard, presché à Bruges en 1500, et autres pièces du même auteur, avec une notice, par M. Labouderie. Paris, 1826, in-8°. — Voici les proverbes que je trouve dans cette pièce :

... Et vous y devez le guez. — Il n'y a mot qui ne vaille son pesant d'or. — A bon entendeur il ne faut que demi-mot. — Il ne fault qu'ung petit trou pour noyer le plus grant navire qui soit sur la mer. — Car l'ung pechie attire l'autre.

fut, et qui a recueilli tous les faits les plus curieux, les plus dramatiques, sinon les plus certains, des règnes de Philippe-Auguste et de saint Louis. Pour terminer le récit d'un fait important, le chroniqueur emploie ces dictons populaires, qui donnent à son style une physionomie particulière. Après avoir raconté la fin tragique de Henri Ier, roi d'Angleterre, il ajoute que ses serviteurs voulurent faire croire que leur maître était mort subitement. Mais il n'en fut pas ainsi, ajoute-t-il, car *celé cou que maisnie sçait n'est souvent mie* (on ne peut pas cacher ce que toute une maison connaît). De même, en parlant du roi d'Espagne, qui avait l'imprudence de s'attaquer à Richard Cœur de lion, il cite ce proverbe, que les auteurs du moyen âge ont souvent répété : *Tant grate chèvre que mal git;* enfin comme les jongleurs et les romanciers, auxquels il ressemble beaucoup, le chroniqueur de Rains rappelle plusieurs fois les *Proverbes au Villain :* « Et li rois chevauchoit
» adont à privée maisnie, et ne quidoit avoir garde,
» pour cou qu'il cuidoit que li rois Richars fust en
» Engleterre. Mais li Vilains dist en son proverbe :
» *Qu'en .I. mui de quidance n'a pas plain pot de*
» *sapienche* (1). »

Pendant le xive et le xve siècle, c'est surtout dans les

---

(1) *La Chronique de Rains,* publiée sur le manuscrit unique de la Bibliothèque du Roi, par Louis Paris. Paris, 1837, in-8°.

Voici les autres proverbes que l'on trouve cités dans cette chronique :

Page 68 :

Et souvent avient que sages hom fait grant folie.

Page 103 :

Ainsi fait qui mius ne puet.

Page 146 :

Mais en poi d'eures Diex labeure,
Teus rit au matin qui au soir pleure.

Page 156 :

Et on dit piecha : que vrai cuers ne puet mentir.

Voyez encore p. 193, 238.

poésies populaires que les proverbes sont employés. Continuateurs en ce point des jongleurs et des trouvères, les rimeurs de cette époque aimaient à mêler ces vieux adages à leurs compositions. C'est ainsi qu'en 1381, dans une complainte en vingt-deux couplets composée contre Hugues Aubriot, prévôt de la ville de Paris, par quelque partisan de l'Université, un proverbe commun termine chaque couplet. Alain Chartier, en 1449, écrivit dans le même genre une ballade contre les Anglais sur la prise de Fougères, et peu d'années auparavant une pièce semblable avait été faite au sujet du siége de Pontoise (1).

A la fin du xive siècle, une femme très-connue par les nombreuses compositions, soit en prose, soit en vers, qu'elle nous a laissées, Christine de Pisan, a fait grand usage des proverbes. Mais, fidèle au caractère sérieux et pédantesque qui domine dans tous ses écrits, ce sont plutôt les sentences morales des anciens philosophes qu'elle reproduit que les dictons populaires répétés par les auteurs dont je viens de parler. Au nombre des différentes poésies composées par Christine de Pisan, on trouve des *Enseignements* et des *Proverbes moraux* (2). Les premiers sont dédiés à son fils, et commencent ainsi :

> Filz, je n'ay mie grant tresor
> Pour t'enrichir, pour ce dès or
> Aucuns enseignemens monstrer
> Te veuil, si les vueilles noter.

Il y a dans ce poëme une imitation évidente des Dits de Caton. Cette strophe, par exemple, qui est la vingtième :

> Si tu veus lire des batailles
> Et des regnes les convenailles,
> Si liz Vincent et autres maintz,
> Les faictz de Troyes et des Romains,

---

(1) J'ai publié ces trois pièces p. 264, 323, 331 du *Recueil des Chants historiques français du xiie au xviiie siècle*. Première série. Paris, in-18. Bibliothèque d'élite de Ch. Gosselin.

(2) Voyez p. 110 de l'*Essai sur les Écrits politiques de Christine de Pisan*, par Raymond Thomassy. Paris, 1838, in-8°.

rappelle un passage des Distiques, que j'ai cités précédemment. La plupart des proverbes moraux sont empruntés à ceux qu'on attribuait aux anciens philosophes.

Parmi les poëtes du xve siècle, je nommerai Charles d'Orléans, Gringoire et Villon : Charles d'Orléans cite principalement les *Proverbes communs*, tels que ceux-ci :

> Jeu qui trop dure ne vaut rien.
>
> Il convient que trop parler nuise,
> Ce dit-on, et trop grater cuise.
>
> Après chaud temps vient vent de bise.
>
> Chose qui plait est à moitié vendue.
>
> L'habit le moine ne fait pas.

Une de ses plus jolies ballades a pour refrain cet adage : *Encore est vive la souris*. Du reste, dans l'emploi qu'il fait des proverbes, Charles d'Orléans sait mettre le choix et le bon goût qui distinguent toutes les œuvres qu'il nous a laissées.

La même simplicité ne se rencontre pas dans les ouvrages de Pierre Gringoire, un des poëtes les plus féconds du xve siècle, un de ceux qui aiment le plus à citer des adages et des proverbes de tout genre. Non-seulement il en a composé un recueil assez complet, mais encore il s'est fréquemment servi des dictons populaires, des sentences morales, des proverbes, et les a mêlés à toutes ses compositions. Ce genre d'ornements abonde principalement dans cette sorte de satire contre les différents Etats, intitulée : *Contredictz de Songecreux*. Voici quelques passages des *Contredictz :*

Fol. II, v° :

> *Puis j'ai fait d'aultrui cuir courroie.*
>
> *Car je n'ai pas l'entendement*
> *A si bien forger comme ilz font ;*
> *Fort feu par souffler métal fond.*

Fol. IV, v° :

> *De fol juge briefve sentence.*

Fol. v, r° :

> Chemyn d'oiseau qui en l'air vole,
> Sente de nef qui en mer nage,
> Cueur d'enfant qui est à l'escolle
> Sont incongneus en leur passage (1).

Fol. XIII, r° :

> Le sage aussi si nous dict ung notable :
> Que trop parler souvent en mal se noye,
> Le fol tousjours sème parler par voye ;
> Trop parler cuit, grevant la conscience.

Fol. XXX, r° :

> Celluy qui chasse et rien ne prent,
> On le doit appeler buzard,
> Comme l'enfant est dit musard
> Qui à l'escolle est et n'apprent (2).

> *En chiens, oiseaulx, armes et amours*
> *(Ce dit l'en en commun langage)*
> *Pour un plaisir mille doulours,*
> *Et chascun le voit par usage.*

Fol. XXXVII, r° :

> Soit par gens tuer hardiment,
> Ou soit par mentir seulement,
> Tous sont médecins d'apparence ;
> Et par Dieu leur abusement
> *Nostre bec jaune nous apprent.*

Fol. XXXVIII, r° :

> *Mais se mires et mareschaulx*
> *Tuent les gens, et les chevaulx*
> C'est par non sçavoir ce qu'il faut.

Fol. XLII, r° :

> Et puis qui dyable achapte dyable vent.

Fol. XLVII, r° :

> Le vulgaire des gens ruraulx
> Si dit que l'homme a en sa vie
> Deux adversitez ou grans maulx :
> L'ung si est quant il se marie,

---

(1) *Imitation des Proverbes de Salomon.*
(2) *Imitation des premiers Distiques de Caton.*

> Car dès lors a peine infinie ;
> L'autre est quant il se rompt le col
> Qui est meilleur, je vous affie,
> *Que soy marier comme un fol.*

Enfin, je terminerai ces extraits par une diatribe contre les femmes, qu'on trouve au folio 50, recto, et qui, ainsi que je l'ai observé précédemment, se recontre, sous une forme ou sous une autre, dans tous les livres de proverbes :

> *Quem conjux diligit odit,*
> Ce dit Cathon, c'est la manière
> De contredire à tout bien dit.
>
> . . . .
> Femme est l'ennemy de l'amy ;
> Femme est péché inévitable ;
> Femme est familier ennemy,
> Femme déçoyt plus que le diable.
>
> . . . .
> Femme est tempeste de maison ;
>
> . . . .
> Femme est des serpens le serpent ;
> Femme blandist, femme oingt et poingt ;
> Femme gaste le firmament
> Et deffait ce qu'on faict à point (1).

---

(1) *Contredictz de Songecreux :*

> Pour éviter les abuz de ce monde
> De Songecreux lisez les Contredictz,
> Et retenez dessoubz pensée munde
> Ceulx de présent et ceulx du temps jadis.
> En ce faisant par notables édictz
> Pourrez débattre et le pro et contra,
> Et soustenir, alléguant maintz bons dictz,
> Ce que per eulx en voye rencontra.

Avec privilége. On les vend à Paris, en la grant salle du Palais, en la boutique de Galliot du Pré, libraire juré de l'Université.

Sur le recto du feuillet 204 et dernier on lit :

« Fin des *Contreditz de Songecreux*, contenant plusieurs abuz en chascun estat de ce monde, nouvellement imprimez à Paris par Nicolas Couteau, imprimeur pour Galliot du Pré, libraire. Et fut achevé d'imprimer le second jour du moys de may, l'an mil cinq (cent) et trente. 1 vol. petit in-4° goth.

Ces extraits, tous empruntés aux cinquante premiers feuillets d'un volume qui en a plus de deux cents, peuvent donner une idée de la science de Gringoire en matière de proverbes ; non-seulement il aimait à faire usage des dictons populaires, mais encore il imitait, comme on le voit, les ouvrages de Salomon, ceux des anciens philosophes, et principalement les Distiques de Caton.

On trouve plus de retenue, et surtout plus d'art et de recherche, dans Villon, ce poëte si ingénieux, si habile à mettre en œuvre la gracieuse simplicité de notre vieux langage. Par son éducation universitaire, par ses mœurs un peu relâchées et ses habitudes populaires, Villon connaissait bien les proverbes, non pas ces sentences pédantesques, ces mots dorés, comme on disait alors, dont Pierre Gringoire et les ennuyeux rimeurs de son école se plaisaient à orner leurs écrits, mais es proverbes communs répétés à chaque moment par le peuple, et dont encore aujourd'hui il aime à faire usage.

Ce qu'on doit surtout remarquer chez Villon, c'est l'adresse avec laquelle il sait choisir les proverbes et les faire servir à exprimer sa pensée. Je donnerai quelques exemples.

Page 5 :

> En ce temps que j'ai dit devant
> Sur le Noël morte saison,
> *Lorsque les loups vivent de vent.*

Page 29, en parlant à Louis XI :

> Au quel doint Dieu l'heur de Jacob
> De Salomon l'honneur et gloire ;
> Quand de prouesse il en a trop
> De force aussi, par m'ame, voire.
> En ce monde cy transitoire
> Tant qu'il y a de long et de lé,
> Affin que de luy soit mémoire
> *Vivre autant que Mathusalé.*

Page 35 :

> Et sçachés qu'en grant pauvreté
> (Ce mot dit-on communément)
> *Ne gist pas trop grant loyauté.*

Page 36 :

> Nécessité fait gens mesprendre
> Et faim saillir loup hors du bois.

Page 38 :
> Car de la pause vient la danse.

Page 39 :
> Car à la mort tout s'assouvist.

Le chef-d'œuvre de Villon, cette charmante ballade des *Dames du Tems Jadis* se termine aussi par un vers devenu proverbe :

> La royne Blanche comme ung lys,
> Qui chantoit à voix de sereine,
> Berthe au grant pied, Bietrix, Alix,
> Aremburgs qui tint le Mayne,
> Et Jehanne la bonne Lorraine,
> Où sont-ilz, Vierge souveraine?
> *Mais où sont les neiges d'antan?*

Villon connaissait bien la valeur de cette charmante ballade, car il en écrivit deux autres dans le même genre, mais elles sont inférieures à la première : dans celle qu'il composa *en vieil langage françois,* chaque strophe finit par ce proverbe ;

> *Autant en emporte li vens.*

Presque toutes les ballades que Villon a jointes à son Grand et à son Petit Testament se terminent ainsi, et l'on voit, d'après les exemples cités précédemment, que cette manière de composer était fort répandue aux XIVe et XVe siècles.

Villon a écrit toute une ballade avec les proverbes communs ; voici la première strophe qui contient les principaux :

> Tant grate chèvre que mal gist;
> Tant va le pot à l'eau qu'il brise,
> Tant chauffe on le fer qu'il rougist;
> Tant le maille on qu'il débrise,
> Tant vault l'homme comme on le prise,
> Tant s'esloigne il qu'il n'en souvient,
> Tant mauvais est qu'on le desprise,
> Tant crie l'on Noël qu'il vient (1).

---

(1) *OEuvres de François Villon : avec les Remarques de diverses personnes.* A la Haie, 1742, 1 vol. in-12.

Avec la fin du xv⁰ siècle commence à se développer parmi nous un genre de littérature qui devait nécessairement gagner beaucoup à l'emploi des proverbes. Aussi, ceux qui le cultivèrent ne manquèrent pas d'en faire usage : je veux parler des conteurs et des nouvellistes qui ont écrit en prose, et de quelques auteurs de facéties. Déjà pendant le cours du xve siècle, on trouve plusieurs romans d'amour ou de chevalerie, dans lesquels nos proverbes communs sont souvent cités. Je nommerai ici le *Roman du Jouvencel*, par Jean de Beul; curieux Mémoire d'un brave chevalier qui avait fait les guerres des règnes de Charles VI et de Charles VII, et qui se complaît à raconter longuement tout ce qu'il a vu et entendu dire. Il aime beaucoup à mêler à son style franc, hardi et qui *sent bien son gentilhomme*, comme on dirait aujourd'hui, des dictons populaires et les proverbes communs qui se répétaient parmi les gens de guerre de son temps (1). Je nommerai encore l'histoire du *Petit Jehan de Saintré*, dont l'auteur, Antoine de la Salle, a fait preuve d'une si grande habileté de style et d'une connaissance très-étendue de la littérature des proverbes. Non-seulement il en cite beaucoup dans ce livre, mais il en rapporte plus encore dans deux ouvrages qui ne portent pas son nom, mais dont il est certainement le principal rédacteur, je veux parler des *Quinze Joyes de Mariage* et des *Cent Nouvelles nouvelles* (2), racontées à la cour de Bourgogne. La nature

---

(1) A la fin du t. II, aux appendices n° III, on trouve plusieurs proverbes extraits du Jouvencel. Voyez dans le XXIe tome des *Mémoires de l'Académie des inscriptions et belles-lettres*, un Mémoire de Sainte-Palaye sur ce Roman, et la notice que M. P. Paris a consacrée au même ouvrage, t. II, p. 130 des manuscrits français de la Bibliothèque du Roi, leur histoire, etc. Paris, 1838, in-8°.

(2) On peut consulter, au sujet du *Petit Jehan de Saintré* et des *XV Joyes de Mariage*, l'Introduction des *Cent Nouvelles nouvelles*, édition que j'ai publiée en 1841 chez Paulin, 2 vol. in-8°; et celle des *XV Joyes de Mariage*, édition en caractères gothiques, que j'ai publiée chez Techener en 1836, 1 vol. petit in-8°.

du sujet, la manière dont il est traité, devaient nécessairement amener sous la plume de l'écrivain une foule de locutions proverbiales. Tout le mérite d'Antoine de la Salle, c'est d'avoir su les mêler avec adresse à son récit; il est parvenu sous ce rapport à déployer autant d'art dans sa prose que Villon et l'auteur de la Farce de Pathelin dans leurs poésies.

Les écrivains du XVIe siècle n'avaient qu'à suivre des modèles aussi parfaits que Villon pour la poésie, et pour la prose les auteurs des *Cent Nouvelles nouvelles*. Ils n'y manquèrent pas, et nous voyons Henri Estienne dans son Apologie pour Hérodote, Noël Dufail dans ses Contes d'Eutrapel, tous les nouvellistes et les écrivains de ces pamphlets satiriques qui parurent en si grand nombre pendant les guerres de religion, faire grand usage des proverbes. Les *Contes d'Eutrapel*, l'*Apologie pour Hérodote*, la *Satyre Ménippée*, sont cités à chaque page de mon travail; mais plus souvent encore, on y trouvera des phrases empruntées aux ouvrages de Rabelais, et à ce livre singulier dont le véritable auteur est encore inconnu et le sera probablement toujours, qui a pour titre : *le Moyen de parvenir*.

Rabelais, comme chacun sait, a fait un grand usage des proverbes et des dictons populaires. Il s'est montré des plus savants en ce genre de littérature, et déploie dans l'application qu'il en fait autant de malice que d'à-propos. J'ai recueilli avec beaucoup de soin tous les proverbes qu'il a cités; le nombre dépasse trois cents, en ne comptant qu'une fois ceux qu'il a répétés, et en mettant à part tous ceux qu'il a réunis dans son chapitre V du Ier livre de *Gargantua*, intitulé Propos des Beuveurs, et tous ceux qu'il a retournés dans son chapitre XI du même livre, consacrés à l'adolescence de son héros. Les proverbes dans *le Moyen de parvenir* ont un caractère particulier de licence qui domine tout cet ouvrage, et empêche certains esprits délicats d'en apprécier le mérite. On ne peut disconvenir cependant que le talent du style narratif y soit porté à un très-haut degré; la moquerie est très-incisive; seulement il est fâcheux qu'elle s'exerce sur des sujets respectables et qu'elle emploie un langage hardi, poussé trop souvent jusqu'au cynisme. C'est avec un singulier bonheur que l'auteur du *Moyen de parvenir* fait usage de nos anciens proverbes ; il en altère quelquefois le sens, et il faut bien se garder d'ajouter foi à toutes les explications qu'il en donne, car le plus grand nombre n'est que plaisant et satirique, et s'éloigne beaucoup de la vérité.

Deux écoles poétiques se sont partagé l'empire des lettres au xvie siècle. L'une, savante, pédantesque, novatrice dans la forme et dans le langage, et qui a essayé d'introduire la noblesse, la majesté dont, à vrai dire, notre poésie ancienne est dépourvue ; l'autre, simple, familière, et s'appliquant à conserver cette élégance naïve dont Villon possédait si bien le secret. Ronsard et ses amis, qui composèrent la Pléiade, furent les chefs et les défenseurs de la première école ; Clément Marot et ses imitateurs le furent de la seconde. Comme on doit le penser, Ronsard et ceux qui adoptèrent ses réformes ne durent pas employer le langage des proverbes. Pour eux ce langage était trop familier, aussi l'ont-ils banni avec le plus grand soin de leurs ouvrages. Clément Marot, bien au contraire, ne dédaigna pas nos vieux adages ; on ne les trouve pas dans ses poésies aussi communément que dans celles de Villon, mais ils reviennent de temps en temps et toujours avec beaucoup de grâce et de naïveté ; par exemple, dans le Dialogue des deux amoureux, le premier demande à l'autre quel jour il commença à s'éprendre de sa belle :

Et quel jour fut-ce ?
LE SECOND.
    Par saint Jacques,
Ce fut le premier jour de Pasques :
A bon jour bonne œuvre.

De même dans son Enfer, on retrouve quelques-uns des proverbes communs :

Tort bien mené rend bon droit inutile.

. . . .
Et dont pour vray le moindre et le plus neuf
Trouveroit bien à tondre sur un œuf.

C'est principalement dans son Epître du Coq à l'âne, adressée à Lyon Jamet, que Marot a employé les proverbes et les dictons populaires. Je réunirai ceux qui s'y trouvent :

> Puisque répondre ne me veux
> *Je ne te prendray aux cheveux,*
> Lyon, mais sans plus te semondre,
> Moy-même je ne veux respondre
> *Et ferai le prestre Martin.*
> Ce grec, cet hébreu, ce latin
> *Ont découvert le pot aux roses;*
> Mon Dieu, que nous verrons de choses,
> *Si nous vivons l'âge d'un veau.*

> C'est grant pitié quant beauté fault
> A cœur de bonne voulonté.

> Il n'est bourreau que de Paris,
> Ny long procès que dudit lieu.

> Et que les jeunes tant poupines
> *Vendent leur chair cher comme cresme.*

> Elle parle comme de cire.

> Une estrille, une faux, un veau,
> C'est-à-dire Estrille Fauveau
> En bon rebus de Picardie.

Comme on le voit, dans ses Epîtres familières principalement, Clément Marot n'a pas dédaigné de faire usage de nos anciens proverbes, et en cela tous les poëtes de son école ont eu soin de l'imiter ; c'est ainsi que Régnier le satirique en a employé un grand nombre dans ses différentes poésies ; il est impossible de lire une seule pièce sans y rencontrer l'emploi de quelques proverbes et des plus vulgaires, appliqués du reste avec autant de bon sens que de finesse (1).

Quant au grand *réformateur du Parnasse français*, Malherbe, on ne doit pas être surpris qu'il ait évité avec soin de faire usage non-seulement des proverbes, mais encore des locutions qui en dérivent. Pour lui, cette

---

(1) Voir t. II, Appendice n° IV, les proverbes qui se trouvent dans les œuvres de Régnier.

langue était trop vulgaire, et ce qu'il voulait principalement, c'était donner à notre poésie la noblesse et la grandeur qui lui manquaient. J'ai vainement cherché dans les OEuvres de Malherbe la citation d'un seul proverbe ; on sait, du reste, que plusieurs vers de ses belles strophes à son ami Du Perier, sur la mort de sa fille, le sont devenus. On se souvient des vers sublimes sur les rigueurs de la Mort, et chacun de nous répète en voyant périr une femme jeune encore :

> Et rose elle a vécu ce que vivent les roses,
> L'espace d'un matin.

§ IV.

DE L'EMPLOI DES PROVERBES PAR LES AUTEURS FRANÇAIS DES XVIIe ET XVIIIe SIÈCLES : MOLIÈRE, LA FONTAINE, CORNEILLE, RACINE, REGNARD. — LA COMÉDIE DES PROVERBES. — LE PROVERBE DRAMATIQUE.

Rabelais, l'auteur du *Moyen de parvenir,* et quelques écrivains satiriques du même temps, ont donné naissance à un genre de littérature très-cultivée en France jusqu'au milieu du XVIIIe siècle, dans lequel les proverbes sont très-souvent employés. Je veux parler de la littérature facétieuse assez peu connue aujourd'hui. Les ouvrages nombreux qu'elle a produits sont recherchés principalement par les bibliophiles, qui payent au poids de l'or les exemplaires bien conservés de ces ouvrages, dont l'excessive rareté fait souvent tout le mérite. Cependant, si l'on veut connaître notre littérature dans toutes ses parties, il faut lire ces légères productions, sans se laisser rebuter par les traits de licence et de grossièreté qui trop souvent les déparent. Elles donnent une idée très-juste du caractère gai, moqueur, de l'insouciance et de l'amour du plaisir qui régnèrent si longtemps parmi nous, et qui faisaient dire aux peuples nos voisins : *François légers, François moqueurs.* Les auteurs de ces facéties s'adressaient au peuple, et avaient soin de parler un langage très-familier; les proverbes, les dictons, les rébus, leur venaient naturellement à l'esprit; c'est là qu'il en faut chercher des applications très-amusantes. Le fréquent usage fait par les auteurs de facéties de la langue des proverbes ne tarda pas à dégénérer en abus, si bien que ce langage fut complétement dédaigné par les auteurs sérieux du XVIIe siècle. Je ne parle pas des grands prosateurs de cette époque, Pascal, Bossuet, Fénelon et même Fontenelle; les graves sujets traités par ces écrivains n'admettaient pas les proverbes, mais je veux parler des romanciers et des littérateurs proprement dits, qui bannirent les proverbes de leur composition et allèrent même jusqu'à en blâmer l'emploi. Les proverbes ont même été frappés d'anathèmes par quelques-uns de ceux qui ont le plus contribué au perfectionnement de notre langue : Vaugelas les avait pris en haine, Perrot d'Ablancourt ne voulut pas les admettre dans ses élégantes mais infidèles traductions; Nicole attribue à la trivialité et à la bassesse d'expressions de ceux qui sont les plus communs, le mépris qu'on en faisait. Le père Bonhours les compare à ces habillements antiques qui sont dans les garde-meubles des grandes maisons, et qui ne servent tout au plus qu'à des mascarades ou dans les ballets; cependant il atténue sa critique en disant que les proverbes sont les sentences du peuple, et que les sentences sont les proverbes des honnêtes gens (1).

Il faut considérer MOLIÈRE et LA FONTAINE comme les derniers grands écrivains français qui se soient servis de la langue si ancienne, et à la fois si énergique, des proverbes et des dictons populaires. La Fontaine aimait avec raison les proverbes, connaissait les meilleurs et plus anciens; il les employa toujours à propos, de manière à faire mieux comprendre la moralité de son sujet. Il est bon d'observer que dans les premiers livres de ses Fables, il les emploie assez fréquemment; qu'ils

---

(1) De Mery, *Histoire générale des Proverbes*, etc., t. I, p. 23.

f.

deviennent rares de plus en plus dans les IXe, X^e et XIe livres, et que dans le XIIe à peine peut-on signaler une ou deux expressions proverbiales. Il ne faut pas être surpris de rencontrer dans les Contes du même auteur un assez grand nombre de proverbes ; ce genre de composition se prête merveilleusement à ce langage. Rien ne peut égaler la bonhomie malicieuse avec laquelle il sait les appliquer (1). Ajoutons que La Fontaine, aussi bien que Malherbe et Corneille, a mérité que plusieurs de ses vers passent en proverbes. Je ne citerai que le suivant qui termine son épître au roi en faveur de Fouquet :

<blockquote>Et c'est être innocent que d'être malheureux.</blockquote>

Molière était très-versé dans la connaissance de nos anciens proverbes. Il aimait à les placer dans la bouche des nombreux personnages qu'il a mis en scène. Aussi habile dans cette partie que dans toutes les autres, il savait choisir avec beaucoup d'art et les proverbes qu'il employait et les hommes auxquels il les prêtait. Ce sont toujours des gens du peuple, des valets ou des soubrettes, jamais des grands seigneurs ou des personnages sérieux. Comme exemple, je citerai le *Misanthrope*, ce chef-d'œuvre de notre scène, dans lequel on trouve à peine quelques expressions proverbiales (2). Cependant Molière, dans ses comédies sérieuses et du haut style, n'a pas craint de les admettre, quand les proverbes pouvaient ajouter quelque trait de vérité aux caractères qu'il voulait peindre. Dans le *Tartuffe*, acte Ier,

---

(1) Voyez t. II, Appendices, n° V, les proverbes cités par La Fontaine.

(2) Acte Ier, scène Ire, on trouve cette locution familière :

<blockquote>..... Et mon dessein
Est de rompre en visière à tout le genre humain.</blockquote>

Acte V, scène IV : « Ce sont de ces mérites qui n'ont que la cape et l'épée. » Et quelques autres ; voir aux Appendices, n° V, les proverbes cités dans Molière.

scène Ire, la vieille mère d'Orgon, madame Pernelle, termine ainsi ses remontrances :

> On n'y respecte rien, chacun y parle haut,
> Et c'est tout justement la cour du roi Pétaud.

Mais c'est principalement dans ses comédies plaisantes, dans ses farces pleines de gaieté et d'un bon sens si naïf et si fin, que Molière ne craignait pas de mêler aux saillies débitées par ses acteurs quelques proverbes communs, quelques dictons populaires. Ces compositions étaient surtout écrites pour le parterre dont il appréciait beaucoup le jugement, et dont il aimait à flatter les habitudes. Or, à cette époque, ces sortes de farces étaient fort en vogue et abondaient en propos de ce genre. Du reste, c'est avec beaucoup de mesure qu'il les emploie. Dans le *Médecin malgré lui*, c'est Sganarelle qui s'écrie : Que maudit soit le *bec cornu* de notaire qui me fait signer ma ruine (act. Ier, sc. Ire), ou bien encore : Apprenez que Cicéron dit qu'entre l'arbre et le doigt il ne faut pas mettre l'écorce (act. Ier, sc. III). Plus loin, c'est Lucas le paysan qui répond : Eh ! morguenne, laissez-nous faire, s'il ne tient qu'à battre *la vache est à nous* (act. Ier sc. V), ou bien Jacqueline sa femme : *Là où la chèvre est liée il faut bien qu'alle broute* (act. III, sc. V).

Du reste Molière, en faisant un fréquent usage des proverbes, continuait la tradition établie par ses devanciers sur le théâtre français. Non-seulement les farces, les moralités sont remplies de ces anciens adages, mais encore on en trouve dans les compositions plus sérieuses, dans les mystères par exemple, même dans le mystère de la Passion. Il ne faut pas en être surpris : Ces compositions s'adressaient au peuple surtout ; il fallait réveiller son attention par des lieux communs qui lui fussent familiers, et lui parler son langage. Quant aux farces et moralités, on trouve dans les différentes séries du Livre des Proverbes, des citations nombreuses empruntées à ces pièces facétieuses : le chef-d'œuvre du genre la *Farce de Patelin*, dont l'auteur est resté inconnu jusqu'à ce jour (1), contient plusieurs mots qui sont devenus proverbes; on connaît celui-ci : *En revenir à ses moutons*. Ce n'est pas tout : dans les différentes scènes de cette charmante comédie on trouve de ces dictons populaires que l'auteur emploie avec beaucoup d'esprit (2). La même observation s'applique à toutes ces petites pièces satiriques et gaillardes jouées par les Enfants sans-soucis, les Compagnons du Prince des sots, les Enfants de la Bazoche à Paris, et à Lyon par les Suppôts du seigneur de la Coquille. Ces associations dramatiques ont duré jusqu'à la fin du xvie siècle. Les compositions qu'elles ont produites ne nous sont pas toutes parvenues, mais dans celles qui ont échappé à l'oubli, le proverbe triomphe et domine. Entre ces farces et les petits prologues débités avant la grande pièce, par nos premiers comédiens français, par Bruscambille, Gros-Guillaume, Gautier Garguille, et même par Tabarin sur son tréteau du pont Neuf, il est facile de saisir un lien de continuité, une similitude de plaisanteries souvent mordantes et spirituelles, dont nos vieux proverbes faisaient presque toujours partie.

Les dramaturges de quelque réputation venus avant

---

(1) Dans la première édition de mon travail, j'avais attribué, sans rien affirmer cependant, la farce de Patelin à Pierre Blanchet, ainsi que l'ont fait beaucoup d'autres avant moi. Le dernier éditeur du Patelin, F. Génin, a vivement combattu cette assertion. Son principal argument est tiré d'un acte qu'on pourrait interpréter contre lui. Du reste il tombe dans le même défaut que nous tous, quand il croit reconnaître comme auteur du Patelin Antoine de Lasalle, à qui l'on doit le roman de *Jehan de Saintré* et les *Quinze Joies de mariage*. C'est ici le cas où jamais de rappeler le proverbe : *Dans le doute, abstiens-toi*. Ce qui n'empêche pas que l'édition de la farce de Patelin ne soit supérieure à toutes celles qui l'ont précédée; en voici le titre : *Maistre* PIERRE PATELIN, *texte revu sur les manuscrits et les plus anciennes éditions, avec une introduction et des notes par F. Génin. Paris*, 1854, *in*-8°.

(2) Voir t. II, aux Appendices, n° IV, les proverbes cités dans la farce de Patelin.

Molière, tels que Larivey, Cyrano de Bergerac, Scarron, et plusieurs autres dont le nom n'est connu aujourd'hui que des bibliophiles émérites, ont suivi l'exemple que leur avaient donné les auteurs des *Mystères,* et principalement ceux des *Farces et Moralités.* Leurs comédies abondent en citations de proverbes, ou bien en locutions du même genre; on en trouve même dans les tragi-comédies les plus sérieuses.

Une des pièces comiques de notre ancien théâtre français nous servira d'exemple ; je veux parler du *Pédant joué*, de Cyrano de Bergerac. Il y a dans cette pièce, sous le nom de *Châteaufort*, un rôle de capitaine Fracasse des plus amusants; et de plus un rôle de paysan très-original, dont le nom (*Gareau*) était depuis longtemps passé en proverbe (1), et dont Molière après Cyrano a su tirer si bon parti (2). Chaque scène du *Pédant* renferme quelques proverbes appliqués même avec assez de finesse : par exemple, dans la première, *Granger le l'édant*, dit à Châteaufort qu'il vient de régaler d'une tirade scientifique rimée, des plus ébouriffantes : « Mais vous parler ainsi, c'est vous donner à soudre (résoudre) les emblèmes d'un sphinx, c'est perdre son huile et son temps, c'est écrire sur la mer, bâtir sur l'arène (sur le sable) et fonder sur le vent. » Châteaufort lui-même cite les proverbes; dans la remontrance qu'il prétend avoir adressée aux dieux de l'Olympe, il reproche à Vénus de *courir l'aiguillette* (scène Ire).

Mais c'est le paysan *Gareau* qui emploie le plus habituellement ce langage; on doit rendre justice à Cy-

---

(1) Voir t. II, série n° IX, p. 38.

(2) Cyrano de Bergerac est un des premiers qui introduisirent sur la scène française le rôle d'un paysan, et d'un paysan qui parle son patois. Il y a une tradition qui attribue à Molière une part dans la composition du *Pédant joué.* Ce pédant n'est autre que Jean Grangier, recteur de l'Université en 1611, et principal du collége de Beauvais. (Voyez les OEuvres de Cyrano de Bergerac, publiées par P. L. Jacob dans la Bibliothèque Gauloise. Paris, 1858. In-18, 2 vol.)

rano qui, dans cette imitation de la nature, se rencontre avec Molière. Le paysan répond aux moqueries de Châteaufort, qui lui dit : Il en sait autant que son curé.

GAREAU. Aussi si-je, n'est-il pas biau curé qui n'a rien au ventre? Hé! là ris, Jean, on te frit des œufs... Dame! qui tare a guare a... Si tu es riche disne deux fois... C'est de la noblesse à Maquieu Furon : Va te coucher, tu souperas demain...

Et plus loin, dans la même scène : Tenez, n'avons point veu Niquedouille qui ne scauret rire sans montrer les dants... Il ne faut pas tant de beurre pour faire un quartaron... Vela bien la musicle de Saint-Innocent, la pus grande piqué du monde (acte II, scène II).

Dès le début du grand CORNEILLE au théâtre, il est facile de signaler une différence notable dans l'emploi des proverbes; cet emploi devient beaucoup moins fréquent. Même dans ses comédies, Corneille se montre à cet égard d'une très-grande sobriété. En 1636, huit années avant la représentation du *Pedant joué*, de Cyrano, Corneille avait mis en scène un capitaine, faux brave, qui porte le nom de Matamore, capitan gascon, dont le type était déjà au théâtre depuis longtemps.

On trouve ce personnage dans *l'Illusion comique*, comédie à grand spectacle, qui n'est pas des meilleures. Matamore y débite les plus grandes extravagances sur sa force à toute épreuve, et des fanfaronnades assez réjouissantes. Malgré tout, je n'y ai trouvé l'emploi d'aucun proverbe, et c'est un trait de différence qu'on peut signaler entre ce personnage et celui de Cyrano. La comédie du *Menteur* est considérée avec raison, comme le chef-d'œuvre de Corneille dans ce genre. Elle a fait époque dans l'histoire de la scène française : elle y introduisit les mœurs honnêtes de cette époque et enseigna qu'on pouvait amuser en mettant quelque retenue dans les scènes de la passion amoureuse. Corneille, dans cette pièce, a cité plusieurs proverbes et employé certaines expressions qui sont considérées comme telles (1); même un des vers de cette comédie est devenu proverbe; c'est Cliton, valet du *Menteur*, qui le dit :

> Les gens que vous tuez se portent assez bien.
> (Acte IV, scène II.)

Il n'est pas hors de propos d'observer que le petit nombre des proverbes cités dans *le Menteur* sont pres-

---

(1) Voici les proverbes ou locutions proverbiales qui se trouvent soit dans *le Menteur*, soit dans *la Suite du Menteur* :

Acte Ier, scène Ire :
> Et le jeu, comme on dit, n'en vaut pas la chandelle.
> Et là, faute de mieux, un sot passe à la montre.
> Ce n'est point là gibier à des gens comme moi.

Acte II, scène II :
> Et fille qui vieillit tombe dans le mépris.

Scène VI :
> Le bonhomme en tient-il ?
> Quoique bien averti, j'étois dans le panneau.

Acte III, scène III :
> En matière de fourbe, il est maître, il y pipe.

Acte IV, scène III :
> Vous les hachez menu comme chair à pâté.

Scène VI :
> Plus douce qu'une épouse et plus souple qu'un gant.

Scène VII :
> C'est un homme qui fait litière de pistoles.
> Elle tient, comme on dit, le loup par les oreilles.

Scène IX :
> Faites moins la sucrée et changez de langage,
> Où vous n'en casserez, ma foi, que d'une dent.
> Mais sachez qu'il est homme à prendre sur le verd.

Acte V, scène V :
> Si quelqu'un l'entend mieux je l'irai dire à Rome.

Scène VI :
> Et ne fait que jouer des tours de passe-passe.

que tous placés dans la bouche de Cliton, le valet, et que Corneille a suivi le même principe que Molière et Cyrano.

Du reste si Corneille, dans ses compositions dramatiques, n'a employé que très-rarement les proverbes, plusieurs vers d'un de ses chefs-d'œuvre, la tragédie du *Cid*, sont devenus tels (1); longtemps encore après que cette pièce eut été jouée pour la première fois, quand on voulait vanter une œuvre de la nature ou de l'art, on avait coutume de dire : *Cela est beau comme le Cid* (2).

Il ne faut pas être surpris que RACINE, dans ses tragédies, ait suivi les mêmes principes que son devancier dont bientôt il devint l'émule. Ce grand maître en l'art d'écrire connaissait trop bien tous les secrets du lan-

---

LA SUITE DU MENTEUR.

Acte Ier, scène Ire :
> Vous sûtes faire Gille et fendîtes le vent.
> Ainsi donc sans trompette il fallut déloger.

Scène II :
> Et cette main? — De taille à bien ferrer la mule.

Acte II, scène V :
> Mais vous avez reçu : Quiconque prend se vend.

Acte IV, scène VIII :
> . . . . Hé bien, l'occasion?
> — Elle fait le menteur ainsi que le larron.

(1) Chacun se rappelle les quatre vers suivants :
> Je suis jeune, il est vrai, mais aux âmes bien nées
> La valeur n'attend pas le nombre des années.
>
> Mes pareils à deux fois ne se font pas connaître,
> Et pour leur coup d'essai veulent des coups de maître.

(2) « On ne pouvoit se lasser de la voir (la pièce du *Cid*), » on n'entendoit autre chose dans les compagnies, chacun en » savoit quelque partie par cœur, on la faisoit apprendre aux » enfants, et en plusieurs endroits de la France, il étoit passé » en proverbe de dire : *Cela est beau comme le Cid*. » (*Histoire de l'Académie française*, par Pélisson et d'Olivet, avec une introduction, des éclaircissements et des notes, par M. Ch. L. Livet. Paris, 1858. In-8°. 2 vol. T. I, p. 86.)

gage sublime pour y admettre les proverbes qui appartiennent surtout au langage simple et familier. C'est à peine si toutes ses œuvres tragiques renferment quelques sentences ou locutions proverbiales. Dans *Iphigénie en Aulide*, acte IV, scène VI, Agamemnon répond au bouillant Achille qui vient de lui reprocher tout ce qu'il a fait pour sa cause :

Un bienfait reproché tient toujours lieu d'offense.

Dans *Esther*, acte II, scène Ire, quand le perfide Aman fait connaître à Hydaspe les moyens dont il s'est servi pour perdre le peuple juif dans l'esprit d'Assuérus, il emploie cette expression : *J'inventai des couleurs* (1). Certains vers de Racine, comme ceux du *Cid*, cités précédemment, sont devenus proverbes : on n'a pas oublié ce passage d'*Athalie* :

Dieu laissa-t-il jamais ses enfants au besoin ?
Aux petits des oiseaux il donne la pâture
Et sa bonté s'étend sur toute la nature.
(Acte II, scène VII.)

Si le goût délicat du poëte et l'élévation de langage qu'il aimait à donner aux héros de ses tragédies, l'ont empêché d'employer la langue des proverbes, il a complétement changé de méthode dans cette charmante comédie des *Plaideurs*, qu'il composa de concert avec ses amis. Aussi bien que Molière et quelques-uns de ses devanciers, c'est dans la bouche des deux serviteurs, Petit-Jean et Lintimé, qu'il en place le plus grand nombre.

---

(1) J'inventai des couleurs, j'armai la calomnie.

A propos de ce vers, un de mes amis m'a raconté l'anecdote suivante : Une noble dame, causant avec son fils, fut étonnée de lui entendre prononcer cette expression vulgaire : *Inventer des couleurs;* elle lui en fit doucement le reproche. Le même jour, le jeune homme, en lisant Racine, vint à tomber sur le vers cité plus haut. Il résolut de le mettre à profit. Le lendemain, à déjeuner, chez sa mère, il répéta son expression : *C'est une couleur*. Nouvelle observation de la grande dame, et le jeune homme aussitôt de montrer ce passage de la tragédie d'*Esther*, qui dut lui servir d'excuse.

La tirade du début, dite par le portier *Petit-Jean*, en renferme plusieurs :

>Tel qui rit vendredi dimanche pleurera....
>
>On apprend à hurler, dit l'autre, avec les loups....
>
>Tout Picard que j'étois, j'étois un bon apostre,
>Et je faisois claquer mon fouet tout comme un autre....
>
>Ma foy, j'étois un vray portier de comédie....
>
>On n'entroit point chez nous sans graisser le marteau.
>Point d'argent, point de Suisse, et ma porte étoit close....
>
>. . . . . Enfin, vaille que vaille,
>J'aurois sur le marché fort bien fourni la paille....
>
>Qui veut voyager loin ménage sa monture.
>Beuvez, mangez, dormez, et faisons feu qui dure... (1)

De tous les auteurs dramatiques qui ont paru dans la seconde moitié du XVIIe siècle, après Molière et Ra-

---

(1) Voici les autres proverbes de la comédie des *Plaideurs :*

Acte Ier, scène II :

>Est-ce qu'il faut toujours faire le pié de grüe....

Acte II, scène Ire :

>Qui, dès qu'elle me voit donnant dans le panneau....

Scène III :

>Et je lui vais servir un plat de mon métier....

Scène IV :

>Hé quoy donc? les battus, ma foy, payront l'amende....
>
>. . . . . . . Il faut payer d'effronterie....

Scène XIV :

>Vois-tu, je ne veux point estre juge en peinture....

Acte III, scène III :

>Oh dame! on ne court pas deux lièvres à la fois....
>
>Voyez cet autre avec sa face de carême....
>
>..... Là, faut-il tant tourner autour du pot?
>
>Ils me font dire aussi des mots longs d'une toise,
>Des grands mots qui tiendroient d'icy jusqu'à Pontoise....
>
>Belle conclusion et digne de l'exorde....

cine, Regnard est sans contredit le plus remarquable. Il approche souvent de Molière, dont il n'a jamais la profondeur, mais dont il atteint parfois le naturel et l'esprit. Comme ses devanciers, Regnard a fait usage de la langue des proverbes, mais c'est avec une grande modération et une habileté d'observation très-remarquable. C'est presque toujours dans la bouche des Crispin, des Lisette, qu'il les place, presque jamais dans celle des pères nobles ou des marquis. Les proverbes qu'il emploie étaient passés dans le langage habituel de son temps. On chercherait vainement dans les œuvres de cet esprit délicat ces vieux adages si connus de nos pères, et qu'ils se plaisaient à répéter (1).

Pour retrouver nos anciens proverbes cités avec cette abondance, cette malice dont Molière et ses devanciers ont fait preuve, il faut quitter la scène française, se transporter dans ces petits théâtres établis dès le xviie siècle, dans les préaux des deux foires Saint-Germain et Saint-Laurent, et qui furent très-florissants jusqu'à la fin du xviie siècle. C'est là qu'il faut chercher les véritables successeurs des joueurs de farces si amusants, si féconds, si hardis, prédécesseurs de Molière, et dont ce grand génie n'a pas dédaigné plusieurs fois d'imiter les conceptions. Dans ce théâtre, dont Arlequin, Colombine et Cassandre sont les principaux personnages, où l'on jouait chaque jour des parodies pleines de verve et de gros sel, les proverbes étaient fort appréciés; on en retrouve à presque toutes les scènes.

Je dois une mention particulière à une comédie dont la composition remonte à la première moitié du xviie siècle, et qui paraît avoir obtenu beaucoup de succès, si j'en juge par les nombreuses éditions qui en ont été faites; je veux parler de la *Comédie des Proverbes*, pièce en trois actes et en prose. Cette comédie a pour auteur Adrien de Montluc, comte de *Carmain* ou de *Cramail,* né en 1568, de Fabien de Montluc, fils du

---

(1) Voir aux Appendices, n° V, les proverbes cités dans Regnard.

fameux maréchal Blaise de Montluc. Le comte de Cramail était un des beaux esprits de la cour de Louis XIII ; on lui attribue un ouvrage singulier, très-futile, intitulé les *Jeux de l'inconnu*. Ce n'est pas sans raison que cet ouvrage avait excité la verve railleuse du cardinal de Richelieu. On n'y trouve que des quolibets sans esprit, des turlupinades et des calembours d'une assez plate invention. La *Comédie des proverbes* est d'un genre tout différent : l'auteur y met en scène plusieurs des personnages comiques déjà très-en vogue à l'hôtel de Bourgogne, tels que le faux brave, le docteur, l'amoureux, la servante et le valet raisonneur. Voici en quelques mots le sujet de cette pièce :

Lidias, gentilhomme plus noble que riche, enlève la fille du docteur Thesaurus, afin de la soustraire aux poursuites du capitaine Fierabras, faux brave des plus ridicules. Les deux amants accompagnés de leurs valets, s'arrêtent au milieu de la campagne, afin de prendre quelque nourriture et un peu de repos. Pendant leur sommeil, des bohémiens s'emparent des vêtements que la chaleur les avait forcés de quitter. Contraints de prendre les habits que les bohémiens leur avaient laissés, ils reviennent chez le docteur sous ce déguisement, et en profitent pour dire la bonne aventure. Le docteur enchanté consent à pardonner à sa fille. Les vrais bohémiens sont arrêtés par le prévôt, qui se trouve être le frère de Lidias, que le docteur s'empresse d'accepter pour gendre. Le capitaine Fierabras, éconduit, va chercher des consolations dans les hasards de la guerre.

Comme on le voit, l'intrigue est des plus simples ; ce n'est qu'un cadre dans lequel l'auteur est parvenu à faire entrer tous les proverbes qu'il connaissait et qu'il ajuste très-habilement au caractère et aux discours de ses personnages. Il en résulte des rencontres singulières, et quelquefois des reparties piquantes. Suivant l'usage adopté à l'époque où cette pièce fut composée, elle est précédée d'un prologue que le docteur Thesaurus débitait aux spectateurs. On y trouve plusieurs jeux de mots de mauvais goût, dans le genre des *Jeux de l'inconnu*; on y trouve aussi ce langage en proverbes qui est le fond de la pièce, et dont voici le modèle : « Mais à propos de bottes, mes souliers sont percez. — Couvrez-vous, bagotiers, la sueur vous est bonne et à moy aussy. — Car il est bien fou qui s'oublie. — Or sus, or çà, or sum, or sus donc, *vos debetis sepelire*. — Vous devez sçavoir qu'il est aujourd'hui Saint-Lambert, qui sort de sa place la perd..... qu'il vaut mieux tenir que querir. — Et au cas que Lucas n'eust qu'un œil, sa femme auroit épousé un borgne; et au cas, dis-je, que quelques docteurs de nouvelle impression,:... veuillent tondre sur un œuf, et corriger le *Magnificat* à matines, nous leur riverons bien leur clou, et leur dirons qu'il n'y a point de plus empeschez que ceux qui tiennent la queue de la poisle; et qu'on est quitte à bon marché quand on ne perd que les arres; qu'a beau se faire de l'escot qui rien n'en paye pour la bonne bouche; et qu'il est facile de reprendre, mais mal aisé de faire mieux, bien que de ce costé-là nous en demeurons à deux de jeu; à bon chat bon rat; s'ils nous donnent des pois, nous leur donnerons des fèves, etc., etc. » Il n'était pas très-difficile de réunir cette litanie de proverbes, mais d'appliquer chacun de ces proverbes au caractère et à la situation des personnages mis en scène, cela demandait une attention plus grande et beaucoup d'ingéniosité : l'auteur a parfaitement réussi dans sa tâche, et nos dictons populaires lui viennent en foule à l'esprit, sans faire jamais défaut à la situation de ses personnages. On ne peut que rire quand Fierabras, à la fin du second acte, s'écrie : « Faut-il que l'invincible Fierabras, de qui la valeur fait fendre les pierres, soit maintenant au bout de son roolet! Faut-il qu'il soit aussi chanceux que Cogne-Fetu, qui se tue et ne fait rien. Quoi! faut-il que mes desseins, pour être trop relevez, ressemblent les montagnes qui n'enfantent que des souris! » Alaigre, valet de Lidias, répond à son maître qui lui demande s'il a rencontré le capitaine Fierabras, ce mangeur de petits enfants : « Si je l'ay veu? vrayement, je vous en respons, et si j'ay eu belle escapée, car j'ay pensé estre gratté depuis le *Miserere* jusques à *Vitulos*. J'ay rencontré ce croquant de capitaine à grands ressorts, au milieu de la rue comme une statue de marbre; il ne remuoit ny pieds ny mains, non plus qu'une souche, tenant sa gravité comme un asne qu'on estrille, ou comme un Espagnol à qui on donne le chiquin. J'allois mon grand chemin sans songer ny à Pierre ny à Gauthier. Comme j'ay passé auprès de luy, plus malicieux qu'un vieux singe, il m'a tendu sa grande jambe d'allouete, et m'a fait donner du nez en terre; puis, me regardant comme un chien qui emporte un os, il m'a dit : Bon, bon, tu as le nez cassé, je ne demandois pas mieux. Enfin moy qui ay esté relevé aussi tost qu'un bilboquet, je luy ay dit : Ry, Jean, on te frit des œufs. Et, voyant qu'il me faisoit la moue, je l'ay appellé gros bec, il a mangé la pêche, chien de filoux, preneur de tabac, etc., etc. » Alaigre le valet poursuit son discours encore assez longuement. Tous les autres personnages, comme Fierabras, comme Alaigre, assaisonnent leurs discours de toutes sortes de proverbes dont l'application est fort bien amenée (1).

Je ne veux pas terminer ces recherches sans parler du proverbe dramatique, genre de composition qui, depuis le commencement de ce siècle principalement, a été fort à la mode, et cultivé par des écrivains très-remarquables. Chacun sait que ce genre de composition, destiné principalement à la comédie de société, consiste à mettre en scène quelque événement, ou même quelques détails de la vie privée, auxquels on puisse appliquer comme moralité un proverbe. Plus ce proverbe est vulgaire, plus l'action représentée paraît s'en éloigner, meilleure est l'œuvre. On comprend du reste combien il est facile d'appliquer les actions à des proverbes tels que ceux-ci : *A bon chat bon rat. — Les battus payent l'amende. — Après le pluie le beau temps. — Souffler n'est pas jouer*, etc. « Le grand art de l'acteur des proverbes, dit avec raison le chevalier de Méry, est de rendre fidèlement la pensée de l'auteur, ou, s'il se livre aux élans de son imagination, de ne point dénaturer

---

(1) *Comédie des Proverbes*, t. IX de l'*Ancien Théâtre français* de la Bibliothèque Elzévirienne.

cette pensée en l'étendant. Dans les proverbes, on devient souvent acteur soi-même, alors on doit ajouter de nouvelles finesses à un rôle; non-seulement exécuter, mais créer et distinguer avec mesure ce qu'il faut dire et ce qu'il faut atténuer pour ne pas outrer ou affaiblir son rôle. On peut remarquer que la plupart des actions dramatiques ne sont que le développement d'idées qui se rapportent à une fin unique qu'on peut exprimer par un proverbe, il faut que tous les accessoires s'y rattachent (1). Le proverbe dramatique, suivant Carmontelle, est une espèce de comédie que l'on fait en inventant un sujet ou en se servant de quelques traits, de quelque historiette, etc. Le mot du proverbe doit être enveloppé dans l'action, de manière que si les spectateurs ne le devinent pas, il faut, lorsqu'on le leur dit, qu'ils s'écrient : *Ah! c'est vrai!* comme lorsqu'on dit le mot d'une énigme que l'on n'a pu trouver (2). »

On a quelquefois considéré Carmontelle comme l'inventeur de ce genre de compositions; c'est une erreur, et l'on peut en citer plusieurs exemples bien antérieurs à la seconde moitié du xviiie siècle, époque où Carmontelle a écrit. Au nombre des petites comédies jouées par les compagnons de la Sottise pendant le cours du xvie siècle, je trouve une *sottie* nouvelle, à cinq personnages, intitulée : *Les Trompeurs*. Le *Prince des sots*, *Teste-Verte*, *Fine-Mine*, *Chacun*, le *Temps* figurent dans cette pièce en tête de laquelle est inscrite le proverbe : *A trompeur, trompeur et demi*. C'est une satire assez violente dans laquelle les hommes de toutes les conditions sont mis en cause et accusés de se tromper les uns les autres, à qui mieux mieux. *Fine-Mine* joue le rôle de badin

---

(1) *Entr'actes des Proverbes dramatiques.* Introduction, p. vi, t. IV des *Proverbes dramatiques de Carmontelle*, précédés de la vie de Carmontelle, d'une dissertation historique et morale sur les proverbes, et suivis d'une table explicative de l'origine et du sens des proverbes contenus dans l'ouvrage, etc., par C. de Méry, etc. Paris, 1822. In-8°, 4 vol.

(2) Lettre de madame de ***. *Proverbes dramatiques*, etc., t. I, p. xciij.

dans cette petite comédie, et la termine par ces deux vers :

> Mes seigneurs, soyez souvenants :
> A trompeur trompeur et demy (1).

Au XVIIe siècle le proverbe dramatique a été aussi très-cultivé; on en vit paraître un assez grand nombre sur les théâtres de société de cette époque. Madame de Maintenon en a composé trente-neuf qu'elle destinait à l'amusement des demoiselles de Saint-Cyr (2). Vers le même temps, une femme auteur de quelque réputation, Henriette-Julie de Castelnau, plus connue sous le nom de comtesse de Murat, inséra dans un ouvrage assez médiocre, plusieurs *comédies en proverbes* qui ne manquent ni de finesse ni de distinction. Les proverbes français les plus communs servent de thèmes à ces comédies. *Tel maître tel valet. — A bon chat bon rat. — On ne connaît point le vin au cercle*, et plusieurs autres. Dans le *Voyage de campagne*, à la fin duquel ont été imprimés ces proverbes, madame de Murat fait connaître dans quelles circonstances ils ont été composés : « Lorsque la collation fut ôtée, je proposay de jouer à de petits jeux, car je ne pouvois être serieuse. Chacun imagina un jeu à sa mode, mais madame d'Arcine dit que si on vouloit faire un proverbe elle seroit une des actrices; on y consentit : nous nous attroupâmes pour nous concerter sur la manière dont il fallait le jouer. Quand nous fûmes convenus de tout, nous trouvâmes qu'il ne falloit que quatre acteurs. Ce fut moy, madame, qui ouvris la scène avec le duc, qui eut la complaisance d'être des nostres; il représentoit le valet du chevalier; j'estois la suivante de la marquise, qui dans la pièce devoit être une vieille amoureuse : la suite vous instruira du reste (3). »

---

(1) *Ancien Théâtre français*, etc., t. II, p. 244.
(2) *Proverbes inédits de madame de Maintenon*, publiés par M. de Monmerqué. Paris, 1829, in-18, 3 vol.
(3) *Voyage de campagne*, par madame la comtesse de M***. Paris, 1699, in-18, 2 vol., t. I, p. 351.

Quelques lignes d'avertissement placées en tête de ces proverbes préviennent le lecteur que madame de Murat n'en était pas l'auteur. Ils sont dus à Catherine Durand, dame de Bedacier, morte, en 1736, dans un âge avancé.

Le xviiie siècle a été des plus fertiles en ce genre de compositions. Dans un grand nombre de salons à Paris, aussi bien qu'à la campagne dans les châteaux, on se mêla de composer des comédies-proverbes, et surtout d'en représenter. Non-seulement des littérateurs de profession, tels que Collé, Desfontaines, Marsollier et plusieurs autres, se sont exercés dans ce genre, mais encore des hommes du monde, des femmes d'esprit ont improvisé des proverbes qui ne sont pas des plus mauvais, si bien qu'en 1785 il en paraissait un recueil qui n'a pas moins de seize volumes. Comme on le voit, Carmontelle n'est pas l'inventeur du proverbe dramatique; mais on ne peut lui contester le mérite d'en avoir perfectionné le genre et même établi les règles. Né à Paris le 25 août 1717, Carmontelle avait reçu une bonne éducation. Il cultiva les arts et les lettres; composa une multitude infinie de petits canevas dramatiques, peignit des portraits assez ressemblants, ainsi que des tableaux sur papier très-fin, nommés *transparents*, qui se déroulaient devant une fenêtre et présentaient une suite de scènes terribles ou grotesques. Attaché à la maison du duc d'Orléans en qualité de lecteur, c'était lui qui dirigeait toutes les fêtes données par ce prince. Il était doué d'une facilité merveilleuse, et trouvait moyen d'écrire plusieurs actes dans une seule matinée. Personne mieux que lui ne savait régler une fête et diriger un divertissement. Les proverbes dramatiques qu'il nous a laissés sont au nombre de plusieurs centaines et lui ont acquis une réputation méritée. Grimm en a parlé, dans sa correspondance, avec un peu de sévérité, mais cette sévérité ajoute d'autant plus de prix aux éloges qu'il mêle à ses critiques : « M. de Carmontelle, lecteur de monseigneur le duc de Chartres, a voulu réduire les amusements de la société et les facéties en système. C'est lui qui, le premier, a publié des proverbes dramatiques, et, depuis ce temps-là, plusieurs rivaux de sa gloire en embellissent le *Mercure* tous les mois. Cependant ce qui rend les proverbes supportables en société, c'est la verve et la chaleur avec lesquelles les acteurs improvisent, et qui disparaissent quand ils recèlent des choses apprises par cœur; et puis le dénoûment est presque toujours froid et plat, parce que les acteurs ne se donnent pas la peine d'amener leurs proverbes d'une manière ingénieuse et piquante. Carmontelle n'est pas seulement en ce genre d'une fécondité prodigieuse, mais il a encore composé un bon nombre de comédies, qu'il regarde comme des pièces de société; il est lui-même auteur passable, il dessine fort bien pour un homme dont ce n'est pas le métier; il a du goût, et c'est un des ordonnateurs des fêtes de société le plus employé de Paris. Ses proverbes n'ont qu'un défaut, c'est d'être plats, car d'ailleurs il a de la vérité dans ses caractères, et du naturel dans son dialogue; il saisit bien les ridicules, et il a assez de causticité dans l'esprit pour les bien rendre; mais il croit qu'on n'a qu'à les transporter sur la scène, comme on les a remarqués dans le monde; et ce n'est pas cela, il faut encore cette petite pointe de poésie et de verve qui fait que ce qui est insipide en nature, devient exquis et piquant dans l'imitation. »

Après Carmontelle, et en s'inspirant des modèles qu'il avait laissés, un homme de beaucoup d'esprit, mort depuis quelques années, s'était fait une réputation méritée. Je veux parler de Théodore Le Clercq, dont chacun de nous a lu, ou vu jouer dans le monde les charmantes productions. Il était né en 1777. Après avoir exercé dans l'administration des droits réunis l'emploi important de receveur principal, il avait résigné ses fonctions en 1821, pour se livrer sans partage aux distractions des sociétés littéraires au milieu desquelles il vivait depuis longtemps.

M. Prosper Mérimée, qui a beaucoup connu Théodore Le Clercq, a raconté sa vie en quelques pages pleines de finesse et d'esprit : « C'est à madame de Genlis, dit-il, que Le Clercq dut la révélation de son talent dramatique; un jour elle daigna le choisir pour lui donner la réplique dans un proverbe qu'elle jouait en bonne et nombreuse compagnie; le rôle de madame de Genlis était celui d'une femme de lettres ridicule (je pense qu'elle le jouait assez bien). M. Le Clercq représentait un jeune poëte à sa première élégie. Dans un aparté de cinq minutes le canevas fut arrangé entre les deux interlocuteurs, et quant au dialogue, on devait l'improviser; l'auditoire trouva que madame de Genlis n'avait jamais eu tant d'esprit; elle en sut gré à son jeune acteur et l'engagea à composer des comédies, etc.

« Ses premiers proverbes furent composés et joués à Hambourg, dans une petite société française que les événements politiques y avaient réunie, au commencement de l'empire; des militaires, des diplomates furent ses premiers acteurs; et lui, comme Shakspeare et Molière, directeur, acteur, l'âme de la troupe, en un mot. En 1814 et 1815, il créa encore un théâtre de société à Nevers, recruta ses comédiens dans toutes les maisons, leur apprit leur métier en moins de rien, et obligea des provinciaux à s'amuser et à être amusants. Quelques années plus tard, nous le retrouvons établi à Paris pour n'en plus sortir, et cette fois à la tête d'une troupe qui n'avait point d'égale. On se réunissait dans le salon de M. Roger, secrétaire général des postes. M. et madame Mennechet, M. Auger, de l'Académie française, madame Auger étaient ses premiers sujets; l'auditoire, peu nombreux, était digne de comprendre de tels acteurs..... »

M. Sainte-Beuve a consacré une de ses *Causeries du lundi* à l'appréciation du talent de Théodore Le Clercq. Après avoir parlé de son début chez madame de Genlis, et cité l'anecdote du général qui voulait avoir trouvé un sujet de proverbe dans ces mots, *je crois que ma cuisinière me vole*, il ajoute : Sociabilité, finesse et moquerie, tels étaient les principaux traits de ce charmant esprit, qui y mêlait dans la pratique de cette bonté facile et de cette indulgence assez ordinaire à ceux qui n'ont point placé trop haut l'idéal de la nature humaine. Il s'accommodait volontiers de tout ce qui se passait devant lui dans le monde, parce qu'il trouvait matière à sa raillerie et à son plaisir. Il laissait entrer jusqu'aux sots et aux impertinents, qui n'étaient point pour lui des importuns : son esprit fin les pénétrait et les perçait de toutes parts sans qu'ils s'en aperçussent, et il leur prenait avec une sorte de bienveillance encore de quoi s'amuser à leurs dépens et souvent de quoi les amuser eux-mêmes (1). »

C'est seulement en 1823 que Théodore Le Clercq fit paraître les deux premiers volumes de ses Proverbes dramatiques; ce ne fut pas sans crainte qu'il mit au grand jour ces légères productions; le succès qu'il obtint le rassura bientôt. Il mourut le 15 février 1851.

De nos jours Théodore Le Clercq a eu des successeurs nombreux : le plus remarquable, sans contredit, est le poëte Alfred de Musset, mort peu d'années après lui; on applaudit chaque soir les comédies-proverbes qu'il nous a laissées. Quelques auteurs vivants encore obtiennent dans ce genre beaucoup de succès. Je me contenterai de citer M. Octave Feuillet, et enfin un artiste distingué de notre Comédie-Française, mademoiselle Augustine Brohan qui est une des meilleures interprètes de ses spirituelles productions.

---

(1) *Causeries du lundi*, etc., t. III.

TABLE ALPHABÉTIQUE

DES MATIÈRES.

A

A (Marqué à l'), II, 612.
Abbaye, I, 1.
Abbé, I, 2.
ABBEVILLE, I, 301.
Abbois, II, 69.
Abeille, I, 136.
ABÉLARD, I, XXI.
Abricotier, I, 58.
Abstinence, I, 2.
ACAIRE (Saint), I, 43.
Accouchée, II, 151.
Accoutumance, II, 234.
Achat, II, 96, 108.
Acheter, II, 108.
Acheteur, II, 108.
ACHILLE, II, 24.
ACIER (Château d'), dans le Quercy, I, 387.
ACKEYMAN (Jehan), I, XXIV.
Acquêt, II, 110.
Acquitter, II, 234.
ADAM, I, XXXII, 2.
ADONIAS, II, 24.
Affaire, II, 108.
Agasse, corbeau, I, 138.
AGATHE (Sainte), I, 117.
Agneau, I, 138.
AGOULT, II, 1 et 20.
Aider, II, 423, 485.

Aigneler, I, 57.
Aiguille, II, 151, 264, 337.
Aiguillette, II, 151.
Aiguillon, II, 291.
Ail, I, 57.
Aile, I, 139. — II, 262.
AILLY-LE-HAUT-CLOCHER, I, 302.
AILLY, II, 1.
Aimer, II, 234 et 264.
Aire, I, 57.
Aise, II, 234.
ALAISE, I, VI.
Alan, I, 139.
ALARS DE CAMBRAI, I, XVII.
ALBY (Eglise d'), I, 387.
ALCUIN, I, XXI.
ALENÇON, I, 302.
ALEXANDRE, I, XXI.
ALGER, I, 280.
ALINGE-COUDRÉE, II, 3, 23.
ALLEMAGNE, I, 279.
ALLEMAN, II, 19.
ALLEMAND, I, 279, 290, 382.
Allonger, II, 152.
Almanach, II, 109.
ALMÉRIE, I, 280.
ALONVILLE, I, 302.
Alouette, I, 139.
Aluine, I, 157.

TABLE ALPHABÉTIQUE

Amadou (Saint), I, 43.
Amande, I, 57.
Amant, II, 233.
Ambassadeur, II, 69.
Amboise, I, 302.
Amboise (Le cardinal Georges d'), II, 3.
Ambroise (Saint), I, 118.
Ame, II, 294.
Amende, II, 109 et 344.
Amendement, I, 2.
Ami, II, 231, 235, 296, 314, 332, 335, 339, 340, 360, 367, 392, 412, 430, 485.
Amie, II, 225.
Amiens, I, 302.
Amitié, II, 236, 253, 281.
Amour, I, 125. — II, 235, 236, 292, 302, 314, 400.
Amours, II, 1, 434.
Amourettes, II, 371.
Amoureux, II, 227 et 238.
An, I, 89, 90.
Anaxagoras, I, xix.
Ancre (Maréchal d'), II, 24.
Ancre, II, 109.
Andelis, I, 304.
Andouille, II, 184.
André (Saint), I, 117.
Ane, I, 139. — II, 262, 382, 485.
Ange, I, 2, 3.
Angers, I, 304. — II, 601, 602.
Angerville, I, 304.
Angevilliers, I, 305.
Angevin, I, 305.
Anglais, I, 280, 281, 290, 370, 382.
Angleterre, I, 280.
Angoulême, II, 3.
Anguillanneuf, I, 3.
Anguille, I, 144.
Anguille de Melun, II, 49.
Anjou, I, 305, 408.
Anneau, II, 152.
Année, I, 90, 91.

Annonciation (L'), II, 612.
Antibes, I, 305.
Anticyre, I, 246.
Antioche, I, 281.
Antoine (Saint), I, 43, 44, 118.
Antony, I, 305.
Anvers, près Pontoise, I, 305.
Anvers, I, 281.
Août, I, 68, 71, 91, 296.
Apériocules, II, 3, 20.
Apostoile (Concile d'), I, 4.
Apostoile (Dit de l'), I, xxxii.
Apothicaire, I, 208. — II, 284.
Apôtre, I, 4.
Appétit, II, 2 et 184.
Appilly, I, 306.
Apprendre, II, 330.
Apprentis, II, 110.
Arabe, I, 281.
Aragon, I, 282.
Araignée, I, 145.
Arbre, I, 57 et 58. — II, 486.
Arc, II, 69.
Arcadie, I, 140, 282.
Archambaut, II, 24.
Arc-en-ciel, I, 91.
Arces, II, 3, 9.
Arcques, I, 306.
Arcussia, II, 3, 20.
Arétin, II, 25.
Argent, II, 110 à 113, 247, 265, 273, 287, 333, 375, 380, 402.
Argenton, II, 606.
Argicourt, I, 306.
Argus, I, 4.
Aristide, I, xix.
Aristophane, I, xix.
Aristote, I, xvi, xix. — II, 25.
Arlequin, II, 25.
Armançon, I, 306.
Arme, II, 69.
Armée, II, 90.
Armure, II, 70.
Arnoul (Saint), I, 44.
Arnoul, II, 25.

Arracheur de dents, II, 265, 486.
ARRAS, I, 306.
ARSES, I, 308.
ARSE (L'), I, 395.
Art, II, 113.
Artisan, II, 113.
ARTÉSIEN, I, 308.
ARTOIS, I, 308.
ARVILARS, II, 3, 9.
ASNIÈRES, I, 308.
ASNOIS, II, 3.
ASPERLINS, II, 3, 23.
Aspic, I, 145.
ASSARON, I, XIX.
Assiette, II, 185.
Astres, I, 92.
ATHIES, I, 308, 381.
Atre, II, 152.
Attente, II, 346.
AUBE, I, 308.
Aubépine, I, 58.
AUBERJON, II, 4.
AUBERVILLIERS, I, 308.
AUBIGNY, II, 25.
AUBIN (Saint), I, 118.
AUBIN (Village de Saint-), dans l'Oise, I, 387.
AUBRIOT (Hugues), I, LIV.
Audoce, II, 298.
Au Gui l'an neuf, I, 3.
AUGUSTE, II, 26.
AUBONNE, II, 4, 22.

AULU-GELLE, I, XXI.
Aumône, I, 4. — II, 326.
Aumônier, I, 4.
Aune, II, 114.
AURAISON, II, 4, 20.
AURON (Rivière d'), I, 402.
Autel, I, 4.
Auteur, II, 422.
Automne, I, 92.
Autruche, I, 145.
Autruy, II, 275.
AUVERGNAT, I, 309.
AUVERGNE, I, 309.
AUXERRE, I, 309.
AUXONNE, I, 310.
Avaler, II, 185, 342.
Avaleur, II, 70.
Avaloire, I, 208. — II, 186.
Avare, II, 244.
Avarice, II, 319, 378.
AVEIRON, I, 310.
Avenir, I, 92.
Aventure, II, 252 et 292.
AVERTIN (Saint), I, 44.
Aveugle, I, 203. — II, 377.
AVIGNON, I, 310, 402.
Avis, II, 292 et 298.
AVIZE (Marne), I, 310.
AVIZE, I, 310.
Avocat, II, 114 à 117, 282.
Avoine, I, 58.
AVRANCHES, I, 311.
Avril, I, 92, 93.

B

BABION, II, 26.
BACHA, I, 282.
BAGNEUX, I, 311.
BAGNOLET (Village de), I, 311.
Bahutier, II, 117.
Bailler, II, 257.
Bailli, II, 70.
BAILLEUL-LE-SOC, I, 311.
Balance, II, 285.

Bannière, II, 70.
Banquet, II, 186 et 331.
BAPAUME, I, 311.
Baptême, I, 4.
BAR-SUR-SEINE (Pont de), I, 395.
BARAS, II, 4.
Barat, II, 383, 486.
Barbe, I, 209. — II, 153.

Barbier, II, 117, 416 et 435.
Bardot, II, 153.
Bardou, II, 26.
Bargamasque, I, 282.
Barnabé (Saint), I, 118.
Baron, II, 71.
Baronat, II, 4.
Baronnie, II, 70.
Barras, II, 20.
Barrou, I, 312.
Bar-sur-Aube, I, 311.
Bar-sur-Seine, I, 312.
Bartole, II, 25.
Basché, II, 27.
Basque, I, 282.
Bassigni, I, 312.
Bassin, II, 614.
Bastille, I, 312.
Bataille, II, 70 et 346.
Bâtard, II, 70.
Bâtiment, II, 154.
Bâtir, II, 154 et 307.
Bâton, I, 58. — II, 262.
Baude (Saint), I, 44.
Baudet, I, 145.
Baudoyer, I, 312.
Baux, II, 4, 20.
Baveur, II, 203.
Bayard, II, 27.
Bayeux, I, 313.
Bayonne, I, 313.
Béarn (Pays de), I, 283.
Beat, I, 4.
Beati-quorum, I, 5.
Béatrix, II, 27.
Beau, II, 307 et 410.
Beaucaire, I, 313.
Beauce, I, 314.
Beaufort, II, 4, 20.
Beaufremont, II, 5.
Beaugency, I, 315.
Beaujeu, II, 5.
Beaumont, I, 316. — II, 5, 9.
Beaumont-le-Roger, I, 316.
Beaumont-sur-Oise, I, 316.
Beaune, I, 316.

Beauté, II, 246, 254, 348 et 367.
Beauvais, I, 316.
Beauvoisie, I, 316.
Bec, I, 145.
Béjaune, I, 145.
Bêlement, II, 427.
Belgique, I, 283.
Bellingen (Fleury de), I, xliv.
Belorce, I, 59.
Benaston, I, 317.
Bénéfices, I, 85. — II, 118.
Benoit de Sainte-More, I, xlviii.
Berangers (Famille des), II, 5.
Berger, II, 118 et 322.
Bérisi, I, 318.
Berlancourt (Village de), dans l'Oise, I, 387.
Bernard (Saint-), I, 44.
Bernard (Arc-Saint-), I, 318.
Bernay, I, 318.
Berny, Aisne, I, 403.
Berry, I, 318.
Bertangles, I, 318.
Bertaut, II, 28.
Berthe, II, 28.
Berthol, II, 28.
Bertrand, II, 28.
Berzé, II, 5.
Besançon, I, 319.
Besogne, II, 247 et 358.
Besogner, II, 229 et 239.
Besogneux, II, 247.
Besoin, II, 247, 486.
Bête, I, 147. — II, 425.
Béthune, I, 319.
Beul (Jean de), I, lx.
Beurre, II, 186 et 362.
Biaronne, I, 319.
Bibliothèque, II, 265.
Bicêtre, I, 319.
Bien, II, 248 à 251, 281, 337, 430, 486.
Bien dire, II, 248.
Bien fait, II, 249, 302, 328, 427, 428, 430, 486.

Bienheureux, II, 249, 250.
Bienvenu, II, 250.
Bigle, I, 210.
BILLANCOURT, I, 319.
Bille, II, 154.
BIRON, II, 28.
Bise, I, 93.
Bissextile, I, 93.
BLACCAS, II, 20.
BLAISE (Saint), I, 119.
Blâme, II, 251 et 256.
BLANCHET, I, LXVIII.
BLANGY, I, 319.
BLAVE, I, 320.
BLÉ (Famille du), II, 5.
Blé, I, 59, 60, 63.
BLOIS, I, 320.
BLONAY, II, 5, 22.
Blonde, I, 210.
BOBÈCHE, II, 28.
Bocon, II, 186.
Bœuf, I, 148, 149.
BOHAIN, I, 320, 381.
BOHÈME, I, 283.
Boire, II, 187 à 189, 310, 385, 434, 486.
Bois, I, 60, 61.
Boisseau, II, 312
Boisson, II, 434.
Boiteux, I, 211. — II, 384.
BOLIERS (Famille de), II, 6, 20.
BOLOGNE, I, 283, 296.
Bon, II, 251, 258.
Bon cœur, II, 251.
Bonheur, II, 381.
BONIFACES, II, 6, 20.
Bonne œuvre, II, 253.
Bonne renommée, II, 247.
Bonnet, II, 154, 254 et 278.
BONNEVAL, I, 321.
BONNEVAL (Famille de), II, 23.
BONNEVIOLE, I, 321.
Bonne volonté, II, 253.
Bons mots, II, 252 et 288.
Bonté, II, 254, 341 et 432.
BORDEAUX, I, 321.

BORDES (Jour de), I, 136.
Borgne, II, 284 et 346.
BORGIA, II, 29.
Bossu, I, 211. — II, 284.
Botte, II, 154.
Bouc, I, 151.
Bouche, I, 211. — II, 257, 270, 275, 395, 425, 487.
Boucher, II, 119.
BOUCICAUT, I, 390. — II, 6.
Bouclier, II, 71.
Boucon, II, 186.
Boudin, II, 190.
BOUILLÉ (Famille de), II, 7.
Bouillie, II, 190.
BOUILLON, II, 29.
Boulanger, II, 396 et 416.
BOULOGNE, I, 321, 402.
BOULONAIS, I, 321.
BOURBON, I, 321. — II, 29.
BOURBONNAIS, I, 321.
Bourgeois, II, 71.
BOURGES, I, 322.
BOURG-L'ABBÉ, I, 322.
BOURG-LA-REINE, I, 322.
BOURGOGNE, I, 323.
BOURGUIGNONS, I, 324, 382.
BOURLÉ (Jacques), I, XXVI.
Bourreau, II, 119, 614.
Bourse, II, 120, 154, 242, 259, 366.
Bouteille, II, 195.
BOUVELLES (Charles de), I, XLII.
BOUZEMONT, I, 325.
BOVES, I, 325.
BOYAU, II, 30.
Boyaux, I, 210, 211. — II, 306.
BRABANÇON, I, 283.
BRABANT, I, 283.
Branches, II, 251.
Bras, I, 212.
Brayes, II, 155.
Brebis, I, 151.
BREHU, II, 30.

TABLE ALPHABÉTIQUE

BRETAGNE, I, 325, 371.
BRETAGNE (Proverbes au comté de), I, x, XXIX.
BRETIGNY, I, 326.
BRETON, I, 326.
Bréviaire, I, 5.
BRICHANTEAUX, I, 327.
Bride, I, 327.
BRIE, I, 327.
BRIE-COMTE-ROBERT, I, 327.
BRIEUX (Jacques Mosans de), I, XLV.
BRIOLLAY (Tour de), en Anjou, II, 606.
BRIONNE, I, 327.
Broc, II, 191.
Brochet, I, 153.
Brodeur, II, 155.
BROU, I, 327, 349.
BROUAGE, I, 328.
Brouillard, I, 93.
BRUGES, I, 283.
Bruine, I, 94.
BRUSCAMBILLE, I, LXVIII.
BRUSQUET, II, 30.
Buisson, I, 61.
BULLES, I, 328.
BULONDE, II, 7.
Bureau, II, 156.
BURIDAN, II, 30.
Busard, I, 153.
Buveur, II, 191.

C

CABASSOLE, II, 7, 20.
Caboche, II, 31.
CACHAN, I, 229.
Cage, II, 156.
CAHORS, I, 329.
Caille, I, 153.
CAÏN, I, 5, 277.
CALABRE, I, 283.
CALAIS, I, 329.
CALEPIN, II, 31.
Calice, I, 5.
CALVADOS, I, 329.
CALVIN, II, 31.
CAMBRAI, I, 329, 381.
CAMBRON, I, 330.
Camelot, II, 156.
CAMON, I, 330.
Camp, II, 71.
CANADA, I, 284.
CANAPLES, I, 31.
Canard, I, 153.
CANDAS, I, 330.
CANDOLE, II, 7, 20.
CANDOR, I, 330.
Cane, I, 154.
Canelle, I, 154.
CANTELEU, I, 330.
Cape, II, 157.
Capitaine, II, 72.
Capricieux, II, 280.
Captivité, II, 487.
Caquet-bon-bec, II, 31.
Carême, I, 51, 94, 95.
CARENTAN, I, 330.
CARMONTELLE, I, LXXXI.
Carrosse, II, 157.
Carte, II, 72.
Cas, II, 120.
Casaque, II, 157, 615.
CASTELLANE, II, 7, 20.
CASTILLE, I, 284.
CASTILLON, II, 7, 20.
CATALOGNE (La), I, 400.
CATHERINE (Sainte), I, 119.
Catholique, I, 5.
CATON, I, X, XVI, XXI.—II, 31.
CAUMONT, I, 330.
Cause, II, 357 et 419.
CAYEUX, I, 331.
CAYPHE, I, XIII, 6.
Ceinture, II, 157.
Cendre, I, 6. — II, 239.

DES MATIÈRES.

Cent, II, 121.
Centre, II, 430.
CÉRÈS, I, 56.
Cerf, I, 154.
CÉRIAT (Famille de), II, 7, 23.
Cerise, I, 61. — II, 193.
Cerceau, II, 267.
Cervelles, II, 277.
CÉSAR, I, VII, 32. — II, 32.
Chagrin, II, 266.
CHAILLOT, I, 331.
Chair, I, 212. — II, 191, 192.
CHALONS, I, 331. — II, 5, 7.
CHAMBES, II, 3, 7.
CHAMBLY, I, 331.
Chambre, II, 158.
Chambrière, II, 375.
Champ, I, 61, 62.
CHAMPAGNE, I, 331, 383.
CHAMPENOIS, I, 333, 370.
Champions, II, 72.
Chance, II, 314 et 317.
Chancelier, II, 72.
Chandeleur, I, 96, 97, et 100.
Chandelier, II, 159.
Chandelle, II, 159 et 323.
CHANDIEU (Famille de), II, 7, 23.
Chanson, II, 72, 73. 312.
Chanter, II, 73, 247, 487.
CHANTILLY, I, 333.
Chantre, I, 6.
Chape, II, 139.
Chapeau, II, 160 et 420.
Chapelain, I, 6.
Chapelle, I, 6.
CHAPELLE (La Sainte-), à Paris, I, 333.
Chaperon, II, 160.
Chapitre, I, 6.
Chapon, I, 155. — II, 385.
Char, II, 161.
Charbonnier, II, 120.
Charcutier, II, 121.
Chardon, I, 162.
CHARIBDE, I, 284.

Chariot, II, 121.
Charité, I, 6. — II, 270.
CHARLEMAGNE, II, 32.
CHARLES, II, 32, 33.
CHARLEVILLE, I, 333.
Charpentier, II, 121.
Charrue, I, 62, 155.
CHARTIER (Alain), I, LIV.
Chartier, II, 73.
Charton, II, 161.
CHARTRES, I, 333.
Chasse, II, 73.
Chasser, II, 73, 347, 487.
Chat, I, 155, 262. — II, 487.
Château, II, 161, 487.
CHATEAUDUN, I, 334.
CHATEAU-GONTIER, en Anjou, II, 606.
CHATEAU-LANDON, I, 334.
CHATEAUNEUF (Famille de), II, 23.
CHATEAU-THIERRY, I, 334.
CHATEAU-VILAIN, I, 334.
CHATELET (Jean du), I, XXI.
CHATELLERAULT, I, 333 et 334.
CHATENAY, I, 334.
Chat-huant, I, 159.
Chattemite, I, 159.
Chaudron, II, 192.
CHAUMONT, I, 335.
CHAUNY, I, 335, 381.
Chausse, II, 161, 285, 312, 345, 487.
Chausser, II, 162.
Chaussure, II, 162.
Chemin, I, 62. — II, 244.
Cheminée, II, 163.
Chemise, II, 163 et 418.
Chêne, I, 62. — II, 361.
Cheval, I, 159. — II, 284.
Chevalier, II, 74 et 375.
CHEVIGNEY, I, V.
Chevilles, II, 322.
Chèvre, I, 119, 164, 488.
CHICARD, I. CXV. — II, 33.
Chiche, II, 258, 315, 321, 334.

CHICHE-FACE, I, 165.
Chien, I, 165 à 171. — II, 362, 409, 422, 488.
CHINON, I, 337.
Choisir, II, 271.
Chômer, II, 347.
Chou, I, 62, 63.
Chrême (Saint), I, 63.
CHRESTIEN DE TROYES, I, XLVI, XLVII.
Chrétien, I, 6, 291.
Chrétienté, I, 6.
CHRISTOPHE (Saint), I, 45.
CHYPRE, I, 284.
CICÉRON, I, XVI, XX. — II, 31.
Ciel, I, 97.
Cire, I, 64.
Ciron, I, 172.
Citadelle, II, 163.
Cité, II, 340.
Civette, I, 64.
CLAIN (Le), I, 337.
CLAIRE (Saint), I, 119.
CLAIRES (Les), I, 402.
CLÉMENT (Saint), I, 119.
Clerc, II, 121 et 122.
CLERMONT (Oise), I, 338.
CLÉRY, I, 339.
CLIGERS, I, XVI.
CLISSON, I, 363.
Cloche, I, 6.
Clocher, I, 8. — II, 337.
Cloître, I, 8.
Clou, II, 320.
CLOUD (Saint), I, 391.
Coche, II, 123.
Cocher, II, 123.
Cochon, I, 172.
CŒUR (Jacques), II, 7.
Cœur, II, 233, 254, 275, 282, 328, 377, 488.
COGNAC, I, 338.
Cognée, II, 123, 164 et 257.
COGNEFESTU, II, 33.
Coiffer, II, 163.
COILLI, I, 338.

COISY, I, 338.
COLAS, II, 33.
COLIGNY, II, 7.
COLIN-TAMPON, II, 33.
COLLOT (Jean), II, 33.
COLOGNE, I, 284.
COLOMBAN (Saint), I, 45.
Colombe, I, 172.
Combat, II, 74.
COMIERS (Famille de), II, 9.
COMMERCI, II, 338.
Commissaire, II, 192.
Communautés, I, 8.
Compagnie, II, 276, 367, 371.
Compagnon, II, 276 et 380.
Comparaison, II, 276.
Compas, II, 305.
Compère, II, 373 et 421.
COMPEY (Famille de), II, 22.
COMPIÈGNE, I, 338.
Compte, II, 123 et 230.
Compter, II, 123.
CONCHES, I, 339.
CONDÉ (Louis de Bourbon, prince de), II, 7.
Confession, I, 8.
Conin, I, 172.
CONQUES (Portail de l'église de), I, 387.
Conscience, II, 279, 363, 397, 410, 488.
Conseil, II, 228, 258, 277, 285, 294, 309, 366, 375, 488.
Conseiller, II, 307 et 364.
Conseilleurs, II, 277.
CONSTANTINOPLE, I, 284.
Conte, II, 123.
Conter, II, 272.
Conteur, II, 227 et 420.
Contrainte, II, 262.
Contraire, II, 427.
Contrôleur, II, 124.
Convenances, II, 124.
Conversation, II, 277.

Convoiter, II, 230, 402, 407, 420, 488.
Convoitise, II, 227, 277, 278.
Coq, I, 173.
Coq-à-l'âne, I, 173.
Coquin, II, 74.
Corbeau, I, 173.
CORBEIL, I, 339.
Corde, II, 164 et 402.
Cordelier, I, 8.
CORDIER (Mathurin), I, XXV.
Cordonnier, II, 124.
CORGEBUYN, I, 340.
CORINTHE, I, 284.
CORMERY, I, 341.
Corneille, I, 173.
CORNEILLE (Pierre), LXX.
Cornemuse, II, 164.
Corps, I, 212.
Corps saint, I, 8.
Corsaire, II, 124.
COSME (Saint), I, 45.
COSSAINS, II, 34.
COTTON, II, 34.
Couard, II, 227 et 347.
Coucher, II, 164 et 383.
COUCY, II, 9.
COUESNON (Rivière du), II, 608.
Couleuvre, I, 174.
COULOMBIERS-EN-BRIE, I, 341.
Coup, II, 74.
Coupable, II, 278.
Cour, II, 75.
Courage, II, 430, 488.
Courdes, I, 64.
Courir, II, 258 et 305.
Couronne, I, 8.
Courroie, II, 387.
Courroucé, II, 248.
Courroux, II, 278.
COURTILLE, I, 341.
Courtoisie, II, 278 et 303.
COUTANCES, I, 341.
Couteau, II, 193 et 339.
Coutume, II, 124, 164, 279, 332, 433, 488.
Couvent, I, 1 et 8.
Couverture, II, 417.
Cracher, II, 387.
Crainte, II, 300.
CRAON, II, 606.
Crapaud, I, 174.
CRÉCY-EN-BRIE, I, 341.
Crédit, II, 240.
CRÉPY, I, 341.
CREQUI (Famille de), II, 1, 9.
CREQUY, I, 385.
CRESPIN (Saint), I, 45, 120.
CRÉSUS, II, 34.
Crime, II, 256.
Croc, II, 164.
Crocodile, I, 174.
Croire, II, 387.
CROIX (Sainte), I, 120.
CROIX (Sainte-) d'Angers, II, 602.
Croix, I, 9, 10. — II, 270.
CROPIGNAC, I, 249.
CROTOY, Arr. d'Abbeville, I, 342.
Crucifix, I, 10.
Cruel, II, 367.
Cueilleur de pommes, II, 125.
Cuider, II, 489.
CUIGNIÈRES (De), II, 35.
Cuiller, II, 193 et 230.
Cuir, II, 489.
Cuisine, II, 194.
Cuisinier, II, 284.
Cuisse, I, 212.
Cuit, II, 194.
Cul, I, 213.
CUPIDON, I, 56, 373.
Curedent, II, 7.
Cuve, II, 194.
Cuvée, II, 194.
Cygne, I, 175.
CYRANO DE BERGERAC, I, LXIX.

h.

D

Dagobert, II, 35.
Dague, II, 164.
Dalascia, I, 285.
Dalmatien, I, 285.
Damasco, I, 285.
Dame, I, 213. — II, 489.
Danemark, I, 285.
Danger, II, 253, 295, 341, 414.
Danois, I, 285.
Danse, II, 76.
Danser, II, 76, 248 et 387.
Danseur, II, 77.
Dauphiné (Familles du), II, 9.
David, I, 10.
Dé, II, 77.
Débat, II, 489.
Débonnaireté, II, 303.
Défiance, II, 287.
Dégoûté, II, 194.
Déjeuner, II, 340.
Délier, II, 347.
Déluge, I, 10.
Demande, II, 125, 227, 303.
Demandeur, II, 125, 226, 421.
Démanger, I, 213.
Démocrite, II, 35.
Demoiselle, II, 77.
Denier, II, 125 et 297.
Denis (Saint), I, 120, 391.
Denis (Village de Saint-), I, 379.
Denis-le-Tyran, II, 36.
Dent, I, 213.
Dents (Arracheur de), II, 265.
Dépêcher, II, 165.
Dépense, II, 414.
Dépenser, II, 165.
Dernier, II, 410.
Descars (Famille), II, 23.
Désespoir, II, 232 et 293.
Désir, II, 288.
Désirer, II, 275 et 354.

Despendre, II, 244.
Destination, II, 126.
Détracteur, II, 329.
Détresse, II, 283.
Dette, II, 126, 401 et 425.
Deuil, II, 240, 251, 270, 274, 489.
Devin, II, 126.
Diable (Le), I, 12, 13, 14. — II, 50, 215.
Dieppe, I, 342.
Dieu I, 14, 15 à 23 *et passim*. — II, 429.
Diffamer, II, 339.
Difformité, I, 214.
Dijon, I, 342.
Dimanche, I, 97.
Dîme, I, 24.
Dinant, I, 343.
Dîner, II, 194 et 195, 370.
Dîneur, II, 195.
Diogènes, I, xvi, xix, — II, 35.
Dire, II, 127, 489.
Disciple, II, 127 et 423.
Discrétion, II, 360.
Diseuieu, II, 10.
Disette, II, 240.
Diseur, II, 127.
Dizier (Saint-), I, 391.
Docteur, II, 127.
Doctrine, II, 418.
Doigt, II, 354 et 381.
Dole, I, 343.
Domart en Ponthieu, I, 343.
Domestique, II, 338.
Domfront, I, 344.
Dommage, II, 289, 489.
Dompaire, I, 344.
Don, II, 128, 316, 329, 370, 421.
Donat, II, 36.
Dormans, I, 344.

Dormeur, II, 321.
Dormir, II, 389, 429, 431.
Dortan (Famille de), II, 23.
Dos, I, 214.
Douaire, II, 128.
Douces paroles, II, 289.
Douceur, II, 272 et 283, 310.
Doué, en Anjou, II, 604.
Douleur, I, 214. — II, 226, 231, 240.
Doullens, I, 344.
Dourdan, I, 344.

Dragon, II, 600.
Drap, I, 24. — II, 165.
Droit, II, 226, 290, 300 et 361.
Drome, I, 344.
Duchêne, II, 36.
Dufail (Noël), I, lxi.
Duonon (La), I, 372.
Durance, I, 344.
Durand (Catherine), dame de Bedacier, I, lxxxi.
Duretal, II, 605.
Dionysius Cato. *Voy.* Caton.

E

Eau, I, 65. — II, 262.
Eau bénite, I, 24, 25.
Echalas, I, 67.
Echasses, II, 264.
Echelles, I, 67.
Echevin, II, 375.
Ecole, II, 128.
Ecolier, II, 128, 315, 375.
Ecorce, I, 67.
Ecorcher, I, 175.
Ecorcheur, I, 175.
Ecossais, I, 286.
Ecosse, I, 285.
Ecot, II, 195 et 423.
Ecouché, I, 344.
Ecrit, II, 128.
Ecriture, II, 334.
Ecu, II, 128.
Ecuelle, II, 195 et 391.
Ecuyer, II, 77.
Edifice, II, 337.
Edifier, II, 405.
Eglise, I, 26.
Egypte, I, 286.
Egyptien, I, 286.
Elément, I, 67.
Eléphant, I, 175.
Eloi (Saint), I, 45.
Eloquence, II, 128.
Embaumer (S'), II, 404.

Empereur, II, 78.
Encan, II, 129.
Enclume, II, 129.
Encre, II, 129.
Endetter (S'), II, 255.
Endurer, II, 310.
Enfant, I, 215 à 218.
Enfiler, II, 258.
Engin, II, 296 et 347.
Ennemi, II, 78, 239, 287, 295, 296, 489.
Ennezel (Famille d'), II, 10, 23.
Ennui, II, 296, 390 et 421.
Enoch, I, xx.
Enrichir, II, 409.
Enseigne, II, 66.
Entendeur, II, 226.
Entendre, II, 390.
Entend-trois, II, 166.
Entreprendre, II, 489.
Entreprise, II, 314.
Envie, II, 297.
Epaule, I, 142, 176, 218, 219.
Epée, II, 79.
Epéhy, I, 344.
Epernay, I, 345.
Eperon, II, 78.
Epervier, I, 176.
Epine, I, 68.
Eponge, II, 366.

Epousée, II, 79.
Epouser, II, 75.
EQUIHEN, I, 345.
ERAGNY, II, 345.
ERIGNÉ (La roche d'), en Anjou, II, 604.
Erreur, II, 231.
ESCLAVONIE, I, 286.
ESDRAN, I, 287.
ESOPE, I, XXI.
ESPAGNE, I, 287.
ESPAGNOL, I, 288, 290.
Espérance, II, 300, 390 et 433.
ESPIARD, II, 10.
Esprit, II, 245.
ESTAVAYE, II, 10, 23.
ESTIENNE (Henri). *Voy.* Henry.
Estomac, II, 386.
ESTRÉES-LÈS-CRÉCY, I, 345.
ESVIÈRES, prieuré, II, 602.
ETAMPES, I, 345.
Etat, II, 269.
Eté, I, 98.
Etendard, II, 79.

ETHIOPIE, I, 288.
ETIENNE (Saint-), I, 46.
Etoiles, I, 97, 98. — II, 277.
Etoupe, II, 330 et 361.
ETOUY, I, 346.
Etreindre, II, 490.
Etrier, II, 166.
Etrille, II, 254.
EU, I, 346.
EULALIE (Sainte), I, 120.
EURE, I, 346.
EUSTACHE (Eglise Saint-), à Paris, I, 346.
Evangile, I, 25.
EVE, I, 2.
Evêque, I, 26 à 28.
EVERARD, I, XXII et XXV.
EVRAULT (Saint-) d'Angers, II, 602.
EVREUX, I, 346.
Excommunié, I, 28.
Excuser (S'), II, 424.
Expérience, II, 298.
Exploit, II, 225.
Extrêmes, II, 129.

F

Fâcheux, I, 362.
Faim, II, 196 et 381.
Faire, II, 490.
Familiarité, II, 324.
Fange, I, 68. — II, 229.
Faquin, II, 166.
Fardeau, II, 231.
Farder (Se), II, 283.
Farine, I, 68. — II, 196.
Faucon, I, 176.
Fausseté, II, 300.
Faute, II, 129, 381, 422.
FAUVEAU, II, 36.
Faveur, II, 429.
FÉCAMP, I, 346.
Fécondité, I, 68.

Félon, II, 231, 274 et 392.
Félonie, II, 335, 490.
Femme, I, 18, 107, 133, 161, 219 à 232. — II, 263, 305, 490.
Fenêtre, II, 166.
Fer, I, 60, 69. — II, 392.
FÈRE-EN-ARDENOIS, I, 346.
Férir, II, 255 et 421.
Féronier, II, 130.
FERRARE, I, 288.
Ferrer, II, 166.
Fesse-Mathieu, II, 55.
Fête, I, 28 à 29. — II, 240, 309 et 318.
Fétu, I, 72.

Feu, I. 69 à 72. — II, 262 et 379.
Fève, I, 72 et 73.
Février, I, 98, 99.
Fiacre (Saint), I, 46.
Fiance, II, 281, 300 et 324.
Fiancer, II, 80.
Fichu (Jean), II, 36.
Fief, II, 130.
Fier (Se), II, 399.
Fierabras, II, 37.
Fièvre, I, 232. — II, 429.
Figue, I, 73.
Fillastre (Guillaume), I, li.
Fille, I, 232 à 235. — II, 284, 359, 374, 397.
Fils, II, 397.
Fin, II, 232, 279, 282, 324.
Flamant, I, 283.
Flandres, I, 283, 288, 346, 347.
Flatter, II, 286 et 392.
Flèche, II, 405.
Flesselles, I, 347.
Florence, I, 296.
Florentin (Saint), I, 391.
Florentin, I, 289.
Florio (Giovanni), I, xxxix.
Flûte, II, 258.
Foi, I, 29.
Foible, II, 422.
Foie, II, 197.
Foin, I, 73.
Foire, II, 130 et 338.
Fol, II, 377, 412, 490.
Folie, I, 227, 235. — II, 332, 394 et 433.
Fontaine, I, 73.
Forcalquier, II, 10, 20.
Force, II, 296, 365, 417 et 432.
Forêt, I, 73.
Forgeron, II, 130.
Fortune, II, 241, 250, 277, 283, 292, 300, 356, 378 et 490.

Fossé, I, 73.
Fou, I, 235 à 245. — II, 256, 490.
Fouet, II, 66.
Fouines, I, 176.
Foulon, II, 131.
Four, II, 196, 416.
Fourbins, II, 10, 20.
Fourbisseur, II, 131.
Fourche, I, 73. — II, 324.
Fourgon, II, 166.
Fourmi, I, 176.
Fourreau, II, 80.
Fourvoyer (Se), II, 313.
Fraise, I, 74.
Français, I, 290, 348, 349, 382.
France (Marie de), I, xlix.
France, I, 348.
Franchise, II, 393.
François (Saint), I, 46, 121.
François Ier, II, 10.
Fransart, I, 349.
Fravillers, I, 349.
Frelampier ou *Frère lampier*, II, 37.
Frelon, I, 176.
Frêne, I, 74.
Frère, I, 245.
Frères mineurs, I, 29.
Freteau, II, 37.
Fricassée, II, 197.
Frise, I, 283.
Fromage, II, 197.
Froment, I, 74.
Fronsac, I, 349.
Front, I, 245.
Frontignac, I, 349, 402.
Fruit, I, 74.
Fugger (Famille des), II, 609.
Fumée, I, 74. — II, 362 et 394.
Fumier, I, 75.
Furon (Mathieu), II, 37.
Fuseau, II, 329.

G

Gabriel (Saint), I, 46.
Gadagne, II, 11.
Gage, II, 131.
Gager, II, 393.
Gagner, II, 262, 393 et 421.
Gagny, I, 326.
Gain, II, 131.
Gaine, II, 414.
Gale, I, 245.
Galeux, I, 245.
Galles (Pays de), I, 289.
Gallien, I, xix. — II, 37.
Galoche, II, 37.
Gand, I, 289.
Gandelu, I, 349.
Gannelon, II, 37.
Gant, II, 166.
Gard (Famille de Du), II, 11, 23.
Gardien, II, 131.
Garguille (Gautier), I, lxviii. — II, 38.
Garlande (Jean de), I, xxvii.
Garraut (Thibaut), II, 38.
Gascogne, I, 349, 371.
Gascon, I, 349.
Gaspilleur, II, 229 et 281.
Gâteau, II, 198.
Gâter, II, 490.
Gaule, I, 271.
Gaulois, I, 350.
Gautier, II, 38.
Gazzeto, II, 39.
Géant, I, 245.
Gelée, I, 99, 100.
Geler, I, 100.
Géline, I, 176.
Gendarme, II, 288.
Gendre (Le), II, 11.
Gendre, II, 80.
Gênes, I, 296.
Genève, I, 289.
Geneviève (Sainte), I, 46.

Genevois, I, 289.
Gengoul (Saint), I, 121.
Genos (Famille de), II, 11.
Genou (Saint), I, 47.
Genova. *Voy.* Genève.
Gens d'armes, II, 80.
Gentilhomme, II, 80.
Georges (Saint), I, 47, 121.
George, II, 3, 39.
Gérardmer, I, 350.
Gerente, II, 11, 20.
Gerson (Jehan), I, lii.
Gertrude (Sainte), I, 122.
Gervais (Saint), I, 122. — II, 600.
Gilette, II, 39.
Gilles (Saint), I, 47.
Gingins, II, 11, 22.
Ginguet, II, 39.
Givency (Adam de), I, xxiii.
Glace, I, 100.
Glaive, II, 388 et 431.
Glandevez, II, 11, 20.
Glaner, I, 75.
Glisser, II, 316.
Gloire, II, 354.
Gloria, I, 30.
Glouton, II, 198 et 393.
Gloutonnie, II, 199.
Godard, I, 39. — II, 611.
Godefroy de Paris, I, xlix.
Gojon, II, 11.
Gonesse, I, 350.
Gonin, II, 39, 40.
Gonnord, village d'Anjou, II, 602.
Goron, I, 350.
Gourmand, II, 199.
Gourmandise, II, 199 et 324.
Gournay, I, 351.
Goût, II, 199.
Goutte, I, 245.
Gouverneur, II, 431.

Grain, I, 50, 75. — II, 225, 422.
Graisse, II, 435.
Grange, I, 76.
Granges, II, 11.
Granson, II, 11.
Granville, I, 351.
Grapin, II, 40.
Gras, II, 425.
Grasse, II, 12, 20.
Gratter, II, 429, 430.
Graville (Les sires de), II, 13.
Grec, I, 289.
Grèce, I, 289.
Grégoire (Saint), I, xix, 118.
Grêle, I, 100.
Grelot, II, 131.
Grenet (Pont), à Abbeville, I, 301.
Grenier, II, 168, 269 et 411.
Grenoble, I, 351.
Grenouille, I, 178.
Grève, à Paris (La), I, 351.
Grillon, II, 42.

Grimauds (Les), II, 12, 20.
Grimaut, II, 40.
Gringore (Pierre), I, lv.
Grisélidis, II, 41.
Grolée, II, 12.
Gros-Guillaume, I, viii.
Grosnet (Pierre), I, xxvi.
Grue, I, 177.
Gueldres, I, 283.
Guelphe, II, 48.
Guérin, II, 40.
Guerre, II, 81, 366, 491.
Guerroyeur, II, 83.
Guet-apens, II, 131.
Gueule, II, 309.
Gueux, II, 307.
Guiffrey, II, 9.
Guignes, I, 352.
Guillaume, II, 48.
Guillot, II, 41, 42, 491.
Guingamp, I, 352.
Guinguet, II, 42.
Guise, II, 12.
Gumoens, II, 13, 23.
Guyot de Provins, I, xv, xvii.

H

Habert (Fr.), I, xxv.
Habit, II, 168, 370 et 427.
Haguignetes, II, 168.
Hainaut, I, 352.
Haine, II, 303 et 356.
Haïr, II, 308, 381.
Ham, I, 352.
Hanneton, I, 177.
Happlaincourt (Village d'), I, 387.
Haquenée, I, 177.
Harcourt, I, 353. — II, 13.
Hareng, I, 177. — II, 49.
Harly, Aisne, 1, 353.
Harnois, II, 169 et 319.
Haro ou *Raoul*, II, 42.
Harpeur, II, 132.

Hâte, II, 304.
Hâter (Se), II, 339 et 408.
Haut, II, 169.
Haut-de-chausse, II, 169.
Havré (Madame), I, 133.
Haye, II, 339.
Hazard, II, 258, 304 et 310.
Hélène, II, 43.
Hennequins, II, 43.
Henry Estienne, I, xiii, xlii, lxi.
Héraut, II, 83.
Herbaut, I, 177.
Herbe, I, 76, 77.
Hercules, I, 30.
Héritier, II, 102.
Herly, I, 353.

HERMÈS, I, XVIII, XX.
Hermite, I, 1, 11, 30. — II, 491.
HÉRODE, II, 43.
Herse, I, 77.
HESDIN, I, 353.
Heure, I, 100, 101. — II, 225.
Hibou, I, 178.
HINCMAR, I, XXI.
HIPPOCRATE, I, XIX et XXI. — II, 43.
Hiver, I, 80, 101, 102.
Hoir, II, 250 et 345.
HOLLANDAIS, I, 283.
HOLLANDE, I, 290.
HOMÈRE, I, XIX, XX. — II, 43.
Homicide, II, 304.
Homme, I, 19, 160, 246 à 258. — II, 361, 416, 491.

HONGRIE, I, 290.
Honneur, II, 83, 232, 305, 388, 407, 430, 491.
Honny, II, 13.
Honorer, II, 360.
Honte, II, 244, 255, 291, 305, 324, 338, 372, 398 et 421.
Hôpital, II, 169 et 434.
HORACE, I, XVI, XX. — II, 43.
Horloge, II, 305 et 414.
Hospitaliers, I, 30.
Hôte, II, 169 et 433.
Houseau, II, 170.
Huan, hibou, I, 178.
HUBER (Saint), I, 47.
Huguenot (Diable), I, 11. — II, 43, 44.
Huitille, baril. — II, 170.
Humilité. — II, 306.
Hutin, bruit, II, 83.

I

IDEMARD (Pas d'armes de saint), I, 390.
Idolâtrie, II, 428.
Idole, I, 31.
Ignorance, II, 306.
IMBERCOURT, II, 14.
Impératrice, II, 83.
Impossible, II, 227.
Imprimerie, II, 132.
Imprimeur, II, 426.
Indague, II, 158.
INDRE, I, 354.
Industrie, II, 227.
In fidelium, I, 31.
Infortune, II, 292.
Ingratitude, II, 245 et 320.

Iniquité, II, 320.
INNOCENT (Saint), I, 47.
INNOCENTS (Les saints), I, 48.
IPRES, I, 290.
Ire, II, 291 et 293.
IRLANDE, I, 290.
IRLES, I, 354.
ISIDORE, I, XVI, XXI.
ISIGNY, I, 354.
ISRAEL, I, 31.
ISSOIRE, I, 354.
ITALIEN, I, 290.
IVES (Saint), I, 48.
Ivrogne, II, 199.
Ivrognerie, II, 199.

J

JACQUEMART, II, 44.
JACQUES (Saint), I, 48.
JACQUES, II, 44.
JACQUES-BONHOMME, II, 44.

JACQUES-DE-L'HÔPITAL (Saint-), I, 392.
Jambe, I, 258. — II, 425.
Jambon, II, 199.
Janvier, I, 68. — II, 598.
Jardin, II, 256.
JARNAC, II, 45.
Jaseur, II, 277.
JEAN, I, 141. — II, 45.
JEAN DE NIVELLE, II, 46.
JEAN DES VIGNES, II, 45, 46.
JEAN DE VRIE, II, 47.
JEAN DE WERT, II, 47.
JEAN FICHU, II, 46.
JEAN (Gros-), II, 48.
JEAN-GUILLAUME, II, 48.
JEAN (Messire), II, 45.
JEAN (Saint), I, 48, 123.
JÉSUS-CHRIST, I, 32.
Jeter, II, 491.
Jeu, I, 83 à 85. — II, 233 et 418.
Jeune, I, 31.
Jeunesse, II, 415.
JOB, I, XI, 31.
JOBERT, II, 48.
JOCRISSE, II, 48.

JOFFRAY, II, 14, 23.
Joie, II, 323, 361, 374 et 428.
Jonc, I, 77.
Jongleur, II, 132.
JOSEPH (Saint), I, 48.
Jouc, I, 51. — II, 143.
JOUÉ, II, 602.
Jouer, II, 85 et 336.
Joueur, II, 86.
Jour, I, 104, 105. — 254 et 432.
Journée, II, 232.
JUDAS, I, 32.
Juge, II, 132, 375 et 416.
Juger, II, 348 et 409.
JUGON, I, 354.
JUIF, I, 290.
Juillet, I, 105, 106.
Juin, I, 105.
JULIEN (Saint), I, 48, 123. — II, 14.
Jument, I, 178.
JUPITER, I, 31, 32.
Jurer, II, 133 et 394.
Justice, II, 133 et 352.
JUSTINIEN, II, 48.
JUVÉNAL, I, XVI et XVII.

L

Labeur, II, 328 et 382.
Laboureur, I, 77, 78.
LA CHAMBRE, II, 15.
LACHATRE, II, 49.
LA FÈRE, I, 354.
LAFÉRIÈRE, I, 355.
LA FLÈCHE, II, 605, 608.
LA FONTAINE, I, XLV.
LAGNY, I, 355. — II, 46.
LAIGLE, I, 354.
LAIGNE (La), I, 395.
Laine, I, 179.
LAINÉ, II, 49.
Lait, II, 199.
LA LOUPE, I, 355.

LAMBALLE, I, 356.
LAMBERT (Saint), I, 49.
LAMESANGÈRE, I, XLVI.
Lance, II, 86.
LANDRECIES, I, 356.
LANGRES, I, 356.
Langue, I, 258. — II, 133, 229, 245, 304, 325, 341, 351, 601.
LANGUEVOISIN, I, 356.
LANGUEILLE, II, 49.
Lanterne, II, 373.
LAON, I, 357.
Lapin, I, 178.
Laquais, II, 86.

Larchant, I, 357.
Lard, II, 200.
Largesse, II, 283.
La Rochelle, I, 357.
Larron, II, 171, 230, 233, 234, 307, 332, 336, 415, 492.
Latin, II, 134, 614.
Laurent (Saint), I, 124.
Lavigny, II, 15, 23.
Lebon (Jehan), I, xxxix, xl.
Lechat de Kersaint, II, 15.
Lécher, II, 492.
Leclercq (Théodore), I, lxxxii.
Lecoq (Jean), II, 150.
Le Diable, II, 50.
Lefèvre (Jehan), I, xxiv.
Léger, II, 340.
Leigne (La rivière de), I, 357.
Le Maistre, II, 15.
Le More, II, 50.
Lenoir (Guillaume), I, xlii.
Léon (Province de), I, 326, 357.
Lepange, I, 357.
Le Roux (P. J.), I, xlvi.
Lescher, I, 114.
Lesglantiers, I, 358.
Lessive, II, 171.
Lettres, II, 134.
Leu (Saint), I, 49, 124.
Levain, II, 200 et 432.
Lever, II, 171.
Lévrier, I, 178.
Levron, I, 178.
L'Hospital (Chancelier de), II, 8, 14.
Libéralité, II, 303.
Lie, II, 430.
Liége, I, 292.
Lien, II, 315.
Lierre, I, 78.
Lièvre, I, 178.
Lille (Alain de), I, xxvii.
Limace, I, 179.
Limoges, I, 358.

Limousin, I, 358.
Lincoln, I, 292.
Lintot, I, 358.
Lion, I, 115, 179.
Lire, II, 340.
Lis, I, 78.
Lisieux, I, 358.
Lisse, I, 172.
Lit, II, 172 et 395.
Livre, II, 135.
Lô (Saint-), I, 392.
Loche, I, 179.
Loches, I, 358.
Logimond, I, xix.
Loi, II, 135.
Loire, I, 358.
Lombard, I, 292, 382.
Lombardie, I, 195, 292.
Longchamps (Abbaye de), I, 1.
Longpré-lès-Amiens, I, 359.
Loricard, d'Angers, 602.
Lorrain, I, 360.
Lorraine, I, 234, 340.
Lorris, I, 359.
Lot, I, 360.
Lot, II, 419.
Louange, II, 341.
Loubières, II, 15, 20.
Loudun, I, 361.
Louer, II, 267, 337 et 348.
Loup, I, 179 à 184. — II, 386 et 486.
Louvain, I, 292.
Louviers, I, 271.
Loyauté, II, 293 et 341.
Loyer, II, 341 et 421.
Loys, II, 15, 23.
Luc (Saint), I, 49, 124.
Lucain, I, xvi, xx.
Lucas, II, 51.
Luce (Sainte), I, 79, 124.
Lucheux, I, 361.
Lucques, I, 292.
Lugny (Famille de), II, 15.
Lune, I, 106, 107, 108.
Lunettes, II, 252.

Lupé, II, 16.
Lutte, II, 231.
Luxurieux, II, 307.
Lyon, I, 361, 402.

M

Macé (H.), I, xxv.
Mâcher, II, 244 et 257.
Macon, I, 361.
Maçon, II, 135.
Macrobe, I, xvi.
Madeleine (Sainte), I, 49, 125.
Magistrat, II, 136.
Magny, I, 361.
Mai, I, 108, 109. — II, 598.
Maillard (Olivier), I, lii.
Maillardoz (Famille de), II, 16, 23.
Maille, II, 253.
Mailly (Famille de), II, 1, 16.
Main (Saint), I, 49.
Main, I, 259 à 262. — II, 426.
Maison, II, 172, 267, 358, 492.
Maître, II, 87, 136, 262 et 283.
Maîtrise, II, 136.
Mal, I, 262. — II, 226, 280, 330, 342, 346, 431, 492.
Malade, I, 263, 267. — II, 330.
Maladie, I, 264.
Malains (Famille de), II, 16.
Mal avisé, II, 342.
Malherbe, I, lxiii.
Malheur, II, 343 et 431.
Malines, I, 293.
Malo (Saint-), I, 392
Manceau, I, 361.
Manche, II, 174, 415, 614.
Manchot, II, 266.
Manger, II, 201, 311, 333, 381, 492.
Mangerie, II, 202.
Mangeur, II, 202 et 302.
Mans, I, 362.

Manteau, II, 174.
Marâtre, II, 381.
Marbre, I, 78.
Marc (Saint), I, 125.
Marcel (Saint), I, 46.
Marchand, II, 136
Marchande, II, 411.
Marchandise, II, 137.
Marché, II, 138, 344, 422, 492.
Marcoul et Salomon, I, ix, xxxv.
Marcus Porcius Cato, I, x.
Maréchal, II, 139.
Margon, I, 362.
Margot, II, 51.
Marguerite, II, 51.
Mari, II, 419.
Mariage, II, 88, 320.
Marie (la Vierge), I, x, 33.
Marier, II, 89, 265.
Marier (Se), II, 390, 395, 407.
Marinier, II, 139.
Marion, II, 51.
Marmite, II, 202.
Marmotte, I, 184.
Marmoutier, I, 363.
Marne, I, 363.
Marolle, I, 363.
Marot (Clément), I, lxii. — II, 51.
Mars, I, 109, 110. — II, 599.
Marseille, I, 363, 402.
Marteau, II, 175 et 319.
Marthe, II, 52.
Martin, I, 142. — II, 52 à 55.
Martin (Saint), I, 49, 50, 125.
Martin de Tours (L'abbaye Saint-) I, 378.
Martin de Cambrai, II, 55.
Martine, II, 16, 23.

Martyr, I, 33.
Massé (Le prêtre), II, 55.
Mathias (Saint), I, 125.
Mathieu, II, 55.
Mathurin (Saint), I, 50, 126.
Matière, II, 427.
Matin, I, 111. — II, 493.
Mâtin, I, 184.
Matinée, II, 282.
Matines, I, 33.
Matte (Enfant de la), I, 216.
Maubert (Place), à Paris, I, 363.
Maucourt (Village de), dans l'Oise, I, 387.
Maupiteux, II, 55.
Maur (Saint-), I, 50, 391.
Maux, II, 418.
Mayenne (La), I, 363.
Meaux, I, 363.
Mécènes, II, 56.
Méchant, II, 8, 260, 292, 314.
Méchante parole, II, 346.
Méchéance, II, 493.
Médaille, II, 428.
Médard (Saint), I, 50, 51, 126.
Médecin, I, 264. — II, 240, 262, 283, 284, 435.
Médecine, I, 268.
Médire, II, 358.
Melun, I, 363.
Mélusine, II, 56.
Mémoire, II, 345.
Menacer, II, 307, 396, 439.
Menaces, II, 345.
Ménage, II, 311 et 427.
Mende (La cloche de), I, 387.
Mendiant, II, 175 et 348.
Menehould (Sainte-), I, 393.
Ménestrier, II, 139 et 175.
Mensonge, II, 420.
Mentir, II, 225, 266, 337, 345.
Menton (Famille de), II, 16, 22.
Mépris, II, 318, 493.
Mer, I, 78. — II, 140.

Mercier, II, 140 et 418.
Mercure, I, xx.
Mère, I, 268. — II, 252, 305, 374.
Mérite, II, 282.
Merle, I, 185.
Méry (Le chevalier de), I, xlii.
Merry (Saint), I, 51.
Mesgnie, II, 175.
Messager, II, 176, 345, 353, 363.
Messe, I, 33, 34. — II, 270.
Messine, I, 293.
Mestral-Aruffens, II, 16, 22.
Mestral-Payerne, II, 16, 22.
Mesure, II, 226, 287, 333.
Métier, II, 140 et 359.
Mets, II, 202.
Metz, I, 364.
Meung, I, 364.
Meunier, II, 141.
Mevillan, II, 16.
Mézières, I, 364.
Michaut, II, 57.
Michel (Saint), I, 51 et 126.
Michel (Le mont Saint-), I, 371, 393.
Midas, II, 57.
Midi, I, 111.
Miel, I, 79. — II, 357 et 433.
Mielot (Jehan), I, xxviii.
Milan, I, 293, 296.
Mine, II, 301.
Minerve, I, 34.
Ministre, I, 34.
Miolans, II, 17.
Mirer (Se), II, 267 et 403.
Miroir, II, 176.
Mitaine, II, 256.
Mitouche (Sainte) ou Nitouche, I, 51.
Mode, II, 266.
Moine, I, 2, 35 à 37. — II, 288 et 375.
Mois, I, 111.

Moïse, 1, xx.
Moisson, I, 79.
Molena, I, 293.
Molière, I, lxv.
Monde, II, 258, 292, 330.
Monnaie, II, 141 et 315.
Monnayeur, II, 141.
Monsieur, II, 89.
Mont, I, 79.
Montagne, I, 79.
Montargis, I, 365.
Montdidier, I, 365.
Montélimart, II, 73.
Monter, II, 493.
Montereau, I, 365.
Montgommery, II, 17.
Montigny, I, 365.
Montlhéri, I, 365.
Montluc (Adrien de), I, lxxv.
Montmartre, I, 366.
Montmorency, II, 17.
Montmurat-Naucase, II, 18.
Montonvilliers, I, 366.
Montpellier, I, 367.
Montreuil-Bellay, en Anjou, II, 604.
Montrouge, I, 367.
Montsalès (Jardin de), dans le Quercy, I, 387.
Montsoreau, I, 367.
Moranes, en Anjou, II, 605.
Morceau, II, 203.
Mordre, II, 424.
Mores, I, 290, 293.

Moreuil, I, 368, 386.
Moreuil, II, 19.
Moris (Saint-), II, 21.
Morlaix, II, 18.
Mort, II, 228, 231, 277, 295, 307, 320, 324, 333, 351, 413, 493.
Mortagne, I, 368.
Mortain, I, 368.
Mortier, II, 309.
Morveux, I, 268.
Moscovite, I, 293.
Mouche, I, 185. — II, 57, 256.
Moucheron, I, 186.
Moulin, II, 176, 268, 269 et 403.
Mourir, II, 225, 310, 362, 430.
Mouskès (Philippe), I, xlii.
Moustier, I, 37.
Moutarde, II, 203 et 283.
Mouton, I, 186.
Moûture, II, 264.
Moyenneville, I, 368.
Mule, I, 187.
Muletier, II, 142.
Mur, I, 70
Murat (H. I. de Castelnau, comtesse de), I, lxxx.
Mûres, I, 79, 80. — II, 493.
Mûrier (Gabriel), I, xxxvii.
Musard, II, 347, 493.
Muse, II, 142.
Mypont, II, 18.

N

Nager, II, 316, 330, 493.
Nageur, II, 252.
Nain, I, 268.
Nantes, I, 368.
Naours, I, 368.
Naples, I, 296.
Nappe, II, 204.
Naruaples, II, 603.

Nature, II, 226 et 352.
Navarre, I, 293.
Navire, II, 142.
Nécessité, II, 299, 353, 355 et 419.
Nef, II, 142 et 355.
Neige, Neiger, I, 111, 112. — II, 599.

NÉRON, I, XLIII. — II, 57.
NESLES, I, 368, 381.
NESMOND, II, 57.
NEUBOURG, I, 368.
NEUFCHATEL (Famille de), II, 5, 18.
NEVERS, I, 369. — II, 57.
Neveu, II, 158.
Nez, I, 268. — II, 268, 387 et 426.
Niais, II, 416.
NICOLAS (Saint), I, 51, 126.
NICOLLE, II, 57.
Nid, I, 187.
NIORT, I, 369.
NIQUEDOUILLE, II, 57.
Noble, II, 89.
Noblesse, II, 90.
Noces, II, 312, 336, 427.
NOÉ, I, 38.
Noël, I, 75, 85 et 112.
Nœud, II, 423.
NOGENT-SUR-SEINE, I, 369.
Noise, II, 286.
Noix, I, 80. — II, 380.
Nom, II, 18, 419.
Nonnain, II, 327.
Nonne, I, 38.
NORMAND, I, 369, 382. — II, 609.
NORMANDIE, I, 371.
Notaire, II, 142, 283, 284.
NOTRE-DAME (Eglise), à Paris, I, 193.
NOTRE-DAME-DE-L'ÉTANG, I, 372.
Nourrice, II, 177, 333.
Nourrir, II, 204 et 309.
Nourriture, I, 268. — II, 356.
Nouvelles, II, 228, 242, 246, 253, 304, 426 et 430.
Noyer, II, 354 et 431.
NOYON, I, 372, 380.
Nue, I, 113.
NUIS ou DES NOYERS (Jean-Gille de), I, XXXVI.
Nuit, I, 113. — II, 326.
Numéro, II, 177.

O

Obéir, II, 399.
Océan, I, 293.
Octobre, I, 113.
OEil, I, 269. — II, 8, 350, 397 et 425.
OEuf, I, 187. — II, 204, 354, 420 et 432.
OEuvre, II, 359, 493.
Office, I, 38. — II, 142.
Offre, II, 259.
OGIER, II, 32.
Oie, I, 190. — II, 494.
OIGNON, II, 58.
Oignon, I, 73, 80. — II, 319.
OISE, I, 373, 376.
Oiseau, I, 188.
Oiselet, I, 190.
Oisif, II, 408.
Oisiveté, II, 493.
Oison, I, 190.
Olive, I, 80.
Ombre, II, 245 et 306.
Omelette, II, 205.
OMIECOURT, I, 373.
Once, II, 142.
Oncle, II, 256.
Onguent, I, 272.
Opinion, II, 266 et 289.
Or, I, 80, 81. — II, 339, 493.
Oreille, I, 272, 274. — II, 8, 225 et 320.
Orgueil, II, 228, 314, 366, 367, 413 et 427.
Orgueilleux, II, 252, 364 et 374.
ORLANDO, II, 58.

DES MATIÈRES.

Orléans, I, 373. — II, 19, 601.
Orléans (Charles d'), I, LV.
Orme, II, 152, 598.
Orose, I, XIX.
Orse (La rivière d'), I, 395.
Ortie, I, 81.
Os, I, 272. — II, 205.

Ouaille, I, 190.
Oudin (Antoine), I, XLVI.
Ours, I, 191.
Outil, II, 142.
Ouvrier, II, 142, 423, 494.
Ouvrier Thomas, I, XXVII.
Ovide, I, XVI, XXI.

P

Pacolet, II, 58.
Padoue, I, 283.
Page, II, 90.
Pailes, I, 293.
Paille, I, 81.
Pain, I, 50. — II, 205 à 211, 267, 323, 358, 423, 494.
Palefroix, I, 294.
Pampelune, I, 294. — II, 60.
Panier, II, 58.
Panse, II, 211.
Pape, I, 38. — II, 71.
Papier, II, 330.
Papillon (Michel) de Seyssel, I, XXV.
Pâques, I, 72, 73, 113, 114.
Paradis, I, 38.
Paray, I, 376.
Pardon, II, 374.
Parent, I, 272. — II, 318.
Paresseux, II, 302 et 432.
Paris, I, 296. — II, 494, 601.
Paris (Jehan de), I, XXIII.
Parler, II, 247, 274, 351, 367, 368, 417, 429, 436.
Parleur, II, 225.
Paroles, II, 246, 253, 368, 376 et 433.
Partir, II, 379.
Pasquier (Étienne), I, XLIV.
Pasquin, II, 59.
Passé, II, 260.
Passereaux, I, 191.
Pâte, II, 212.
Pâté, II, 212.

Pathelin, I, LXVII. — II, 59.
Patenôtres, II, 17.
Patience, II, 244, 369, 397, 494.
Paul (Saint), I, XXXVIII, 52, 126, 127.
Pautes (Famille de), II, 3, 19.
Pauvre, II, 263 et 369.
Pauvreté, II, 285, 316 et 369.
Pavé, II, 245.
Pavie, I, 294, 296.
Payer, II, 143, 389, 399, 410, 494.
Payeur, II, 144, 335.
Pays, II, 177.
Peau, I, 191. — II, 311.
Pêche, I, 81. — II, 91.
Péché, I, 38. — II, 337, 339, 369, 423, 494.
Pêcher, II, 91 et 370.
Pêcheur, I, 38. — II, 91, 401, 434, 494.
Pécune, II, 381.
Pédagogue, II, 422.
Peindre, II, 144.
Peine, II, 226, 298 et 369.
Peinture, II, 144.
Pèlerin, I, 17, 38, 39.
Pénélope, I, 59.
Pénitence, I, 40. — II, 231 et 392.
Penser, II, 429, 494.
Pentecôtes, I, 114, 115.
Perche (Province du), I, 381.
Perdre, II, 363, 379, 495.

Père, I, 272. — II, 256.
PÉRIGUEUX, I, 380.
Péril, II, 355 et 427.
Perle, II, 177.
PÉRONNE, I, 380, 381.
PÉROU, I, 294.
PERROT ou PIÉROT, II, 60.
PERSE (Le sophi de), I, 294.
PERSE, I, XVI.
Pertuis, II, 227.
PESMES, II, 19, 22.
Pet, I, 272.
PÉTAUD, II, 60.
Petit, II, 432.
PETIT (Jehan), I, LI.
Peuple, II, 371.
Peur, II, 495.
PHAÉTON, I, 40.
PHILIPPE, roi de Macédoine, I, XIX.
PHILIPPE-LE-BON, duc de Bourgogne, I, XXVIII.
PIBRAC (Le sieur de), I, XXVI.
PICARD, I, 382.
PICQUIGNY, I, 386.
Pie, I, 191.
Pied, I, 272. — II, 347 et 424.
Pierre, I, 81, 82. — II, 5, 141, 337, 495.
PIERRE (Saint), I, 51, 52, 127.
Pigeon, I, 191.
PIHOURT, II, 60.
PILATE, I, XIII, 6, 40.
Pincer, II, 178.
Pioche, II, 2.
Pique, II, 91.
PIQUENY, II, 19.
Piquer, II, 296.
PISAN (Christine de), I, LIV.
PISE, I, 292.
PITHAGORAS, I, XIX.
PITHIVIERS, I, 303.
Plaid, II, 145.
Plaider, II, 145.
Plaideur, II, 145.

Plaidoyer, II, 429.
Plaie, I, 273. — II, 495.
PLAISANCE, I, 294.
Plaisirs, II, 333, 430, 432.
Planté, I, 82.
Planter, I, 82.
Plat, II, 213.
PLATON, I, XVI.
PLESSIS-PICQUET, I, 383.
Pleurer, II, 242 et 337.
Pleuvoir, I, 115, 116.
Plier, II, 349.
Pluie, I, 116, 117. — II, 239.
Plume, I, 192.
Poéle, II, 213, 407.
Poëte, II, 145.
Poignet, I, 273.
Poil, I, 192, 260.
Poing, I, 273.
POINSSAT, II, 60.
Poire, I, 82, 83. — II, 213, 398.
Pois, I, 83. — II, 268.
Poison, II, 417.
Poisson, I, 192.
POISSY, I, 383.
POITIERS, I, 383, 601. — II, 93.
POITOU, I, 384.
Poivre, II, 213.
POIX, Somme, I, 385.
Poix, II, 408.
Police, II, 495.
POLOGNE, I, 294.
POLONAIS, I, 294.
Poltron, II, 321.
Pommes, I, 83. — II, 427.
Pommier, I, 83.
POMPADOUR (Famille de), II, 23.
PONCE-PILATE, II, 114.
PONLÈVE, I, 385.
Pont, II, 129, 178.
PONT (Le Petit-), à Paris, I, 381.
PONTAILLÉ, I, 385.
PONT-DE-CÉ, près d'Angers, II. 603.

DES MATIÈRES.

Pontevez, II, 19, 20.
Pontiraut, I, 385.
Pont-Neuf (Le), I, 386.
Pontoise, I, 385.
Pont-Sainte-Maxence, I, 386.
Porcellets, II, 19, 20.
Port, II, 146.
Porte, II, 178, 241 et 410.
Portugais, I, 294.
Portugal, I, 295.
Pot, II, 214, 215, 268, 392, 495.
Potage, II, 215, 252 et 354.
Pou, I, 198.
Pouille, I, 295.
Poulain, I, 194.
Poule, I, 194.
Poulet, I, 194.
Pourceau, I, 194. — II, 431.
Pouvoir, II, 306 et 410.
Praroman, II, 19, 23.
Pré, I, 83. — II, 4, 95.
Pré-aux-Clercs (Le), à Paris, I, 386.
Prélat, I, 40. — II, 375.
Premier venu, II, 146.
Prendre, II, 259.
Présent, II, 178 et 350.
Prêter, II, 386, 403 et 404.
Prêtre, I, 40, 41. — II, 284, 416 et 432.
Preuves, II, 277.
Prière, I, 41.
Prince, II, 91, 612.
Printemps, I, 117.
Priscien, I, xvi.
Priser, II, 271.
Prison, II, 286 et 318.
Prix (Saint-), I, 52.
Procès, II, 146.
Procureur, II, 147.
Prodigue, II, 375.
Profit, II, 232 et 267.
Promettre, II, 246, 260 et 376.
Prophète, I, 41, 42.
Proserpine, I, 224.
Prospérité, II, 282 et 376.
Provence, I, 386. — II, 19.
Provins, I, 387.
Prudence, II, 360.
Prud'homme, II, 495.
Prunes, I, 83.
Ptolémée, I, xix.
Puce, I, 198. — II, 358, 384.
Pucelle, I, 273. — II, 496.
Puy (Du), II, 20.
Pythagoras, I, xix.

Q

Quadrature du cercle, II, 147.
Quartier, II, 147.
Quélen, II, 20.
Quenouille, II, 179.
Quentin (Saint), I, 52.
Quentin (Saint-), I, 372, 381, 393.
Quercy (Province de), I, 387.
Quereller, II, 379.
Quesny (Village de), dans l'Oise, I, 387.
Queue, I, 198. — II, 318 et 327.
Quinze-Vingts (Les), à Paris, I, 387.
Quivières, arr. de Péronne, I, 388.

R

Rabelais, I, xi, lxi, lxiv. — II, 61.
Racine, I, 83. — II, 496.
Racine (Jean), I, lxxii.
Raison, II, 234, 294, 314, 323, 339, 411 et 416.

RAMBAUDS DE SIMIANE, II, 20.
RAMBURES (Famille de), II, 21.
Ramer, II, 147.
Ramier, I, 198.
RAMINAGROBIS, II, 61.
RAQUALKIN, I, XIX.
Rat, I, 199.
RAVENEL, Oise, I, 388.
RAVENNE, I, 295.
RAVESTEYN (Paul de), I, XXXIV.
Receleur, II, 334.
Recipe, II, 147.
Reculer, II, 309.
Refuser, II, 404 et 424.
Règle, II, 305.
Réglé, II, 308.
REGNIER, I, LXIII.
REIMS, I, 303, 388.
Reine, II, 92.
Reitre, II, 92.
Religion, I, 42.
Remède, I, 273.
Renard, I, 199, 200.
Rendre, II, 331, 403 et 412.
RENAUD DE ROYE, I, 390.
Renom, II, 251, 252 et 432.
Rente, II, 283.
RENTY (Famille de), II, 21.
Répit, II, 430, 490.
Repos, II, 233, 235, 315 et 412.
Reprendre, II, 496.
Requête, II, 248.
Requiem, I, 42.
RETHEL, I, 388.
REZ, II, 21.
Rhéistres, II, 92.
Ribaud, II, 93.
RIDEMONT, Aisne, I, 388.
RICHARD, II, 61.
Riche, II, 295, 400 et 412.
Richesse, II, 255, 316, 404 et 412.
RIEUL (Saint-), I, 394.
Rigueur, II, 413.
Rime, II, 147, 496.

Rimer, II, 147.
RIPAILLE, I, 295.
Rire, II, 248, 405, 413 et 424.
Risquer (Se), II, 400.
Rivière, I, 83, 84.
Robe, II, 426.
ROBERT, II, 61.
ROBIN, II, 61.
ROCH (Saint-), I, 52.
ROCHEFORT, près de Loyre, en Anjou, II, 603.
ROCHELLE (La), I, 388.
ROCQUENCOURT, Oise, I, 389.
RODEZ (Cloche de), I, 387.
RODOMONT, II, 62.
Rogations, I, 117.
ROGER-BONTEMPS, II, 63.
ROGNONET, II, 63.
Roi, II, 93 à 97.
ROLAND, II, 63.
ROLIN, II, 63.
ROMAIN, I, 295.
ROMAIN (Saint-), I, 53.
ROME, I, 296. — II, 383.
Rompre, II, 147.
RONSARD, I, LXII. — II, 64.
ROQUELAURE, II, 21.
Rose, I, 84.
Roseau, I, 84.
ROSIERS (Les), près d'Angers, II, 605.
Roue, II, 263.
ROUEN, I, 389.
ROUGOY, canton de Roisel, I, 389.
ROUTOT, I, 389.
ROUVEREA, II, 21, 23.
ROYE, II, 19.
ROYE, Somme, I, 389.
ROZAY-EN-BRIE, I, 390.
RUBEMPRÉ, II, 21.
RUE, Somme, I, 390.
RUFFEY, Doubs, I, V.
Ruse, II, 415.
Rusé, II, 334.

S

Sablon, I, 84.
Sabran, II, 20.
Sac, I, 274. — II, 179 et 414.
Sacconay, II, 21, 23.
Sacdarge, I, xix.
Sacrement, I, 42.
Sacrement (Saint), I, 127.
Sado, II, 20, 21.
Safran, I, 84, 85.
Sage, I, 273. — II, 331, 334 et 400.
Sagesse, II, 270, 365, 414, 496.
Sain, II, 410.
Saint, I, 42.
Saint-Esprit (Le), I, 42.
Saintonge, I, 394.
Saintré, I, lx. — II, 6.
Saint-Vallier, II, 64.
Saison, I, 130.
Salade, II, 216.
Salamandre, I, 200.
Salenove (Famille de), II, 22.
Salerne, I, 297.
Salernitain, I, 297.
Salisbury (Jean de), I, xxii.
Salle (Antoine de la), I, lx.
Salluste, I, xvi.
Salomon (Proverbes de) et de Marcoul, I, xviii, xxvi, xxxv.
Salomon, I, 53.
Salveing, II, 9.
Samaritaine (La), I, 394.
Samedi, I, 130.
Samson, I, 53, 54.
Sancerre, I, 295.
Sang, I, 274. — II, 358.
Santé, I, 274. — II, 356, 398.
Sardaigne, I, 297.
Sarrasin, I, 297.
Saturne, II, 114.
Sauce, II, 216.

Saulieu, I, 395.
Saumon, I, 201.
Saumur (La ville de), II, 605.
Saveur, I, 85. — II, 230.
Savoir, II, 48 et 274.
Savoisy, I, 395.
Sceaux, I, 395.
Sciences, II, 148 et 303.
Scylla, I, 284.
Seboncourt, Aisne, I, 395.
Sec, I, 85.
Sécheresse, I, 130.
Secours, II, 7 et 316.
Secret, II, 361 et 414.
Sédéchias, I, xix.
Seigneur, II, 98 à 101, 230, 496.
Seigneurie, II, 101.
Seine, I, 395.
Seing, I, 54.
Sel, II, 217.
Selle, II, 180.
Semaine, I, 130.
Semblant, II, 496.
Semence, I, 85.
Semer, I, 85, 86. — II, 497.
Sempy, I, 390.
Sénarclens, II, 22, 23.
Sénèque, I, xvi, xx.
Senlis, I, 396.
Sens (La ville de), I, 396.
Sensualité, II, 365.
Septembre, I, 130.
Séraphin, II, 497.
Serf, II, 102.
Sergent, II, 102, 149 et 431.
Serpent, I, 201. — II, 497.
Serrure, II, 181.
Service, II, 102, 247 et 415.
Servir, II, 102 et 250.
Serviteur, II, 102, 229, 283 et 409.

SÉVILLE, I, 297.
SICILIEN, I, 298.
SICILE, I, 297.
SIENNE, I, 296.
Siffler, II, 416.
SIGNEUX, II, 22, 23.
SIGOGNE, II, 65.
Silence, II, 419.
SIMON (Saint), I, 127.
Singe, I, 201.
SINIGAGLIA, I, 298.
Sire, II, 103, 497.
SOCRATE, I, XVI, XIX.
Soir, I, 130.
SOISSONS, I, 397.
SOLARA, II, 22.
Soldat, II, 103.
Soleil, I, 84, 130, 131.
SOLOGNE, I, 397. — II, 604.
SOLON, I, XIX et XXI. — II, 65.
Solstice, I, 132.
Songe, II, 275, 428.
Songer, II, 367.
Sonner, I, 54.
Sonnerie, I, 54.
Sorciers, I, 54.
Sot, II, 417, 497.
Sou, II, 148.

Souci, II, 417.
Souffler, I, 275. — II, 362.
Souffrance, II, 417.
Souffrir, II, 417.
Souhaiter, II, 308.
Soûl, II, 317.
SOULAINES. *Voy.* Sologne.
Soulier, II, 181 et 417.
Soupe, II, 217 et 312.
Souper, II, 406.
Sourd, I, 275.
Souris, I, 202.
SPARTE, I, 298.
Sphère, II, 149.
STACE, I, XVI.
STAMFORT, I, 298.
STRASBOURG, I, 397.
Subtilité, II, 349.
SUEIL (Adam de), I, XXIII.
Suie, II, 181.
Suif, II, 181.
SUISSE, I, 298.
SULPICE (Château de Saint-), I, 387.
Supporter, II, 260.
Sûreté, II, 287 et 398.
SUZON, I, 397.
Synagogue, I, 54.

T

TABARIN, I, LXVIII.
Table, II, 217.
Taille, II, 149.
Taire (Se), II, 349.
Talon, II, 306 et 334.
Tambour, II, 108, 258.
Tambourin, II, 103.
Tapis, II, 182.
Tarif, II, 149.
TARLEFESSE (Village de), dans l'Oise, I, 387.
TARN (Le), I, 397.
TAVEL, II, 22, 23.
Taverne, II, 218, 434.

TAVERNIER, II, 149.
TAVERS, I, 397.
Teigneux, I, 276.
Teinturier, II, 149.
Témoin, II, 149 et 426.
TEMPLE (Porte du), à Paris, I, 398.
Templier, I, 54.
Temps, I, 84, 133. — II, 245, 332, 360, 412, 428.
Tendre, II, 429.
Tenir, II, 338.
TÉRAIL, II, 9, 65.
TÉRENCE, I, XVI. — II, 114.

Terme, II, 364.
TERMES, II, 65.
TERNY, II, 22.
Terre, I, 86, 87.
TERROUANE, I, 298.
Testament, II, 309.
Tête, I, 275. — II, 196.
TÊTU, II, 66.
THAUN (Philippe de), I, XLIX.
THÉSILLE, I, XIX.
THEYS, II, 9, 22.
THOMAS (Saint), I, 128.
TIBERVILLE-LES-HOUSEAUX, I, 399.
TIBRE, I, 299.
TIGNONVILLE (Guillaume de), I, XVIII.
TIMON, II, 66.
TIN. *Voy.* Tournon.
Tirer, II, 244.
Tisons, II, 24, 267, 415, 426 et 434.
TISONS, II, 3, 22.
Titres, II, 182.
TOBIE, I, XI.
Toile, II, 182 et 426.
TOLÈDE, I, 298.
Tondre, II, 170, 240 et 260.
Tonnerre, I, 134.
Tort, II, 325.
TOSCAN, I, 299.
TOUL, I, 399.
TOULOUSE, I, 400.
TOURAINE, I, 399, 400.
TOURANGEAU, I, 400.
Tourment, II, 233.
TOURNAI, I, 400.
TOURNEMINE, II, 66.
TOURNON, I, 400.
TOURS, I, 401.

Tourte, II, 218.
Toussaint, I, 35.
Trahison, II, 428, 497.
TRANQUILLIN (Saint), I, 53.
Tranquillité, II, 416.
Trappe, II, 392.
Trébucher, II, 274.
Trépasser, II, 288.
Trésor, II, 350 et 352.
TREVIERS, I, 401.
TRIER (Gomès de), I, XXXIX.
Trinité, I, 55.
Trinquer, II, 344.
Tripe, I, 203.
Tripière, II, 149.
Tristesse, II, 287.
TROGLODITES (Les) de Touraine, I, 400.
Tromper, II, 388.
Trompette, II, 307.
Trompeur, II, 307, 408.
Tronçon, II, 341.
Trotter, II, 399.
Trou, II, 149.
Troupeau, I, 203.
TROYES, I, 401.
Truelle, II, 229.
Truie, I, 203.
Tu autem, I, 53.
TUET (L'abbé), I, XLVI.
TUILERIES (Le jardin des), à Paris, I, 398.
TULLIUS, I, XVI.
TURC, I, 299.
TURENNE (Famille de), II, 29.
TURIN, I, 299. — II, 601.
TURLUPIN, II, 66.
TURPIN, II, 66.
TURQUIE, I, 299.
TYR (Guillaume de), I, X.

U

ULYSSES, II, 66.
Unguent, I, 277.
URBIN (Saint), I, 128.
Usage, II, 433.

Usurier, II, 315, 339 et 411.
Utilité, I, 439.
UZERCHE, I, 402.

V

Vac, I, xix.
Vache, I, 204.
Vaincre, II, 410.
Vaisseau, II, 218.
Vaisselle, II, 273 et 279.
Valence, I, 299.
Valentin (Saint), I, 128.
Valérien (Saint), I. 53.
Valery (Saint-), Somme, I, 394.
Valet, II, 103 et 284.
Vallée, I, 87.
Vallier (Saint), I, 129.—II, 64.
Valloire (Rivière de), I, 402.
Vallon (Flamand), I, 299.
Valois, II, 22.
Vannes (Province de), I, 326, 403.
Vanteur, II, 282.
Vanures, I, 403.
Varges (Famille de), II, 9.
Varoquier, II, 22.
Vassé (Famille de), II, 7, 22.
Vaud, II, 22.
Vaugirard, I, 403.
Vautour, I, 206.
Vauvert (Diable de), I, 11.
Vaux, Aisne, I, 403.
Veau, I, 24, 205. — II, 218.
Vendanges, I, 87.
Vendôme, I, 404. — II, 67.
Vendre, II, 150, 433.
Vendredi, I, 135.
Vengeance, II, 427.
Venin, I, 277. — II, 497.
Venise, I, 296, 299.
Vénitien, I, 299.
Vent, I, 135. — II, 497.
Ventadour, II, 23.
Vente, II, 150.
Ventre, I, 278.—II, 263, 294, 498.
Vénus, I, 56.

Vêpres, I, 56.
Veprie (Jean de la), I, xxviii.
Ver, I, 206.
Verberie, I, 404.
Verdun, I, 404.
Verge, II, 245, 498.
Vergy (Famille de), II, 5.
Vérité, II, 327, 434, 498.
Vermand, I, 404.
Vermandois, I, 405.
Vérone, I, 299.
Verre, II, 219.
Versailles, I, 405.
Vertu, 286, 287, 292, 301, 327, 434.
Vertus, I, 405.
Vessie, I, 207.
Vêtement, II, 182.
Veuze (Rivière de la), I, 402.
Vexation, II, 498.
Vexin, I, 405.
Vézelai, I, 405.
Viande, II, 219, 355 et 435.
Vice, II, 326, 358 et 406.
Victoire, II, 327.
Vieillard, II, 240 et 435.
Vieilles gens, II, 335.
Vieillesse, II, 357 et 415.
Vieillir, II, 336.
Vienne (Famille de), II, 5, 23.
Vierge, I, 278.
Vif, II, 228.
Vigne, I, 87, 88.
Vilain (Proverbes au), I, xxix, — II, 104 à 107.
Vilarzel, II, 23.
Vilenie, II, 378.
Ville, II, 183, 498.
Villedieu, I, 405.
Villejuif, I, 326, 405.
Villenaux, I, 405.
Ville-Neuve, II, 20.

VILLON, I, LV, LVIII, LIX. — II, 67.
Villez, II, 498.
Vin, II, 219 à 224, 233, 295, 320, 361, 388.
VINCENT (Saint), I, 129. — II, 610.
VINCHESTER (Hélie de), I, XVIII.
VINTIMILLE, II, 30.
VIOLE, II, 67.
VIRGILE, I, XVI, XX.
VIRONCHAUX, canton de Rue, I, 405.
VIRY, II, 22.

Visage, I, 278.
VITRY-LE-FRANÇAIS, II, 337.
Vivre, II, 411.
Voile, II, 150.
Voisin, II, 321, 380, 435, 498.
Voisinage, II, 294.
Voiturier, II, 150.
Voix, II, 250.
Volonté, II, 435.
VOSGES, I, 405.
WACE (Robert), I, XLIX.
WARLOY-BAILLON, canton de Corbie, I, 406.

Y

Yvrognerie, II, 359.

Z

ZABION, I, XIX.
ZACHARIE (Saint), I, 53.

ZÉLANDOIS, I, 283.
ZOÏLE, II, 68.

ERRATUM. T. II, p. 33, la note relative au mot CHICARD a été imprimée d'une manière incomplète qui la rend inintelligible ; j'ai cru nécessaire de la rétablir ici :

« Ce mot, usité surtout dans les ateliers de peintres, où le substantif *chi-* » *que* et le verbe *chiquer* sont encore plus répandus, serait bien ancien » s'il « estoit venu d'un nommé Chiquart, car on dit : brave comme Chi- » quart. » On le disait du moins du temps de Guillaume Bouchet, auque » nous avons emprunté cette phrase qui fait partie de la XXVᵉ de ses *Sérées.*» (F. MICHEL, *Études de philologie comparée sur l'argot,* etc., p. 109.)

LE LIVRE

DES

PROVERBES FRANÇAIS.

SÉRIE N° I.

PROVERBES SACRÉS.

DIEU. — JÉSUS-CHRIST. — PERSONNAGES DE L'ANCIEN ET DU NOUVEAU TESTAMENT. — APÔTRES. — SAINTS. — PAPE. — ÉVÊQUES. — PRÊTRES. — MOINES. — RELIGIONS DIVERSES AUTRES QUE LA RELIGION CATHOLIQUE. — DIABLE. — MYTHOLOGIE ANCIENNE ET MODERNE.

ABBAYE. Il est de l'abbaye de Longchamp,
Il tient des dames.

Cela se dit à Paris d'un homme qui aime les femmes.

L'abbaye de Longchamps, communauté de femmes riche et puissante, fondée au xiiie siècle par la bienheureuse Isabelle de France, sœur de saint Louis. Plusieurs princesses de la maison royale s'y retirèrent et en devinrent abbesses. Au xvie siècle, le déréglement s'introduisit dans cette communauté, et Henri IV y trouvait une de ses maîtresses. En vain le Père Vincent (saint Vincent de Paul) a-t-il signalé au cardinal Mazarin les déréglements de cette abbaye, ces déréglements persistèrent, et ils ont donné lieu au proverbe. Chose singulière! ce fut en 1727, époque où une célèbre cantatrice de l'Opéra, mademoiselle Le Maure, prit le voile dans cette abbaye, que la réforme y fut introduite. Le soin et le talent avec lesquels les religieuses chantaient vêpres et les offices de la semaine sainte, engagèrent les Parisiens à se rendre à l'abbaye, qui était située au bout du bois de Boulogne (à l'endroit où se trouve le nouvel hippodrome). Telle fut l'origine de la fameuse promenade de Longchamps.

ABBAYE. L'abbaye de Monte-à-regret,
 L'échelle qui sert à pendre.
   (OUDIN, *Curiosités françoises.*) XVIIe siècle.

— Faute d'un moine l'abbaye ne manque pas.
Voir l'article MOINE dans cette série.

— L'abbaye est bien pauvre quand les moines vont au glan.
   (OUDIN, *Curiosités françoises*, p. 251..)

ABBÉ. L'abbé mange le couvent.
   (OUDIN, *Curiosités françoises.*) XVIIe siècle.

— Abbé et couvent ce n'est qu'un, mais la bourse diverse.
   (*Proverbes communs.*) XVe siècle.

— Homme ne connaît mieux la malice que l'abbé qui a été moine.
   (COTGRAVE, *Dictionnaire*, etc.) XVIIe siècle.

ABSTINENCE vault moult.
   (*Prov. Gallic.*, *Recueil de* THOU, Ms.) XVe siècle.

ADAM. Tous filz de Adam mourront.
   (*Prov. communs.*) XVe siècle.

— Tous furent de Eve et d'Adam.
   (*Prov. Gallic.*; Ms.) XVe siècle.

— Vivre selon le vieil Adam.
   (*Adages françois.*) XVIe siècle.

AMENDEMENT n'est pas pescher.
   (*Prov. communs.*) XVe siècle.

ANGE. Rire aux anges.
   (BOVILLI *Prov.*) XVIe siècle.
 C'est rire seul et sans sujet.

« Voilà, dit le chevalier, un réveil assez gai, et
» à qui en as-tu donc, ou si *c'est aux anges que tu
» ris?* »

(*Mémoires du chevalier de Grammont*, ch. 1.)

ANGE. Écrire comme un ange.

Enfin Vergece vint (Ange Vergece, de Corfou) qui de 1535 à 1576 laissa de nombreux monuments de l'admirable écriture cursive grecque, dont il régla la forme et les proportions de manière à en faire un parfait modèle que nul n'a surpassé, et qui a donné lieu au proverbe : *Écrire comme un ange.* (CHAMPOLLION-FIGEAC, article *Manuscrits*, dans le *Moyen âge et la Renaissance*, f° VI.)

ANGUILLANNEUF, et plus clairement AU GUI L'AN NEUF, ou bien encore l'ANGUIL L'AN NEUF.

L'origine de ce proverbe remonte à une coutume pratiquée par les Gaulois. Les Druides, à un jour consacré du mois de décembre, allaient cueillir en grande cérémonie le *Gui sacré*. Ils le donnaient ensuite aux bardes, qui le distribuaient de ville en ville, et annonçaient ainsi le commencement de l'année. De là est venu le mot d'*Au guy l'an neuf* que les enfants vont criant au premier jour de l'année dans quelques-unes de nos provinces. « Les
» Picards, dit Fleury de Bellingen, après avoir crié l'*An
» guy l'an neuf*, y adjoustent *planté, planté*, c'est-à-
» dire une année abondante et fertile. » (*Étymologie ou Explication des Proverbes françois*, etc., par FLEURY DE BELLINGEN, liv. I, page 105.) Dans Rabelais, liv. II, ch. 11 : « Pour aller à l'Anguillanneuf le premier jour
» de l'an, etc. » Et dans les contes d'Eutrapel, fol. 55 v° :
» Pour aller à Haguilanneuf, suivant la règle de *Publi-
» candis.* »

Dans une satire contre Louis Servin, avocat général, on lit ces vers :

Puis c'est manger mon bled en herbe
Que d'attendre quelque habit neuf
De Servin qui tient ce proverbe :
Ne rien donner qu'*à Guillanneuf.*

(*Le Banquet des Sages dressé au logis et aux despens
de maistre Loys Servin*, 1617, in-8°, p. 27.)

APOSTOILE. *Concile d'Apostoile.*
Assemblée de prélats.
(*Dit de l'Apostoile.*) xiiie siècle.

Apostolus, dans la basse latinité, voulait dire envoyé. *Apostoile*, dans notre vieux français, signifiait *pape* et quelquefois *évêque, abbé, prélat*. Dans ce dicton populaire, il a cette acception.

APÔTRE. Ce n'est pas un apostre, mais un disciple.
— Il y a plus de disciples que d'apostres en France.
(*Adages françois.*) xvie siècle.

— C'est un bon apôtre.
C'est-à-dire un bon garçon, un ami de la joie.

ARGUS. Mieulx voyant que Argus.
(BOUILLI *Prov.*) xvie siècle.

AUMÔNE. Donner l'aumône n'apauvrit personne.
(*Recueil de* GRUTHER.)

AUMÔNIER. De pinsemaille jamais bon aumosnier.
(GABR. MEURIER, *Trésor des Sentences.*) xvie siècle.
L'avare n'est jamais charitable.

— En bien d'Eglise un aumosnier d'estre se croit maistre vannier.
(*Adages françois.*) xvie siècle.

Dans le bien appartenant à l'Église, l'aumônier en titre se croit le maître.

AUTEL. Ki autel sert, d'autel doit vivre.
(*Anc. prov.*, Ms.) xiiie siècle.

BAPTÊME. Il fait grand serement qui jure le baptesme qu'il a reçu.
(*Prov. Gallic.*, Ms.) xve siècle.

BÉAT. Habit de béat || a souvent ongles de chat.
(GABR. MEURIER, *Trésor des Sentences.*) xvie siècle.

BEATI-QUORUM. Enluminé comme le B de *Beati quorum*.

« Les Poitevins prononcent B comme Boi, ce qui sert
» à expliquer ce proverbe qu'on lit dans l'*Apologie pour
» Hérodote*, à cause que dans les anciens livres d'église
» les lettres initiales étaient enluminées. »

(LAMONNOYE, *Noëls bourguignons; Glossaire*, p. 22.)

BENEFICES. Les chevaux courent les benefices et les asnes les attrapent.

« L'avidité de plusieurs ecclésiastiques ignorans a
» donné lieu à ce proverbe. La pluspart se donnant des
» mouvemens extraordinaires pour obtenir des bénéfices
» quand ils sont vacants. Ces gens, que l'on nomme asnes
» à cause de leur ignorance, montent à cheval et courent
» en poste pour les avoir. »

(*Étym. des Prov. franç.*, par FLEURY DE BELLINGEN, p. 157.)

BRÉVIAIRE. Il est au bout de son bréviaire.

(OUDIN, *Curiosités françoises*.)

Voir au mot CLERC, série n° XII.

CAÏN.

Voyez SAMSON dans cette série, et série n° V. *Vade*, etc.

CALICE. Il faut avaler ce calice.

Il faut se décider à faire ce sacrifice. Allusion au calice présenté à Notre-Seigneur au jardin des Oliviers. — On dit encore :

— Avaler le calice jusqu'à la lie.

(*Petite Encyclopédie des Prov.*)

CARÊME.

Voir sect. n° III.

CATHOLIQUE à gros grains.

Mauvais catholique, qui penche vers l'hérésie.

(OUDIN, *Curiosités françoises*.)

— Il est plus catholique nourrir ses passions que d'en prendre d'autruy.

(*Adages françois*.) XVIe siècle.

CAYPHE. Mener de Cayphe à Pilate.
>(*Adages françois.*) xvi° siècle.

CENDRE. Mieulx vault la cendre divine,
Que du monde la farine.
>(GABR. MEURIER, *Trésor des Sentences.*) xvi° siècle.

CHANTRE toussist qui perd sa notte.
Le chantre qui perd sa note se met à tousser.
>(*Mimes de* BAÏF, f° 67 r°.) xvi° siècle.

CHAPELLE. Il n'est si petite chapelle
Qui n'ait sa dédicace et feste.
>(GABR. MEURIER, *Trésor des Sentences.*) xvi° siècle.

CHAPELAIN. Comme chante le chapelain
Ainsy répond le sacristain.

— Tel chapelain tel sacristain.
>(GABR. MEURIER, *Trésor des Sentences.*) xvi° siècle.

CHAPITRE. Descort de capitre.
Discorde, désunion, querelle do chapitre.
>(*Dit de l'Apostoile.*) xiii° siècle.

Ce dicton populaire fait allusion aux discussions qui s'élevaient entre les membres des différents chapitres chargés de régler les affaires des communautés religieuses. Ces discussions étaient souvent très-vives, et dom Felibien rapporte, dans son *Histoire de Paris*, que les chanoines de Notre-Dame se battirent à coups de poing contre ceux de la Sainte-Chapelle.

— Pain et vin de chapitre.

« Pourveu qu'il nous laisse le pain du chapitre. »
>(*Satire Ménippée, harangue de Rose.*) xvi° siècle.

« Il ne nous faut que considérer ce qu'on appelle vin
» théologal et ce qu'on appelle pain de chapitre. Car quand
» il est question d'exprimer en un mot un vin bon par
» excellence, et fust-ce pour la bouche d'un roi, il faut
» venir au vin théologal ; pareillement s'il est question de
» parler d'un pain ayant toutes les qualitez d'un bon et

» bien friand pain..., ne faut-il pas venir au pain du
» chapitre. »

(*Apologie pour Hérodote*, chap. 22.) xvie siècle.

CHARITÉ. Charité oingt, péché poingt.

(GABR. MEURIER, *Trésor des Sentences.*) xvie siècle.

— Charité bien ordonnée commence par soi-même.

(LE ROUX, *Dictionn. comique*, etc., t. I, p. 211.)

CHRÉTIEN. Plus de gens bestes que d'asne chrestien.

(*Adages françois.*) xvie siècle.

— Parler chrétien.

C'est-à-dire parler raisonnablement, clairement.

« Il faut parler chrétien si vous voulez qu'on
» vous entende. »

(MOLIÈRE, *Précieuses ridicules.*)

— C'est une belle chrétienne.

C'est une jolie femme.

CHRÉTIENTÉ. - Marcher sur la chrétienté.

Marcher nu-pieds.

— Dieu bénisse chrétienté.

Se dit quand on fait comparaison d'un animal à un homme.

(LE ROUX, *Dictionn. comique*, etc., t. I, p. 24.)

CLOCHE. Étonné comme un fondeur de cloches.

« Dont il feut plus estonné qu'ung fondeur de
» cloches; et s'escria : Ha, Panurge, où es-tu? »

(RABELAIS, liv. II, ch. 29.) xvie siècle.

« L'on a beau battre les cloches devant que les
» paroissiens soient venus. »

(*Contes* d'EUTRAPEL, f° 43 v°.) xvie siècle.

— Mieulx vault à cloche se lever que à la trompette.

(BOVILLI *Prov.*) xvie siècle

CLOCHE. Rapporter les cloches d'un tel lieu.
Revenir avec les pieds enflés pour avoir trop marché.
(OUDIN, *Curiosités françoises*, p. 106.)

— Qui n'entend qu'une cloche n'entend qu'un son.
(*Dictionn. de l'Académie*, édit. de 1835.)

CLOCHER. Il est feste en sa paroisse, on carillonne en son clocher.
(*Adages françois.*) XVIe siècle.

— Il faut placer le clocher au milieu du village.
(*Dictionn. de l'Académie*, édit. de 1835.)

CLOISTRE. En cloistre ne rien cognoistre.
(*Prov.* de BOUVELLES.) XVIe siècle.

COMMUNAUTÉ. Une communauté n'est comme unité.
(*Prov.* de BOUVELLES.) XVIe siècle.

COMMUNAUTÉS commencent par bastir leur cuisine.
(LE ROUX, *Dictionn. critique*, t. I, p. 93.)

CONFESSION faite par force ne vault rien.
(*Prov. Gallic.*, Ms.) XVe siècle.

CORDELIER. Aussi juste que la manche d'un cordelier.
(*Adages françois.*) XVIe siècle.

— Aller sur la hacquenée des cordeliers.
Aller à pied.
(OUDIN, *Curiosités françoises*, p. 264.)

« Par Cicéron ! c'est une fâcheuse monture que
» la haquenée des cordeliers. »
(*Coméd. des Prov.*, sc. IV.) XVIIe siècle.

Gris comme un cordelier.
(*Dict. de l'Académie*, édit. de 1835.)

— Il ne faut pas parler latin devant les cordeliers.
C'est-à-dire : il ne faut pas raisonner sur une matière devant ceux qui la connaissent bien.
(QUITARD, *Dictionn. des Prov.*)

CORDELIER. Un mal et un cordelier
  Rarement seul par sentier.
  (GABR. MEURIER, *Trésor des Sentences.*) XVIe siècle.

CORPS SAINT (Enlevé comme un), ou mieux : Enlevé comme un CAURCIN.

Voici l'origine de ce proverbe, qui a changé entièrement d'acception parce qu'on a cessé de le comprendre. A plusieurs époques du moyen âge, mais principalement au moment des croisades, différentes compagnies de marchands italiens s'établirent en France, et s'enrichirent en faisant l'usure. Ces compagnies furent appelées *Couercins*, *Caorcins*, *Cahorsins*, soit, comme le veulent quelques-uns, parce que les principaux d'entre eux venaient de Florence et appartenaient à la famille des Corsini, soit parce qu'une des plus considérables de ces compagnies avait été s'établir à Cahors. La dureté avec laquelle ces commerçants agirent envers leurs créanciers, et aussi le désir de s'emparer des richesses considérables amassées par eux, furent cause qu'à plusieurs reprises on les enleva pour les expatrier. De là est venu le proverbe. On peut consulter à ce sujet l'historien Matthieu Pâris sous l'année 1235, tome IV, page 121, de la traduction française de M. Huillard-Bréholles. Paris, 1841, in-8°; 7 vol., Paulin, éditeur. Dans le *Don Quichotte*, on donne à ce proverbe une autre signification. Quand Sancho fut arrivé à son gouvernement de l'île de Barataria, on vint le recevoir en grande cérémonie, on l'enleva en pompe, comme un corps saint.

COURONNE rase bien en sa case.
  (GABR. MEURIER, *Trésor des Sentences.*) XVIe siècle.

COUVENT. En couvent souffle tout vent.
  (*Prov.* de BOUVELLES.) XVIe siècle.

CROIX. Il faut faire une croix à la cheminée.

Pour dire qu'il vient de se passer une chose extraordinaire.

— Je n'ai ni croix ni pile.

Je n'ai pas d'argent.
  (OUDIN, *Curiosités françoises*, p. 139.)

CROIX. La croix est l'échelle des cieux.

— Partout et en tout il faut que la croix aille devant.

— Chacun porte sa croix.
(*Encyclopédie des Prov.*)

Pour d'autres locutions proverbiales relatives à ce mot, voyez *Ancien Théâtre franç.*, t. X, Glossaire.

CRUCIFIX. C'est un mangeur de crucifix.

C'est un bigot, un faux dévot.
(*Dictionn. de l'Académie*, édit. de 1835.)

DAVID. C'est un parent de David, il joue de la harpe.

C'est-à-dire : c'est un voleur.
(OUDIN, *Curiosités françoises.*)

DÉLUGE. Après moi le déluge.
(*Matinées sénonaises*, p. 481.)

DIABLE. Au diable l'on peut faire tort.
(*Prov. Gallic.*, Ms.) XVe siècle.

— Avoir le diable au corps.

— Avoir le diable dans sa bourse.

« Un charlatan disoit, en plein marché,
Qu'il montreroit le diable à tout le monde.
Sy n'y eut-il, tant fut-il empeché,
Qui n'accourut pour voir l'esprit immonde.
Lors une bourse assés large et profonde
Il leur déploye et leur dit : Gens de bien,
Ouvrez les yeux, voyez, y a il rien ? —
Non, dist quelqu'un de plus près regardans. —
Eh ! c'est, dit-il, le diable, oyez-vous bien,
Ouvrir sa bourse et n'avoir rien dedans. »
(MELLIN DE SAINT-GELAIS.) XVIe siècle.

« Et logeant le diable en sa bourse. »
(LA FONTAINE, *Fables.*)

— C'est le diable à confesser.

DIABLE. C'est le diable qui prêche la Passion, ou le diable qui chante la grand'messe.
> (*Encyclopédie des Prov.*)

— C'est un bon diable.
Se dit à propos d'un bon garçon.

— C'est un pauvre diable.
Se dit à propos d'une personne malheureuse.

— C'est un diable huguenot, il ne se soucie pas de la croix.
> (CYRANO DE BERGERAC, *Pédant joué*, p. 75.)

— C'est le diable qui bat sa femme et qui marie sa fille.
Se dit quand il pleut et fait soleil à la fois.
> (OUDIN, *Curiosités françoises*, p. 164.)

— De service au deable conchie gueredon.
De service au diable mauvaise récompense.
> (*Prov. Gallic.*, Ms.) XVe siècle.

— De jeune angelot vieux diable.
> (*Prov. communs.*) XVe siècle.

« De jeune hermite vieil diable, notez ce pro-
» verbe authentique. »
> (RABELAIS, liv. IV, ch. 64.) XVIe siècle.

— De pere saintelot enfant diablot.
> (GABR. MEURIER, *Trésor des Sentences.*) XVIe siècle.

— Fait bien le diable de Vauvert,
Qui brusle tout et qui tout perd.
> (Ms. GAIGNIÈRES, t. I, p. 194.)

Vauvert était une habitation fort déserte, située non loin de Paris, à peu près vers l'endroit où se trouve aujourd'hui l'entrée du Luxembourg du côté de l'Observatoire. Des diables, qui y séjournaient, y faisaient, dit-on, un bruit épouvantable jusqu'au moment où saint Louis, en 1258, sollicité par le grand prieur des Chartreux de Grenoble, donna cette maison de Vauvert à la communauté.

qui y établit une maison et en chassa bientôt le démon.
(*Voyez* les *Antiquités, fondations et singularités des plus célèbres villes du royaume de France*, par Jean le Castel, 1605, p. 53.)

« Car cest Anglois est ung aultre diable de Vau-
» vert. »

(Rabelais, liv. ii, ch. 18.)

On dit par corruption : Aller au diable au vert.

Diable. Faire d'ung diable deux.

(Bovilli *Prov.*) xvie siècle.

Faire deux fautes en pensant en corriger une.

(Oudin, *Curiosités françoises*, p. 164.)

— Faire le diable à quatre.

Suivant l'abbé Tuet (*Matinées sénonaises*, p. 137), l'origine de ce proverbe vient des anciennes pièces de théâtre appelées Mystères, dans lesquelles les suppôts de l'enfer étaient représentés par quatre personnages habillés en diables, qui faisaient un grand vacarme, poussaient des hurlements, et cherchaient à donner aux spectateurs l'idée des tourments à venir.

— Faire comme le valet du diable, plus qu'on ne lui demande.

(*Les illustres Prov.* t. II, p. 74.)

— Fuir quelque chose comme le diable l'eau bénite.

— Gourmer le diable à coups de bréviaire.

— Haï comme un beau diable.

(*Encyclopédie des Prov.*)

— Se remuer comme un diable dans un bénitier.

— Il n'est pas si diable qu'il se faict noir.

C'est-à-dire : il vaut mieux qu'il ne paraît.

(*Aduges françois.*) xvie siècle.

— Le diable est le père du mensonge.

(Gabr. Meurier, *Trésor des Sentences.*) xvie siècle.

Diable. Du diable vint, au diable retourna.

« Convient, dit Henry Estienne, avec ce qui fut dict par un ancien poëte, Nævius : *Male parta male dilabuntur;* et depuis par Ovide ainsi : *Non habet eventus sordida præda bonos.* Mais ceste mesme sentence a esté par nos François mise en ces mots : Ce qui est venu de pille, pille, s'en reva de tire tire. »

(H. Estienne, *Précellence du langage françois,* etc.) xviᵉ siècle.

— Le diable est pauvre qui n'a point d'ame.
(*Recueil* de Gruther.)

— Le diable est sur ses vaches, le diable est sur ses poules.

Pour dire qu'un homme est malheureux.
(Oudin, *Curiosités françoises*, p. 164.)

— Le diable est trop subtil.
(*Prov. Gallic.*, Ms.) xvᵉ siècle.

— Le diable ne dort jamais.
(Gabr. Meurier, *Trésor des Sentences.*) xviᵉ siècle.

— Le diable ne sera pas toujours diable.
— Le diable n'est pas toujours à ung huys.
(*Prov. communs.*) xvᵉ siècle.

— Le diable parle toujours en l'Evangile.
(*Prov. Gallic.*, Ms.) xvᵉ siècle.

— Le diable prend ce qu'on oste à Dieu.
(*Prov. communs.*) xvᵉ siècle.

— Le diable prend tout ce qu'on lui donne.
(*Encyclopédie des Prov.*)

— Le diable y en a tant bouté.
(*Adages françois.*) xviᵉ siècle.

— Mal enfant berse qui le diable endort.
(*Prov. communs.*) xvᵉ siècle.

— Quand il dort le diable le berse.

Se dit d'un meschant homme qui trouve de pernicieuses inventions.
(Oudin, *Curiosités françoises*, p. 165.)

Diable. Malheureux est le pays
Auquel le diable est en haut prix.
(Gabr. Meurier, *Trésor des Sentences.*) xvie siècle.)

— Méchant comme les mille diables.

Ce proverbe vient de la licence des gens de guerre au commencement du xvie siècle. Sous prétexte qu'ils étaient mal payés, ces aventuriers commettaient toute espèce de désordres. L'une de ces troupes, dans le but d'inspirer plus de terreur, se faisait appeler les mille diables.
(Méry, *Histoire des Prov.*, t. II, p. 172.)

— On connoist le diable à ses griffes.
On connaît le diable par ses actions.
(Oudin, *Curiosités françoises*, p. 165.)

— On ne peut pas être Dieu et diable.
(*Encyclopédie des Prov.*)

— Où le diable ne peut aller
Sa mère tasche d'y mander.

— Paroles d'angelot, ongles de diablot.
(Gabr. Meurier, *Trésor des Sentences.*) xvie siècle.

— Plus a le diable plus veut avoir.
(*Anciens prov. franç.*, Ms.) xiiie siècle.

— Quand Dieu mande à l'homme la farine
Le diable en pourchasse la ruyne.
(Gabr. Meurier, *Trésor des Sentences.*) xvie siècle.

— Quand Dieu donne farine
Le diable clost le sac.
(*Prov. communs.*) xve siècle.

— Kanques amasse avers tout emporte Maufèz.
Tout ce qu'amasse l'avare emporte le diable.
(*Anc. prov.* Ms.) xiiie siècle.

— Qui au diable doit aller il n'a que demourer.
(*Prov. communs.*) xve siècle.

Diable. Qui diable achète diable vend.
>   (Gabr. Meurier, *Trésor des Sentences*.) xvie siècle.

— Qui hume le tronc du moustier est tout au diable, luy et les siens.
>   (*Adages françois*.) xvie siècle.

— Tirer le diable par la queue.
Travailler fort pour gagner sa vie.
>   (Oudin, *Curiosités françoises*, p. 164.)

Dieu. Dieu a cent mil aïes (*aides*).
>   (*Prov. Gallic.*, Ms.) xve siècle.

— Dieu aide les mals vestus.
>   (Gabr. Meurier, *Trésor des Sentences*.) xvie siècle.

— Dieu aime la créature à qui il envoye du mal pour luy souvenir de luy.

— Dieu beneic tout.
Dieu bénit tout.
>   (*Prov. Gallic.*, Ms.) xve siècle.

— Dieu donne le bœuf et non les cornes.
>   (Gabr. Meurier, *Trésor des Sentences*.) xvie siècle.

— Dieu donne fil à toile ourdie.
>   (Henry Estienne, *les Prémices*, p. 46.) xvie siècle.

— Dieu est au prendre et le diable au rendre.

— Dieu est fontaine de tout bien.

— Dieu est puissant de bien nous faire.

— Dieu fait belle grace à homme qui se porte denement (*qui se comporte convenablement*).
>   (*Prov. Gallic.*, Ms.) xve siècle.

— Dieu me garde de quatre maisons,
De la taverne, du Lombard,
De l'hospital et de la prison.
>   (Gabr. Meurier, *Trésor des Sentences*.) xvie siècle.

Lombard est ici pour usurier.

Dieu. Dieu mesure le froid à la brebis tondue.

Ou :

— Dieu donne le froid selon la robbe.
(Henry Estienne, *Prémices*, etc., p. 47.) xvie siècle.

— Dieu n'a point de maître, et j'en ay un.
(*Adages françois.*) xvie siècle,

— Dieu ne sçauroit faire une montaigne sans vallée.
(*Prov. communs.*) xve siècle.

— Dieu ne veut pas plus qu'on ne peut.
(*Adages françois.*) xvie siècle.

— Dieu n'oublie pas les siens.
(Gabr. Meurier, *Trésor des Sentences.*) xvie siècle.

— Dieu nous doint bien vivre et bien mourir.

— Dieu nous en doint eslire le meilleur.

— Dieu nous donne tout ce que nous avons.

— Dieu nous gart de mauvaise temptacion.

— Dieu ne nous fist oncques pour nous oublier.

— Dieu nous gart de l'Ante-Crist.

— Dieu pardonna sa mort.

— Dieu scet qui est bon.

— Dieu souffrist mout.

— Dieu soit aouré de tout.

— Dieu veust bien que l'on le prie.
(*Prov. Gallic.*, Ms.) xve siècle.

— Dieu nous garde d'un homme qui n'a qu'une affaire.
(Lamesangère, *Dictionn. des Prov.*, p. 20.)

— Dieu paira tout.

— Dieu peut tout.

Dieu. Dieu punist tout quand il luy plaist.

— Dieu qui est juste payera selon que chacun fera.
(*Adages françois.*) xvie siècle.

— Dieu ki a fait sur moi luisir
Un mal dont il m'estuet nuisir
Dist que devant lui souef flaire.
(Baude Fastoul d'Arras, *Fabl.*, t. 1, p. 112.) xiiie siècle.

Dieu qui m'envoie un mal que je dois supporter, dit que ce mal sentira bon devant lui.

— Dieu rendra tout à juste prix.

— Dieu sçait bien qu'il nous faut.
(*Adages françois.*) xvie siècle.

— Dieu sçait qui est bon pelerin.
(*Prov. communs.*) xve siècle.

— Dieu s'en prend toujours à la fin.
« Diex se prend toz jors à la fin,
» Ce dist la lettre et le devin. »
(*Bible au seigneur de Berzé*, v. 835. *Fabl.* de Méon, t. I.) xiiie siècle.

— Dieu t'a fait une belle grace, tu parles de bien haut.
(*Adages françois.*) xvie siècle.

— Dieu tout en un instant peut beaucoup labeurer, *ou* en peu d'heures Dieu beaucoup labeure.
xvie siècle.

Henry Estienne a composé sur ce proverbe cinquante épigrammes que l'on peut lire page 3 à 24 de son ouvrage intitulé : *Les Prémices*, ou le *Premier livre des Proverbes épigrammatizez, ou des Épigrammes proverbializez*, 1594, in-12. « Ce proverbe est beau, dit-il, aussi est-il » des plus anciens, car il est du nombre de ceux que j'ay » dict avoir monstré au roy Henri III en un ancien livre » escrit en parchemin. » Au sujet de tous les proverbes relatifs à Dieu, il faut consulter ce livre.

Dieu. Dieu voit tout.
(*Adages françois.*) xviᵉ siècle.

— Dex hait mout povre orgueilleux, jeune paresseux et viel luxurieux.
(*Anciens prov.*, Ms.) xiiiᵉ siècle.

— En soef norreture ni en douche gesine
Ne gist bonne aventure, si Diex ne le destine.
(*Roman de Baudouin de Sebourc*, t. I, p. 5.) xiiiᵉ siècle.

Dans une bonne nourriture ni dans un bon lit ne gît le bonheur, si Dieu ne le veut pas.

— A chascun Dieu fera droiture.
(*Prov.* de Jeh. Mielot.) xvᵉ siècle.

— A Dieu, père, maître et patrie
Le semblable ne se rend mie.
(*Adages françois.*) xiiiᵉ siècle.

— A qui Dieu ayde nul ne peut nuire.
« Mès à celz cui Diex donne aïe
» Ne puet au derrenier nul nuire. »
(*Chr.* de Godefroy de Paris, édition de 1842, p. 25.)

— A qui Dieu plus a donné
Plus est à lui obligé.
(*Prov. communs.*) xvᵉ siècle.

— A qui Dieu veut ayder sa femme meurt.
(*Adages françois.*) xviᵉ siècle.

— Au monter béut Dieu.
(*Prov. communs.*) xvᵉ siècle.

— Ayde toi, Dieu te aydera.
(*Prov. communs.*) xvᵉ siècle. Rabelais, liv. ii, ch. 27.)

« Aide-toi, le ciel t'aidera. »
(La Fontaine, fable xviii, liv. vi.)

— Bien est gardé qui Dex velt garder.

— Bien est aidiés cui Dex velt aidier.

Dieu. Cui Diex velt aider nus ne li puet nuire.

— Bons est li Diex qui partout aiue.

Bon est Dieu qui partout aide.

(*Anc. prov.*, Ms.) xiiie siècle.

— Ce que Dieu donne par nature
Ne peut oster aucune créature.

(Gabr. Meurier, *Trésor des Sentences.*) xvie siècle.

— Celuy est bien gardé, qui de Dieu est gardé.

(*Adages franç.* ; Henry Estienne, *les Prémices*, etc., p. 31.) xvie siècle.

— Celuy est bien pouvre que Dieu hait.

— Celuy est bien riche que Dieu ayme.

(*Prov. communs.*) xvie siècle.

— Chacun pour soi et Dieu pour tous.

— Contre Dieu nul ne peut.

(*Adages françois.*) xvie siècle.

— Cui Dex aime il le tempeste et donne à souffrir.

(*Anc. prov.*, Ms.) xiiie siècle.

— De Dieu vient le bien, et des aveilles (*abeilles*) le miel.

(Gabr. Meurier, *Trésor des Sentences.*) xvie siècle.

— De Dieu tout bien vient.

(Henry Estienne, *les Prémices*, etc., p. 26 et suiv.) xvie siècle.

— De telle peine est le pécheur pugni,
Qui en son vivant metz Dieu en obly,
Quant il meurt ne luy souvient de luy.

(*Prov. communs.*) xvie siècle.

— Donner à Dieu n'apovrist homme.

(*Prov.* de Jeh. Mielot.) xve siècle.

— D'un costé Dieu poingt, de l'autre il oingt.

(Gabr. Meurier, *Trésor des Sentences.*) xvie siècle.

Dieu. En petit lieu a Diex grant part.
     (*Anc. prov.*, Ms.) xiiie siècle.

— En petite maison a Diex grant porcion.
     (*Prov. Gallic.*, Ms.) xve siècle.

— En petit hotel a Dieu grant part.
     (*Adages françois.*) xvie siècle.

« Mais aulcunes foys la grace de Dieu
» Descend en petit hostel et ménage. »
 (*Patience de Griselidis.* — *Miroir des Femmes vertueuses*, t. I de la *Nouvelle Bibl. bleue*, p. 278.

— En peu d'eure Dex labeure.
     (*Prov. anc.*, Ms.) xiiie siècle.

— En peu d'heures Dieu labeure.
     (*Adages françois.* xvie siècle.

— Dict sans faict
A Dieu déplaict.
Dict faisant
A Dieu plaisant.
     (*Prov.* de Bouvelles.) xvie siècle.

— Faites loyaulté et Dieu la vous fera.

— Honte lui vient qui en Dieu ne croit.

— Il a bien appris qui a appris à craindre Dieu.
     (*Encyclopédie des Prov.*)

— Il est bien vengé qui Dieu venge.
     (*Prov. Gallic.*, Ms.) xve siècle.

— Il est pauvre qui Dieu hayt.

— Il est riche qui Dieu ayme.

— Il est tant pauvre que Dieu le cherche pour le tuer.
     (*Adages françois.*) xvie siècle.

— Il est vray ce que tu dis, ou Dieu est.
     (Bovilli *Prov.*) xvie siècle.

Dieu. Il ne croit en Dieu que sur bons gages.
> C'est-à-dire, il est un peu athée.
>> (Oudin, *Curiosités françoises*, p. 165.)

— Il ne perd rien qui ne perd Dieu.
>> (*Adages françois.*) xvie siècle.

— Il n'est riens qui vaille miex de Diex.
> Il n'est rien qui vaille mieux que Dieu.
>> (*Anc. prov.*, Ms.) xiiie siècle.

— Il vaut mieulx Dieu prier que ses sains.
>> (*Prov. Gallic.*, Ms.) xve siècle.

— Là où Dieu veult il pleut.
>> (*Prov. communs.*) xve siècle.

— Où Diex veut se pleut.
>> (*Anc. prov.*, Ms.) xiiie siècle.

— Lessez faire à Dieu qui est homme d'aage.

— Les miracles de Dieu sont moult beaux.

— L'en doit toujours croire en Dieu.

— Main à main, comme Dieu fit le pain.

— Nous devons Dieu regracier tous.
>> (*Prov. Gallic.*, Ms.) xve siècle.

— Nul seigneur sur Dieu.
>> (*Recueil* de Gruther.)

— Pour Dieu ou pour l'argent.
>> (*Adages françois.*) xvie siècle.

— Quand ayme Dieu est sur en tous lieux.
>> (*Recueil* de Gruther.)

— Quand Dieu garde une cité, c'est bonne sentinelle.

— Quand Dieu auroit retiré son soleil des cieux, si faudroit-il avoir patience.
>> (*Encyclopédie des Prov.*)

Dieu. Qui a la grace du monde
Si a la grace de Dieu.
>   (*Prov. Gallic.*, **Ms.**) xve siècle.

— Qui a peu Dieu luy donne.
>   (*Prov. communs.*) xve siècle.

— Qui Dieu quitte (*acquitte*) bien est heureux.

— Qui du sien donne Dieu lui redonne.

— Ki s'abaisse Diex l'acroist.
>   (*Anc. prov.*, **Ms.**) xiiie siècle.

— Qui sert Dieu
Il a bon maistre.

— Qui sert Dieu il est le roi.
>   (*Prov. communs.*) xve siècle

— Servir Dieu est regner.
>   (*Prov. communs.*) xve siècle.

— Rien n'est bien fait que ce que Dieu a parfait.
>   (*Encyclopédie des Prov.*)

— Salus nous doint Dieu et florins
Que prou trouverons de cousins.
>   (Gabr. Meurier, *Trésor des Sentences.*) xvie siècle.

— Que Dieu nous donne saluts et florins, et nous trouverons un grand nombre de cousins.

— Sur Dieu n'y a aucun seigneur,
Ny sur noir aucune couleur.
>   (Gabr. Meurier, *Trésor des Sentences.*) xve siècle.

— Tant ayme-on Dieu qu'on suyt l'Eglise.
>   (Villon, *Ballade.*) xve siècle.

— Tant com dure Diex ajue.
Tant comme dure Dieu aide.
>   (*Anc. prov.*, **Ms.**) xiiie siècle.

— Tout se passe fors que aymer Dieu.

Dieu. Tout vient de Dieu.

>(*Prov. communs.*) xve siècle.

— Voix du peuple, voix de Dieu.

>(Gabr. Meurier, *Trésor des Sentences.*) xvie siècle.

« Cela advenant est tenu pour maxime le proverbe vulgaire :

>» Qui est aimé du *populus*
>» Il est aimé de *Dominus.*

» Aussi qu'il est dit que la *voix du peuple est la voix de Dieu.* »

>(*Mélanges hist.* de Saint-Julien de Baleuvre, p. 636.)

— Faire barbe de fouerre à Dieu.

Fouerre est un vieux mot du dialecte de Picardie, qui signifie paille. Quand on veut, dit Pasquier, dénoter un homme faux qui croit tromper Dieu, on se sert du dicton précédent, et cela par abus, au lieu de dire : Il fait gerbe de fouerre à Dieu, qui signifie *gerbe de paille.* (*Recherches*, liv. viii, chap. 52.)

Dans les additions au Dictionnaire de Nicot, page 18, on lit : « Ce dicton a esté corrompu par beaucoup de gens, » et des doctes mesmes, lesquels, au lieu de *jarbe*, disoient » *barbe ;* mais quand on saura son origine, la correction » en sera facile » ; et Nicot explique que certaines gens ne craignent pas de payer la dîme avec des gerbes de paille « esquelles n'y avoient point de grains. De là est » venu ce proverbe, lequel peut s'appliquer à toutes per- » sonnes de mauvaise conscience, soit envers Dieu, soit » envers les hommes. »

Rabelais, liv. Ier, chap. 11, *de l'Adolescence de Gargantua*, dit en parlant de son héros : « Faisoyt gerbe de feurre aux dieux. » Et dans la *Satire Ménippée*, Harangue de Monsieur le Lieutenant : « Toutesfois quand je vey que ces hérétiques nous faisoyent barbe de foirre. » Voyez aussi Montaigne, liv. ii, ch. 12.

Au sujet des proverbes relatifs à Dieu, voyez H. Estienne, *De la précellence du langage françois*, p. 216 de l'édition publiée par M. Feugère en 1850, in-12.

Dîme. Veau de dîme.

Veau très-gras, choisi de préférence pour payer la dîme aux églises.

« Et n'estoient que gros veaulx de disme. »
(Rabelais, liv. II, ch. 10.) xvie siècle.

« Car peu de gloire me semble accroistre à ceulx
» qui seulement employent leurs yeulx, etc., etc.,
» baislent aux mouches comme veaulx de disme. »
(Rabelais, *Prologue* du liv. iii.)

— Un veau de dîme, un grand sot.
(Oudin, *Curiosités françoises*, p. 562.)

— Rente est plus seure que dismes.
(*Adages françois.*) xvie siècle.

Drap. Défiez-vous des gens qui ne voyent le jour que par une fenêtre de drap.

« Proverbe qui avertit de se défier des moines et de la
» gent *à capuchon*, employé dès l'année 1508 par Jean
» de Salhuse, evesque de Misuie. Guy Patin, dans une
» lettre de mai 1668, traite les moines de *têtes encapu-*
» *chonnées, qui ne voyent le monde que par une fenestre de*
» *drap.* » (*Ducatiana*, p. 498.)

Rabelais a dit dans le même sens, liv. II, chap. 34 :
» Ne vous fiez jamais en gens qui reguardent par ung per-
» tuis (*trou*). »

Eau bénite. D'eau bénite le moine suffit.
(Gabr. Meurier, *Trésor des Sentences.*) xvie siècle.

— Donner de l'eau bénite de cour.
Donner de belles paroles, mais ne rien tenir.
(Oudin, *Curiosités françoises*, p. 175.)

— L'eau benoiste efface tout.
(*Farce moralisée.* — *Ancien Théâtre français*, t. 1, p. 157.) xvie siècle.

— L'eau benite de cave.
Du vin.

Eau bénite. Eau beniste des passans.

C'est-à-dire des pierres que les passants jettent sur un corps enterré près d'un chemin.

— Un livre sert d'eau bénite aux morts.

— J'y ai porté l'eau béniste.
(*Adages françois.*) xvie siècle.

— Il faudroit beaucoup de ces paroles-là pour faire un seau d'eau beniste.

Se dit à propos de paroles sales ou déshonnêtes.
(Oudin, *Curiosités françoises*.)

Église. Cil est bien de l'Iglise
Qui le sien i divise;
Ce dist li villains.

Celui-là est bien de l'Église qui y donne son bien.
(*Prov. au Villain*, publiés par M. Crapelet, p. 175.) xiiie siècle.

— Qui est près de l'église est souvent loin de Dieu.
(*Prov. communs.*) xve siècle.

Évangile. Ce n'est pas tout Evangile
Ce qu'on dit parmi la ville.
(Gabr. Meurier, *Trésor des Sentences.*) xvie siècle.

— Crever l'Evangile.

« *Commentaire* : Certains réformez se prindrent à leurs
» chambrières et les épousèrent, qui fut une risée au
» peuple dont fut né ce proverbe. »

— Il est aussi vray que l'Evangile.

« Le jour vint, vray comme Evangile. »
(*Monologue de* Coquillard, t. II, p. 231, édition d'Héricaut. *Biblioth. elzevirienne.*)

— Il est maudit en l'Evangile qui a le choix et prend le pire.
(*Adages françois.*) xvie siècle.

H. Estienne explique ainsi ce proverbe :
« Nous sçavons que le Juif est maudit par l'Évangile;

» lequel Juif ayant le choix a pris le pire, quand ayant à
» son choix de sauver Nostre-Seigneur Jésus-Christ ou le
» brigand nommé Barrabas, aima mieux sauver ce mes-
» chant. »

(*Précellence du langage françois*, etc.)

« Ainsi choisissiez vous le pire, c'est pourquoy
» estes mauldict en l'Evangile. »

(Rabelais, liv. IV, ch. 46.) xvie siècle.

Évêque des champs ou évêque de campagne, qui donne la bénédiction avec les pieds.

C'est-à-dire un pendu.

« Ung des susdits sera ceste année faict évesque
» des champs, donnant la bénédiction avec les pieds
» aux passans. »

(Rabelais, *Prognostic. pantagrueline*, ch. 5.) xvie siècle.

« Si j'en puis venir à bout je seray evesque de
» la ville et des champs. »

(*Satire Ménippée*, *Harangue du sieur de Rieux*.)

« Tu seras evesque des champs. »

(*Satire Ménippée*, *Quatrain au prescheur Boucher*.)

— Crosse de bois, evesque d'or ;
Evesque de bois, crosse d'or.

« Autrefois les chrestiens recherchoient ceux qu'ils vou-
» laient élever à l'épiscopat, et estoient obligés d'user d'au-
» torité pour leur faire recevoir ceste dignité. Dans ces
» premiers temps on ne regardoit dans ce choix qu'à la
» vertu et au mérite. Il n'y avait presque point de bien
» attaché à leur fonction. La simplicité même alloit si loin
» que lorsqu'on les consacroit on leur mettoit à la main
» un baston de bois pour crosse. Dans la suite, les empe-
» reurs ayant reçu le baptesme et fait profession du chris-
» tianisme, le zèle des chrestiens enrichit les prélats de
» l'Église. Mais à mesure que ces richesses ont augmenté,
» la vertu et le mérite diminuèrent dans le clergé, de
» sorte que la piété et la simplicité des premiers évesques

» donna lieu de dire : *Crosse de bois, évesque d'or*, et les
» richesses et le relâchement de leurs successeurs firent
» dire : *Evesque de bois, crosse d'or*, ce que l'on expri-
» moit autrefois en latin, *episcopus aureus, pedum ligneum;
» episcopus ligneus, pedum aureum;* traduit ainsi par un
» ancien poëte françois :

» Évesque d'or, crosse de bois.

» Mais tout au contraire, à rebours, il dit ores :

» Évesque de bois, crosse d'or. »

(*Étymol. des Prov. franc.*, par FLEURY DE BELLINGEN, p. 135.)

« Au temps passé de l'aage d'or,
» Crosses de bois, evesques d'or;
» Maintenant sont changez les lois,
» Crosses d'or, evesques de bois. »

(*Du coq-à-l'asne sur les tragédies de France. Arnaud à Thony, ensemble la response de Thony à Arnaud.* MDLXXXIX, in-18.)

ÉVÊQUE. De messieurs les vivandiers
D'évêques devenus meuniers.

(*Gazette françoise* de MARCELIN ALLARD, f° 72.) XVII° siècle.

On n'est pas d'accord sur l'origine de ce proverbe; les uns veulent qu'il soit corrompu, et qu'on ait dit dans l'origine d'*évêque aumônier*, parce qu'un évêque retomberait ainsi au dernier rang, après avoir occupé le premier. Les autres prétendent que la version actuelle est très-bonne, et qu'elle vient de Spifame, évêque de Nevers en 1547, qui s'étant sauvé à Genève, avec une femme dont il était épris, quitta l'Église et se fit meunier pour vivre. Voyez TUET, *Matinées sénonaises*, p. 141.)

« Qui m'ont par le moyen du feu roy fait de
» meunier devenir evesque. »

(*Satire Ménippée, Harangue de M. le recteur Rose.*) XVI° siècle.

— De pauvre evesque pauvre evesché.

(GABR. MEURIER, *Trésor des Sentences.*) XVI° siècle.

ÉVÊQUE. Il est trop jeune pour estre évesque.
>(*Prov. communs.*) xve siècle.

— Nous avons un archevesque.
>(*Prov. Gallic.*, Ms.) xve siècle.

— Se battre de la chappe à l'évêque.

Se disputer à qui appartiendra une chose qui n'est et ne peut être à aucun de ceux qui y prétendent. On explique ce proverbe de différentes manières. On prétend qu'au moment où l'archevêque de Bourges met pour la première fois le pied dans sa cathédrale, le peuple se jette sur la chape dont ce prélat est revêtu, et chacun se bat à qui en aura un morceau. On peut voir à ce sujet, TUET, *Matinées sénonaises*, p. 123, et MÉRY, *Histoire des Proverbes*, t. II, p. 184.

« Vous verrez qu'on s'amusera plustost à veoir hors de
» saison quelque dispute *de la chappe à l'évesque*, etc. »
>(*Satire Ménippée*, *Vertu du Catholicon.*) xvie siècle.

EXCOMMUNIE (*excommunication*) est un mal dont l'en garist.
>(*Prov. Gallic.*, Ms.) xve siècle.

EXCOMMUNIÉ. Excommunié mange bien racte.
>(*Adages françois.*) xvie siècle.

— Excommunié mange bien pain.
>(*Prov. communs.*) xve siècle.

— Cet homme est pis qu'excommunié.
>(*Dictionn. comique*, par P. J. LE ROUX, t. I, p. 486.)

FÊTE. C'est pour vous que l'on fait la feste.
Par ironie : Vous n'avez rien à prétendre à cela.
>(OUDIN, *Curiosités françoises*, p. 220.)

— C'est une vieille feste que l'on ne feste plus.
>(OUDIN, *Curiosités françoises*, p. 219.)

— Il devine les festes quand elles sont passées.
Il devine les choses après qu'elles sont arrivées.

Fête. Il est feste au palais; c'est jour de jeune.
Par allusion au palais de la bouche, il faut jeûner.
(Oudin, *Curiosités françoises*, p. 220.)

— Il est feste en sa paroisse, on y carillonne.
On lui donne le fouet.

— Il est demain feste, les marmousets sont aux fenestres.
Pour dire qu'il y a quantité de personnes aux fenêtres.

— Il n'est pas tous les jours festes.

— Il n'est pas de bonnes festes sans lendemain.
(Oudin, *Curiosités françoises*, p. 220.)

— La feste sera bonne.
Se dit quand quelqu'un casse un verre.
(Oudin, *Curiosités françoises*, p. 219.)

— On ne le voit qu'aux bonnes festes.
C'est-à-dire qu'on le voit rarement.
(Oudin, *Curiosités françoises*, p. 220.)

— Que la feste soit venue nous la chomerons.
(*Contes* d'Eutrapel, f° 67 r°.) xvie siècle.

Foi. La foi du charbonnier.
On fait un conte qui a donné l'origine à ce proverbe.
« Un charbonnier estant enquis par le diable de ce qu'il
« croyoit, luy respondit : Toujours je crois ce que l'Église
« croit. »
De là est venu que lorsqu'on a voulu marquer qu'un homme avait une foi ferme, mais sans science, on a dit : *La foi du charbonnier.*
(Fleury de Bellingen, *Étym. des Prov. franç.*, p, 252.)

— Ce n'est pas article de foy que ce qu'ils disent.
C'est-à-dire ce n'est pas absolument vrai.
(*Comédie des Prov.*, acte III, sc. 3.)

Frères mineurs. Deux à deux, comme les frères mineurs.
(Oudin, *Curiosités françoises*, p. 162.)

Gloria. En la fin se chante le gloria.

Hercule. Contre deux Hercules ne peult.

(Gabr. Meurier, *Trésor des Sentences.*) xvi⁰ siècle.

On dit encore pour désigner un homme doué d'une grande force physique : C'est un Hercule.

Hermite. Il n'est si bon hermite qu'on ne fasse partir de son hermitage.

(*Prov. communs.*) xv⁰ siècle.

— De jeune diable vieux hermite.

Brantôme rapporte ce proverbe en ces termes : « Charles-Quint tant de fois auguste, après avoir affronté les rois ses voisins, foudroyé toutes les parts de l'univers, deffaict tant d'armées, faict mourir tant de millions de personnes, ensanglanté les mers et la terre, pris un pape et un roy de France, triomphé d'eux, et voyant qu'il n'en pouvoit plus, se retira au service de Dieu, se soubsmettant à ses sévères commandements pour les observer, et aussi pour pratiquer le proverbe : *De mozo diable viejo hermitano* : De jeune diable vieux hermite. »

(Brantôme, t. I, p. 33 des *OEuvres compl.*)

Hospitalier. Boban d'ospitaliers.

(*Dit de l'Apostoile.*) xiii⁰ siècle.

Vanité, présomption d'hospitaliers.

Ces religieux soldats, établis en 1104 à Jérusalem, sous le règne de Baudoin Ier, prirent le nom de *chevaliers de Rhodes*, après la conquête qu'ils firent de cette île en 1310. Chassés de ce pays en 1522, par les Turcs, ils se retirèrent à Candie, puis à Malte, sous la conduite de Villiers de l'Ile-Adam, leur grand maître. Ils prirent alors le nom de *chevaliers de Malte*. On reprochait à ces religieux leur orgueil, parce qu'il fallait pour entrer dans cet ordre faire preuve d'une ancienne noblesse. Compagnons des Templiers, ils étaient souvent en rivalité avec eux, et l'auteur du *Roman du Renart* représente ces deux ordres disputant à qui aura ce maître fripon dans ses rangs.

IDOLE. Rire du bout des dents comme une vieille idole.
(Adages françois.) xvie siècle.

IN FIDELIUM. Passer plusieurs choses par *un fidelium*.

« Quand au lieu de nous aquiter de plusieurs charges
» auxquelles nous sommes obligés, nous les passons à la
» légère, on dit que nous les avons toutes passées par *un*
» *fidelium*. Il ne faut pas douter que nous n'ayons em-
» prunté ce proverbe des fautes que font quelques curez
» quand ils ne s'aquitent pas de ce qu'ils doivent aux
» morts. Car comme il arrive qu'il y a tant d'obitz fondés
» dans une église, que dans le siècle du temps il est très-
» difficile de s'en aquiter, ou bien que la négligence des
» ecclésiastiques est très-grande, nos anciens ont dit que
» tout cela se passoit par *un fidelium*, qui est la dernière
» oraison dont on ferme les prières des morts, voulant
» dire que l'on avait employé une seule messe des morts
» pour toutes les autres. Ce mesme proverbe a esté aussi
» en usage dans toutes les autres affaires où l'on commet
» de semblables fautes. »

(*Recherches de* PASQUIER, liv. VIII, ch. 34.)

« Si leurs deputez eussent passé par le mesme
» *in fidelium*. »

(*Satire Ménippée, Harangue de M. d'Aubray.*) xvie siècle.

ISRAËL. Les roys d'Israël sont clémens.

(BOVILLI *Prov.*) xvie siècle.

JEUNE. Deux festes valent mieux qu'un jeune.

(*Prov. Gallic.*, Ms.) xve siècle.

— Jour de jeûne, quand l'homme est sain,
Sont très mauvais pour le pain.

— Fete de saint sait ordonner
Le jour qui nous fait jeûner.

— Assez jeûne qui pauvrement vit.

Ou bien :

— Du jeûne à qui n'a de quoi,
La pratique n'est pas dure loi.

JEUNE. Qui sur escuelle d'autrui s'asseure,
Quand il pense manger il jeusne.

— Le liquide ne rompt point le jeûne.

Cette phrase passée en proverbe est traduite de celle-ci de saint Thomas : *Secundâ secundæ quæst. 147, licet pluries bibere jejunantibus.*

(*Almanach perpétuel*, p. 98.)

Voir plus haut, p. 29, au mot FÊTE.

JÉSUS-CHRIST. Ne crois jamais en toi la foi du Christ avoir.

— Ou Christ ou Cæsar.

— Par argent obtient-on maintes choses caduques et le salut par la grâce en Jésus-Christ.

(GOMÈS DE TRIER, *Jardin de récréation.*) XVIe siècle.

JOB. Pauvre comme Job.

(*Adages françois.*) XVIe siècle.

JUDAS. C'est le baiser de Judas.

Prov. Gallic., Ms.) XVe siècle.

— Il est traître comme Judas.

— Estre damné comme Judas.

(*Dictionn. comique*, par P. J. LE ROUX, t. II, p. 61.)

— Plus trahistre que Judas.

JUPITER. Si jeune savoit et vieil pouvoit un Jupiter il seroit.

(*Adages françois.*) XVIe siècle.

— Jupiter même quand il pleut ne plaît pas à tous les mortels.

« Et y a un viel proverbe qui dict que Jupiter
» mesme, quand il pleut, ne plaît pas à tous les
» mortels. »

(*Satire Ménippée, Harangue de M. d'Aubray.*) XVIe siècle.

Marie (la Vierge). C'est du vin de la vierge Marie. Du lait.
                      (*Adages françois.*) xvie siècle.

— On monstre la Vierge Marie aux fols.
       (Gomès de Trier, *Jardin de récréation.*) xvie siècle.

Martyr. Mieux vaut estre martyr que confesseur.
       (Gabr. Meurier, *Trésor des Sentences.*) xvie siècle.

Matines. Après matines doit-on chanter *Te Deum*.

« Selon l'ordinaire de l'Eglise, on chante *Te Deum* après
» matines, et non devant, signifiant par ce propos que
» ceulx sont folx et n'ont bon conseil qui font la feste et se
» resjouyssent devant l'heure compétente, dont après ilz
» sont repentans et s'en trouvent mal. »
                      (*Prov.* de Bouvelles.) xvie siècle.

— Commencer matines par tousser, et souper par boire.

« Messieurs, l'on dict que matines commencent
» par tousser et souper par boyre. »
                      (Rabelais, liv. i, ch. 41.)

— Chanter *Magnificat* à matines.
       (Rabelais, liv. i, ch. 2.) xvie siècle.

— Etourdy comme le premier coup de matines.
                      (*Adages françois.*) xvie siècle.

Parce que généralement, quand on sonne matines, beaucoup de gens se réveillent en sursaut, et sont tout étourdis.

« Aussi estourdys que le premier son de ma-
» tines, qu'on appelle en Lussonnois, etc. »
                      (Rabelais, liv. ii, ch. 28.)

Messe. Aller à la messe des trespassez, y porter pain et vin.

Aller à la messe après avoir bien bu et bien mangé.
                  (Oudin, *Curiosités françoises*, p. 343.)

Messe. Il n'est pas à jeun à ceste messe.
> (*Adages françois.*) xvie siècle.

— Messe de chevalier.
> (*Prov. Gallic.*, Ms.) xve siècle.

— La messe des comtes.

« Le dimanche 12 avril, la messe fut dite dans Saint-Firmin (église de Montpellier) par des prêtres étrangers, car ceux de la ville ne l'eussent osé faire. Beaucoup de peuple et de noblesse y assistèrent ; Crussol et les protestants restèrent à la porte. La messe n'était qu'à demi dite qu'il y eut une sédition ; les principaux protestants tâchèrent de calmer le peuple, et la messe s'acheva en grande hâte. Les consuls et principaux accompagnèrent les seigneurs lieutenants et les ramenèrent sains et saufs dans leurs logis. Depuis furent les messes plus dangereuses que devant, et disoit-on par memoire dans ladite ville *la messe des Comtes.* »
(*Mémoires de* Philippi, an. 1562, t. VIII (1re série) *de la collect. des Mém. relat. à l'histoire de France, éd. Michaud.*)

— Quand la messe fut chantée,
Si fut la dame parée.
> (*Prov. communs.*) xve siècle.

— Sonner la messe martingot.
> (*Adages françois.*) xvie siècle.

Minerve. Pourceau Minerve enseignant.

« Et avoit ung collier d'or au col, autour duquel estoyent quelques lettres ionicques, desquelles je je ne péus lire que deux motz : υς Αθηναν, pourceau Minerve enseignant. »
(Rabelais, liv. iv, ch. 41.) xvie siècle.

Ministre. Ouvrir la bouche comme un ministre qui dit son premier sermon.

Dans ce proverbe, le mot ministre signifie prêtre de la religion réformée. C'est dans ce sens qu'il est employé par l'auteur du *Moyen de parvenir*, au chapitre intitulé *Dictionnaire.*

MOINES. Convoitise de moines blancs.
>(*Dit de l'Apostoile.*) XIIIe siècle.

« On comptoit parmi ces religieux les *Prémontrés*, les
» *Chartreux*, les *Carmes*, les *Bernardins*. Cette expression
» de convoitise, appliquée aux moines blancs, caractérise
» l'esprit de ces ordres monastiques qui, moins anciens
» que ceux des moines noirs, faisoient tout ce qu'ils pou-
» voient pour acquérir des richesses, etc. »
(CHAPELET, *Proverbes et dictons populaires*, p. 24.)

— Envie des moines ners.
>(*Dit de l'Apostoile.*) XIIIe siècle.

Jalousie des moines noirs.

« Dans les XIIe et XIIIe siècles, on partageoit tous les
» moines en deux classes : les noirs et les blancs, qu'on
» distinguoit par la couleur de leur habit et la différence
» de leur règle. Les moines noirs suivoient la règle de
» saint Benoît, et les autres plus généralement celle de
» saint Augustin. » (CHAPELET, *Proverbes et dictons populaires*, p. 24.)

Les moines *noirs* portaient envie aux *blancs*, dont l'in-
stitution était plus récente, et jouissait d'une plus grande
considération. Raoul de Houdan, auteur d'un fabliau intitulé *la Voie d'enfer*, leur reproche d'être engraissés de
fainéantise. (Voir les *Fabliaux* de LE GRAND D'AUSSY, t. II,
p. 224, édit. in-8.)

— Moyne au cloistre,
Et la mort au cimetière.
>(GABR. MEURIER, *Trésor des Sentences.*) XVIe siècle.

— Attendre quelqu'un comme les moines at-
tendent l'abbé.

« C'est-à-dire en disnant, car l'heure du repas est si
» réglée dans les monastères, que quand l'heure est son-
» née, on se met à table, sans attendre non pas même le
» supérieur. »
(*Les illustres Prov.*, t. II, p. 51.)

— Bailler le moine.

Porter malheur à quelqu'un.

« Pourtant encores est le proverbe en usage de
» bailler le moyne à quelqu'ung. »
     (Rabelais, liv. 1, ch. 45.)

Moine. C'est une méchante chair que de moine,
encores vaut-elle pis que d'abbé.
     (*Adages françois.*) xvie siècle.

— Il n'est envye que de moyne.

— L'habit ne fait pas le moine.
     (Gabr. Meurier, *Trésor des Sentences.*) xvie siècle.

— La robe ne fait pas le moine.
     (*Roman de la Rose*, v. 11094.) xiiie siècle.

— Li abis ne fait pas l'ermite.
     (*Fabliaux*, t. III, p. 76.) xiiie siècle.

« Vous mesmes dictes que l'habit ne fait pas le
» moine, et tel est vestu d'habit monachal, qui au
» dedans n'est rien moins que moine. »
     (Rabelais, liv. 1, *Prologue.*)

— Li abis ne fait pas le religieux, mais la
bonne conscience.
     (*Anc. prov*, Ms.) xiiie siècle.

— L'habit ne fait pas le moine, mais la profession.

C'est-à-dire les vœux prononcés.
     (Loysel, *Institutes coutumières*, n° 246.)

— Grand nau (*navire*) veult grand'eau,
 Et gros moine gras veau.

— Le moine, la nonne et la béguine
 Sont fort pires que n'en ont la mine.

— Mieux vaut gaudir de son patrimoine
 Que le laisser à un ribaud moine.
     (Gabr. Meurier, *Trésor des Sentences.*) xvie siècle.

— Pour ung moine ne faut couvent.
     (*Prov. communs.*) xve siècle.

Moine. Pour un moine on ne laisse pas de faire un abbé.

(*Dictionn. comique*, par J.-P. Le Roux, t. II, p. 175.)

— Quand l'abbé tient taverne les moynes peuvent aller au vin.

(*Prov. communs.*) xve siècle.

— Quand l'abbé danse à la court les moines sont en rut aux forets.

(*Adages françois.*) xvie siècle.

— Villain moyne.

(*Prov. Gallic.*, Ms.) xve siècle.

— Il faut se garder du devant d'une femme, du derrière d'une mulle, et d'un moine de tous costez.

Voir dans les *Bigarrures de des Accords* (ch. des Entends-trois), édit. de Rouen, 1640, p. 90, le conte cité à propos de ce proverbe.

— Dieu soit céans! ét moi dedans, et le diable chez les moines!

(*Comédie des Prov.*, acte II, sc. ii.)

— Le moine bourru.

On nommait ainsi à Paris un être imaginaire malfaisant, destiné à faire peur aux enfants.

« Moine bourru dont on se moque,
» A Paris l'effroi des enfants. »

(*Combat d'Ursine et de Perrete aux Augustins, satyre du sieur de Sygognes.* — *Cabinet satyrique*, etc.)

V. aussi F. Michel, *Dictionn. d'argot*, p. 77.

Moustier. Laisser le moustier où il est.

Ce proverbe, que l'on applique à tous les changements qui se peuvent faire, marque particulièrement combien il est dangereux de rien changer dans les constitutions de l'Église, et qu'il vaut toujours mieux laisser les choses comme elles sont.

(Pasquier, *Recherches*, liv. viii, ch. 12.)

Noé. C'est l'arche de Noë, il y a toutes sortes de bêtes.

>Se dit d'une maison ouverte à tout le monde.
>(Le Roux, *Dictionn. comique*, t. I, p. 111.)

Ou bien encore :

— C'est l'arche de Noë, toutes sortes de bêtes y font leur demeure.

— La coulomb de Noë.

>(Bovilli *Prov.*) xvie siècle.

Nonne. Nonnains, moisnes, prestres et poullets
Ne sont jamais pleins ne saoulez.

>(Gabr. Meurier, *Trésor des Sentences.*) xvie siècle.

Office. A l'office du commun
Bon ou méchant il en faut un.

>(Grutherii *Prov.*)

Pape. Dieu sçait comme se font les papes.

>(*Mimes* de Baïf, f° 11 v°.) xvie siècle.

— Il faut avoir du nez pour estre pape.

>(*Adages françois.*) xvie siècle.

— Le pape ne peut mourir.

— L'on doit prier pour le pape.

>(*Prov. Gallic.*, Ms.) xve siècle.

— Fantastique comme la mule du pape.

>(*Adages françois.*) xvie siècle.

— Il est quinteux comme la mule du pape, qui ne boit et mange qu'à ses heures.

« Ventre saint Quenet, parlons de boyre, je
» ne boy qu'à mes heures, comme la mule du
» pape. »

>(Rabelais, liv. i, ch. 5.)

V. série n° VII, Paris.

Paradis. Vous ne l'emporterez pas en Paradis.
C'est-à-dire vous me le revaudrez avant de mourir.
(*Dictionn. comique*, par P.-J. Le Roux, t. I, p. 441.)

— Gagner le Paradis par famine.
C'est-à-dire jeûner.

— Il a été à la porte du Paradis.
Il a manqué de mourir.
(Oudin, *Curiosités françoises*.)

Péché. De péché miséricorde.
(*Anc. prov.*, Ms. ; *Roman du Renart*, v. 4100.)
xiiie siècle.

— A tout péché miséricorde.
(*Dictionn. comique*, par P.-J. Le Roux, t. II, p. 172.

— De petit pechié petit pardon.
(*Prov. communs*.) xve siècle.

— Peché enlaidit.
— Pecheur a tousjours paour.
— Peché nuit.
(*Prov. communs*.) xve siècle.

— Peché célé est demy pardonné.
— Pechié d'autruy ne doit nuyre.
— Pechié de char est trop commun.
(*Prov. Gallic.*, Ms.) xve siècle.

— Pechié viel nouvelle penitence.
(Gabr. Meunier, *Trésor des Sentences*.) xvie siècle.

— * Elle vaut bien un péché mortel.

— Il faut mettre cela aux péchés oubliés.
(Oudin, *Curiosités françoises*.)

Pécheur. Pour un pecheur en perist cent.
(*Prov. Gallic.*, Ms.) xve siècle.

Pèlerin. Pélerin qui chante
Larron espouvante.
(*Prov. de* Bouvelles.) xvie siècle.

Pèlerin. C'est un bon pélerin.
>C'est-à-dire un finot, un malin.

— Il est bon là le pélerin !

Pénitence. Rouge visage et grosse panse,
Signe de pénitence.
>(*Prov. communs.*) xve siècle.

Phaéton. Phaeton le soleil regist mal,
Du haut ciel tost tresbucha.
>(Bovilli *Prov.*) xvie siècle.

Pilate. On parle de lui comme de Pilate dans le *Credo*.
>C'est-à-dire à en détracter.
>(*Illustres Prov.*, t. II, p. 51.)

Prélat. Bon prélat bon exemple.
>(*Recueil* de Gruther.)

— En la court laie (*laïque*) pran un peu d'esperance,
En court de clers n'aie jà jor fiance,
En nus prelas nule bonne attendance.
>(*Anc. prov.*, Ms.) xiiie siècle.

Prêtre. Prestres sont gens.
>(*Prov. Gallic.*, Ms.) xve siècle.

— A envis ou volentiers
Convènt au sene aller le prestre.
>(*Roman du Renart*, v. 10456.) xiiie siècle.

Bon gré, mal gré, il faut que le prêtre aille à l'office.

— Avarisce de provoire.
>Avarice de prêtres, d'ecclésiastiques en général.
>(*Dit de l'Apostoile.*) xiiie siècle.

— C'est un pauvre prestre, s'il n'a point d'argent caché.
>(*Recueil* de Gruther.)

Prêtre. Il est enfant de prestre, il mange son pain blanc le premier.

— Il est fils de prestre, il ne dit pas ces choses deux fois.
(*Adages françois.*) xvie siècle.

— Ge ne viz oncques prestre qui blamast ses relicques.
(*Prov. Gallic.*, Ms.) xve siècle.

Ou bien encore, dans les proverbes manuscrits du xiiie siècle :

Fox est li prestres qui blame ses reliques.

— Là où un prestre meurt, Dieu y œuvre.
(*Prov. communs.*) xve siècle.

— Tel prestre tel peuple.
(Gabr. Meurier, *Trésor des Sentences.*) xvie siècle.

— Vous êtes mal appris pour le fils d'un prestre.
Se dit à une personne incivile.
(Oudin, *Curiosités françoises*, p. 455.)

Prière. De wide main wide prière.
(*Prov. ruraux et vulgaux*, Ms.) xiiie siècle.

— Des mains vuides prières vaines.
(Gabr. Meurier, *Trésor des Sentences.*) xvie siècle.

— Courtes prières pénètrent les cieux.
(*Illustres Prov.*, t. II, p. 223.)

Prophète. En son pays prophète sans pris.
(*Prov.* de Bouvelles.) xvie siècle.

« Or bien pour moy, je peux en cela pratiquer le pro-
» verbe que notre redempteur Jesus-Christ a profféré de sa
» propre bouche, que nul ne peut estre prophete en son
» pays. »
(Brantôme, *Dames galantes*, t. VII des œuvres complètes, in-8, p. 446.)

PROPHÈTE. Nul n'est prophète en son pays.
   (*Contes* d'EUTRAPEL, fol. 47 v°.) XVIᵉ siècle.

On dit encore, quand on veut faire entendre qu'une chose est en grande considération et a beaucoup d'autorité, *C'est la loi et les prophètes.*

RELIGION. Une religion peu à peu emporte une autre.

REQUIEM gaigne l'argent et *Gaudeamus* le despend.
   (*Adages françois.*) XVIᵉ siècle.

SACREMENT. Le sacrement est fait de pain et de vin.
   (*Prov. Gallic.*, Ms.) XVᵉ siècle.

SAINT-ESPRIT. Le Saint-Esprit soit avec nous.
   (*Prov. Gallic.*, Ms.) XVᵉ siècle.

SAINT. Saint ne peut mentir.
   (*Prov. Gallic.*, Ms.) XVᵉ siècle.

— A chaque saint sa chandelle.
   (GRUTHERII *Prov.*)

— Il n'y a si petit saint qui ne veuille sa chandelle.
   (OUDIN, *Curiosités françoises*, p. 495.)

— A petit saint petite offrande.
   (*Prov. Gallic.*) XVᵉ siècle.

— A tel saint telle offrande.
   (OUDIN, *Curiosités françoises*, p. 495.)

Ou encore :

— A saint breneux chandelle de m....

— C'est un saint qu'on ne chôme plus.
 Se dit d'une personne en disgrâce.

— Comme on connaît les saints on les honore.
   (LE ROUX, *Dictionn. comique*, t. I, p. 244.)

— Elle est vouée à un autre saint.
 Elle est promise à une autre personne.

SAINT. Il ne sait à quel saint se vouer.
(OUDIN, *Curiosités françoises*, p. 495.)

— Le saint de la ville n'est point aouré (*adoré*).
(*Prov. communs.*) xve siècle.

— Pour amour dou saint baise on les reliques.
(*Anc. prov.*, Ms.) xiiie siècle.

— Quand Dieu ne veut le sainct ne peut.
(GABR. MEURIER, *Trésor des Sentences*.) xvie siècle.

— Que sçavent les saints des tapis ou de pains d'espice?
(GOMÈS DE TRIER, *Jardin de récréation*.) xvie siècle.

— Tel sainct tel miracle.
(GABR. MEURIER, *Trésor des Sentences*.) xvie siècle.

— Un saint de carême.
Un homme qui se cache.
(OUDIN, *Curiosités françoises*, p. 494.)

— Un saint qui ne guérit de rien.
C'est-à-dire un homme sans pouvoir.
(OUDIN, *Curiosités françoises*.)

SAINT ACAIRE. Il a le mal saint Acaire.
Il est opiniâtre.
(OUDIN, *Curiosités françoises*, p. 320.)

SAINT AMADOU. En chair et en os comme saint Amadou.
(*Comédie des Prov.*, acte II, sc. VI.)

SAINT ANTOINE. Faire comme le pourceau de sain Antoine, se fourrer partout.

Ou bien :

— Aller comme le pourceau de saint Antoine, de porte en porte.

« On dit que les pourceaux de Saint-Antoine de Vien-
» nois, qui est une grande abbaye dans le diocèse de Vienne
» en Dauphiné, entrent avec leurs clochettes au col, qui
» les fait reconnaître dans toutes les maisons du lieu, où

» on leur donne à manger sans qu'aucun les ose chasser,
» pour respect du saint auquel ils sont voués. On applique
» ce proverbe à ces parasites qui mangent partout hors
» chez eux, et qui ont coutume, suivant le proverbe, de
» faire comme le pourceau de saint Antoine, de se fourrer
» partout. »

(*Étymol. des Prov. franç.*, par Fleury de Bellingen, p. 226.)

Dans les proverbes que Jehan Mielot a recueillis pour le duc de Bourgogne, en 1475, on trouve celui-ci :

C'est le pourceau de saint Antoine.

(Ms. S. F. 201) xve siècle.

Saint Antoine. Le feu saint Antoine.

« Pareillement le feu saint Antoine vous arde
» (*brûle*). »

(Rabelais, liv ii, ch. 1.)

Saint Arnoul. Devoir la chandelle à saint Arnould.

Signifie dans le pays Messin être c...

(*Almanach perpétuel*, p. 153.)

Sainct Avertin. Il a le mal sainct Avertin.

Il a mauvaise tête.

(Oudin, *Curiosités françoises*, p. 320.)

Sainct Baude. Il a le mal sainct Baude.

(*Adages françois*.) xvie siècle.

Au sujet de la nature de ce mal, voir F. Michel, *Dict. d'argot*.

Saint Bernard. C'est le potage de saint Bernard, le diable a emporté la graisse.

(*Almanach perpétuel*, p. 133.)

On disait encore pour le derrière :

— Passer par l'arc saint Bernard.

C'est-à-dire se salir soi-même.

Voir au sujet de ce proverbe et de la signification qu'on donnait au nom de *Bernard*, Fr. Michel, *Dictionn. d'argot*, p. 42.

Saint Cosme. Heurter à la boutique de saint Cosme.
Avoir besoin du médecin.

(Oudin, *Curiosités françoises*, p. 494.)

Saint Christophe. Un saint Christofle de Pasques fleuries.

« On appelle ainsi un âne, parce que Christophe (*Chris-
tophorus*) signifie porte Christ, et que Jésus était monté
sur une ânesse lorsqu'il fit son entrée à Jérusalem, le
jour des Rameaux ou de Pasques fleuries. » (*Ducatiana*.)

Saint Colomban. Haleine de saint Colomband.

On dit ce proverbe à propos d'un homme doué de vigoureux poumons. Voici à quel miracle il fait allusion : Colomband prêchait un jour aux environs du lac de Zurich ; voyant les habitants de ce pays placer au milieu d'eux une grande cuve pleine de bière pour l'offrir au dieu Mars, Colomband souffla dessus, et aussitôt la cuve se brisa.

(Mery, *Hist. des Prov.*, t. II, p. 221.)

Saint Crespin. Porter tout son saint Crespin (*Frusquin*)

« Lorsque les garçons cordonniers vont de ville en ville
pour travailler, ce qu'ils appellent entre eux battre la
semelle, ils portent tous les instruments nécessaires de
leur métier ; ils appellent cela *porter tout leur saint Crépin* ; ils donnent le nom de saint Crépin à leur petit ba-
gage à cause de saint Crépin, martyr leur patron, qui
avait été cordonnier, à ce que dit la légende. De là est
venu le proverbe que l'on applique à ceux qui portent
avec eux tout ce qu'ils possèdent, soit de bien ou de
science. »

(Fleury de Bellingen, *Étym. des Prov. franç.*, p. 338.)

— Être dans les prisons de saint Crespin.

Être chaussé trop à l'étroit.

(Oudin, *Curiosités françoises*.)

Saint Éloi. Froid comme le marteau de saint Éloi.

(*Almanach perpétuel*, p. 146.)

Saint Étienne. Les miches de saint Étienne, les pierres, les cailloux.
>(Oudin, *Curiosités franç.*)

Saint Fiacre. Le mal saint Fiacre la puisse prendre ou la puisse faire trotter.

On appelle les hémorrhoïdes le mal de saint Fiacre ; on le souhaite par imprécation à ceux à qui l'on ne veut pas de bien. Fontenelle explique plaisamment l'opération de cette maladie en ces six vers burlesques de son Hippocrate dépaysé :

> Grand bien fait ce mal de saint Fiacre,
> Qui veut dire autant que fi atre
> Quand on vuide le sang du cu
> A gens mornes comme un cocu,
> A la phrénésie enragée ;
> Par le cul la teste est purgée.

(Fleury de Bellingen, *Étymol. des Prov. franç.*, p. 217.)

— Faire le saint Fiacre de village.

C'est-à-dire faire ou simuler le sot.
>(Oudin, *Curios. franç.*)

Saint François. Il a le mal saint François.

Il n'a pas d'argent.
>(Oudin, *Curiosités franç.*, p. 320.)

D'après les statuts de l'ordre des Franciscains, ces religieux ne doivent rien posséder qui leur soit propre, et surtout de l'argent.

Saint Gabriel. Saint Gabriel, bonne nouvelle.
>(*Prov.* de Jehan Mielot, Ms.) xve siècle.

Sainte Geneviefve ne sort point si saint Marcel ne la vient querir.

« Outre les autres chasses, celle de saint Marcel est présentée par les orfèvres aux porteurs de sainte Geneviefve, lesquels revestus de grands rochets ou aubes de lin et nuds pieds, l'aportent depuis le portail de l'église jusques sur le maître-autel, pour vérifier l'ancien proverbe, *que sainte Geneviefve ne sort point si saint Marcel ne la vient querir.* »

(*Ordre des cérémonies et prières, avec la descente de la chasse de sainte Geneviefve à Paris.* Urb. Coustelier, 1700.)

Saint Georges. Il faut rendre les armes à saint Georges.

Allusion au combat que ce saint eut à soutenir contre un dragon qui désolait la Libye, et devant lequel il se présenta armé de pied en cap. Le monstre étonné se laissa enchaîner par le cou, et rendit pour ainsi dire les armes à saint Georges.

— Monté comme un saint Georges.

(Oudin, *Curiosités franç.*)

Saint Genou. Il a le mal saint Genou.

Il a la goutte.

(Oudin, *Curiosités franç.*, p. 320.)

Saint Gilles. Il a fait Gilles.

Il s'est enfui précipitamment. On assure que cette façon de parler vient de la conduite que tint Gilon, prince du Languedoc, qui s'enfuit plutôt que d'accepter la couronne. Il fut canonisé sous le nom de saint Gilles.

« Mais avant que passer outre, dit le bonhomme
» Scaliger, pourquoy est-ce que quand quelqu'un
» s'en est enfui on dit *il a fait Gilles?* Protagoras :
» C'est pour ce que saint Gilles s'enfuit de son pays,
» et se cacha de peur d'être fait roi. »

(*Moyen de parvenir*, chapitre intitulé *Chapitre général.*)

— Il a le mal saint Gilles.

Il a un cancer.

(Oudin, *Curiosités franç.*, p. 321.)

Saint Hubert. Il est de la confrérie saint Hubert, il n'enrage pas pour mentir.

Saint Hubert, comme on le sait, est le patron des chasseurs, et les chasseurs sont accusés de ne pas dire la vérité.

(*Adages françois.*) xvie siècle.

Saint Innocent. Musique de saint Innocent
Fait pitié à qui l'entend.

(*Prov. en rimes*, etc.) xviie siècle.

« La musique de saint Innocent, la plus grande
» pitié du monde. »

(Cyrano de Bergerac, *le Pédant joué.*)

Saints Innocents (les). Tulipes des saints Innocents.

C'est à-dire os des morts.

(Oudin, *Curiosités franç.*)

Sainct Ives arme mieux ses gens que sainct François.

(*Adages franç.*) xvie siècle.

Saint Jacques. Celui qui veut aller à saint Jacques ne doit pas s'associer avec ceux qui vont à Rome.

C'est-à-dire il faut éviter la mauvaise compagnie, pour ne pas s'écarter du droit chemin.

— Les petits gueux vont à saint Michel et les grands à saint Jacques.

(*Prognostications pantagruelines.*)

Saint Jean. Il a le mal saint Jean.

Il a le mal caduc.

(Oudin, *Curiosités franç.*, p. 321.)

— C'est un saint Jean Bouche d'or.

Ne se dit pas seulement d'un homme éloquent, par allusion à saint Jean Chrysostome, mais aussi d'un flatteur.

Saint Joseph. Être de la religion ou du couvent de saint Joseph, quatre pantoufles sous le lit.

(Oudin, *Curiosités franç.*)

C'est-à-dire être marié.

Saint Julien. Avoir l'hôtel saint Julien.

Trouver un bon gîte. Ce proverbe est emprunté à l'histoire de saint Julien, qui fit vœu, pour expier un crime, de donner l'hospitalité à tous les voyageurs. Les conteurs du moyen âge ont souvent employé cette expression. On connaît le charmant récit de la Fontaine : *L'Oraison de saint Julien.*

Dans le recueil manuscrit de proverbes français du xve siècle, on lit :

Saint Julien bon herbert (*hébergeur*).

Saint Lambert. C'est aujourd'hui la saint Lambert,
Qui quitte sa place la perd.

« Cela se dit en se mettant à la place d'un qui se lève
» de dessus sa chaire. »

(Oudin, *Curiosités franç.*, p. 494.)

Saint Leu. Cheoir du mal saint Leu, par derrière,
tomber.

Se dit aussi d'une femme qui s'abandonne.

(*Almanach perpétuel*, p. 169.)

Saint Luc. Léger comme l'oiseau de saint Luc.

« Saint Luc est représenté ordinairement avec un bœuf,
» qui est le plus pesant de tous les animaux. C'est ce qui
» fait qu'on appelle les gens stupides oiseaux de saint Luc.
» On dit oiseau de saint Luc, parce que le bœuf avec lequel
» on le représente a des ailes. »

(Fleury de Bellingen, *Étym. des Prov. franç.*, p. 322.)

Sainte Madeleine. Il est comme la Magdeleine, il a
toujours la boîte à la main.

Se dit d'un ivrogne qui a sans cesse le verre à la main.

(Oudin, *Curiosités franç.*)

Saint Main. Demoiselle de saint Main.

Une galeuse.

(Oudin, *Curiosités franç.*, p. 494.)

Saint Martin. A chacun porceau son saint Martin.

(Gabr. Meurier, *Trésor des Sent.*) xvie siècle.

On appelle aussi le diable l'*Estafier de saint Martin*,
parce qu'on le représente souvent à la suite de ce saint.

« Que sçavons-nous si l'estaffier de saint Martin
» nous brasse encore quelque nouvel orage? »

(Rabelais, liv. iv, ch. 23.) xvie siècle.

— Ce que saint Martin ne manjue se
manjue sis anes.

Ce que saint Martin ne mange son âne le mange.

(*Prov. anciens*, Ms.) xiiie siècle.

Saint Martin. Saint Martin boit le bon vin
Et laisse l'eau courre au molin.
(Gabr. Meurier, *Trésor des Sent.*) xvɪᵉ siècle.

— Mal saint Martin.

L'ivresse.

— Le mal saint Martin le tenoit moult.

— Feu saint Martin.

Érysipèle.
(*Almanach perpétuel*, p. 191.)

Saint Mathurin. Il faut l'envoyer à saint Mathurin.

C'est-à-dire il est devenu fou. Ce proverbe est fondé sur l'opinion vulgaire que ce saint peut guérir la folie, parce que l'on fait dériver son nom du mot grec *mataios*, qui veut dire fou, insensé.

On appelait encore la folie une colique de saint Mathurin.
(Oudin, *Curiosités franç.*, p. 110.)

« Il est fol, il doit une belle chandelle à saint
» Mathurin. »
(Cyrano de Bergerac, *Pédant joué*, p. 19.)

Saint Maur. Le mal saint Maur.

La goutte.

— Chanoine de saint Maur.

Un charbonnier.
(*Almanach perpétuel*, p. 83.)

Saint Médard. Ris qui est de saint Médart
Le cœur n'y prend pas grant part.
(*Prov. en rimes*, etc.) xvɪɪᵉ siècle.

— Ris de saint Médard, mal mine (mauvaise mine).
(H. Estienne, *Conformité du langage franç. avec le grec.*)

— Faire la mine comme saint Médard.

Faire le métier de saint Médard.

Saint Médard. Mal saint Médard.
>Emprisonnement.
>>(*Almanach perpétuel*, p. 142.)

Saint Merry. Être de la confrérie de saint Merry, être marri d'être marié.
>>(Oudin, *Curiosités franç.*)

Saint Michel ne mangue ne vache ne vau.

— Saint Michel en ait l'arme (*l'âme*).
>>(*Prov. Gallic.*, Ms.) xve siècle.

— Monté sur le traquenard de saint Michel.

C'est-à-dire emporté par le diable, parce qu'on représente ce glorieux archange avec un diable sous les pieds.
>>(*Illustres Prov.*, t. II, p. 163.)

Sainte Mitouche ou Nitouche.
>Femme qui fait la sainte Nitouche, qui fait la discrette, la retenue.
>>(Oudin, *Curiosités franç.*, p. 495.)

Sainte Nitouche. Te voyant si dévote et faire tant la sainte Nitouche.

— Faire la sainte succrée.
C'est-à-dire faire l'honnête ou la délicate.
>>(Oudin, *Curiosités franç.*)

Saint Nicolas. Faire le saint Nicolas de village.

— Il est des clergeons de saint Nicolas.
>>(*Adages franç.*) xvie siècle.

— Saint Nicolas marie les filles avec les gas.
>>(Quitard, *Dictionn. des Prov.*)

Saint Pierre. Hardi comme un saint Pierre.
>La conduite de cet apôtre de Jésus-Christ, qui renia son maître trois fois, a donné lieu à ce proverbe.

SAINT PIERRE. Découvrir saint Pierre pour couvrir saint Paul.

Dérober à l'un pour donner à l'autre.

(OUDIN, *Curiosités franç.*, p. 154.)

— Prendre saint Pierre pour saint Paul.

Se méprendre, prendre une personne pour une autre.

(OUDIN, p. 495.)

— L'on ne doibt tant donner à saint Pierre,
Que saint Paul demeure derrière.

(GABR. MEURIER, *Trésor des Sent.*) XVIe siècle.

— Si sainct Pierre est allé en paradis sans abbaye, l'abbé ira à cheval.

(*Adages franç.*) XVIe siècle.

SAINT PAUL. Qui loue saint Pierre ne blasme saint Pol.

(GABR. MEURIER, *Trésor des Sent.*) XVIe siècle.

— Se tu es au monde aussi sage que saint Pol,
Et tu n'as rien, tu es reputé pour ung fol.

(*Prov. communs.*) XVe siècle.

SAINT PRIX. Il est de saint Prix, il est marié.

(OUDIN, *Curiosités franç.*, p. 494.)

SAINT QUENTIN. Mal saint Quentin, la prison.

(*Almanach perpétuel*, p. 185.)

SAINT ROCH. Être comme saint Roch en chapeau.

Cette expression proverbiale, qu'on emploie pour dire qu'on est abondamment pourvu d'une chose, qu'on en a plus qu'il n'en faut, est fort controversée. Les uns prétendent que le mot *chapeau* doit y être écrit au singulier, les autres qu'il doit être écrit au pluriel. Diderot a adopté la dernière orthographe dans cette phrase de Jacques le Fataliste : « Te voilà en chirurgiens comme saint Roch en chapeaux. » Et l'éditeur des œuvres de ce philosophe a remarqué dans une note que saint Roch avait trois chapeaux, avec lesquels on le voit souvent représenté; mais cette explication n'est pas satisfaisante, et c'est avec raison que M. Quitard, auquel j'emprunte ces détails, a dit qu'on avait soupçonné cet éditeur d'avoir pris sous son bonnet les trois chapeaux de saint Roch.

Voyez QUITARD, *Dictionn. des Prov.*

SAINT ROMAIN. Saint Romain fait rémission tous les ans à un prisonnier.

(GRINGORE, *Menus propos.*)

SAINT THOMAS. Vous êtes confrères de saint Thomas, et ne voulez croire les choses si ne les voyez.

(TOURNEBU, *les Contens, Ancien Théâtre franç.*, t. VII, p. 163.)

SAINT TRANQUILLIN. Parent de saint Tranquillin.

C'est-à-dire indolent, paresseux.

(*Almanach perpétuel*, p. 151.)

SAINT VALÉRIEN. Saint Valerien c'est t'in patron (c'est ton patron).

A cause de la ressemblance de Valérien avec vaurien.

(CORBLET, *Prov. picards*, p. 167.)

SAINT ZACHARIE. Il a le mal saint Zacharie.

Il est muet.

(OUDIN, *Curiosités franç.*, p. 321.)

SALOMON. Sigiles pentacles de Salomon
N'ont pas la force d'un petit oignon.

(*Adages franç.*) XVIe siècle.

— Il ressemble le sage Salomon, il vient des champs pour faire k. k. à la maison.

(OUDIN, *Curiosités franç.*)

SAMSON. Ce sont des renards de Sanson.

L'on sait assez l'histoire de Sanson qui fit attacher du feu à la queue de beaucoup de renards pour mettre le feu aux blez des Philistins, dans le temps qu'ils estoient pressez à faire la moisson; mais peu de gens sçavent qu'on en a fait un proverbe en Provence, au sujet des petits *Pères* noirs de ce pays-là qui sont fort desbauchez, principalement aux femmes chez qui ils portoient le feu de la manière dont les renards de Sanson le portoient aux blez des Philistins, ce qui fait qu'on dit d'eux, *Ce sont des renards de Sanson.*

(*Note communiquée à* M. de GAIGNIÈRES *par l'abbé* BERTET, en 1707.)

SAMSON. S'escrimer des armes de Samson.

Pour dire bien manger, jouer des mâchoires, par allusion à la mâchoire d'âne avec laquelle Samson renversa mille Philistins.

On disait dans le même sens les *armes de Caïn.*

— Plus fort que Samson.

« Vous estes, sans comparaison, plus fort que
» Samson qui tuoit les lions, léopards et autres bêtes. »

(*Comédie des Prov.*, acte III, sc. III.)

SEING. Heurtéiz de seinz.

Tintement, bruit de cloches.

(*Dit de l'Apostoile.*) XIII siècle.

Le mot *seing* (*signum*) signifioit une cloche élevée dans un clocher....... On distinguoit six espèces de cloches qui avoient chacune un nom particulier : SQUILLA, *in triclinio;* CYMBALUM, *in claustro;* NOLA, *in choro;* NOLULA, *in horologio;* CAMPANA, *in refectorio;* SIGNUM, *in turri.*

(CRAPELET, *Prov.*, etc., p. 12.)

SORCIERS et sorcières, soyez maudits et excommuniez.

(*Prov. Gallic.*, Ms.) XV siècle.

SONNER. Pour pauvre personne guères on ne sonne.

(GABR. MEURIER, *Trésor des Sent.*) XVI siècle.

SONNERIE. Voilà bonne sonnerie pour un petit village.

(OUDIN, *Curiosités franç.*, p. 511.)

SYNAGOGUE. Enterrer la synagogue avec honneur.

(*Dictionn. comique*, par P. J. LE ROUX, t. I, p. 457.)

TEMPLIERS. Orgueil des templiers.

(*Dit de l'Apostoile.*) XIII siècle.

— Boire ou jurer comme un templier.

Bien que l'on trouve dans plusieurs ouvrages aussi anciens que le *Dit de l'Apostoile* quelques traits de satire contre les chevaliers du Temple, il est à remarquer que Guyot de Provins, qui dans son poëme n'a pas ménagé les différents ordres religieux, dit, en parlant de ces derniers :

> Molt sont prodomme li templier.
> Là se rendent li chevalier, etc.
> (*Bible* GUYOT, vers 1707.)

C'est principalement dans les ouvrages du xive siècle qu'on rencontre des reproches contre eux ; de cette époque date le proverbe *Boire comme un templier, jurer comme un templier*. On sait que cet ordre, dont les richesses et la puissance avaient excité l'envie, fut proscrit par Philippe le Bel, en 1312. On trouve dans les auteurs du xvie siècle l'emploi du proverbe *Boire comme un templier;* ainsi Rabelais, liv. I, ch. 5 : « Je ne boy en plus qu'une esponge, « je boy comme ung templier. »

TRINITÉ. En trinité gist perfection.
(BOVILLI *Prov.*) xvie siècle.

TU AUTEM (Entendre le).

C'est être prompt à saisir une affaire, en comprendre la portée. On faisait la lecture pendant le repas des moines. Le supérieur, pour l'arrêter, donnait un petit coup sur la table en prononçant ces mots : *Tu autem*, qui étaient suivis de *Domine, miserere nobis*, et chacun se levait.

« Ho, ho, dit le moine, je n'ai garde de faire ce » marché, j'y perdrois trop. Sandé, celui-là savoit » bien le *tu autem.* Hé bien, qui pourra dire ce que » cela prétend s'il n'a été moine ou à peu près.... » Quand les moines dînent, il y en a un qui est en » chaire, qui leur fait lecture des actions des satra- » pes ; et ainsi légendant, il barbillone les oreilles » de ses confrères, qui cassent la bribe, sans songer » à ce que dit ce pauvre lamponier, qui est là haut » perché sur les intentions dénouées, bien loin de » ce qu'il dit, d'autant qu'il a l'oreille attentive vers » le prieur, qui est sous le dais, ou en la belle place, » à mouler des intelligences de tripes : durant quoi » il se souvient par fois de ce pauvre diable qui » s'éguenle à faute de s'écouter, et dit, en touchant

» du doigt sur table, *Tu autem*, qui est à dire qu'il
» finisse, parce qu'à chaque bout de leçon on dit
» cette fin. Si de fortune ce lecteur est si sot d'avoir
» plus d'attention à sa lecture qu'au diner, *absit*,
» et qu'il veuille achever jusques au sens parfait;
» et qu'ainsi il perde le temps, les autres disent en
» concluant chapitrament contre lui, qu'il n'entend
» pas le *tu autem*. Ainsi est-il du reste, cachez-le. »
(*Moyen de parvenir*, chapitre intitulé *Article*).

« Je y estoys, dist Gargantua, et bientout en
» sçaurez le *tu autem*. »
(RABELAIS, liv. I, ch. 13.)

VÉNUS. Vénus se morfond sans la compagnie de Cérès et de Bachus.

« L'anticque proverbe nous le désigne, auquel
» est dit que Vénus se morfond sans la compaignie
» de Cérès et de Bachus. »
(RABELAIS, livre III, ch. 31.)

— Les jeunes aumôniers sont estimés de Vénus.

— Parler de Vénus ou de Cupidon met la femme en seue et saison.

— Quand avarice entre au cerveau Vénus s'en va.

VÊPRES. Il a esté à vespres, il a soufflé en l'encensoir.
(*Adages franç.*) xvi siècle.

— Quand tout est dit, vespres sont dites.
(*Moyen de parvenir*, chap. intitulé *Fen.*)

Proverbe emprunté à l'office de l'église, qui se termine ordinairement par les vêpres.

SÉRIE N° II.

ÉLÉMENTS. — TERRE. — MÉTAUX. — PIERRES. — PLANTES. — FRUITS. — CULTURE DES BIENS DE LA TERRE.

Aigneler. A l'aigneler (*tonte des brebis*) verra-t-on lesquelles sont prains.
(*Prov. communs.*) xve siècle.

Ou :

— A l'aigneler voit l'en qui luyt.

« *Quia opera vel fructus artificem manifestant* », dit le commentaire latin. (Parce que les œuvres ou les fruits font connaître l'ouvrier.)
(*Prov. Gall.; Recueil* de Thou.) xve siècle.

Ail. Tousjours sent le mortier les aux.
(*Prov. communs.*) xve siècle.

Aire. Battre et applanir l'aire.
(Bovilli *Prov.*, liv. ii.) xvie siècle.

Aluine. Plus amer qu'aluyne (*absinthe*).
(*Adages françois.*) xvie siècle.

Amande. Il faut casser le noyau pour en avoir l'amande.
(*Matinées sénonaises*, p. 265.)

Arbre. Arbre trop souvent transplanté
Rarement fait fruict à planté (*en abondance*).

— Au premier coup ne chet pas l'arbre.
Gabr. Meurier, *Trésor des Sentences.*) xvie siècle.
Dans les *Proverbes ruraux et vulgaux*, xiiie siècle.

« Au premerain cop ne chiet pas li chasnes (*chêne*). »

ARBRE. Après les feuilles l'arbre chet.
>(*Mimes* de BAÏF.) XVIᵉ siècle.

— De doulx arbre doulces pommes.
>(*Prov. communs.*) XVᵉ siècle.

— De faulx arbre mauvais syon.
>(G. ALEXIS, *Martyrol. des Fausses langues.*) XVᵉ siècle.

— De l'arbre d'un pressoir
Le manche d'un cernoir.

> » Ce proverbe est particulier aux Champenois, qui en
> » leur langage appellent *arbre* la plus grosse pièce de
> » bois d'un pressoir, et *cernoir* un petit instrument dont
> » on fait les cerneaux. Ce mesme proverbe s'applique à
> » ceux qui, faisant quelqu'ouvrage, le touchent et re-
> » touchent tant qu'ils le réduisent quasi à rien, comme
> » feroit un charpentier, lequel repasseroit si souvent la
> » coignée sur cette grosse pièce de pressoir appelée arbre,
> » qu'enfin il la réduiroit si petite qu'elle ne seroit plus
> » propre qu'à faire un manche de cernoir. »
>(*Prov. franç.*, expliqués par NICOD.)

— Qui aime l'arbre ayme la branche.

— Tel arbre tel fruict.
>(GABR. MEURIER, *Trésor des Sentences.*) XVIᵉ siècle.

— Vieil arbre d'un coup ne s'arrache.
>(*Mimes* de BAÏF.) XVIᵉ siècle.

AUBÉPINE. L'aubespine demeure sur les hauls chemins.
>(*Adages françois.*) XVIᵉ siècle.

AVOINE. Aveine toullée (1) croît comme enragée.
>(*Prov. communs.*) XVᵉ siècle.

ABRICOTIER. Quand l'abricotier est en fleur
Le jour et nuit sont d'une teneur (*étendue*).
>(GABR. MEURIER, *Trésor des Sentences.*) XVIᵉ siècle.

---

(1) *Toullé, toulieu,* impôt, redevance, avoine de redevance.

BATON. . . . . dou fust
C'on kint sovent est-on batu.
Du bâton qu'on tient souvent on est battu.
(*Roman du Renart*, v. 158.) xiii" siècle.

BELORCE. Au mal autru la belorce (1).
(*Adages françois.*) xvi" siècle.

BLÉ. A la granche vet li blez.
A la grange va le blé.
(*Prov. anciens*, Ms.) xiii" siècle.

— Battre comme blé vert.
(PLUQUET, *Contes pop. et Prov. de l'arrondissement de Bayeux.*)

— Bien aré ou mal aré, en la gresse vient le blé.
(*Prov. Gallic.*, Ms.) xv" siècle.

— Bon champ semé bon bled raporte.
(*Mimes* de BAÏF, fol. 50 v°.) xvi" siècle.

— Crier famine sur un tas de bled.
Se plaindre quand on est riche.
(LE ROUX, *Dictionn. comique*, t. II, p. 118.)

— En petit champ croist bon bled.
— Entre la haye et le bled.
(*Adages françois.*) xvi" siècle.

— Le blé sue dans le gerbier.
(*Cult. des grains*, t. II, p. 287.)

— L'en ne doit pas mettre la faulx en autruy blé.
(*Prov. Gallic.*, Ms.) xv" siècle.

— Manger son bled en herbe.

« Prenant argent d'avance, achaptant cher, ven-
» dant à bon marchié, et mangeant son bled en
» herbe. »
(RABELAIS, liv. III, chap. 2.) xvi" siècle.

---

(1) *Belorce*, sorte de fruit sauvage, prunes sauvages.

BLÉ. Neige au bled est tel bénéfice,
Comme au vieillard la bonne pelice.
(GABR. MEURIER, *Trésor des Sentences.*) XVIe siècle.

— On aide bien au bon Dieu à faire de bon blé.
(PLUQUET, *Contes pop. et Prov.*, etc., p. 113.)

— Par nuyt semble tout blé farine.
(*Prov. communs goth.*) XVe siècle.

— Pauvre laboureur, tu ne vois
Jamais ton bled beau l'an deux fois,
Car si tu le vois en herbe
Tu ne l'y verras en gerbe.
(*Calendrier des bons laboureurs*, pour l'année 1618.)

— Pour bon blé recueillir yvroie et paille.
(*Adages françois.*) XVIe siècle.

— Pris comme dans un blé.
(BRUSCAMBILLE, *Voyage d'Espagne.*) XVIIe siècle.

BOIS. Bois inutile porte fruict précieux.
(GABR. MEURIER, *Trésor des Sentences.*) XVIe siècle.

— Il est du bois dont on les fait.

— Il est du bois dont on fait les flûtes.

— Je suis du bois dont on fait les vielles, de tous bons accords.

C'est-à-dire je suis très-accommodant.
(OUDIN, *Curiosités françoises.*)

— Il est plus malheureux que le bois des forges.
(*Adages françois.*) XVIe siècle.

— Il ne faut pas aller au bois qui craint les feuilles.
(GABR. MEURIER, *Trésor des Sentences.*) XVIe siècle.

— Il ne faut pas mettre le doigt entre le bois et l'écorce.
(*Dictionn. comique*, par P. J. LE ROUX, t. I, p. 422.)

— Le bois a oreilles, et le champ des yeux.

Bois. Nul bois sans escorce.
> (Gabr. Meurier, *Trésor des Sentences.*) xvie siècle.

— Ce sont bois verts.
>Se dit en parlant des gens inutiles ou inexpérimentés.
>> (Bovilli *Prov.*) xvie siècle.

— Fais de tel bois que tu as flèche.
>> (*Prov.* de Jeh. Mielot. xve siècle.)

« Et dont plusieurs ne sçauront de quel boys faire
» flesche. »
>> (Rabelais, *Prognostication pantagruéline*, chap. 3.)

— Montrer de quel bois on se chauffe.
> (*Diction. comique*, par P. J. Le Roux, t. II, p. 181.)

— On m'assassine comme dans un bois.
>> (*Comédie des Prov.*, act. I, sc. ii.)

— Pour néant va au bois qui bois ne cognoist.
>> (*Prov. communs.*) xve siècle.

Buisson a oreilles.
>> (*Prov. Gallic.*, Ms.) xve siècle.

— En petit buisson trouve-on un bien grand lièvre,
Et en petite eau souvent un grand bièvre.
> (Gabr. Meurier, *Trésor des Sentences.*) xvie siècle.

— Nul si petit buisson qui ne porte ombre.
>> (*Recueil* de Gruther.)

Cerise. Faire trois morceaux d'une cerise.
>Affecter de paraître sobre et de ne manger que par petites bouchées.

Champ. En petit champ croît bien blé.

— L'en ne doigt pas semer toute la semence en un champ.
>> (*Anc. prov. franç.*, Ms) xiiie siècle.

— Mieux vaut un bon temps qu'un bon champ.
>> (*Cult. des grains*, t. II, p. 424.)

CHAMP. Quand le champ n'est fertile
Pour les saints est stérile.
(GABR. MEURIER, *Trésor des Sentences.*) XVIe siècle.

— Avoir la clé des champs.
C'est-à-dire être libre.

CHARDON. O le beau chardon saclé! (*cerclé.*)
(*Adages françois.*) XVIe siècle.

CHARRUE. A l'ombre d'une charrue j'ay trouvé un nid de bœufs.
(*Adages françois.*) XVIe siècle.

— Il ne faut pas mettre la charrue devant les bœufs.

CHEMIN. Aller et venir font le chemin pelé.
(*Prov. communs.*) XVe siècle.

— Aller et retourner fait le chemin frayer.
(GABR. MEURIER, *Trésor des Sentences.*) XVIe siècle.

— C'est le chemin du Paradis.
Se dit à propos d'un chemin étroit.
(OUDIN, *Curiosités françoises*, p. 90.)

— Il m'a mené par toutes sortes de chemins.

— Il ne faut pas aller par quatre chemins.

— Mener par un chemin où il n'y a pas de pierres.
(OUDIN, *Curiosités françoises*, p. 91.)

CHÊNE. D'un petit gland sourd (*provient*) ung grand chêne.
(*Mimes* de BAÏF, fol. 9 r°.) XVIe siècle.

— Petit homme abat grand chêne.
C'est-à-dire un petit homme en tue un grand, etc.
(OUDIN, *Curiosités françoises.*)

CHOU. Aussi sain qu'un choux cabus après la gelée.
(CYRANO DE BERGERAC, *le Pédant joué.*) XVIIe siècle.

Chou. Ce n'est pas le tout que des choux, il faut encore de la graisse.

Ou bien :

Il faut encore du beurre avec.

(Le Roux, *Dictionn. comique*, etc., t. I, p. 246.)

— Quand le choux passe la soy
Le vigneron meurt de soif.

(*Prov. communs.*) xve siècle.

— Il s'entend à cela comme à ramer des choux.
C'est-à-dire il ne comprend rien à ce qu'il fait.

(Voyez *Ancien Théâtre franç.*, t. X, Glossaire.)

— Chou pour chou.

« Un vieux gentilhomme nommé Ussac, et l'un des plus
» zélés huguenots de son temps, avoit été persuadé par
» une des filles de la reine, dont il estoit éperdument
» amoureux, de se faire catholique et de remettre la
» ville de la Réolle, dont il estoit gouverneur, entre les
» mains de la reine mère. Ce qu'entendu par le roy de
» Navarre, qui estoit pour lors au bal à Auch, il sortit sans
» être apperçu, monta à cheval avec plusieurs personnes
» de distinction, et marcha à Fleurence, dont il se saisit à
» portes ouvrantes. La reine mère, qui estoit à Auch et
» qui croyoit que le roy de Navarre y avoit couché, l'ayant
» appris n'en fit que rire et en branlant la teste, dit :
» Je voy bien que c'est la revanche de la Réolle et que le
» roy de Navarre a voulu faire chou pour chou, mais le
» mien est mieux pommé. »

(*OEconomies royales*, ou *Mémoires de Sully*, ch. 10, année 1578.)

Chrême. Cher comme chreme.

Précieux comme le saint chrême. Voici comment Leduchat explique ce proverbe : C'est encore l'opinion du
» petit peuple dans le Périgord qu'anciennement la sub-
» stance du *chrême* se prenoit dans l'oreille d'un dragon,
» qu'un chevalier de la maison de Bourdeille alloit chercher
» au delà de Jérusalem, où il apportoit ensuite cette sub-
» stance, laquelle, sanctifiée par les prélats du lieu, étoit

» distribuée dans les églises de la chrétienté. » De là vient le proverbe qu'on trouve plusieurs fois cité : ainsi dans les *XV Joies de Mariage*, Joie v^e, p. 64 de l'éd. de 1726, on lit : *Mais le bon homme qui est à la bonne foi et du bon cresme*. De même dans la farce de Pathelin : *Cestuy drap est cher comme cresme.*
(*Ducatiana*, p. 483.)

CIRE. C'est une cire molle.

Se dit d'un enfant docile, aussi bien que d'un homme irrésolu qui reçoit toutes les impressions.

— Cela lui vient comme de cire.

C'est-à-dire fort à propos.

— De son nez ne vous sai que dire,
Fors que mieux faict ne fust de cire.
(*Roman de la Rose.*) XIIIe siècle.

— Vous voilà fait à la façon
D'un maistre gueux comme de cire.
(*Anc. Théâtre franç.*, t. VII, p. 370.)

« Vostre jardin viendra comme de cire.
» Descendez-y. »
(LA FONTAINE, *Contes*, *le Magnifique.*)

— Il est jaune comme cire.

C'est-à-dire il a la jaunisse.
(*Dictionn. de* LE ROUX, t. I, p. 250.)

CIVETTE. Amours n'a respect ni à mortier ni à civette.
(*Anc. Théâtre franç.*, t. VII, p. 83.)

Le *mortier* étoit la coiffure de certains magistrats. On se sert du mortier pour piler la civette.

COURDES. Contre mur florissent courdes (*citrouille*).
(*Anc. prov.*, Ms.) XIIIe siècle.

EAU. Aigue coïe ne la croye.

Ne te fie pas à l'eau qui dort.

— Il n'est si perillouse yauc que la coye.
(*Prov. anciens*, Ms.) XIIIe siècle.

Eau. Il n'est pire eau que celle qui dort.
>(Anc. Théâtre franç., t. VII, p. 177.)

— Esve (eau) qui court ne porte point d'ordures.
>(Prov. Gall., Ms.) xve siècle.

— Eau quoye jour et nuit
Noye, submerge et nuit.

— Eau trouble gain du pescheur.
>(Gabr. Meurier, Trésor des Sentences.) xvie siècle.

— Batre l'eau,
C'est, vulgairement, perdre sa peine.
>(Bovilli Prov., liv. i.) xvie siècle.

— Cela ne manque pas plus que l'eau en la rivière.
>(Oudin, Curiosités françoises, p. 175.)

« L'or et les richesses ne me manquent pas plus que l'eau à la rivière. »
>(Comédie des Prov., acte II, sc. ii.)

— Dans un mortier de l'eau ne pile.
>(Mimes de Baïf, fol. 43 v°.) xvie siècle.

— Dedans la mer de l'eau n'aporte.
>(Mimes de Baïf, fol. 65.) xvie siècle.

— En eau quoye tu ne doibs
Mettre pied, main ne doigts.
>(Gabr. Meurier, Trésor des Sentences.) xvie siècle.

— Eschaudez chaude yaue crient.
>(Anc. prov., Ms.) xiiie siècle.

« Eschaudez eve crient. »
>(Roman du Renart, v. 15,594.) xiiie siècle.
Celui qui est échaudé craint l'eau chaude.

— Escrimer contre les ondes avec une épée de bois.
>(Dictionn. comique, par P. J. Le Roux, t. I, p. 471.)

— Faire venir l'eau au moulin.
>(Dictionn. comique, par P. J. Le Roux, t. II, p. 191.)

Eau. Goutte à goutte on emplit la cuve.
(Gabr. Meurier, *Trésor des Sentences.*) xvie siècle.

— Il n'a pas soif qui de eau ne boit.
(*Prov. communs.*) xve siècle.

— Il ne fera que de l'eau toute claire.

— Il ne vaut pas l'eau qu'il boit.

— Il n'est que nager en grande eau.
(Oudin, *Curiosités françoises*, p. 176.)

— Il n'est que pêcher en eau trouble.
(*Adages françois.*) xvie siècle.

— Il passera bien de l'eau sous le pont.
(Oudin, *Curiosités françoises*, p. 176.)

— L'eau à traits de bœuf boys,
Et le vin comme roy.

— L'eau court tousjours en la mer.
(Gabr. Meurier, *Trésor des Sentences.*) xvie siècle.

— L'eau dormant vaut pis que l'eau courant.
(*Prov. communs.*) xve siècle.

— L'eau en fontaine est doulce et clere, et puis devient trouble et sallée.
(Bovilli *Prov.*) xvie siècle.

— L'eau fait pleurer, le vin chanter.

— L'eau fait pourrir la barque.

— L'eau fait pourrir soulier et houseau.
(Gabr. Meurier, *Trésor des Sentences.*) xvie siècle.

— L'eau une fois échauffée enprent plus toute gelée.

— Les eaues en lieu estroict vont plus roidement.
(Bovilli *Prov.*) xvie siècle.

— Mettre de l'eau dans son vin.
Se modérer par gré ou par force.
(*Encyclopédie des Prov.*)

Eau. On ne se joue pas deux fois à l'eau.
>(*Adages françois.*) xvie siècle.

— Petite eau sur grant eau nage
Quant grant géant succumbe au saige.

— Porter l'eau en la mer.
>(Bovilli *Prov.*) xvie siècle.

— Si tu allois au marne tu n'y trouverois point d'eau.
>(*Adages françois.*) xvie siècle.

— Il ne sauroit trouver de l'eau à la rivière.

— Cela ne manque non plus que l'eau à la rivière.
>(Oudin, *Curiosités franç.*)

— Tant va le pot au puis que il quasse.
>(*Anc. prov.*, Ms.) xiiie siècle.

« Tant va pot à l'eve que brise. »
>(*Roman du Renart*, v. 13,650.) xiiie siècle.

— Tant va la cruche à la fontainette
Qu'elle y laisse le manche ou l'oreillette.
>(Gabr. Meurier, *Trésor des Sentences.*) xvie siècle.

Échalas. Il ne faut pas demeurer ici planté comme des échalats.
>(*Comédie des Prov.*, acte I, sc. vii.)

Échelle. Il y en a qui estant montez, voudroient bien tirer l'échelle après eux.
>(*Ancien Théâtre français*, t. VII, p. 299.)

On dit encore en parlant d'un homme très-habile ou très-fort :

— Après lui il faut tirer l'échelle.

Écorce. Biaux noiaux gist sos foible escorce.
Beau noyau gît sous faible écorce.
>(*Anc. prov.*, Ms.) xiiie siècle.

Élément. C'est mon élément.
>(Oudin, *Curiosités françoises*, p. 177.)

Épine. Il n'y a point de roses sans épines.

— Être gracieux comme un fagot d'épines.
C'est-à-dire être rude, rébarbatif, d'une humeur bourrue.

— Faire haye d'espines à mains nues.
(Bovilli *Prov.*) xvie siècle.

— Il s'est tiré une grande épine du pied.
Se dit lorsque quelqu'un a surmonté une difficulté, ou qu'il s'est défait d'un ennemi.

— Il est sur des épines.
C'est-à-dire impatient de faire ou d'obtenir quelque chose.

Fange. Fange sèche envy s'attache.
(Gabr. Meurier, *Trésor des Sentences.*) xvie siècle.

Farine. Ce sont deux hommes de même farine.
(Oudin, *Curiosités françoises*, p. 215.)

— Mesler du plastre avec de la farine.
(Bovilli *Prov.*) xvie siècle.

Fécondité. Grande fécondité ne parvient à maturité.
(*Recueil* de Gruther.)

Fer. Battre le fer il faut
Tandis qu'il est bien chauld.

Ou :

— Il faut battre le fer tandis qu'il est chaud.
(Gabr. Meurier, *Trésor des Sentences.*) xvie siècle.

Et dans les anciens proverbes Ms., xiiie siècle :

En dementres que li fers est chaus le doit l'en battre.

« L'aultre, qui entendoit son latin, plus joyeux
» que jamais il n'avoit esté, s'advisa de battre le fer
» tandis qu'il estoit chault. »
(*Cent Nouvelles nouvelles*, etc., nouv. 13.) xve siècle.

SÉRIE N° II.

« Messieurs, ce pendant que le fer est chauld il le
» fault battre. »
(RABELAIS, liv. II, chap. 31.) XVI° siècle.

FER. Ce n'est pas moi qui mettrai les fers au feu.

— Cela ne tient ni à fer ni à clouts.

— Je n'en voudrois pas tenir un fer chaud.
Je n'en voudrais pas répondre.
(OUDIN, *Curiosités françoises*, p. 218.)

— Tant chauffe-t-on le fer qu'il rougit.
(*Recueil* de GRUTHER.)

FEU. Feu, argent, sagesse et santé,
Sont en prix, hyver et esté.

— Feu bien couvert, comme dit ma bru,
Par sa cendre est entretenu.

— Feu, febves, argent et bois,
Sont bons en tous mois.
(GABR. MEURIER, *Trésor des Sentences.*) XVI° siècle.

— Feu ne fut oncques sans fumée.

— Feu ne sera jà bien couvert là où il y a autruy
sergent.
(*Prov. Gallic.*, Ms.) XV° siècle.
Le feu ne sera jamais bien couvert là où il y aura le
serviteur d'autrui.

— Feux sans creux, gasteau sans mische,
Et bourse sans argent
Ne vallent pas gramment.

— Au feu uriner est sain,
Et y cracher est vain.
(GABR. MEURIER, *Trésor des Sentences.*) XVI° siècle.

— Cela se passe comme un feu de paille.
(OUDIN, *Curiosités françoises*, p. 221.)

— De torte bûche fait l'en droit feu.
(*Anc. prov.*, Ms.) XIII° siècle.

Ou encore :

Bûche tortue fait bon feu.
(Gabr. Meurier, *Trésor des Sentences.*) xvie siècle.

Feu. Devers le feu la double robe.
(*Mimes* de Baïf, fol. 12.) xvie siècle.

— Il n'a jamais bougé du coin de son feu.
(Oudin, *Curiosités françoises*, p. 221.)

— Il ne faut pas mestre les estoupes auprès du feu.

— Il n'est feu que de gros bois.
(Gabr. Meurier, *Trésor des Sentences.*) xvie siècle.

— Il n'est jamais feu sans fumée.
(*Adages françois.*) xvie siècle.

— J'en mettrois la main au feu.

« La protestation que font ceux qui sont innocens, en
» disant : j'en mettrois la main dans le feu, a passée en
» proverbe. Cette façon de parler vient d'une coutume
» ancienne qui se pratiquoit lorsque l'on doutoit de l'inno-
» cence de quelque personne; on l'essayoit par trois ma-
» nières, par le duel, par l'eau ou l'huile bouillante, ou
» par le feu ardent, lequel, ceux qui estoient accusez,
» empoignoient, ou sur lequel ils marchoient, dans la con-
» fiance que Dieu les préserveroit du mal, pour monstrer
» qu'ils n'estoient point coupables. Entre plusieurs exem-
» ples de cette dernière épreuve, il y en a une très-re-
» marquable dans l'histoire. Cunégonde, femme d'Henry
» de Bavière, empereur, princesse vertueuse, fut accusée
» d'adultère. L'empereur, qui le crut, s'en plaignit à elle.
» Ceste princesse, pour se justifier, offrist, suivant la cou-
» tume du temps, de marcher pieds nus sur des socs de
» charue ardens. L'empereur ordonna que l'on en fist ve-
» nir douze; Cunégonde marcha sur onze et s'arresta sur le
» douzième, en protestant que jamais homme n'avoit attenté
» à sa virginité. »
(Fleury de Bellingen, *Étym. des Prov. franç.*, p. 169.)

— La flamme est du feu l'âme.
(*Recueil* de Gruther.)

Feu. Le feu ayde le queu (*cuisinier*).
(Gabr. Meurier, *Trésor des Sentences*.) xvie siècle.

— Le feu est bon en tout temps.
— Le feu est demy vie de l'homme.
(*Prov. communs.*) xve siècle.

— Le feu est vierge, rien n'engendre ne nourist.
(Bovilli *Prov.*) xvie siècle.

— Le feu jamais, ny moins l'amour
Ne dient : va t'en à ton labour.

— Le feux, l'amour, aussi la toux,
Se connoissent par dessus tous.
(Gabr. Meurier, *Trésor des Sentences*.) xvie siècle.

— Nul feu froit; le soleil n'est obscur.
(Bovilli *Prov.*) xvie siècle.

— Le feu plus couvert est le plus ardent.
(*Prov. communs.*) xve siècle.

— Mal se chaufe qui tout se art (*se brûle*).
(*Anc. prov.*, Ms.) xiiie siècle.

— Où n'y a feu n'y a fumée.
(Gabr. Meurier, *Trésor des Sentences*.) xvie siècle.

— Petite estincelle luit en ténèbres.
(Bovilli *Prov.*) xvie siècle.

— Petite estincelle engendre grant feu.
(*Prov. communs goth.*) xve siècle.

— De petite scintille (*étincelle*) s'enflambe une ville.
(Gabr. Meurier, *Trésor des Sentences*.) xvie siècle.)

— Plus chaud que braise.
— Plus chaut que feu.
(*Adages françois.*) xvie siècle.

— Un feu de marionnette,
Trois tisons et une buschette.
(Oudin, *Curiosités françoises*, p. 221.)

Un petit feu.

Feu. Verde bûche fait chaut feu.
(*Prov. communs.*) xve siècle.

Fétu. Cela ne vaut pas un fétu.

— Je n'en donnerai pas un fétu.
(*Dictionn. comique*, par P. J. Le Roux, t. 1, p. 510.)

Fève. Fèves fleuries
Temps de folies.
(Pluquet, *Contes pop. et Prov.*, etc., p. 117.)

— Fèves manger fait gros songer.
(Bovilli *Prov.*) xvie siècle.

— Dites *febve*, c'est pour vous.

« Cela se dist quand on a donné un grand coup à quel-
» qu'un, par similitude du soir des Rois que l'on dist feve
» en partageant le gasteau. »
(Oudin, *Curiosités françoises*, p. 216.)

— Il croit avoir trouvé la fève.
Se dit par allusion au gâteau des Rois, quand on croit avoir trouvé quelque chose de difficile, ou bien quelque plaisir inespéré. Ainsi, dans les Contes d'Eutrapel, quand un gentilhomme vêtu à l'antique mode se présente à la cour d'un comte, les pages s'assemblent pour le plaisanter :

« Ils pensèrent bien avoir trouvé leur homme, la
» febve au gasteau. »
(*Contes* d'Eutrapel, fol. 40 r°.) xvie siècle.

De même ce vieil adage :

Pourquoi ris-tu? as-tu trouvé la febve?
(Bovilli *Prov.*) xvie siècle.

— Quand les febves sont en fleur;
Les fols sont en vigueur.
(Gabr. Meurier, *Trésor des Sentences.*) xvie siècle.

— Les febves sont en vigueur, les femmes sont folles.
Se dit à une personne qui fait une extravagance.
(Oudin, *Curiosités françoises*, p. 216.)

Voir plus loin au mot Pois.

Fève. Roy de la febve.
>(*Adages françois.*) xvie siècle.

Figue. Faire la figue.
>Mépriser, se moquer.

« L'ung d'eulx voyant le pourtraict papal, comme estoit de louable coustume publicquement le monstrer ès jours de feste à doubles bastons, *lui feit la figue*, qui est en icelluy pays signe de contemnement et dérision manifeste. »
>(Rabelais, liv. iv, chap. 44.) xvie siècle.

— Moitié figue, moitié raisin.

« Les Vénitiens faisoient autrefois le commerce de raisin de Corinthe, qui estoit rare et cher. Ceux du pays où ils le prenoient, voulant gagner davantage, s'avisèrent de mesler des figues parmy le raisin de Corinthe. Cette fraude donna lieu au proverbe, qui veut dire moitié bon, moitié mauvais. »
>(*Manuscrits de Gaignières. Prov. franç.*, t. I.)

Foin. Ce n'est que du foin, les bestes s'y amusent.
>(Oudin, *Curiosités françoises*, p. 228.)

— Chercher une aiguille dans une botte de foin.
>(*Dictionn. comique*, par P. J. Le Roux, t. I, p. 528.)

Fontaine. A petite fontaine boit-on à son aise.
>(*Prov. ruraux et vulgaux*, Ms.) xiiie siècle.

— Il ne faut jamais dire : Fontaine, je ne boirai pas de ton eau.
>(Quitard, *Dictionn. des Prov.*)

Forêt. Dire ne doibs ton secret,
Derrière paroy ne forest.
>(Gabr. Meunier, *Trésor des Sentences.*) xvie siècle.

Fossé. Au bout du fossé la culbute.
>(Quitard, *Dictionn. des Prov.*)

Fourche. Après rastel n'a mestier fourche.
>Après le rateau la fourche est inutile.
>(*Prov. ruraux et vulgaux*, Ms.) xiiie siècle.

FRAISE. D'une frèze deux morseaulx.
(BOVILLI *Prov.*, liv. I.) XVIe siècle.

FRÊNE. Dessous le frêne venin ne règne.
(GABR. MEURIER, *Trésor des Sentences.*) XVIe siècle.

FROMENT. Avec le vent on nétoye le froment,
Et vice avec suplice et chastiment.

— Quand le froment est aux champs,
Il est à Dieu et à ses saincts;
Et quand il est au grenier
L'on n'en a point qui n'a denier.

FRUIT. Bon fruit vient de bonne semence.
(*Prov.* de JEH. MIELOT.) XVe siècle.

— De bon fruit meschant vent et bruit.

— Il n'y a si dur fruict et acerbe
Qui ne se meurisse.
(GABR. MEURIER, *Trésor des Sentences.*) XVIe siècle.

— Le fruict ensuit la belle fleur,
Et la bonne vie grand honneur.
(*Recueil* de GAUTHIER.)

On dit communément à propos des fruits : Ils sont durs, les voulez-vous cuits? Dans les *Plaisants Devis des Suppôts du Seigneur de la Coquille*, pour l'année 1580, on lit :

« J'attendois que la paix fust faicte. —
» J'attendois qu'elle fust bien faicte. —
» J'attendois d'en sentir les fruits. —
» Ils sont durs, les voulez-vous cuits?
» On a faict la paix, mais le manche
» Est demeuré dessus la branche,
» Si qu'on ne sçait par où la prendre. »
(*Recueil des plaisants Devis récités par les Suppôts du Seigneur de la Coquille.* Lyon, 1857. In-12.)

FUMÉE. La fumée nuit aux yeulx.
(BOVILLI *Prov.*) XVIe siècle.

Fumier. Dans l'argile sable vaut fumier.
(*Cult. des Grains*, t. I, p. 171.)

— Et plus met-on de paille en l'estable et plus y a de fumier.
(*Adages françois.*) xvie siècle.

— Labour d'esté vaut fumier.
(*Cult. des Grains*, t. I, p. 276.)

— L'œil du fermier vaut fumier.
(Mosans de Brieux, *Origine de quelques coutumes, etc.*)

Glaner. Celuy ne choisit pas qui glane.
(*Prov.* de Jeh. Mielot.) xve siècle.

— Ne fait pas ce qu'il veut qui glane.
(*Anc. prov.*, Ms.) xiiie siècle.

Grain. Chacun grain a sa paille.
(*Recueil* de Gruther.)

— C'est un grain de millet à la bouche d'un âne.
C'est peu de chose.
(Oudin, *Curiosités françoises*, p. 254.)

— De foin grain au besoing.

— De mauvais grain jamais bon pain.

— De meschant grain trésor vain.

— De tout grain en nécessité pain.
(Gabr. Meurier, *Trésor des Sentences.*) xvie siècle.

— Ni grain au grenier
Ni vin au celier.
(Bovilli *Prov.*) xvie siècle.

— Nul grain sans sa paille.

— Qui sème bon grain recueille bon pain.
(Gabr. Meurier, *Trésor des Sentences.*) xvie siècle.

— Séparer l'ivraie d'avec le bon grain.
(*Dictionn. comique*, par P. J. Le Roux, t. II, p. 64.)

Grange. La grange voisine des bateurs.

« Au gentil pays de Breban, près d'ung monas-
» tère de blans moynes, est situé ung aultre mo-
» nastère de nonnains, qui très-dévotes et charitables
» sont, etc. Ces deux maisons, comme on dit de
» coutume, estoient voisines, la grange et les ba-
» teurs. »

(*Cent Nouvelles nouvelles*, nouv. 15, t. I, p. 130.) xve siècle.

— La grange est pleine avant la moisson.
(Oudin, *Curiosités françoises*, p. 255.)

Herbe. A chemin battu il ne croît point d'herbe.

« Bien vous en croi, quar à sentier
» Qui est batus ne croit point d'erbe.
» Cil qui oïrent cet proverbe
» Commencèrent si grant risée.... »

(*Fabliaux*, t. II, p. 103.) xiiie siècle.

— Couper l'herbe sous le pied.
(Bruscambille, *Advertissement sur le Voyage d'Espagne*, 1615.)

— En un four chaud ne croist point d'herbes.
(*Prov.*, Ms. de Jeh. Mielot.) xve siècle.

— Herbe congneue soit bien venue.
(Gabr. Meurier, *Trésor des Sentences*.) xvie siècle.

— L'herbe qu'on cognoit on la doit bien lier à son doigt.
(*Adages françois*.) xvie siècle.

« Hé! Monsieur (disoit ce Jaquet), il n'est que
» lier son doit à l'herbe qu'on congnoist, ne changez
» jamais les anciens serviteurs. »

(*Contes* d'Eutrapel, fol. 79 v°.)

— Il a bien fait, il aura de l'herbe.

◦ Ce proverbe, usité parmi nous, a quelque chose d'ap-
◦ prochant du latin *dare* ou *porrigere herbam alicui*. C'est-

» à-dire luy céder, luy rendre l'honneur et la récompense
» due à sa vertu et le déclarer vainqueur.... Ou, sans aller
» si loin, dit encore Mosans de Brieux, ce proverbe peut
» estre venu des écuyers et cavaliers qui donnent une poi-
» gnée d'herbe aux chevaux qui ont obéi. » (*Origine de
quelques coutumes*, etc., p. 39.)

Théophile a employé ingénieusement ce proverbe dans une parodie de la chanson de Malherbe commençant par ce vers : Cette Anne si belle, etc.

> Ce poète Malherbe
> Qu'on tient si parfait,
> Il aura de l'herbe,
> Car il a bien fait.

HERBE. Male herbe croît plustost que bonne.

(*Anc. prov.*, Ms.) xiiie siècle.

— Mauvaise herbe croist soudain.

(GABR. MEURIER, *Trésor des Sentences*.) xvie siècle.

— Mauvaise herbe croît toujours.

— Qui ne point en herbe ne point en espie.

(*Prov. Gallic.*, Ms.) xve siècle.

HERSE. En une herse bien dentée n'y faut (*n'y manque*) nul dens.

JONC. Droit comme un jon.

(*Adages françois*.) xvie siècle.

LABOUREUR. Aucune fois le laboureur
Par trop fumer n'a le meilleur.

(BOVILLI *Prov*.) xvie siècle.

— A foible champ fort laboureur.

(*Mimes* de BAÏF.) xvie siècle.

— Au laboureur nonchalant
Les rats rongent son bled, et ahan?

(GABR. MEURIER, *Trésor des Sentences*.) xvie siècle.

— Au paresseux laboureur
Les rats mangent le meilleur.

(*Almanach* de MATHIEU LAENSBERG.)

LABOUREUR. Dans la main du laboureur est la clef du grenier du propriétaire.
        (*Cult. des Grains*, t. I, p. 460.)

— Les portespées de la France des laboureurs en font leurs penses.

— Le laboureur n'a rien à soy, et si avons nous prou de loix.
        (*Adages françois.*) xvie siècle.

LIERRE. Ce cuide li lierres
    Que tuit soyent ses frères.
Le lierre croit trouver partout des frères.
        (*Anc. prov.*, Ms.) xiiie siècle.

LIS. Les lis ne filent pas.
    (*Dictionn. comique*, par P. J. LE ROUX, t. II, p. 93.)

MARBRE. Plus froid que marbre.
        (*Adages françois.*) xvie siècle.

MER. En l'eau de la mer voloir son visaige représenter.
        (BOVILLI *Prov.*) xvie siècle.

— Goutte à goutte la mer s'égoutte.
    (GABR. MEURIER, *Trésor des Sentences.*) xvie siècle.

— Il boiroit la mer et les poissons.
        (OUDIN, *Curiosités françoises*, p. 340.)

— La mer homme n'attent.
        (*Prov. Gallic.*, Ms.) xve siècle.

— Les rivières retournent à la mer.
        (OUDIN, *Curiosités françoises*, p. 340.)

MIEL. Au desgouté le miel amer est.
    (GABR. MEURIER, *Trésor des Sentences.*) xvie siècle.

— Li miez (est) fait pour c'on le leiche.
        (*Anc. prov.*, Ms.) xiiie siècle.
Le miel est fait pour qu'on le lèche.

MIEL. Plus d'aloë que de miel.
>> (*Adages françois.*) xvie siècle.

— Trop achatte le miel qui sur espine le lesche.
>> (*Prov. communs.*) xve siècle.

MOISSON. Moisson d'autruy plus belle que la sienne.
>> (*Recueil de* GRUTHER.)

— En moissons dames chambrières sont.
>> (*Adages françois.*) xvie siècle.

— Grande moisson l'obéissant recueille.
>> (*Recueil de* GRUTHER.)

— Le semer et la moisson
  Ont leur temps et leur saison.
>> (GABR. MEURIER, *Trésor des Sentences.*) xvie siècle.

— Nous ne voulons pas aller en moisson.
>> (*Adages françois*) xvie siècle.

MONT. Chacun mont a son vallon.
>> (GABR. MEURIER, *Trésor des Sentences.*) xvie siècle.

— Promettre monts et merveilles ou des monts d'or,
  Faire de grandes promesses.

MONTAGNE. Deux hommes se rencontrent bien,
  Mais jamais deux montagnes point.
>> (*Adages françois.*) xvie siècle.

— Nulle montaigne sans vallée.
>> (GABR. MEURIER, *Trésor des Sentences.*) xvie siècle.

MUR. Entre deux verres la tierce meure.
>> (*Anc. prov.*, Ms.) xiiie siècle.

Entre deux fruits verts le troisième est mûr.

MURE. Au fons sont les meures.
>> (*Prov. anciens*, Ms.) xiiie siècle.

— Aller au mure sans crochet.
>> (*Facétieux Réveille-matin*, p. 301.) xviie siècle.

Mure. Il ne faut pas aller aux meures sans havet.
(Gabr. Meurier. *Trésor des Sentences.*) xvi° siècle.

Noix. Après poisson viennent les noix.
(*Prov.* de Jeh. Mielot, Ms.) xv° siècle.

— Nulle noix sans coque.
(Gabr. Meurier, *Trésor des Sentences.*) xvi° siècle.

Oignon. Bailler de l'oignon.
Attraper.

« Par Nostre Dame, on m'a bien baillé de l'oi-
» gnon, et si ne m'en doutois guères. »
(*Cent Nouvelles nouvelles,* nouv. 33.)

Olive. Une seulle olive est or, la seconde argent, la tierce tue gent.
(*Recueil* de Gruther.)

Or. Or dure
Sans ordure.
(*Prov.* de Bouvelles.) xvi° siècle.

— Or est qui or vault.
(Gabr. Meurier, *Trésor des Sentences.*) xvi° siècle.

— Or qui a or vaut.
(*Anc. prov.*, Ms.) xiii° siècle.

— A la touche on esprouve l'or.

— En la balance l'or et le fer sont un.
(Gabr. Meurier, *Trésor des Sentences.*) xvi° siècle.

— Faisant son office la balance
D'or ny de plomb n'a cognoissance.
(*Recueil* de Gruther.)

— Il dit d'or, il a le bec jaune.

— Tu parles d'or, ventre Saint-Georges.
(*Plaisants Devis des Suppôts du Seigneur de la Coquille,* de 1593.)

— Il est de bas or, il craint la touche.
(Oudin, *Curiosités françoises,* p. 380.)

Or. N'est pas tot or ice qui luist,
Et tiex ne puet aidier qui nuist.
(*Roman du Renart*, v. 27,949.) xiiie siècle.

— Ce n'est pas tout or ce qui reluist
Ne farine ce qui blanchist.
(Gabr. Meunier, *Trésor des Sentences*.) xvie siècle.

— Tout ce qui reluyt n'est pas or.
(*Prov. communs.*) xve siècle.

— Nul or sans escume.
(Gabr. Meunier, *Trésor des Sentences*.) xvie siècle.

Ortie. Ortic poignante, foul celui qui la plante.
(*Prov. Gallic.*, Ms.) xve siècle.

— On cognoist tost l'ortie qui ortier doit.
(*Prov. communs.*) xve siècle.

Paille. A longue voye paille pèse.
(*Prov. de Jeh. Mielot.*) xve siècle.

— Il y a plus de paille que de grains.
(Oudin, *Curiosités françoises*, p. 387.)

Pêche. Gros bec, tu as mangé la pesche.
(*Adages françois.*) xvie siècle.

Pierre. Pierre en puys n'est pas pourrie.
(*Prov. communs.*) xve siècle.

— Pierre souvent remuée
De la mousse n'est vellée
(Gabr. Meunier, *Trésor des Sentences*.) xvie siècle.

On dit encore :

— Pierre qui roule n'amasse pas mousse.

— Affété comme une pierre de passage.
(*Adages françois.*) xvie siècle.

Usé comme une pierre de passage.

— Faire d'une pierre deux coups.

— Il gèle à pierres fendre.

PIERRE. Il jette des pierres dans mon jardin.
Il m'attaque en parole à double entente.
(OUDIN, *Curiosités françoises*, p. 422.)

— La continuelle goutière rompt la pierre.
(GABR. MEURIER, *Trésor des Sentences.*) xve siècle.

— Mettre toutes pierres en œuvre.
Se servir de tout.
(OUDIN, *Curiosités françoises*, p. 423.)

PLANTE. De noble plante noble fruict.
(GABRIEL MEURIER, *Trésor des Sentences.*) xvie siècle.

PLANTÉ. Planté là pour reverdir.
« Et les laisserois là plantez à reverdir. »
(*Contes* d'EUTRAPEL, fol. 84 r°.) xvie siècle.

PLANTER. En vain plante et sème
Qui ne clost et ne ferme.
(GABR. MEURIER, *Trésor des Sentences.*) xvie siècle.

— Il est bien planté il reviendra.
(OUDIN, *Curiosités françoises*, p. 429.)

— Il est temps de planter et temps d'arracher.
(GABR. MEURIER, *Trésor des Sentences.*) xvie siècle.

— Vienne qui plante.
Advienne ce qu'il pourra.
(OUDIN, *Curiosités françoises*, p. 430.)

POIRE. Poyres et femmes sans rumeur
Sont en prix et grand honneur.

— Après la poire prestre ou boire.
(GABR. MEURIER, *Trésor des Sentences.*) xvie siècle.

— Entre la poire et le fromage.
A la fin du repas.

— Faire manger des poires d'angoisse.
Donner de la peine à quelqu'un.

Poire. Garder une poire pour la soif.
Conserver quelque chose pour le besoin.

— Il ne nous promet pas poires molles.
(Oudin, *Curiosités françoises*, p. 436.)

Pois. Vous ai-je vendu des pois qui n'ont pas voulu cuire?

— Poys resonnans en la vecie.
(Bovilli *Prov.*) xvie siècle.

— S'ils nous donnent des pois, nous leur donnerons des feves.
(*Comédie des Prov.*, prologue.) xviie siècle.

Pommes. Pommes, poires et noix
Font gaster la voix.
(Gabr. Meunier, *Trésor des Sentences.*) xvie siècle.

Pommier. Toz jors siet la pome el pomier.
(*Roman du Renart*, v. 21,975.) xiiie siècle.

Pré. La faulx paie les prez.
(*Prov. anciens*, Ms.) xiiie siècle.

— C'est la fau qui paye les prez.
(*Mimes de Baïf*, fol. 23.) xvie siècle.

— Toutefois fut le pré tondu.
(*Prov. communs.*) xve siècle.

Prune. Ce n'est pas pour des prunes.
Pour dire : C'est pour quelque chose.
Molière fait dire à Sganarelle :
Si je suis affligé ce n'est pas pour des prunes.

Racine. Seiche racine de l'arbre la ruyne.
(Gabr. Meunier, *Trésor des Sentences.*) xvie siècle.

— Telle racine telle feuille.

Rivière. Les petits ruisseaux font les grandes rivières.
(*Recueil* de Gruther.)

RIVIÈRE. Autant vaudroit battre l'eau de la rivière.

— Les petites rivières ne sont jamais grandes.
(*Adages françois.*) xvie siècle.

— Porter de l'eau à la rivière.

ROSE ne naît pas sans piquerons.
(*Mimes* de BAÏF.) xvie siècle.

— Comme la rose enfin devient un gratte-cu,
Et tout avec le temps par le temps est vaincu.
(*Gazette franç.* de MARC. ALLARD, fol. 297.) xviie siècle.

— Descouvrir le pot aux roses.
(*Facétieux Réveille-matin*, p. 330.) xviie siècle.

— Nulle rose sans espines.
(GABR. MEURIER, *Trésor des Sentences.*) xvie siècle.

— Sentir un peu plus fort mais non pas mieux que roses.

Sentir mauvais.

« Ainsi ce personnage en magnifique arroy,
» Marchant *pedetentim* s'en vint jusques à moy
» Qui sentis à son nez, à ses lèvres décloses,
» Qu'il flairoit bien plus fort mais non pas mieux que roses. »
(*Satires* de RÉGNIER.) xviie siècle.

— Truie aime mieux bran que roses.
(COTGRAVE, *Dictionnaire, etc.*)

ROSEAU. Baston de roseau.

Chose fragile et sans prix.
(BOVILLI *Prov.*, lib. I.) xvie siècle.

SABLON. Le sablon va toujours au fond.

SAFRAN. Avoir mangé du safran.
(BOVILLI *Prov.*) xvie siècle.

Se dit communément des personnes qui rient trop souvent et à propos de rien, parce que le vulgaire assure que le safran a la propriété de dilater le corps et d'échauffer le cœur, et d'obliger à ouvrir souvent la bouche.

SAFRAN. Être réduit au saffran.

   Faire banqueroute.

« Il me fera tant de bien que je ne seray jamais
» réduit au saffran. »
(SULLY, *Économies royales*, ch. LXXXIV.) XVIe siècle.

Voir aussi F. MICHEL, *Dictionn. d'Argot*, p. 50.

SAVEUR. En trop grant planté (*abondance*) n'a point de saveur.
(*Anc. prov.*, Ms.) XIIIe siècle.

SEC. Employer le vert et le sec.
(*Dictionn. comique*, par P. J. LE ROUX, t. I, p. 440.)

SEMENCE. Bonne semence fait bon grain
Et bons arbres portent bon fruit.
(*Bible* GUYOT, vers 140.) XIIIe siècle.

— Telle semence telle recueille.

SEMER. Il est temps de semer, temps de moissonner.

— Il faut semer qui veut moissonner.
(GABR. MEURIER, *Trésor des Sentences*.) XVIe siècle.

— Il faut un homme alerte pour semer les avoines, et un homme lent pour semer l'orge.
(*Cult. des Grains*, etc., t. II, p. 430.)

— Qui ne seme ne cuilt (*ne recueille*).
(*Prov. Gallic.*, Ms.) XVe siècle.

— Qui petit seme petit ceult (*recueille*),
Et qui auques recoeillir veult
En tel lieu sa semence espande
Que fruit à cent doubles li rende.
(CHRESTIEN DE TROYES, *Roman du Graal*.) XIIe siècle.

— Qui seme en pleurs recueille en heur.
(GABR. MEURIER, *Trésor des Sentences*.) XVIe siècle.

— Qui sème dru récolte menu,
Qui sème menu récolte dru.
(*Cult. des Grains*, etc., t. II, p. 430.)

Semer. Qui sème espine n'aille deschaux (*déchaussé*).
(Gabr. Meurier, *Trésor des Sentences.*) xvi⁰ siècle.

Terre. Terre bien cultivée moisson espérée.

— Bonne terre a mestier (*besoin*) de bon cultivateur,
Aussi bonne maison de bon ministrateur.
(Gabr. Meurier, *Trésor des Sentences.*) xvi⁰ siècle.

— Bonne terre mauvais chemin.

— De grasse terre meschant chemin.
(*Recueil* dè Gruther.)

— De bonne vie bonne fin,
De bonne terre bon pépin.
(*Suite aux Mots dorés de Caton.*) xvi⁰ siècle.

« Je ne te veuil plus faire plait,
» Aubriot, à Dieu te commant,
» De tes folies me desplait,
» Or en iras ne scay coment.
» L'en fera bien un grant romant
» De tes fais, mais cy je m'afin,
» *De bonne vie bonne fin.* »
(*Complainte contre Hugues Aubriot*, coupl. 22.) xiv⁰ siècle.

— De la terre on fait le fossé.
(*Prov.* de Jeh. Mielot.) xv⁰ siècle.

— De longues terres longues nouvelles.
(*Anc. prov.*, Ms.) xiii⁰ siècle.

— Il a peur que la terre luy faille.
Il craint de manquer.
(Oudin, *Curiosités françoises*, p. 530.)

— La neige qui tombe engraisse la terre.

— Le soleil cuit la terre pendant les grandes chaleurs.
(*Cult. des Grains*, t. I, p. 223 et 233.)

Terre. Les terres engraissées avec la chaux ne peuvent enrichir que les vieillards.
>(*Cult. des Grains*, t. I, p. 306.)

— Miex vaut terre gastée que terre perdue.
>(*Anc. prov.*, Ms.) xiiie siècle.

— Noir terrien porte gain et bien,
Et le blanc ne porte rien.

— Nulle terre sans guerre.
>(Gabr. Meurier, *Trésor des Sentences.*) xvie siècle.

— Plustot en terre, plustot hors de terre.
>(*Cult. des Grains*, t. II, p. 430.)

— Pour laver ses mains on ne vend pas sa terre.
>(*Prov. communs.*) xve siècle.

— Qui a terre ne vit sans guerre.
>(Gabr. Meurier, *Trésor des Sentences.*) xvie siècle.

« Car, comme dit le proverbe, qui a terre si a
» guerre. »
>(*Contes* d'Eutrapel, fol. 6 v°.)

— Tant vaut li home tant vaut sa terre.
(*Anc. prov.*, Ms.) xiiie siècle. (*Prov. communs goth.*) xve siècle.

Vallée. Entre deux montaignes a valée.
>(*Prov. communs goth.*) xve siècle.

Vendanges. Adieu paniers, vendanges sont faites.
>(*Dictionn. critique* de Le Roux.)

— De bois noué court grandes vendanges.
>(*Mimes* de Baïf, fol. 59.) xvie siècle.

— Il ne pleut que sur la vendange.
>(*Adages françois.*) xvie siècle.

Vigne. Belle vigne sans raisin ne vault rien.
>(*Prov. Gallic.*, Ms.) xve siècle

— Beuvons, les vignes sont belles.

Vigne. Pourquoi ne boirions-nous pas, avôns-nous fait geler les vignes ?

(Oudin, *Curiosités françoises*, p. 573.)

— Vigne double si elle est close.

(*Mimes* de Baïf.) xvie siècle.

Dans le *Calendrier des bons Laboureurs*, pour 1618, on lit :

PROSOPOPÉE DE LA VIGNE.

Le Vigneron me taille,
Le Vigneron me lie,
Le Vigneron me baille,
Et Mars toute ma vie.

Autrement :

En Mars me lie,
Mars me taille,
Je rends prou quand on m'y travaille.

SÉRIE N° III.

TEMPS. — ASTRES. — COURS DE L'ANNÉE. — ANNÉE. — SAISONS. — JOURS. — HEURES.

An. An de nouveau,
  Tous nous est beau.
    (*Suite aux Mots dorés de Caton.*) XVIe siècle.

— Au nouvel an étrennes aux enfants.

— A l'an neuf les jours croissent du repas d'un bœuf.

— An qui produit par trop de glands,
  Pour la santé n'est pas bon an.

— En bonne année et mauvaise
  Venez toujours le ventre à l'aise.

— Le sept en nombre est critique,
  L'année s'appelle climatérique.

— L'année que l'on se marie
  Plutôt gale que métairie.

— Les ans ont beaucoup plus vu
  Que les livres n'en ont connu.

— Les races des petits et grands
  Seront égales dans mille ans.

— Il vaut mieux dix ans glaner
  Qu'une seule année moissonner.

An. Qui s'enrichit en six mois se fait quelquefois pendre au bout de l'an.

— Bon jour bon an.
>Manière de saluer proverbiale.
>>(*Almanach perpétuel*, p. 9.)

Année. Année de gelée,
Année de bled.
>>(*Almanach de* Math. Laensberg.)

— Année glanduleuse année chancreuse.

— Année neigeuse année fructueuse.

— Année nubileuse année planlureuse.

— Année seiche n'apovrit son maistre.
>>(*Recueil* de Gauther.)

— Année venteuse année pommeuse.

— Année hannetonneuse année pommeuse.
>>(Pluquet, *Contes pop. et Prov.*, etc., p. 111.)

— De hanneton la bonne année.
>>Mimes de Baïf, fol. 24 r°.) xvie siècle.

— L'an passé est tousjours le meilleur.
>>(Bovilli, *Prov.*) xvie siècle.

— L'an soixante et douze
Est grant temps qu'on se house.
>>(Gabr. Meurier, *Trésor des Sentences.*) xvie siècle.

— La bonne année en peu de temps s'en va,
la petite se garde.
>>(*Prov. communs.*) xve siècle.

— Janvier le fier, froid et frilleux,
Febvrier le court et fiebvreux,
Mars poudreux, avril pluvieux,
May joly, gay et venteux,
Dénotent l'an fertil et plantureux.

ANNÉE. Quant en hyver est esté,
Et en esté hyvernée,
Jamais n'est bonne année.
(GABR. MEURIER, *Trésor des Sentences.*) xvie siècle.

— Seiche année n'est affamée.
(*Recueil* de GRUTHER.)

AOUT. Ce sont faucilles après août.
(*Prov.* de JEH. MIELOT.) xve siècle.

— En aoust les gélines (*poules*) sont sourdes.
(*Adages françois.*) xvie siècle.

— En moissonnant se passe l'aoust.
(GABR. MEURIER, *Trésor des Sentences.*) xvie siècle.

— En aoust fait il bon glaner.
(*Adages françois.*) xvie siècle.

— Les nuits d'août
Trompent les sages et les fous.
(*Annuaire de la Soc. de l'hist. de France*, 1847.)

— Quand il pleut en aoust
Il pleut miel et bon moust.

— Qui dort en aoust dort à son coust.
(GABR. MEURIER, *Trésor des Sentences.*) xvie siècle.

— En août quiconque dormira
Sur midi s'en repentira.
(*Almanach* de MATH. LAENSBERG.)

— Quiconque se marie en août
Souvent n'amasse rien du tout.
(*Almanach perpétuel*, p. 159.)

ARC-EN-CIEL. Arc-en-ciel du matin pluie sans fin,
Arc-en-ciel du soir il faut voir.
(CAHIER, *Quelque six mille Prov.*)

— L'arc-en-ciel du soir
Fait beau temps paroir.
(*Recueil* de GRUTHER.)

Astres. Les astres peuvent l'homme incliner,
Le sage les peut dominer.
    (Almanach perpétuel.)

Automne. Après vendanges vient l'automne
Qui repos pour les champs donne.

— Chaleur en automne pique fort
Et cause à bien des gens la mort.

— Fièvre qui vient pendant l'automne
Est très-longue, ou la mort nous donne.
    (Almanach perpétuel, etc., p. 51.)

Avenir. Astrologues parlent bien de l'avenir,
Mais ils ne le font pas venir.
    (Almanach perpétuel, p. 2.)

Avril. Avril et mai de l'année
Font tous seuls la destinée.

— Avril froid pain et vin donne.

— Gelée d'avril ou de mai
Misère nous prédit au vrai.

— Quand il tonne en avril
Il faut apprêter son baril.

— Au mois d'avril ne quitte pas un fil;
Au mois de mai va comme il te plaît.
    (Annuaire de la Soc. de l'hist. de France, 1847.)

— Avril pleut aux hommes,
Mai pleut aux bêtes.

— Bourgeon qui pousse en avril
Met peu de vin au baril.
    (Dictionn. critique de Le Roux.)

— Avril le doux,
Quand il se fâche le pire de tous.
    (Pluquet, *Contes pop. et Prov.,* etc., p. 112.)

Avril. Nul avri || Sans épi,
(Pluquet, *Contes pop. et Prov.*, etc., p. 112.)

— Avril pluvieux, mai gai et venteux
Annoncent an fécond et même gracieux.
(*Almanach* de Math. Laensberg.)

— En avril nuée, en mai rosée.
(Gabr. Meurier, *Trésor des Sentences.*) xvie siècle.

— Pluye d'abvril vaut le char de David.
(*Adages françois.*) xvie siècle.

— La pluie d'avril remplit les greniers.
(*Annuaire de la Soc. de l'hist. de France*, 1857.)

— L'ouaille (*brebis*) et l'abeille
En apvril ont leur deuil.
(Gabr. Meurier, *Trésor des Sentences.*) xvie siècle.

— Quand mars fait avril, avril fait mars.
(*Almanach de* Math. Laensberg.)

— Donner du poisson d'avril.
C'est-à-dire tromper.

Bise. Quand il fait de la bise
Il en pleut à sa guise.
(*Calendrier des bons Laboureurs*, pour 1618.)

Bissextile. Vo me senougé Bissetre.
Vous me présagez malheur.

« Bissetre, en bourguignon, s'est dit dans la significa-
» tion de malheur, parce que la superstition a fait croire
» anciennement et fait croire encore, qu'il y avait un mau-
» vais sort attaché tant aux années bissextiles qu'aux jours in-
» tercalaires du bissexte de février. A Dijon, en ces sortes
» d'années, le vulgaire dit que *bissetre cor.* »
(Lamonnoye, *Noëls bourguignons; Glossaire*, p. 28.)

Brouillard. Brouillard qui ne tombe pas
Donne pour sûr des eaux en bas.
(*Almanach perpétuel*, p. 58.)

Bruine. Bruyne est bonne à la vigne,
   Et à bleds la ruyne.

— Bruyne obscure
  Trois jours dure.
   (Gabr. Meunier, *Trésor des Sentences.*) xvie siècle.

— Bruyne obscure
  Trois jours dure,
  Si elle poursuit
  En dure huit.
   (*Calendrier des bons Laboureurs*, pour 1618.)

Carême. A carême-prenant chacun a besoin de sa
  poêle.
   (*Matinées sénonaises*, p. 248.)

— Tout est de caresme-prenant.
   (Oudin, *Curiosités franç.*, p. 73.)

— A caresme-prenant et en vendange
  Tous propos sont de licence.
   (*Adages françois.*) xvie siècle.

— A vendanges et aux jours gras
  Tous mets sont bons dans le repas.
   (*Almanach perpétuel*, p. 97.)

— Il faut faire carême-prenant avec sa femme
et Pâques avec son curé.
   (Lamésangère, *Dictionn. des Prov.*)

— Il nous donne le carême bien haut.

« Mais ce qui faict le caresme si hault, par saint
» Fiacre de Brie, ce n'est pour autre chose que
  » La Penthecouste
  » Ne vient foys qu'elle ne couste. »
   (Rabelais, liv. ii, chap. 11.) xvie siècle.

— Rien plus que Mars faut en carême.
   (*Prov.* de Jeh. Mielot.) xvie siècle.

CARÊME. Tu ne peux esteultre (*répondre*) quel mars
en a quaresme.
(*Prov. Gallic.*, Ms.) xvᵉ siècle.

— Il a prêché sept ans pour un carême.
(OUDIN, *Curiosités françoises*, p. 72.)

— Cela arrive comme une marée en carême,
ou bien comme Mars en carême.

« Il ne faut pas confondre ces deux expressions prover-
» biales. On doit dire d'une chose qui arrive à propos,
» qu'elle arrive comme *marée en carême*, et d'une chose
» qui ne manque jamais d'arriver en certains temps, qu'elle
» vient comme *Mars en carême*. »
(LAMESANGÈRE, *Dictionn. des Prov.*, p. 90.)

— Saint de carême.
Tout homme qui se cache.

— Amoureux de caresme, qui n'ose toucher à
la chair.
Amoureux timide.

— Prendre ses caresmeaux.
Prendre d'une chose tout ce qu'on peut en avoir.

« Mais je voue à Dieu qu'il en a pris tous ses ca-
» resmeaux. »
(*Cent Nouvelles nouvelles*, nouv. 33.) xvᵉ siècle.

— De carême haute
De froid n'aura faute.
(*Calendrier des bons Laboureurs*, pour 1618.

— Laissez passer la Chandelouse (*Chandeleur*)
Avec neuf lunes sans pouse
Et le mardi après suivant
Vous trouverez caresme-entrant.

— L'eau gaste moult le vin,
Une charrette le chemin,
Le quarême le corps humain.

— Caresme ou jeûne n'ennuient pas
Qui fait grand'chère à tous repas.

CARÊME. En caresme est de saison
La marée et le sermon ;
Se faire en ce temps chaircuitier
On n'y profite d'un denier.

— Il a le visage blême
Ainsi que viande de carême.
(*Almanach perpétuel*, p. 101.)

CHANDELEUR. A la Chandeleur
La grande douleur.

— A la Chandeleur
Où toutes bêtes sont en horreur.

— Etrennes d'honneur
Durent jusqu'à la Chandeleur.
(PLUQUET, *Contes pop. et Prov.*, etc., p. 115.)

— A la fête de la Chandeleur,
Les jours croissent de plus d'une heure,
Et le froid pique avec douleur.
(LE ROUX, *Dictionn. comique*, t. I, p. 203.)

— Le jour de la Chandeleur
Quant le soleil suit la bannière
L'ours rentre dans sa tannière.

Proverbe de l'ancien Dauphiné.
(*Annuaire de la Soc. de l'hist. de France*, 1848.

— La veille de la Chandeleur
L'hiver se passe ou prend vigueur.
(*Almanach* de MATH. LAENSBERG. — *Calendrier des bons Laboureurs*, pour 1618.)

Dans ce même *Calendrier des bons Laboureurs*, on lit ce qui suit :

« Le 2 février, jour de la Purification Notre-Dame,
» qu'on nomme Chandeleur, on disoit en bourguignon :

» Si fait beaux et luit Chandelours
» Six semaines se cache l'ours.

» **Et** la grande pronostication des laboureurs qui est im-
» primée le rapporte ainsi :

> » Selon les anciens le dit,
> » Si le soleil clair luit
> » A la Chandeleur, vous croirez
> » Qu'encor un hyver vous aurez ;
> » Pourtant gardez bien vostre foin,
> » Car il vous sera de besoin.
> » Par cette regle se gouverne
> » L'ours retourne en sa caverne.

» Ce que maintenant il faut rapporter au 12 février et
dire :

> » Si le douzième de fevrier
> » Le soleil apparaît entier,
> » L'ors, estonné des a lumière,
> » Se va remettre en sa tanière,
> » Et l'homme menager prend soin
> » De faire resserrer son foin ;
> » Car l'hyver tout ainsi que l'ours
> » Séjourne aussi quarante jours. »

CIEL immobile on ne cognoist.
    (BOVILLI *Prov.*) XVIe siècle.

— Ciel pommelé et femme fardée ne sont pas de longue durée.
    (*Comédie des Prov.*, acte III, sc. II.)

— Si le ciel tombait il y aurait bien des bêtes à l'ombre, ou bien des alouettes de prises.
    (*Almanach perpétuel*, p. 32.)

DIMANCHE. Du Dymanche au matin la pluye
Bien souvent la semaine ennuye.
    (*Calendrier des bons Laboureurs*, pour 1618.)

— Naquit un Dimanche ou fête
Qui n'aime que besogne faite.
    (*Almanach perpétuel*, p. 17.)

ÉTOILE. Compter les étoiles.
C'est-à-dire perdre son temps.

— A midy étoile ne luit,
Chat-huant ne sort hors de son nid.

ÉTOILE. Naviguer par la conduicte de l'estoile du pole.
Se conduire sagement dans ses affaires.
(*Prov.* de BOUVELLES.) XVIe siècle.

ÉTÉ. Quand en esté le haut coq boit
La pluye soudain vient et paroist.
(GABR. MEURIER, *Trésor des Sentences*.) XVIe siècle.

— Printemps humide avec été
Chasse des biens bonté, planté.
Il altère la qualité et empêche l'abondance.

— D'été bien chaud vient un automne
Pendant lequel souvent il tonne.

— Si l'hiver est surchargé d'eau
L'été n'en sera que plus beau.

— En hiver ainsi qu'en été
Est incommode pauvreté.
(*Almanach perpétuel*, p. 50.)

FÉVRIER. Février || L'anelier.
(PLUQUET, *Contes pop. et Prov.*, etc., p. 117.)

M. Pluquet attribue l'origine de ce dicton au grand nombre de mariages qui ont lieu pendant le mois de février, mois qui précède très-souvent le Carême.

— Pluie de Février
Vaut jus de fumier.

— Février qui donne neige
Bel été nous plège.
(PLUQUET, *Contes*, etc., p. 118.)

— Febvrier le court le pire de tout.
(*Adages françois*.) XVIe siècle.

— Février entre tous les mois
Le plus court et le moins courtois.

— Si février ne fourvoye,
Février doit remplir les fossez ;
Mars les doit rendre secs.

FÉVRIER. Belle avoine de février
Donne esperance au grenier.
(*Calendrier des bons Laboureurs*, pour 1618.)

— La neige de février brusle le bled et l'allorciêr.
(*Adages françois.*) XVIe siècle.

— Pluye de fevrier vault un fumier.

— Si febvrier ne faict des siennes,
Mars lui livre camp et guerre fière.

— Jamais février n'a passé
Sans voir le groseillier feuillé.
(*Annuaire de la Soc. de l'Hist. de France*, 1847.)

— En fevrier s'il grele et tonne
C'est la marque d'un bel automne.
(*Almanach perpétuel*, p. 91.)

On dit dans le patois picard :

— Fevrier le court, ch'est le pire ed'tous.
Fevrier, Fevriot,
Si tu geles t'engeleras mes t'chios (*mes choux*).

Et dans l'arrondissement de Doullens :

— Februariot,
Si tu geles gele pas mes piots.

On dit aux enfants que les grives chantent cette phrase quand elles commencent à couver.
(CORBLET, *Proverbes picards.*)

GELÉE. Blanches gelées est de pluie messagière.
(BOVILLI *Prov.*, liv. III.) XVIe siècle.

— La gelée ne fault au gresil
Non plus que le père au filz.
(BOVILLI *Prov.*) XVIe siècle.

Ou encore :

— Oncques gresles ne faillit au grésil
Non plus que le père au fils.
(*Adages françois.*) XVIe siècle.

Geler. De tant plus gelle et plus estraint.
(*Prov.* de Jeh. Mielot.) xve siècle.

— Quand il gèle si estraint.
(*Prov. Gallic.*, Ms.) xve siècle.

— Il gele, tout se prend.
Pour dire que l'on s'empare de tout.
(Oudin, *Curiosités françoises*, p. 248.)

— Est à la terre la gelée
Ce qu'aux vieillards robe fourrée.

— Gelée hors de la saison
Gâte la vigne et la moisson.

— Troupe d'oiseaux cherchant pasture,
Et si cassés vieillards fiebvreux
Sont bien plus que devant frilleux,
C'est signe d'avoir grande froidure.
(*Almanach perpétuel*, p. 59.)

Glace. Se fier sur la glace d'une nuyct.
(Bovilli *Prov.*) xvie siècle.

Grêle. De grêle n'est mauvaise année
Qu'aux lieux où plus elle est tombée.

— Jamais ne grêle en une vigne,
Qu'en une autre il ne provigne.
(Le Roux, *Dictionn. critique*, t. I, p. 595.)

Heure. A la bonne heure nous prit la pluye !
C'est-à-dire, nous avons heureusement eschappé une incommodité, nous sommes arrivés à temps.
(Oudin, *Curiosités françoises*, p. 270.)

Le maréchal de Giac, favori de Charles VIII, disgracié sous Louis XII, pour avoir déplu à la reine Anne de Bretagne, contraint de se retirer dans son château du Verger, répétait cette locution proverbiale : *A la bonne heure m'a pris la pluye*. Le maréchal de Giac donnait au proverbe un autre sens que celui qui précède : il voulait dire que jeune encore il avait été frappé par la disgrâce.

HEURE. C'est peu de se lever matin, il faut encore arriver à l'heure.

Ou bien :

— C'est tout de partir à l'heure.

— Fais bien sans demeure,
En peu de temps passe l'heure.

— Grand bien ne vient pas en peu d'heures.

— Heure de nuit, heure de jour,
Sont toujours bonnes en amour.

— Il advient en une heure ce qui n'arrive pas en cent.

— Il n'y a qu'une mauvaise heure au jour.

— L'heure du berger est mauvaise
Si qui la manque en a mal aise.

— Qui a une heure de bien n'a pas tout mal.
(*Almanach perpétuel.*)

HIVER. En hyver au lict ou auprès du feu,
Et en esté au soleil et au jeu.

— En hyver au feu,
Et en esté au bois et au jeu.

— En hyver eau ou bruyne,
Vent, neige ou gresle pour voisine.
(GABR. MEURIER, *Trésor des Sentences.*) XVIᵉ siècle.

— En yvert par tout pleut, en esté là où Dieu veut.
(*Adages françois.*) XVIᵉ siècle.

— Il n'a pas besoin de grand hiver.
Pour dire il est faible, il est malheureux.
(OUDIN, *Curiosités françoises*, p. 272.)

— L'hyver donne le froid, printemps verdure,
L'esté moisson, automne vin produist.
D'où peut venir ce bien qui toujours dure,
Que du savoir de Dieu qui tout conduit.
(GABR. MEURIER, *Trésor des Sentences.*) XVIᵉ siècle.

Hiver. Qui passe un jour d'yver si passe un de ses ennemis mortelz.
(*Prov. communs.*) xve siècle.

— Serein d'hiver, pluie d'été
Ne font jamais pauvreté.
(*Almanach* de Math. Laensberg.)

— Si l'hyver va droit son chemin,
Vous l'aurez à la saint Martin ;
S'il n'arreste tant ne quant,
Vous l'aurez à la saint Clément ;
Et s'il trouve quelque encombrée,
Vous l'aurez à la saint André.
Mais s'il alloit ce ne say, ne l'ay,
Vous l'aurez en avril ou may.
(*Calendrier des bons Laboureurs*, pour 1618.)

— J'ouy le paresseux hyver,
Lequel disoit au laboureur :
Je ne manqueray d'arriver
Au plus tard à la Chandeleur.

— Si l'hyver ne fait son devoir
Es mois de décembre et de janvier,
Au plus tard il se fera voir
Dès le deuxième février.
(*Calendrier des bons Laboureurs*, pour 1618.)

— L'hyver mange le printemps, l'été et l'automne.

— L'hyver nous faict plus de mal que l'esté ne nous faict du bien.
(*Adages françois.*) xvie siècle.

— Si yver estoit oultre la mer si viendra il à saint Nicolas parler.
(*Prov. communs.*) xve siècle.

Saint Nicolas est fêté le 6 décembre.

Hiver. Soleil d'hyver, amour de paillarde,
Tard vient et peu tarde.

— Soleil d'hyver tard levé,
Bientost couché et esconsé (*caché*).
(Gabr. Meurier, *Trésor des Sentences.*) xvie siècle.

— Janvier a quatre bonnets.
(*Adages françois.*) xvie siècle.

— Janvier et febvrier comblent ou vuident le grenier.
(*Recueil* de Gruther.)

— Janvier le frileux
Gele la merlesse sur ses œufs.

— Brillant comme un soleil de janvier.
(*Annuaire de la Soc. de l'Hist. de France,* 1847.)

— Autant de jours d'hiver passés,
Autant d'ennemis renversés.

— L'hiver n'est point bâtard,
S'il ne vient tôt il vient tard.

— Gelée d'un mois bon hiver,
Et les biens met à couvert.

— Hiver est fort bonne saison
Quand on a pour faire tison.

— Hiver dure à qui le grand froid
Fait bruler bien plus qu'il ne doit.

— Hiver sitôt qu'il est trop beau
Nous promet un été plein d'eau.

— Hiver n'est bon que pour les choux,
Ou qu'à faire gagner la toux.

— Les lieues sont doubles en hiver,
Et l'on se trouve pris sans verd.
(*Almanach perpétuel,* p. 55.)

Jour. Jour ouvrier gaigne denier,
Jour de feste despensier.
(Gabr. Meurier, *Trésor des Sentences.*) xvie siècle.

— A bon jour bonne œuvre et bonnes paroles.
(*Prov. Gallic.*) xve siècle. (Gabr. Meurier, *Trésor des Sentences.*) xvie siècle.

— A bon jour bonne estreine.
(Oudin, *Curiosités françoises.*)

— A chacun jour son vespre.

— Bonne journée fait qui délivre
Sa maison de fol homme ou ivre.

— Brune matinée belle journée.
(Gabr. Meurier, *Trésor des Sentences.*) xvie siècle.

— La journée bien commencée
Semble toujours bientôt passée.

— Il n'est si grand jour qui ne vienne au vespre (soir), ny temps qui ne prenne fin.
(*Adages françois.*) xvie siècle.

— Il n'y a si long jour qui ne vienne à la nuit.
(Gabr. Meurier, *Trésor des Sentences.*) xvie siècle.

— Il y a autant à dire que du jour à la nuit.
(*Dictionn. comique*, par P. J. Le Roux, t. II, p. 221.)

— Les jours se suivent pas à pas,
Mais ils ne se ressemblent pas.
(*Dictionn. comique*, par P. J. Leroux, t. II, p. 58.)

— Les longs propos font les courts jours.
(*Adages françois.*) xvie siècle.

— Long comme un jour sans pain.
(Oudin, *Curiosités françoises*, p. 288.)

— Nul jour sans soir.

— Quand le jour croist aussi fait le froid.
(Gabr. Meurier, *Trésor des Sentences.*) xvie siècle.

Jour. Bouter le jour à l'épaule.
>(Bovilli *Prov.*) xvie siècle.
S'ennuyer, pousser le jour pour qu'il prenne fin.

— Il est plus de jours que d'années
Et que de bonnes destinées.

— Ici ne chante le coq si viendra le jour.

— Le jour n'est pas fait pour les aveugles.

— Faire quatorze lieues en quinze jours.

— Tels sont ce jour qui demain ne verront pas.

— Trois jours de repit valent cent livres.

— Les grands discours font les longs jours.

— Le cœur fait œuvre, pas les longs jours.

— On revient sage des longs jours.

— Jour qui nous apporte finance,
Est un jour de réjouissance.

— Jour de noce et d'enterrement
Sont deux jours de contentement.

— Ce qu'on peut aujourd'hui ne faut attendre à demain.

— Un œuf aujourd'hui vaut mieux qu'un poulet pour demain.
>(*Almanach perpétuel*, p. 23.)

Juin. En juin, juillet et août
Ni femme ni choux.
>(*Ducatiana*, p. 45.)

Juillet. Au mois de juillet
Faucille au poignet.
>(*Suite aux Mots dorés de Caton.*) xvie siècle.

— Au mois d'août et de juillet,
Bouche noire et gosier sec.

>Au dix-sept juillet
>Fy de potion et de julep,
>Mais surtout fuy la medecine
>Quand tu vois le soleil aginé
>Le sixième d'aoust du Lyon,
>Car lors la chevre d'Orion
>Fait par trente jours retirer
>Le dauphin sans l'air respirer.
>
>(*Calendrier des bons Laboureurs*, pour 1618.)

Lune. Aboyer contre la lune.

(*Facétieux Réveille-matin*, p. 142.) xviie siècle.

— Aux yeux la lune || Bonne fortune.

(*Prov.* de Bouvelles.) xvie siècle.

— Chercher la lune en plein jour.

— C'est contre nature de coustume de chercher mouelle en nouvelle lune. *In novi lunio medullam querere.* C'est chercher ce qu'on ne sauroit trouver. En effet, les naturalistes prétendent que dans ce temps les os n'ont point de moelle.

(*Prov.* de Bouvelles.) xvie siècle.

— Comme la lune est variable,
Pensée de femme est variable.

(*Suite aux Mots dorés de Caton.*) xvie siècle.

— Dieu gart (*préserve*) la lune des loups.

Se dit de ceux qui ont peur et qui menacent.

« Et nous fust dist qu'il gardoit la lune des loups. »

(Rabelais, liv. v, ch. 22.) xvie siècle.

— Faire un trou à la lune.

C'est-à-dire déserter ou faire banqueroute.

— Fille, marée, lune ou bon vent,
Font parfois prendre le devant.

(*Almanach perpétuel*, etc., p. 41.)

Lune. Garder les moutons à la lune.

C'est-à-dire être pendu.

(Oudin, *Curiosités françoises.*)

— Il n'y a point de danger, la lune est refaite (*renouvelée*).

— Il a logé à l'enseigne de la lune.
Il a couché dehors.
(*Dictionn. comique*, par P. J. Leroux; t. I, p. 455.)

— Au cinq de la lune on verra
Quel temps tout le mois donnera.

— La lune est périlleuse au cinq,
Au quatre, six, huict et vingt.

— La nuict est chaude en pleine lune
Jusqu'en la veille où en jeune.

— La lune pasle fait la pluye et la tourmente,
L'argentive temps clair et la rougeastre vente.
(*Calendrier des bons Laboureurs*, pour 1618.)

    La lune pâle est pluvieuse,
    La rougeâtre est toujours venteuse,
    La blanche ameine le temps beau.
    Or donc, à bon droit, ce me semble,
    Tout genre de femme ressemble
    Juste à ce nocturne flambeau :
    Car la dame pâle est foireuse,
    Pour la rougeâtre elle est vesseuse,
    Et la blanche aime les plaisirs.
    Ainsi toutes, comme la lune,
    Aiment la nuit sombre et brune
    Pour vivre suivant leurs desirs.

    Lune en decours ne seme point
    Ou rien ne viendra bien à point.
    Au plain memement de la lune
    Ne seme jamais chose aucune.
    L'arbre coupé au défaut de la lune
    Ne pourrit pas voir de cent fois l'une;
    Et est meilleur à faire vos deduit
    Le couper quand il a porté fruit.
(*Almanach perpétuel*, p. 40, 41.)

Lune. Prendre la lune avec les dents.

« Je ne suys point clerc pour prendre la lune avec
» les dents. »
(Rabelais, liv. ii, ch. 12.) xvi° siècle.

— Quand la lune se fait dans l'eau
Deux jours après il fait beau.

— Tant que dure la rousse lune,
Les fruits sont sujets à fortune.
(*Calendrier des bons Laboureurs*, pour 1618.)

Mai. Froid mai et chaud juin
Donnent pain et vin.

— En may blé et vin naist.

— En may, juin et juillet,
La bouche baignée et fresche.

— A bon bluteur may propice.
(Gabr. Meurier, *Trésor des Sentences.*) xvi° siècle.

— May pluvieux marie le laboureux et sa fille.

— May froid n'enrichit personne.

— Frais may épaisse tourte, mais peu de vin dans
la coupe.

C'est un proverbe du Lyonnais, où par *tourte* on entend
le gros pain. (Le Laboureur, *Origine des armoiries.*)
(*Almanach perpétuel*, p. 127.)

— Du mois de mai la chaleur
— De tout l'an fait la valeur.
(*Almanach* de Math. Laensberg.)

— Bourbes en may, espies en aoust.

— Celuy ne sçait qu'est vendre vin
Qui de may n'attend la parfin.

— Qui a la fiebvre au moys de may,
Le reste de l'an vit sain et gay.
(Gabr. Meurier, *Trésor des Sentences.*) xvi° siècle.

Mai. S'il pleut le premier jour de may,
Les coins madame sont cueillis.
(*Annuaire de la Soc. de l'Hist. de France*, 1848.)

— Si le commun peuple dit vray,
La mauvaise s'espouse en may.
(*Calendrier des bons Laboureurs*, pour 1618.)

— Une heure de may faict perdre les pâles couleurs.
(*Adages françois.*) xvie siècle.

— May jardinier ne comble le grenier.

Mars. Mars venteux et avril pluvieux
Font le may gay et gracieux.
(Gabr. Meurier, *Trésor des Sentences.*) xvie siècle.

— Mars gris, apvril pluvieux et mai venteux,
Font l'an fertil et plantureux.

— Mars martelle, || Avril coutelle.

— Quantes gelées en mars, tant de roussées en avril.

Autant de gelées en mars, autant de rosées en avril.
(*Prov. communs.*) xve siècle.

— Quitte serain, fuis les brouillards,
Neige, vent et soleil de mars.

— Brouillard en mars, bientôt il pleut,
Ou gele en mai plus qu'on ne veut.

— De fleurs en mars ne tiens compte,
Non plus que de femme sans honte.

— On ne doit point dire Hélas! à moins qu'on ait tué son père ou sa mère, ou ouï tonner en mars.

— Mars halleux (*venteux*)
Marie la fille du laboureux.
(*Almanach perpétuel*, p. 107.)

Mars. Taille tôt, taille tard,
Rien n'est tel que taille de mars.

Proverbe relatif à la taille de la vigne qui doit toujours être faite à cette époque.

— Avant Bonne-Dame de mars.
Autant de jour les raines (*grenouilles*) chantent,
Autant par après s'en repentent.

— Des fleurs de mars ne tiens grand compte.

— Brouillards en mars, gelées en mai.

— Mars sec et chaud remplit caves et tonneaux.

— Tu semes tes melons en mars, moi en mai,
J'en mangerai quant et toi.

— Quand il tonne en mars,
Le bonhomme dit : Hélas !
Quand il tonne en avril
Le bonhomme se réjouit,

On dit encore :

— Blé, bière et chat de mars.

(*Annuaire de la Soc. de l'Hist. de France*, 1857.)

Matin. Au matin bois le vin blanc,
Le rouge au soir pour faire sang.

— Il n'est lumière que du matin,
Comme manger de bonne faim.

— Il chante trop matin, il perdra son offrande.

— Il n'est que le matin en toutes choses.

— Les paroles dites au matin
N'ont pas au soir même destin.

— Qui rit le matin le soir pleure.

Baïf, *Mimes*, etc.) xvie siècle. (*Almanach perpétuel*, p. 25, 28.)

— Matin fault à monter la montaigne,
Au soir aller à la fontaine.

(Bovilli *Prov.*) xvie siècle.

Matin. Rouge vespre et blanc matin,
Est la joie au pèlerin.
(*Prov. Gallic.*, Ms.) xve siècle.

— Rouge soir et blanc matin,
Ren joye au cœur des pèlerins.
(*Calendrier des bons Laboureurs*, pour 1618.)

Midi. A midy estoile ne luit.
(Gabr. Meurier, *Trésor des Sentences.*) xvie siècle.

— Chercher midi à quatorze heures.
(*Matinées sénonaises.*)

— Ne dormez point à midi.
(*Matinées sénonaises.*)

— Chercher midi où il n'est qu'onze heures.
(*Matinées sénonaises.*)

Quatrain de Voltaire, mis au bas d'un cadran solaire de village :

Vous qui vivez en ces demeures,
Êtes-vous bien, tenez-vous-y,
Et n'allez pas chercher midi
A quatorze heures.

Mois. Il n'est mois qui ne revienne.
(*Adages françois.*) xvie siècle.

— Boire eau point ne devez
Aux mois où r trouverez.

— Aux mois qui sont escriptz en r,
Eau fault mettre dedans son verre.
(*Almanach perpétuel*, p. 13.)

Neige. Des neiges et un bon hiver
Mettent bien des biens à couvert.

— Si neiger doit
Au bas (*sur terre*) est froid ;
Si elle abonde
Bonne est au monde.
(*Almanach perpétuel*, p. 60.)

Neige. La neige qui tombe engraisse la terre.

— On ne voit cygne noir, ni nulle neige noire.

— Neige au bled est tel benifice
Comme au vieillard la bonne pelice.
(*Annuaire de la Société de l'Hist. de France*, 1848.)

— Neiges d'antan.

Neiges de l'an passé.

Villon a employé ce proverbe dans l'une de ses plus jolies ballades : après avoir demandé ce que sont devenues les femmes que leur beauté ou leur vertu avaient rendues célèbres, il termine ainsi :

> Princes, n'enquerez de sepmaine
> Où elles sont ne de cest an,
> Que ce refrain ne vous remaine ;
> Mais où sont les neiges d'antan ?

— Trop aise chateille, il fond comme neige.
(*Prov.* de Bouvelles.) xvi⁰ siècle.

Neiger. Quand il neige sur les montagnes, il fait bien froid aux vallées.
(*Dictionn. comique*, par P. J. Le Roux, t. II, p. 206.)

— Depuis qu'il y a de la neige à la montagne, la devalée est bien froide.
(*Facétieux Réveille-matin*, p. 236.) xvii⁰ siècle.

Noel. Tant crie l'on Noël qu'il vient.
(Villon, *Ballades*.) xv⁰ siècle.

— A Noël au balcon,
A Paques au tison.

— A Noël les moucherons,
A Pâques les glaçons.
(Pluquet, *Contes pop. et Prov.*, etc., p. 124.)

— A Noël souvent moucherons,
Et à Pasques sont les glaçons.
(*Suite aux Mots dorés de Caton.*) xvi⁰ siècle.

— Après grant joie vient grant ire (*colère*),
Et après Noël vente bise.
(*Roman du Renart*, v. 13,648.) xiii⁰ siècle.

Noel. Le Noël est plus beau aux champs qu'à la ville.
(*Adages françois.*) xvie siècle.

Nue. Croire que les nues soient poisles d'airain et que vessies soyent lanternes.
(Rabelais, liv. i, ch. 11; liv. v, ch. 22.) xvie siècle.

Nuit. Il y a autant à dire que du jour à la nuit.

— La nuit porte conseil.

— Gens de bien aiment le jour et les méchants la nuit.

— Jamais nuit ne chasse le jour
Qu'elle n'ait la chasse à son tour.
(*Almanach perpétuel*, p. 26.)

— La nuict qui est noire comme je ne sçays quoy.
(*Comédie des Prov.*, acte I.)

— Vous n'allez que la nuict, comme le moine bouris (ou *bouru*) et les loups-garous.
(*Comédie des Prov.*, acte I.)

Octobre. Quand Octobre prend sa fin
La Toussaint est au matin.

— Vent d'octobre.
(*Adages françois.*) xvie siècle.

Paques. Pasques de longtemps désirée
Sont en un jour tost passée.

— Pasques vieilles ou non vieilles
Ne viennent jamais sans feuilles.

— Après Paques et Rogation
Fy de prestre et d'oignon.
(Gabr. Meurier, *Trésor des Sentences.*) xvie siècle.

— Entre Pasques et Rogations
Cinq semaines tout au long.
(*Prov. Gallic.*, Ms.) xve siècle.

Paques. Depuis la Pasque de Resurection,
Figues, raisins, ni predication.
(*Annuaire de la Soc. de l'Hist. de France.* 1848.)

— Il faut aller à Pâque écurer son chauderon.
(*Dictionn. comique*, par P. J. Le Roux, t. I, p. 426, 427.)

— Je lui ai donné ses œufs de Pâques.
(*Dictionn. de l'Académie*, édit. de 1835.)

— Depuis Pasques au leu,
Depuis Noel au feu.
(*Calendrier des bons Laboureurs*, pour 1618.)

Dans le même calendrier, à propos du mois d'avril, on trouve :

« Pour ce qu'en ce mois la solemnité de Pasques » advient souvent j'y mettrai ces vers du curé de » saint Jean.

» Les Pasques pluvieuses
» Sont souvent fromenteuses.

« Et son clerc répondit :

» Et souvent fort menteuses. »

— Tarde qui tarde
En Avril aura Pasques.
(*Prov. Gallic.*, Ms.) xve siècle.

— Se faire brave comme un jour de Pâques.
Se parer comme un jour de fête.

— Se faire poissonnier la veille de Pâques.
S'engager dans une affaire lorsqu'il n'y a plus aucun avantage à en espérer.
(*Dictionn. de l'Académie*, édit. de 1835.)

— Tousjours sont Pasques en Mars ou en Avril.
(*Prov. communs.*) xve siècle.

Pentecôte. Pentecostes frezes rouges, ou le laboureux s'estonne.
(*Adages françois.*) xvie siècle.

SÉRIE N° III. 115

PENTECÔTE. A Penthecouste roses sont,
A la saint Jehan s'en vont.
(*Prov. Gallic.*, Ms.) xve siècle.

— Entre Pasques et la Penthecouste
Le dessert n'est qu'une crouste.

— C'est, dit-on, à la Penthecouste
Que qui trop mange cher luy couste.
(GABR. MEURIER, *Trésor des Sentences.*) xvie siècle.

— La Pentecouste
Ne vient foys qu'elle ne couste.
(RABELAIS, liv. II, ch. 11.) xvie siècle.

— Il est né à la Pentecouste, chacun le deboute.
(*Almanach perpétuel*, etc., p. 154.)

PLEUVOIR. C'est un écoute s'il pleut.
C'est un homme faible, indécis.

— Il a bien plu sur sa friperie.
(*Dict. de l'Académie*, édit. de 1835.)

— Il n'a pas plou ce qu'il plouvra.

— Quand il pleust et le soleil luit,
Le chien son pasteur l'enquit.

— Quand il pleut et le soleil luit
Le pasteur se réjouist.
(GABR. MEURIER, *Trésor des Sentences.*) xvie siècle.

— Tant vente qu'il pleut.
(*Prov. communs.*) xvie siècle.

— Il ne pleut pas comme il tonne.

— Quand le soleil se joint au vent
On voit en l'air plouvoir souvent.

— Brebis qui paroissent es cieux
Font temps venteux et pluvieux.
(*Almanach perpétuel*, etc., p. 58.)

Pluie. Après la pluye le biau tans.
    Après la pluie le beau temps.
        (*Castoiement aux Dames*, v. 583.) xiiie siècle.

— Après vent pluye vient.
        (Gabr. Meurier, *Trésor des Sentences*.) xvie siècle.

— A pou de pluie chiet grans vens,
   Et grans orgueil en pou de ten.
        (*Prov. ruraux et vulgaux*, Ms.) xiiie siècle.

— « .... Grant vent chiet à poi de pluie. »
        (*Roman du Renart*, v. 8,828.) xiiie siècle.

Nous disons aujourd'hui : *Petite pluie abat grand vent.* Et dans Rabelais, liv. i, ch. 5 : « Petite pluye abat grant vent; » liv. ii, ch. 11, et liv. iv, ch. 44 : « Hay avant, petite pluye abat grant vent. »

— Chaude raye (*chaud rayon*) pluye mouillée.
        (*Adages françois*.) xvie siècle.

— Chaude roie fait chape moillie.
   Chaud rayon du soleil mouille la cape.
        (*Anc. prov.*, Ms.) xiiie siècle.

— En may rosée, en mars grésil,
   Pluye abondante au mois d'avril,
   Le laboureur est content plus
   Que ne feroit cinc cents écus.
        (*Calendrier des bons Laboureurs*, pour 1618.)

— Quand en été les nues vont
   De la terre en contremont,
   Ou quand la terre n'est mouillée
   Au frais matin de la rosée,
   Dy hardiment, selon ta guide,
   Que ce jour-là sera humide.

— Oiseau qui au nid se retire
   Et cil qui ses plumes attire
   Ou se mouillie, ou bien fort crie,
   La pluie est près, quoi que l'on die.
   Ou si les vers de terre sortent,
   Ou saleures humeurs rapportent.

— Tonnerre et vent ameine pluie;
Si la pluie n'abat le vent
Qui souvent par neuf jours essuye,
Trahison se met en avant.
(*Almanach perpétuel*, p. 58.)

Pluie. Qui trop se fie au gracieux serain
Souvent lui coule la pluye à val les reins.
(Gabr. Meurier, *Trésor des Sentences*.) xvie siècle.

— Faire la pluie et le beau temps.
Disposer de tout, être le maître.

— Parler de la pluie et du beau temps.
S'entretenir de choses indifférentes.
(*Dictionn. de l'Académie*, édit. de 1835.)

— Rosée de may, grésil de mars et pluie d'avril valent mieux que le chariot David.
(*Calendrier des bons Laboureurs*, pour 1618.)

— Rosée matutine,
Pluie serotine.
(*Prov.* de Bouvelles.) xvie siècle.

Printemps. Une hirondelle ne fait pas le printemps.

« Les proverbes des anciens ont leur origine fon-
» dée en tant d'expérience, qu'enfin ils ont gaigné
» cours et acquis lieu de vérité. Entre autres, il a
» esté soigneusement dit qu'une arondelle ne faict
» pas le printemps. »
(*Mélanges hist.* de Saint-Julien de Baleuvré, p. 167.)

Rogations. Après Pâques et Rogations,
Fi de prêtres et d'oignons.
(*Almanach perpétuel*, p. 131.)

Les Rogations le 10 mai.

Sainte Agathe. A la sainte Agathe sème ton oignon fût-il dans la glace.
(*Annuaire de l'Hist. de France*, 1847.)

La Sainte-Agathe le 5 février.

Saint Ambroise. J'ay entendu dire toujours
Quand saint Ambroise fait neiger
Que nous sommes en grand danger
D'avoir du froid plus de huit jours.
(*Calendrier des bons Laboureurs*, pour 1618.)

La Saint-Ambroise le 4 avril.

Saint André. A la saint André la nuit
L'emporte sur le jour qui suit.
(*Almanach perpétuel*, p. 196.)

La Saint-André le 30 novembre.

Saint Antoine. A la saint Antoine
Les jours croissent le repas d'un moine.

Ou :

A l'an neuf
Les jours croissent le repas d'un bœuf.
(*Prov. communs.*) xve siècle.

La Saint-Antoine le 21 janvier.

Saint Aubin. A la saint Aubin
On tond le mouton,
Mais si me voulez croire,
Tondez à la saint Grégoire.
(*Calendrier des bons Laboureurs*, pour 1618.)

La Saint-Aubin le 1er mars, la Saint-Grégoire le 12.

Saint Barnabé. A la sainct Barnabé
La faulx au pré.
(*Prov. communs.*) xve siècle.

— Au temps de la saint Barnabé
La gerbe retourne à l'abbé.

— Le plus grand jour de tout l'été
C'est le jour saint Barnabé.
(*Almanach perpétuel*, p. 145.)

La Saint-Barnabé le 11 juin.

Saint Blaise. Le lendemain saint Blaise
Seuvent l'hiver s'appaise.
(*Calendrier des bons Laboureurs*, pour 1618.)

— A la fête de saint Blaise
Le froid de l'hiver s'apaise;
S'il redouble et s'il reprend,
Bien longtemps après il se sent.
(*Annuaire de la Soc. de l'Hist. de France*, 1847.)

— Prenez bien garde au lendemain
De saint Blaise s'il est serain,
Car cela présage une année
Toute fertile et fortunée.
S'il neige ou pleut sera cherté,
S'il fait brouillard mortalité,
S'il fait vent nous verrons que Mars
Fera voler son étendard.
(*Calendrier des bons Laboureurs*, pour 1618.)

La Saint-Blaise le 3 février.

Sainte Catherine. A la saincte Catherine
Tout bois prend racine.
(Pluquet, *Contes pop. et Prov.*, etc., p. 130.)

— La sainte Catherine
Amene toujours la vouëtine.

C'est, dans le patois de la Franche-Comté, les frimas, la neige.
(*Annuaire de la Soc. de l'Hist. de France*, 1847.)

La Sainte-Catherine le 25 novembre.

Saint Clair. Saint Clair donne une journée claire.
(*Annuaire de la Soc. de l'Hist. de France*, 1847.)

Le jour de la Saint-Clair au 18 juillet.

Saint Clément. Passé la saint Clément,
Ne sème plus froment.
(Pluquet, *Contes pop. et Prov.*, etc., p. 128.

La Saint-Clément le 23 novembre.

Saint Crépin. Saint Crepin la mort aux mouches.
(*Annuaire de la Soc. de l'Hist. de France*, 1847.)

La Saint-Crépin le 25 octobre.

Sainte Croix. L'invention de sainte Croix
Donne bien des fêtes à la fois.
(*Almanach perpétuel*, p. 129.)

« Croiset, saint Jean Porte-Latin, saint Nicolas et
» Pierre, hermite, sont marchands qui font le debit
» tous les ans de pain et de vin. »
(*Annuaire de la Soc. de l'Hist. de France*, 1848.)

— Regarde bien, si tu me crois,
Le lendemain de sainte Croix
Si nous avons le temps serain,
Car on assure pour certain
Que quand cela vient, Dieu nous donne
L'année premièrement bonne ;
Mais si le temps est pluvieux,
Nous aurons l'an infructueux.

— Si la lune est pleine ou nouvelle
Le jour que sainte Croix suivra,
Et s'il avient que lors il gèle,
La plus grant part des fruits mourra.

La Sainte-Croix le 3 mai.

Saint Denis. Regarde bien auparavant
Et après saint Denis les jours,
Car si tu vois qu'il gèle blanc,
Les vieux assurent que toujours
Le semblable temps tu revois
Avant et après sainte Croix.
(*Calendrier des bons Laboureurs*, pour 1618.)

Sainte Eulalie. Si le soleil rit le jour sainte Eulalie,
Il y aura pomme et cidre à folie.
(PLUQUET, *Contes pop. et Prov.*, etc., p. 130.)

La Sainte-Eulalie le 12 février.

SAINT FRANÇOIS. A la saint François on seme
Si l'on veut, et plutôt même.
(*Almanach perpétuel*, etc., p. 179.)

— Ne seme point au jour de saint Léger.
Si tu ne veux du blé léger,
Mais seme au jour de saint François,
Il te viendra grain qui aura du poids.
(*Annuaire de la Soc. de l'Hist. de France*, 1847.)

La Saint-François le 4 octobre.

SAINT GENGOUL.

« On disait anciennement du premier jour de may :

Si Jacques l'apôtre pleure
Bien peu de glans il meure. »

« Ce qu'il faut maintenant rapporter au onzième, fête de saint Gengoul. »

S'il pleut le jour saint Gengoul,
Les porcs auront de glans leur soul.

« On disait encore anciennement :

» S'il pleut le premier jour de may,
» Les coings Madame sont cueillis. »
(*Calendrier des bons Laboureurs*, pour 1618.)

SAINT GEORGES. A la sainct George
Sème ton orge.
(PLUQUET, *Contes pop. et Prov.*, etc., p. 128.)

— A la saint George
Bonhomme, sème ton orge.
A la saint Marc
Il est trop tard.

— Autant il y aura de gelées blanches avant la saint Michel, autant il y en aura devant et après la saint Georges.
(*Annuaire de la Soc. de l'Hist. de France*, 1847-48.)

La Saint-Georges le 23 avril, la Saint-Marc le 25.

Sainte Gertrude. Le jour Gertrude bien se fait
Faire saigner du bras droict,
Celuy qui ainsi le fera
Cette année les yeux clairs aura.
(Calendrier des bons Laboureurs, pour 1618.)

Saint Gervais. Quant il pleut à la saint Gervais,
Il pleut quarante jours après.
(Pluquet, Contes pop. et Prov., etc., p. 120.)

— S'il pleut la veille saint Gervais
Pour les bleds c'est signe mauvais,
Car d'iceux la tierce partie
Est ordinairement périe,
A cause que par trente jours
Le temps humide aura son cours;
Que si tel jour estoit serain,
Qu'on s'assure d'avoir du grain.
(Calendrier des bons Laboureurs, pour 1618.)

La Saint-Gervais le 19 juin.

Saint Jacques. De glans sera votre porc dépouillé
Si la saint Jacques votre toit est mouillé.
(Annuaire de la Soc. de l'Hist. de France, 1858.)

La Saint-Jacques le 1er mai.

— Chemin de saint Jacques.

La Voie lactée.

« Si je ne voy le chemin de saint Jacques écrit
» au temps, je ne m'y fie non plus qu'à un larron
» ma bourse. »
(Comédie des Prov., acte III, sc. vii.)

Saint Jean. A la grant saint Jean
L'oiseau sur le gand.

La grande Saint-Jean, c'est la Saint-Jean-Baptiste célébrée le 27 décembre. Au sujet des quatre fêtes de saint Jean, voyez au bas de la page suivante.

Saint Jean. A la saint Jehan
Renouvelle l'an.
(*Prov. Gallic.; Recueil* de Thou, Ms.) xve siècle.

— A la saint Jean les jours les plus grands.

— La saint Jean à regret voit
Qui corvée ou argent doit.
(*Almanach perpétuel,* p. 146.)

— Employer toutes les herbes de la saint Jean.

L'armoise, ainsi que les autres plantes médicinales, sont en pleine fleur ; de là le proverbe.

On lit dans le *Calendrier des bons Laboureurs*, pour 1618 :

« Du 24 juin, jour de saint Jean, on souloit dire :

» Du jour saint Jean la pluye
» Fait la noisette pourrie.

» Ce qui se rapporte maintenant au 4 de juillet, et
» doit-on dire :

» Deux jours alors que Marie
» L'on visite, s'il fait pluye,
» Asseurez-vous que les filles
» Cueilleront bien peu de noisilles.

» Croissez, saint Jean Porte Latin,
» Saint Nicolas et Pierre hermite,
» Sont marchands qui font le debit
» Tous les ans du pain et du vin.

» Ces vers avoient rapport aux 23 et 24 avril, au 1er et
» au 3 mai ; on disoit aussi :

» Georget, Marquet, Jacquet, Croisset,
» Ces quatre sont du vin marchet. »

Dans le *Moyen de Parvenir*, au chapitre intitulé *Démonstration*, on lit : « Il avoit neigé, et c'étoit environ la Saint-
» Jean. — Tu débutes bien ! la Saint-Jean ? — Oui-da,
» il y a la Saint-Jean qu'on fauche, la Saint-Jean qu'on
» tond, la Saint-Jean qu'on bat, et la Saint-Jean qu'on
» chauffe. »

Saint Julien. Saint Julien brise glace,
S'il ne la brise il l'embrasse.

La Saint-Julien le 27 janvier.

SAINT LAURENT. A la saint Laurent
La faucille au froment.

— A la fête de saint Laurens
Si noix sont regardez dedans.

— Le chaud à la saint Laurent,
Le froid à la saint Vincent,
S'il est grand fort peu se sent,
Et la saison bonne nous rend.
(*Almanach perpétuel*, p. 161.)

La Saint-Laurent le 10 août.

— A la Madeleine
La noix est pleine,
A la saint Laurent
On fouille dedans.
(*Annuaire de la Soc. de l'Hist. de France*, 1847.)

SAINT LEU. A la saint Lou
La lampe au clou.
(PLUQUET, *Contes pop. et Prov.*, etc., p. 128 et 129.)

La Saint-Leu est le 1er septembre, époque à laquelle les ouvriers commencent à travailler à la lumière.

SAINT LUC. A la saint Luc,
Qui n'a pas semé seme dru.
(*Annuaire de la Soc. de l'Hist. de France*, 1847.)

La Saint-Luc le 18 octobre.

SAINTE LUCE. A la saincte Luce
Le jour croist le saut d'une puce.
(*Prov. communs.*) xve siècle.

Avant la réforme du calendrier en 1582, on disait : Les jours grandissent :

A la sainte Luce
Du saut d'une puce.
A la saint Thomas
Du pas d'un cheval.
A l'an neuf
Du saut d'un bœuf.

On doit dire aujourd'hui :

— A la saint Thomas
Les jours sont au plus bas.
(*Annuaire de la Soc. de l'Hist. de France*, 1847.)
La Sainte-Luce le 13 décembre.

SAINTE MADELEINE. A la Madeleine
Les noix sont pleines.
La Sainte-Madeleine le 22 juillet.

SAINT MARC. Quand il pleut le jour saint Marc,
Il ne faut ni pouque ni sac.
(PLUQUET, *Contes pop. et Prov.*, etc., p. 121 et 129.)
La Saint-Marc le 25 avril.

SAINT MARTIN. A la sainct Martin
Boit-on le bon vin.
(*Prov. communs.*) xve siècle.

— A la sainct Martin
L'hiver en chemin.
(*Suite aux Mots dorés de Caton.*) xvie siècle.

— A la saint Martin
Faut gouster le vin,
Nostre Dame après,
Pour boire il est près.
(*Calendrier des bons Laboureurs*, pour 1618.)

— A la saint Martin tout le moust passe pour bon vin.
(*Almanach perpétuel*, p. 192.)
La Saint-Martin le 11 novembre.

SAINT MATTHIAS OU SAINT MATTHIEU.

— A la saint Mathieu les jours
Sont égaux aux nuits dans leur cours.
(*Almanach perpétuel*, p. 174.)

— Saint Mathiache
Casse la glachë.
(CORBLET, *Prov. picards.*)

Saint Mathurin. Qu'en ce jour le bled soit semé,
Que le fruit soit enserré.
(*Almanach perpétuel*, p. 188.)

La Saint-Mathurin le 2 novembre.

Saint Médard. S'il pleut le jour saint Médard.
Il pleuvra quarante jours plus tard.
(Pluquet, *Contes pop. et Prov.*, etc., p. 129.)

— S'il pleut le jour saint Médard,
Le tiers des biens est au hasard.
(*Almanach* de Math. Laensberg.)

— Du jour saint Médard en juin
Le laboureur se donne soin,
Car les anciens disent, s'il pleut,
Que trente jours durer il peut;
Et s'il est beau, sois tout certain
D'avoir abondance de grain.
(*Calendrier des bons Laboureurs*, pour 1618.)

La Saint-Médard le 8 juin.

Saint Michel. A la sainct Michaut
Lors chacun fruit queaut.

A la Saint-Michel on cueille chaque fruit.
(*Suite aux Mots dorés de Caton.*) xvie siècle.

— Pluye de saint Michel, soit devant,
soit derrière, elle ne demeure au ciel.

La Saint-Michel le 16 septembre.
(*Adages françois.*) xvie siècle.

Saint Nicolas. Si hiver étoit outre la mer si viendroit-il à saint Nicolas parler.
(*Almanach perpétuel*, p. 199.)

La Saint-Nicolas le 6 décembre.

Saint Paul. Le jour saint Paul
L'hiver se rompt le col.
(*Calendrier des bons Laboureurs*, pour 1618.)

Saint Paul. De saint Paul la claire journée
Nous dénote une bonne année;
S'il fait vent nous aurons la guerre,
S'il neige ou pleut cherté sur terre.
S'on voit fort espois les brouillards
Mortalité de toutes parts.

— Si le jour saint Paul le convers
Se trouve beau et descouvers,
L'on aura en cette saison
Des biens de terre à grand foison.

— S'il pleut ou neige, sans faillir
Le cher temps nous veut assaillir.

— Saint Pierre et saint Paul pluvieux
Pour trente jours dangereux.

(*Calendrier des bons Laboureurs,* pour 1618.)

La Saint-Paul le 25 janvier.

Saint Pierre. A la sainct Pierre
L'hiver s'en va ou il ressere.
(*Prov. communs.*) xve siècle.

— A la Chaire saint Pierre
L'hiver s'en va s'il ne se ressere.
(*Almanach perpétuel,* p. 85.)

La Chaire de Saint-Pierre le 18 janvier.

— S'il pleut à la veille saint Pierre
La vigne est réduite au tiers.

(*Annuaire de la Soc. de l'Hist. de France,* 1847.)

Saint Sacrement. A la saint Sacrement
L'épi au froment.

(Pluquet, *Contes pop. et Prov.*, etc., p. 129.)

Saint Simon. A la saint Simon
Une mouche vaut un pigeon.

La Saint-Simon le 28 octobre.

Saint Thomas. A la sainct Thomas
Les jours sont au plus bas.

— A la fête saint Thomas
Les jours s'agrandissent d'un pas.

— A la saint Thomas
Cuis ton pain, bue (*lave*) tes draps.
Tu n'auras pas si tot cui et bué
Que tu verras le jour de Noë.
(*Almanach perpétuel*, p. 204.)

Dans le département du Nord, on dit que les jours allongent.

— Al saint Thomas
Du saut d'un cat.
Au Noë
Du saut d'un baudet.
Au bon an
D'un pas de sergent.
Aux Rois
On s'en apperçoit.
Al Candelée (*à la Chandeleur*)
A tout allée.
(Corblet, *Prov. picards*, p. 167.)

La Saint-Thomas le 6 octobre.

Saint Urbain. A la saint Urbain
Ce qui est à la vigne est au vilain.
(*Prov. communs.*) xve siècle.

La Saint-Urbain le 23 janvier.

Saint Valentin. Seigneur du jour de saint Valentin
Fait le sang net soir et matin,
Et la saignée du jour devant
Garde des fièvres en tout l'an.

« On souloit dire ces vers du 14 février, qui est le
» propre jour de saint Valentin, ce qu'il faut dire au-
» jourd'hui du 24 du même mois, en cette sorte :

« Si tu fais tirer de ton bras
» Du sang le jour de saint Mathias,
» Il sera net toute l'année.
» Et du jour devant la saignée
» Sans fièvre maintiendra sain
» Jusqu'au retour de l'an prochain, »
(*Calendrier des bons Laboureurs*, pour 1618.)

Saint Vallier. A la saint Vallier
La charrue sous le poirier,
La Toussaint venue
Quitte la charrue.
(*Calendrier des bons Laboureurs*, pour 1618.)

La Saint-Vallier le 22 octobre.

Saint Vincent. A la saint Vincent
L'hiver s'engrine si l'attens.
(*Prov. communs.*) xve siècle.

— A la sainct Vincent
L'hiver monte ou il descend,
Ou il s'engrine malement.

— A la saint Vincent
Le vin monte au sarment,
Ou s'il gèle il en descend.
(*Adages françois.*) xvie siècle.

— A la saint Vincent
Tout dégèle ou tout fend.
(Pluquet, *Contes pop. et Prov.*, etc., p. 130.)

— A la saint Vincent
L'hyver se reprend,
Tout gèle ou tout fend,
On se rompt la dent.
(*Calendrier des bons Laboureurs*, pour 1618.)

— Prends garde au jour de saint Vincent,
Car si ce jour tu vois et sens

>   Que le soleil soit clair et beau,
>   Nous aurons du vin plus que d'eau.
>   *(Almanach perpétuel, etc., p. 86.)*

La Saint-Vincent le 22 janvier.

SAISON. De saison tout est bon.
>   (GABR. MEURIER, *Trésor des Sentences.*) xvie siècle.

— A la bonne et male saison
  Doit se régler toute maison.

— Amasser en toute saison,
  Dépenser selon la raison,
  L'on fait ainsi bonne maison.
>   *(Almanach perpétuel, p. 48.)*

SAMEDI. Entre deux samedis avoient moult de merveilles.
>   (*Anc. prov.*, Ms.) xiiie siècle.

— Nul samedy sans soleil.
>   (*Recueil* de GRUTHER.)

— Le soleil par excellence
  Au samedi fait la révérence.
>   (*Calendrier des bons Laboureurs*, pour 1618.)

SÉCHERESSE. A grande seicheur (*sécheresse*) grande humeur.
>   (GABR. MEURIER, *Trésor des Sentences.*) xvie siècle.

SEMAINE. Il y a plus de jours que de semaines.

— La semaine des trois jeudis.
>   *(Almanach perpétuel, p. 17.)*

SEPTEMBRE. Septembre est le mai d'automne.
>   (*Almanach* de MATH. LAENSBERG.) xviie siècle.

SOIR. Voyez MATIN, dans cette Série.

SOLEIL. Avoir le soleil et le vent au dos.
  C'est-à-dire avoir du bonheur.

— Avoir le soleil aux yeux.
  Avoir du malheur.

Soleil. Soleil qui luisarne au matin,
Femme qui parle latin,
Et enfant nourri de vin,
Ne viennent jamais à bonne fin.
(*Origine de quelques anc. Cout., etc.*, par Mosans de Brieux, p. 67.)

— L'épicycle du soleil.

Une chose impossible. Voici comment Bouvelles explique ce proverbe : « Les astronomes rapportent que le soleil
» est le seul astre qui n'ait pas d'épicycle, c'est-à-dire de
» révolution, parce qu'il est immobile. »
(Bovilli *Prov.*) xvie siècle.

— Chercher l'ombre du soleil.
C'est-à-dire l'impossible.

— Il fait beau temps quand soleil luit,
Et plus beau lorsque rien ne nuit.

— Faire honneur au soleil.
C'est-à-dire se lever tard.

« Tu te lèves tard, dis-tu, pour faire honneur au
» soleil, c'est-à-dire pour lui laisser l'honneur de se
» lever le premier. »
(*Illustres Prov.*, t. II, p. 4.)

— Chaus soleil luit loins.
(*Anc. prov.*, Ms.) xiiie siècle.

— Du kiot vent et du caud solaige
C'est le temps de gras pourceaux.
(*Prov. de l'arr. de Béthune.*)

Quand la pluie tombe et que le soleil brille, on dit :

C'est le diable qui bat sa femme et qui marie sa fille.

— Il est midy, le soleil me luist sur le ventre.

— Il ne change point de pays qui voit tousjours le soleil.
(*Adages françois.*) xvie siècle.

Soleil. Le soleil luit sur les bons et sur les mauvais, ou bien sur tout le monde.

— Le soleil et les sergens
En tous lieux éclairent les gens.

— Le soleil n'a pareil.
(*Prov.* de Bouvelles.) xvie siècle.

— L'œil du sage est du soleil l'image.
(Gabr. Meurier, *Trésor des Sentences.*) xvie siècle.

— On adore plutôt le soleil levant que le soleil couchant.
(*Dictionn. comique*, par P. J. Le Roux, t. II, p. 85.)

— Où le soleil luit la nuit n'a point pouvoir.

— Pisser contre le soleil.
C'est-à-dire offenser ses amis ou ses protecteurs.

— Trois choses jamais ne cessent : le soleil, le feu, l'esprit de l'homme.

— Où le soleil luict la lune n'y a que faire.
(*Adages françois.*) xvie siècle.

— Quand le soleil est couché il y a bien des bêtes à l'ombre.
(Oudin, *Curiosités françoises*, p. 508.)

— Qui dort jusqu'au soleil levant
Il meurt pauvre finallement.

— Soit dans un pré, soit au soleil,
Est très-nuisible le sommeil.
(*Almanach perpétuel*, p. 35.)

— Qui a le soleil ne meurt jamais.
(*Adages françois.*) xvie siècle.

— Qui a le soleil n'a jamais nuit.
(*Adages françois.*) xvie siècle.

Solstice. Si le solstice de l'hiver
Peut réduire un malade au ver,

Celui qui ne vient qu'en été
Est très-utile à la santé.
(*Almanach perpétuel*, p. 65.)

TEMPS. Temps de madame Havré.
Mauvais temps.
(OUDIN, *Curiosités françoises*, p. 524.)

— Temps pommelé, pomme ridée et femme fardée ne sont pas de longue durée.
(*Dictionn. comique*, par P. J. LE ROUX, t. I, p. 498.)

— Temps vient et temps passe,
Fol est qui ne se compasse.
(*Recueil de* GRUTHER.)

— Autre temps, autre mœurs.
(*Dictionn. de l'Académie*, édit. de 1835.)

— Changement de temps entretien de sot.
(*Matinées sénonaises*, p. 82.)

— Le temps beau, bon et fâcheux,
Est l'entretien de qui n'a mieux.

— Du temps faut parler
Pour propos renouveller.
(*Almanach perpétuel*, p. 54.)

— Le temps n'est pas toujours en bonne disposition.

— Du temps que les bestes parloient.

— Du temps que l'on se mouchoit sur la manche.
(OUDIN, *Curiosités françoises*, p. 525.)

— Il fait un temps de demoiselle, ni pluie, ni vent, ni soleil.
(OUDIN, *Curiosités françoises*, p. 524.)

— Il faut prendre le temps comme il vient, les gens pour ce qu'ils sont, et l'argent pour ce qu'il vaut.
(*Almanach* de MATH. LAENSBERG.) XVIIe siècle.

Temps. Le temps bien employé fait monter à cheval.

— Le temps nous passe.
(*Adages françois.*) xvie siècle.

— Le temps est à Dieu et à nous.

— Prends du temps la règle commune,
Au premier mardi de la lune.
(*Almanach* de Math. Laensberg.) xviie siècle.

— Tout vient à temps pour qui peut attendre.
(*Dictionn. de l'Académie*, édit. de 1835.)

— Selon le temps la tempeure.
(*Prov. communs.*) xve siècle.

— Le temps est un grand maître.

On connaît l'altération singulière de ce proverbe : *Le Temps est un grand maigre.*

Tonnerre. En mars quand il tonne
Chacun s'en étonne;
En avril s'il tonne
C'est nouvelle bonne.
(*Calendrier des bons Laboureurs*, pour 1618.)

— Contre le tonnerre ne pette.
(*Mimes* de Baïf, fol. 66 v°.) xvie siècle.

— Longues beuvettes rompent le tonnoire.
(Rabelais, liv. i, ch. 5.) xvie siècle.

— Quand il tonne il faut escouter tonner.
(*Adages françois.*) xvie siècle.

— Quand il a tonné et encore tonne,
La pluye approche et montre la corne.
(Gabr. Meurier, *Trésor des Sentences.*) xvie siècle.

— Tant tonne qu'il pleust.
(*Prov. communs.*) xve siècle.

— Toutes les fois qu'il tonne le tonnerre ne tombe pas.
(*Dictionn. de l'Académie*, édit. de 1835.)

Tonnerre. Il n'est si grand sur la terre
   Que n'abatte un coup de tonnerre.
            (*Almanach perpétuel*, p. 60.)

Toussaint. A la Toussaint les blés semés
   Et tous les fruits serrés.
      (*Almanach* de Math. Laensberg.) xviie siècle.

— Entre la Toussaint et Noël
   Ne peut trop pleuvoir ne venter.
   (Gabr. Meurier, *Trésor des Sentences.*) xvie siècle.

Vendredi. Vendredi de la semaine est
   Le plus beau ou le plus laid.
      (*Calendrier des bons Laboureurs*, pour 1618.)

— Tel rit le vendredi
   Qui dimanche pleurera.

— Grand comme un jour sans pain,
   Ou comme le vendredi saint.
            (*Almanach perpétuel*, p. 127.)

Vent. Vent au visage rend l'homme sage.
   (Gabr. Meurier, *Trésor des Sentences.*) xvie siècle.

— A tous vens comme girouette.
            (*Adages françois.*) xvie siècle.

— Autant en emporte le vent.

   « Princes à mort sont destinez
   » Comme les plus pauvres vivans ;
   » S'ils en sont coursez ou tennez (*courroucés*),
   » Autant en emporte li vens. »
(Villon, *Troisième ballade du Grand Testament.*) xve siècle.

— Il est frappé d'un mauvais vent.
            (*Adages françois.*) xvie siècle.

— Il faut laisser courir le vent par-dessus les thuiles.

Vent. Qui est sur la mer il ne fait pas ce qu'il veut du vent.

(*Almanach perpétuel*, p. 133.)

— Jeter la plume au vent.

Prendre sa résolution au hasard.

(*Dictionn. de l'Académie*, édit. de 1835.)

— L'autal (*austral*, vent du midi) qu'on dit le droit vent dégelle comme eau bouillant.

(*Calendrier des bons Laboureurs*, pour 1618.)

— Le vent n'entre jamais dans la maison d'un advocat.

(*Adages françois.*) xvie siècle.

— Le vent nettoye le froment,
Et les vices le châtiment.

— Le vent de prospérité
Change bien souvent de côté.

(*Almanach perpétuel*, p. 63.)

— Le plus fort vent des jours de Bordes
Le plus souvent tout l'an déborde.

Ce proverbe s'applique au vent qu'il fait le premier jour de carême.

(*Calendrier des bons Laboureurs*, pour 1618.)

— Par vent et nue
L'air se remue.

(*Prov.* de Bouvelles.) xvie siècle.

— Plus desgelle droit vent que ne fait eau boillant.

(*Prov. communs.*) xve siècle.

— Savoir de quel côté vient le vent.

(Oudin, *Curiosités françoises*, p. 564.)

— Qui va sans barbe et tout nud,
Au vent de bise est morfondu.

Vent. Quand le soleil se joint au vent,
On voit en l'air pleuvoir souvent.
(*Almanach perpétuel*, p. 68.)

— Regarder de quel côté vient le vent.

— Selon le vent la voile.
(*Dictionn. de l'Académie*, édit. de 1835.)

— Tant vente qu'il pleut.

— Tout d'ung vent et tout d'ung eau, en contraire partie tourne les roues.
(Bovilli *Prov.*) xvie siècle.

SÉRIE Nº IV.

PROVERBES RELATIFS AUX ANIMAUX.

QUADRUPÈDES. — OISEAUX. — INSECTES. — POISSONS.

ABEILLE. Les petits pots ont des oreilles,
      Et petites ruches les abeilles.
        (GABR. MEURIER, *Trésor des Sentences.*) XVIe siècle.

—   Le roy des avetz (*abeilles*) n'a esguillon.
        (BOVILLI *Prov.*) XVIe siècle.

—   Il ne faut pas faire tant de bruit : ce ne sont pas des abeilles, on ne les assemble pas au son d'un chaudron.
        (*Comédie des Prov.*, act. II, sc. II.)

AGASSE (*corbeau*). Quelque temps qu'il face,
      Mieux vault pie que agasse.
        (*Prov. communs.*) XVe siècle.

AGNEAU. D'où vient l'agneau là retourne la peau.
        (*Recueil* de GRUTHER.)

—   Il va plus au marché peaux d'agneaulx que de vielles brebis.
        (*Prov. Gallic.*, Ms.) XVe siècle.

—   Mieux vault tondre l'aigneau
      Que le pourceau.

Agneau. Où le loup trouve un aigneau
Il y en cherche un nouveau.
(Gabr. Meurier, *Trésor des Sentences.*) xvie siècle.

— Plus vit li aigniax (*agneau*), plus empire li piax (*la peau*).
(*Anc. prov.*, Ms.) xiiie siècle.

Aile. Il veut voler sans ailes.

— Il en a dans l'aile.

— Ne battre que d'une aile.
(Oudin, *Curiosités françoises.*)

Alan. L'alan souvent la queue remue,
Non pour toy, mais pour la repue.
(Gabr. Meurier, *Trésor des Sentences.*) xvie siècle.

Alouette. Si les nues chéoit
Les aloès sont toutes prises.
(*Prov. Gallic.*, Ms.) xve siècle.

Si le ciel tombait, il y aurait bien des alouettes de prises.

« Toutes foys on dict que les alouètes grandement
» redoubtent la ruyne des cieulx, car les cieulx
» tombans toutes seroyent prinses. »
(Rabelais, liv. iv, ch. 16.) xvie siècle.

— Les allouetes luy tomberont toutes rôties dans la bouche.
(Oudin, *Curiosités françoises*, p. 10.)

— S'éveiller au chant de l'alouette.
S'éveiller de grand matin.
(*Dictionn. de l'Académie*, édit. de 1835.)

Ane. Ane avec le cheval n'attèle.
(*Mimes* de Baïf, fol. 13 v°.) xvie siècle.

— Asne convié à hopces eau ou boys y doibt aporter.
C'est-à-dire on n'invite les pauvres que pour en tirer service.
(*Anthologie ou Conférence des Prov.*, Ms.) xve siècle.

Ane. Ane du commun toujours le plus mal bâté.
>(Le Roux, *Dictionn. comique*, t. II, p. 118.)

— Asne d'Arcadie
Chargé d'or mange chardons et ortie.

— Asne picqué à troter est incité.
>(Gabr. Meurier, *Trésor des Sentences*.) xvie siècle.

— Asne viel ne vault plus à rien.
>(*Mimes* de Baïf.) xvie siècle.

— A dur asne duit (*convient*, *il faut*) esguillon.
>(Gabr. Meurier, *Trésor des Sentences*.) xvie siècle.

Ou :

A dur asne dur aguillon.
>(*Prov. communs*.) xve siècle.

A rude asne rude asnier.
>(*Adages françois*.) xvie siècle.

A pesant beuf dur éguillon.

— A la procve (*preuve*) on escorche l'âne.
>(*Recueil* de Gruther.)

— Un âne qui n'a point mangé d'avoine n'entend pas le bruit du crible.
>(*Moyen de parvenir*, chap. intitulé *Cause*.)

— A quoi peut-être vous êtes stylé comme un âne à jouer du flageolet.
>(*Moyen de parvenir*, chapitre intitulé *Parlement*.)

— A l'asne l'asne semble très beau.
>(*Mimes* de Baïf.) xvie siècle.

— A laver la teste d'un asne
L'on n'y pert que la lessive.
>(*Adages françois*.) xvie siècle.

« Aultres lavoyent les testes des asnes et n'y per-
» doyent que la lessive. »
>(Rabelais, liv. v, ch. 21.)

Ane. A qui est l'asne si le tienne par la queue.

— A qui est l'asne se le garde.
>(*Prov. communs.*) xve siècle.

— Assez va au molin qui son asne y envoie.
(Gabr. Meurier, *Trésor des Sentences.*) xvie siècle.

— Braire comme des asnes en plain marché.

Ou :

— Comme un asne que l'on meine paistre.
(*Facétieux Réveille-matin*, p. 103, 171.) xviie siècle.

— Brider l'âne par la queue.

Faire une chose dans le sens opposé à celui dans lequel elle doit être faite.

— Ce que pense l'asne ne pense l'asnier.
(*Prov. Gallic.*, Ms.) xve siècle.

Dans les *Proverbes françois*, Ms. du xiiie siècle :

Une panse li asne et autre li asnier.

— C'est le pont aux ânes.

— Colère comme un âne à qui l'on attache une fusée aux fesses.

— Contre vizeus asnon vizeus asnier.

Contre un ânon rusé ânier rusé.
(*Prov. ruraux et vulgaux*, Ms.) xiiie siècle.

— Court baston haste grande ânesse.
(*Mimes* de Baïf, fol. 59.) xvie siècle.

— Demander de la laine à un âne.
(*Petite Encyclopédie des Prov.*)

— Deux Jean et un Pierre
Font un asne entier.
(Gabr. Meurier, *Trésor des Sentences.*) xvie siècle.

— Deux orgueilleux ne peuvent estre portez sur un asne.
(*Adages françois.*) xvie siècle.

Ane. Encore vale une toise de bacon (*jambon*) .ii. d'asne.
(*Anc. prov.*, Ms.) xiiie siècle.

— Il cherche son âne et il est monté dessus.

Se dit d'un homme qui cherche ce qu'il a entre les mains.
(*Dictionn. de l'Académie*, édit. de 1835.)

— Faire l'âne pour avoir du bren.
(Rabelais.)

On dit :

— Faire l'âne pour avoir du son.

C'est-à-dire faire le gracieux, le gentil.

— Il est bien âne de nature qui ne peut lire son écriture.
(*Dictionn. comique*, par P. J. Le Roux, t. I, p. 425.)

— Il y a maint asne en la foire qui s'entreresemble.
(*Prov. Gallic.*, Ms.) xve siècle.

— Il y aura de l'âne.

Locution proverbiale pour dire qu'il se fera quelque bêtise.
(*Encyclopédie des Prov.*)

— Il y a plus d'un âne à la foire qui s'appelle Martin.

— L'asne de tous est mangé des loups.
(Gabr. Meurier, *Trésor des Sentences*.) xvie siècle.

— La seure somme abat l'asne.
(*Anc. prov.*, Ms.) xiiie siècle.

La surcharge abat l'âne.

— L'un asne appelle l'autre roigneux.
(*Prov. Gallic.*, Ms.) xve siècle.

—. Mener l'âne.

Regarder faire les autres, tenir la chandelle.
(Voir *Rabelæsiana* de *Delaulnay*, au mot Ane.)

— Monter l'âne.

Faire banqueroute. Il était d'usage, au xvie siècle, dans plusieurs provinces de France, de faire monter les banqueroutiers sur un âne, la tête tournée vers la queue, et de les promener ainsi par la ville.

(*Encyclopédie des Prov.*)

ANE. Insulter l'âne jusqu'à la bride.

(*Encyclopédie des Prov.*)

— On n'aura ja bon asne vieulx.

(*Prov. communs.*) xve siècle.

— On ne doit pas lier les asnes avant les chevaux.

(*Anc. prov.*, Ms.) xiiie siècle.

— Opiniâtre comme un asne rouge.

« Pour dire opiniâtre comme le peut estre un cardinal ignorant, lequel s'obstine ordinairement en son opinion, sans fondement ni raison, et veut tout gaigner en vertu de son autorité, et s'offense si on ne luy cède. Non pas que son avis soit juste et raisonnable, mais parce qu'il est cardinal et prince de l'Église. Or on le nomme asne parce qu'il est ignorant, et rouge parce qu'il porte la calotte et le bonnet rouge. »

(*Étym. des Prov. franç.*, par FLEURY DE BELLINGEN, p. 154.)

— Pour couvrir sa bisbetize
L'Asnon veut parler de la bise.

(*Adages françois.*) xvie siècle.

— Pour vous montrer que votre âne n'est qu'une bête.

Pour vous faire voir votre erreur.

(*Dictionn. de l'Académie*, édit. de 1835.)

— Quand tous asnes auront longues oreilles.

(GABR. MEURIER, *Trésor des Sentences.*) xvie siècle.

— Qui à asne tient à asne vient.

(*Prov. communs.*) xve siècle.

— Ki asne bée asne vient.

Qui âne désire âne devient.

(*Anc. prov.*, Ms.) xiiie siècle.

Ane. Mengeant du foin vous sentez l'âne.
>> (*Recueil des Devis des suppôts du Seigneur de la Coquille*, p. 170.)

— Rechanéiz d'asnes.
Ricanement, cris d'ânes.
>> (*Dit de l'Apostoile.*) xiiie siècle.

C'est ainsi qu'on appelait autrefois le braiment de l'âne. Dans l'office burlesque, chanté le jour de la fête de l'âne, on lit ces trois vers :

>> Beau sire âne, eh! chantez,
>> Belle bouche rechignez ;
>> Vous aurez de l'avoine à plentez.

— Soubs umbre d'asne entre chien au moulin.
>> (*Prov. communs.*) xve siècle.

— Tel asnon tel aguillon.
>> (Gabr. Meurier, *Trésor des Sentences.*) xvie siècle.

— Tirer des pets d'un âne mort.

« J'y vey ung jeune sponziateur, lequel artificiel-
» lement tiroyt des petz d'ung asne mort. »
>> (Rabelais, liv. v, ch. 22.) xvie siècle.

— Trot d'asne, de paille un feu
Ne dure rien ou peu.
>> (Gabr. Meurier, *Trésor des Sent.*) xvie siècle.

— Ung asne n'entend rien en musique.
>> (*Prov. communs.*) xve siècle.

— Un asne qui porte une escriptoire bien moustaché vaut pis qu'un moyne.

— Un asne y mordroit.
>> (*Adages françois.*) xvie siècle.

Anguille. A grant pescheur eschappe anguille.
>> (*Prov. communs.*) xve siècle.

— En vain l'anguille a sur l'aigle envye.
>> (Bovilli *Prov.*) xvie siècle.

Anguille. Escorcher l'anguille par la queue.
>(Oudin, *Curiosités françoises*, p. 13.)

— Il tient quelque anguille cachée sous roche.

Au sujet des *Anguilles de Melun*, voyez à la série n° IX, au mot Languille.

— Qui tient l'anguille par la cue il ne l'a mie.
>(*Anc. prov.*, Ms.) xiiie siècle.

— Rompre l'anguille au genouil.
>(Oudin, *Curiosités françoises*, p. 14.)

Entreprendre une chose qui ne peut réussir.

Voyez série n° XIV, au mot Andouille.

Araignée. L'araignée mange la mousche et le lisard l'araignée.
>(*Adages françois*.) xvie siècle.

— Ils ont tixu les toilles des yraines.

Aspic. Ils ont rompu les œufs d'aspic.
>(Bovilli *Prov*.) xvie siècle.

Autruche. Il a un estomac d'autruche, il digéreroit le fer.
>(*Dictionn. comique*, par P. J. Le Roux, t. I, p. 477.)

Baudet. Chante à un baudet, il te fera un pet.
>(Gabr. Meurier, *Trésor des Sentences*.) xvie siècle.

« Chantez à l'âne et il vous ferra (*frappera*) des
» pieds. »
>(*Adages françois*.) xvie siècle.

Bec. Gar le bec qui ne reste au sec.
>(Gabr. Meurier, *Trésor des Sentences*.) xvie siècle.

— Donner un coup de bec.

C'est-à-dire donner en passant quelque trait satirique à quelqu'un.
>(Le Roux, *Dictionn. comique*, etc., t. I, p. 101.)

— Elle ne faillira pas par le bec.

Bec. Il n'y a plus que le bec à ourler et le cul à coudre, et puis ce sera une canne.

— On prend les oiseaux par le bec et les hommes par la parole.

(Oudin, *Curiosités françoises*, p. 37.)

— Tel bec tel chant.

— Tout bec crochu de proye est soutenu.

(Gabr. Meurier, *Trésor des Sentences.*) xvie siècle.

Pour d'autres locutions proverbiales relatives au mot *bec*, voyez l'*Ancien Théâtre franç.*, t. X. Glossaire.

Béjaune, pour ignorant, sot, innocent.

Expression proverbiale empruntée à la couleur du bec des oiseaux qui viennent de naître.

Faire, montrer la béjaune à quelqu'un.

Lui montrer sa simplicité, sa bêtise.

« Je lui ferai voir son petit béjaune. »

(Molière, *Festin de Pierre*, acte II, sc. iv ; et *Malade imaginaire*, acte III, sc. vi.)

De même Cyrano de Bergerac dans le *Pédant joué* :

« Il dit d'or, s'il n'a pas le bec jaune.

On trouve aussi dans le *Roman de la Rose*, xiiie siècle :

« Car vous avés le bec trop jaune. »

Et dans Rabelais, liv. ii, ch. 18 :

« Pensant ce diable de Pantagruel qui a convaincu
» tous les resveurs et béjaunes, etc. »

Voyez aussi dans les *Contes* d'Eutrapel, fol. 41 r°.

Dans les colléges de Paris il y avait jadis un droit établi sur les nouveaux venus qu'on appelait le *Béjaune*. On le payait à un chef nommé l'*abbé des Béjaunes*, et cet argent était employé en régals auxquels prenaient part tous les écoliers. Ces béjaunes donnèrent lieu à quelque désordre ; car, dans une ordonnance de police de l'année 1311, on trouve une amende contre ceux qui acquittent le *Béjaune.*

SERIE N° IV.

BÊTE. Bonne beste s'échauffe en mengeant.
>(*Adages françois.*) xvi° siècle.

— Ce n'est pas vivre en bête quand on en sait bien le compte.

— C'est une bonne beste, c'est dommage qu'elle n'a du laict.
>(OUDIN, *Curiosités françoises*, p. 41.)

— C'est une laide beste
Qui n'a queue ne teste.
>(GABR. MEURIER, *Trésor des Sentences.*) xvi° siècle.

— Deux bêtes paissent bien en un pré.

— En vieille bête pas de ressource.
>(*Encyclopédie des Prov.*)

— Il aimera toujours mieux le licol que la beste.
>(BRUSCAMBILLE, *Voyage d'Espagne.*) xvii° siècle.

— Il n'y a beste tant soit fière,
Qui ne se délecte de sa pareille.
>(GABR. MEURIER, *Trésor des Sentences.*) xvi° siècle.

— Il n'y a si petite bête qui ne puisse sauver sa vie.
>(*Encyclopédie des Prov.*)

— Il s'est jetté dessus comme sur une beste empruntée.
>(OUDIN, *Curiosités françoises*, p. 41.)

— La beste a raison, il la faut mener à l'estable.
>(*Comédie des Prov.*, acte II, sc. II.)

— La beste fait tousjours la feste.

— La charge dompte la beste.
>(GABR. MEURIER, *Trésor des Sentences.*) xvi° siècle.

— Le pied sec, chaut la teste, au reste vivez en beste.
>(*Recueil* de GRUTHER.)

— Morte la beste mort le venin.

BÊTE. On prend les bestes par les cornes
Et les hommes par les paroles.
(GABR. MEURIER, *Trésor des Sentences.*) XVIe siècle.

— Pas si bête.
(*Dictionn. de l'Académie*, édit. de 1835.)

— Plus fin que lui n'est pas bête.
(*Encyclopédie des Prov.*)

— Laissez cela, ce n'est que du foing, sont les bestes qui s'y amusent.

— Si vous faites la beste, le loup vous mangera.
(*Comédie des Prov.*)

— Quand Jean Bête est mort il a laissé bien des héritiers.
(*Encyclopédie des Prov.*)

— Que vous souciez-vous que dise le peuple? Ne sçavez-vous pas bien que c'est une beste à plusieurs testes?
(*Ancien Théâtre franç.*, t. VIII, p. 136.)

— Qui se fait bête le loup le mange.
(OUDIN, *Curiosités françoises*, p. 40.)

— Remonter sur sa bête.

— Reprendre du poil de la bête.
Reprendre l'avantage.
(*Dictionn. de l'Académie*, édit. de 1835.)

— Souvent les bêtes montrent à vivre aux hommes.
(*Dictionn. comique*, par P. J. LE ROUX, t. II, p. 181.)

— Toutes bestes craignent la mort.
(*Prov. communs.*) XVe siècle.

— Vous ne vous en irez pas sans beste vendre.
(OUDIN, *Curiosités françoises*, p. 41.)

BOEUF. Beuf lassé va souef (*doucement*).
(*Prov. communs.*) XVe siècle.

Boeuf. Beufs portent cornes et veaux cornettes.

« Bœufs est mis là pour les gens de robe, advocats et
» conseillers, ou procureurs, et veaux pour les jeunes
» docteurs licenciez. On dit que les premiers sont bœufs
» qui porteront cornes, parce que ceux d'entre eux qui
» sont vieux et qui ont de belles jeunes femmes, sont
» sujets à estre cocus. Les seconds sont appellez veaux à
» cornettes parce qu'ils sont si enflés d'avoir le bonnet de
» docteur, qu'à peine font-ils quatre pas sans leur robe et
» le chaperon qui y est attaché, qu'on nomme cornette. »
(*Étymol. des Prov. franc.*, par Fleury de
Bellingen, p. 182.)

« Qui occasionna un vieil sénateur de Paris de dire
» que *non amplius in senatum, sed in juvenatum ibat*,
» comme tesmoigne le disciple de Ch. du Molin de son
» conseil 57, voulant dire par là qu'il falloit denommer
» le parlement non pas de ce nom de vieil et ancien,
» mais du mot *juvenat*, qui signifie assemblée de jeunes
» gens, à cause de la multitude de jeunes conseillers
» qu'on y a receus. Sans m'esgarer trop hors de ce propos,
» je pourrois dire en cest endroit l'équivoque de ces doc-
» teurs qui sont si curieux de *pileo* et *birreto doctorali*,
» qu'ils ne sçauroient aller à la seell sans cornettes, de
» sorte qu'ils ont donné lieu au proverbe : *Bœufs portent
» cornes et veaux cornettes.* » (*Bigarrures du seigneur des
Accords*, édit. de 1640, p. 90.)

— Beuf saignant, mouton bêlant, porc pourri,
tout n'en vaut rien s'il n'est bien cuit.

(Le Roux, *Dictionn. comique*, etc., t. I, p. 119.)

— Au bon beuf estmeut-on la char.

Au bon bœuf on remue la chair.
(*Prov. ruraux et vulgaux*, Ms.) xiiie siècle.

— Au pauvre un œuf vaut un bœuf.
(Gabr. Meurier, *Trésor des Sentences*.) xvie siècle.

— Bien pert s'Alleluye qui à dos de buef la
chante.

Bien perd son *Alleluya* qui le chante au dos d'un bœuf.
(*Anc. prov.*, Ms.) xiiie siècle.

Bœuf. Ce n'est que la pièce de bœuf.
(*Adages françois.*) xvie siècle.

— Comme les bœufs par les cornes on lye,
Aussi les gents par leurs mots ou folie.
(Gabr. Meurier, *Trésor des Sentences.*) xvie siècle.

— On lie les bœufs par les cornes et les hommes par les paroles ; et autant vaut une simple promesse ou convenance que les stipulations du droit romain.
(Loysel, *Institutes coutumières*, etc., n° 357.)

— Il ne se faut pas jouer au beuf.

— Le grand beuf aprend à labourer le petit.
(*Prov. communs.*) xve siècle.

— Les grands bœufs ne font pas les grandes arées (*labourages*).
(*Adages françois.*) xvie siècle.

— Donner un œuf
Pour avoir un bœuf.
(*Matinées sénonaises*, p. 153.)

— Il a l'âge d'un vieux beuf.
C'est-à-dire seize à dix-huit ans.

« La belle qui estoit de l'âge d'un viel bœuf,
» c'est-à-dire désirable et fraîche, etc. »
(*Moyen de parvenir.*)

— Il vaut mieux estre l'esguillon que le bœuf.
(*Adages françois.*) xvie siècle.

— Mettre la charrue devant les bœufs.
Dans le roman de Tristan, en vers, le poëte recommande de saluer l'image de Notre-Dame : on salue bien, dit-il, un abbé :

« Et celi n'inclinerons pas ?
» Ce seroit certes grans eschars
» Devant les buefs iroit li chars. »
(xiiie siècle.)

« Et on ne salurait pas celle-là? Ce serait certes
» grand mépris; le char irait devant les bœufs. »

Bœuf. Mieux vault en paix un œuf
Qu'en guerre un bœuf.

— Mieulx vault promptement un œuf
Que demain un bœuf.
(Gabr. Meurier, *Trésor des Sentences.*) xvie siècle.

— On a beau mener le bœuf à l'eau s'il n'a soif.
(*Prov. communs.*) xve siècle.

— On boit sur un œuf comme sur un bœuf.
(Gabr. Meurier, *Trésor des Sentences.*) xvie siècle.

— Qui vend le bœuf si fait le feur (*poil*).

— Tu le sauras, dit le bœuf au thorel (*taureau*).
(*Prov. Gallic.*, Ms.) xve siècle.

Bouc. Se barbe le sens encusent
Bouc et chevres moult sage fusent.
(*Roman du Renart*, v. 2,321.) xiiie siècle.

Brebis. Belléis de brebis.
Bêlement de brebis.
(*Dit de l'Apostoile.*) xiiie siècle.

— Brebis comptées mange bien le loup.

— Brebis mal gardée du loup est tost happée.

— Brebis par trop apprivoisée
De chacun aignel est tettée.

— Brebis qui bêle perd sa goulée.

— Brebis qui n'a bon chef
Bientost vient à grand meschef.
(Gabr. Meurier, *Trésor des Sentences.*) xvie siècle.

— Brebis rogneuse fait souvent les autres teigneuses.
(*Adages françois.*) xvie siècle.

Brebis. Après la brebis vient l'aignel.
(Farce de Colin, *Anc. Théâtre franç.*, t. I, p. 247.) xvie siècle.

— Blanche berbis, noire berbis,
Autant m'est si tu muers com se tu vis.
(*Anc. prov.*, Ms.) xiiie siècle.

— Courage de brebis, toujours le nez en terre.
(Oudin, *Curiosités françoises.*)

« Du couraige tant et plus. Je n'entens couraige de brebis, je diz couraige de loup. »
(Rabelais, liv. iv, ch. 23.) xvie siècle.

— De brebis ou mouton à courte laine
Espérer grand toison est perdre sa peine.
(Gabr. Meurier, *Trésor des Sentences.*) xvie siècle.

— Depuis que la brebis est vieille encor la mange le loup.
(*Adages françois.*) xvie siècle.

— En pel de brebis quanque velz si escris.
(*Anc. prov.*, Ms.) xiiie siècle.

En peau de brebis ce que tu voudras écris.

— Encore n'ont pas brebis soupe.
(*Prov. communs.*) xve siècle.

— Faire un repas de brebis.
Manger sans boire.
(*Dictionn. de l'Académie*, édit. de 1835.)

— Folle et simple est la brebis qui au loup se confesse.

— Il n'est pas toujours saison
De tondre brebis et mouton.
(Gabr. Meurier, *Trésor des Sentences.*) xvie siècle.

— La brebis bêle toujours d'une même sorte.
Pour dire qu'on ne change guère les manières qui nous viennent de la nature.
(Le Roux, *Dictionn. comique*, t. I, p. 104.)

BREBIS. Mieux vaut perdre la toison
Que brebis, belier ne mouton.

— Petite brebriette toujours semble jeunette.
(GABR. MEURIER, *Trésor des Sentences.*) xvie siècle.

— Nous ressemblons la louve, qui ne pouvant tondre la brebis l'escorche.
(LA RIVEY, *la Veuve. Anc. Théâtre franç.*, t. V, p. 182.)

— Pour l'amour du buisson va la brebis à l'abre.
(*Prov. Gallic.*, Ms.) xve siècle.

— Quand les brebis vont aux champs,
La plus sage va devant.
(*Contes* d'EUTRAPEL, fol. 82 r°.) xvie siècle.

— Qui se fait brebis le loup le ravit.
(GABR. MEURIER, *Trésor des Sentences.*) xvie siècle.

BROCHET. Le brochet est le fier tyran de l'onde,
Et le juge pervers le loup du pauvre monde.

— S'ennuyer comme un brochet dans le tiroir d'une commode.

— Un brochet fait plus qu'une lettre de recommandation.
(*Adages françois.*) xvie siècle.

BUSARD. Ce oï dire en reprovier,
Que l'en ne puet fere espervier
En nule guise d'un busart.

J'ai entendu dire en proverbe que l'on ne peut faire un épervier d'un busard.
(*Roman de la Rose*, t. I, v. 3,711.) xiiie siècle.

CAILLE. Ne manger caille.
(BOVILLI *Prov.*) xvie siècle.

CANARD. Vendre ou donner un canard à moitié.

Mentir, tromper; de là le mot *canards* pour fausses nouvelles, contes, etc.

(Voyez F. MICHEL, *Dictionn. d'argot*, p. 88. — *Ancien Théâtre franç.*, t. X, Glossaire.)

Canard sans plumes.
Nerf de bœuf dont étaient armés les argousins.

CANE. Quand les canes vont aux champs,
La première va devant.
(*Anc. Théâtre franç.*, t. IX, p. 12, 95.)

CANELLE. Tourner en canelle, mettre en canelle.
Réduire à rien, en ruine, détruire.

« L'on veut acquiter son loyer,
» Ou faute de pouvoir le payer,
» On met nos meubles en canelle. »

(*Complainte des filles auxquelles on vient d'interdire l'entrée des Thuilleries à la brune*, in-8º, p. 12.) XVIIe siècle.

(F. MICHEL, *Dictionn. d'argot.*)

CERF. Au cerf la bierre, au sanglier le barbier.

« Le cerf et le sanglier sont des animaux fort à craindre
» lorsqu'ils sont poursuivis à la chasse. Quand le cerf est
» aux abois, il est dangereux, principalement pendant la
» saison du rut, car sa tête est alors plus venimeuse qu'en
» autre temps. Divers accidents qui sont arrivez prouvent
» cette vérité. Entre plusieurs exemples, l'histoire nous
» apprend que l'empereur Bazile, prince belliqueux, fut
» tué par un cerf, en le voulant achever lorsqu'il étoit aux
» abois. Le sanglier est aussi dangereux lorsqu'il est pour-
» suivi, et souvent ses défenses font des plaies profondes
» où l'on a besoin des soins des plus habiles chirurgiens;
» ce qui a donné lieu à ce proverbe : *Au cerf la bierre,
» au sanglier le barbier,* que plusieurs disent encore au-
» jourd'hui : *Du cerf à la bierre et du sanglier au chirur-
» gien.* Sur quoi il faut remarquer que le barbier étoit
» autrefois ce que nous appelons chirurgien. »

(*Vénerie de* DUFOUILLOUX, in-4º, 1561, ch. 43, p. 121.)

— Plus terrible est la compagnie de cerfz desquelz le lyon est chef, que des lyons desquelz le cerf est chef.

— Le cerf et la truite ont la même saison.
(*Encyclopédie des Prov.*)

SÉRIE N° IV.

Cerf. Quant le cerf vient à mourir
    Tourne ses yeux vers le midy.

— Ung cerf les signes de ses piez abolit pour mieux se muser (*cacher*).
   (Bovilli *Prov.*) xvie siècle.

— Sers comme cerf, ou fuy comme cerf.

Chapon. Chappon de huict mois manger de rois.

— Feste n'est que de vieux chappons,
    Comme dient tous bons fripons.
— Jamais geline n'aima chapon.
   (Gabr. Meurier, *Trésor des Sentences.*) xvie siècle.

— Les mains faites en chapon rosty.
Les mains crochues.
   (Oudin, *Curiosités françoises*, p. 83.)

— L'un bon et l'autre mauvais comme chapon de rente.
   (*Prov. Gallic.*, Ms.) xve siècle.

— Qui mange chappon perdrix lui vient.
   (Oudin, *Curiosités françoises*, p. 83.)

Charrue. Charrue de jeunes veaux,
    Chasse de jeunes chevaux,
    Et de jeunes faulcons la volée
    Font rarement bonne journée.
Voyez Bœuf.

Chat. Chat et chaton chassent le raton.
   (Gabr. Meurier, *Trésor des Sentences.*) xvie siècle.

— Chat emmouflé (*ganté*) ne prend souris.
   (*Mimes de* Baïf, f° 48 v°.) xvie siècle.

— Chat eschaudez iaue creint.
   (*Anc. prov.*, Ms.) xiiie siècle.

On dit aujourd'hui :

Chat échaudé craint l'eau froide.

Chat. Chat miolleur ne fut oncques bon chasseur,
Non plus que sage homme grand cacqueteur.
(Gabr. Meurier, *Trésor des Sentences.*) xvie siècle.

— Chat qui a accoustumé de prendre des souris ne s'en peut tenir.
(Oudin, *Curiosités françoises*, p. 86.)

— Chate noire a souef (*doux*) poil.
(*Prov. Gallic.*, Ms.) xve siècle.

— A bon chat
Bon rat.
(*Recueil* de Gruther.)

— A chat lescheur bat-on souvent la gueule.
(*Prov. communs.*) xve siècle.

— A la nuit
Tous les chats sont gris.
(Oudin, *Curiosités françoises, etc.*)

— A tart se repend le rat
Quand par le col le tient le chat.
(Gabr. Meurier, *Trésor des Sent.*) xvie siècle.

— Amy comme chien et chat.
(Bovilli *Prov.*) xvie siècle.

— Absent le chat les souris dansent.
(*Mimes* de Baïf.) xvie siècle.

— Bailler le chat par les pattes.
(Le Roux, *Dictionn. comique*, t. I, p. 216.)

— Belle femme doit avoir qui de par soy ayme le chat.
(Bovilli *Prov.*, liv. ii.) xvie siècle.

— Bien sait li chas quel barbe il leche.
(*Anc. prov.*, Ms.) xiiie siècle.

« Bien seit chaz cui barbe il loiche.
» Bien s'aparçoit li veziiéz (*le rusé*)
» Les quiex il puet avoir sous piez. »
(*Fables* de Marie de France, fol. 20.) xiiie siècle.

Chat. C'est belle bataille que de chiens et chats.
(*Adages françois.*) xvie siècle.

— C'est belle bataille que de chiens et de chatz, chascung a ongles.
(*Prov. communs.*) xve siècle.

— C'est bien pesché, nostre chat a prins une souris.
(*Adages françois.*) xvie siècle.

— C'est mal achat de chat en sac.

— Folie est d'accepter chat en sac.
(*Adages françois.*) xvie siècle.

— C'est un bon jeu de chat à singe.
(*Prov.* de Jehan Mielot.) xve siècle.

— De chiens et chats la guerre est belle.
(*Mimes* de Baïf, fol. 50.) xvie siècle.

— De la maison du chat
N'est jamais saoul le rat.
(Gabr. Meunier, *Trésor des Sentences.*) xvie siècle.

— Esveiller le chat qui dort.

— Esveillé comme un chat qu'on fouette.
(Oudin, *Curiosités françoises*, p. 86.)

— Il entend bien chat sans qu'on dise minon.
(*Dictionn. comique*, par P. J. Le Roux, t. II, p. 170.)

— Il est éveillé comme un chat qu'on chastre.
(*Adages françois.*) xvie siècle.

— Il est propre comme une écuelle à chat.
(*Dictionn. comique*, par P. J. Le Roux, t. I, p. 426.)

— Il ne faut pas réveiller le chat qui dort.
(Gabr. Meunier, *Trésor des Sentences.*) xvie siècle.

— Il n'y a pas de quoi fouetter un chat.
(*Dict. de l'Académie*, édit. de 1835.)

CHAT. Jeter le chat aux jambes de quelqu'un.
(Dictionn. comique, par P. J. Le Roux, t. II, p. 31.)

— Là où chat n'est souris i révèle.
(Anc. prov., Ms.) XIIIe siècle.

— Laisser aller le chat au fromage.
(Oudin, Curiosités françoises.)

— Le chat a faim quand il ronge pain.
(Prov. communs.) XVe siècle.

— Le chat commande à sa coe (queue).
(Prov. Gallic., Ms.) XVe siècle.

— Lescher la langue du chat.
(Bovilli Prov.) XVIe siècle.

— Nous sommes bien empoisonnez, notre chat a pris un verron.
(Adages françois.) XVIe siècle.

— Occasion trouve qui son chat bat.
(Prov. communs.) XVe siècle.

— On ne doibt pas enseigner le chat à soriser.
(Gabr. Meurier, Trésor des Sentences.) XVIe siècle.

— On ne prend point ce chat sans moufle.
(Bovilli Prov.) XVIe siècle.

— Quand le chat est hors la maison,
Souris et rats ont leur saison.

— Qui ne rit point a nature du chat.

— Qui vit comme chat et chien
Jamais n'a repos ne bien.

— Si ton chat est larron
Ne le chasse de ta maison.
(Gabr. Meurier, Trésor des Sentences.) XVIe siècle.

— Si un chat boit se veut il boire à son ayse.

— Un chat de trois mailles s'avise.

CHAT. Un viel chat ne se joue pas volontiers à son esteuf.
(*Adages françois.*) xvie siècle.

— Vivre comme chien et chat.
Vivre en ennemis.
(*Dictionn. de l'Académie*, édit. de 1835.)
Voyez aussi *Ancien Théâtre français*, t. X, Glossaire.

CHAT-HUANT. Menger les œufs du cahuant.
(BOVILLI *Prov.*) xvie siècle.

CHATTEMITE. Morbleu! qu'elle fait bien la chatemite.
(*Comédie des Prov.*) xviie siècle.

« Ces tant devots font les chattemittes affin qu'on
» pense qu'ils sont saints. »
(*Anc. Théâtre franç.*, t. VI, p. 198.)

CHEVAL. Cheval bon et trotier d'esperon n'a mestier.

— Cheval courant sépulture ouverte.

— Cheval de foin cheval de rien,
Cheval d'avoine cheval de peine,
Cheval de paille cheval de bataille.

— Cheval faisant la peine
Ne mange pas l'avoine.
(GABR. MEURIER, *Trésor des Sentences.*) xvie siècle.

— Cheval fait et valet à faire,
Cheval fait et femme à faire.

— Il faut prendre un cheval tout dressé et instruire son valet ou sa femme à sa fantaisie.
(OUDIN, *Curiosités françoises*, p. 94.)

— Cheval rogneux n'a cure qu'on l'estrille.

— Chevaux, chiens, oiseaux et serviteurs,
Gastent, mangent et escorchent les seigneurs.
(GABR. MEURIER, *Trésor des Sentences.*) xvie siècle.

Cheval. A bon cheval bon gué.
    (*Prov. Gallic.*, Ms.) xve siècle.

— A cheval coureur ny à l'homme joueur
Ne dura oncques guères l'honneur.

— A cheval donné ne luy regarde en la bouche.
 (Gabr. Meunier, *Trésor des Sentences.*) xvie siècle.

Dans les *Proverbes ruraux et vulgaux*, xiiie siècle :

« Cheval donné ne doit-on en dens regarder,
» Chose donnée doit estre louée. »

— A cheval hargneux il faut une écurie à part.
   (Le Roux, *Dictionn. comique*, t. I, p. 229.)

— A cheval qui ne fait rien, on lui diminue l'avoine.

— A nouveau cheval nouvelle selle.

— A jeune homme vieux cheval,
A jeune cheval vieil homme.
    (*Encyclopédie des Prov.*)

— A cheval rueur d'avant passe.
    (*Mimes* de Baïf.) xvie siècle.

— A eise va à pié qui son cheval maine en destre.
   (*Prov. ruraux et vulgaux*, Ms.) xiiie siècle.

« Naviguer près la mer est chose moult seure et
» delectable, comme aller à pied quand l'on tient son
» cheval par la bride. »
    (Rabelais, liv. iv, ch. 23.) xvie siècle.

— A grant cheval grant gué.
    (*Prov. communs.*) xve siècle.

— Aux chevaux maigres va la mouche.
    (*Mimes* de Baïf.) xvie siècle.

Cheval. Bien mérite d'aller à pied qui n'a soin de son cheval.

« Jean Massé, Champenois, docteur en médecine, a tra-
» duit l'art vétérinaire d'Hiéroclès. « Dans une épître placée
» en tête de sa traduction, dit Duverdier, il allègue un
» gentil exemple pour prouver le proverbe être vrai qui
» dit que : bien mérite d'aller, etc. »

(*Matinées sénonaises*, p. 451.)

— Bride et esperon font le cheval bon.

(Gabr. Meurier, *Trésor des Sentences*.) xvie siècle.

— Brider son cheval par la queue.

(Le Roux, *Dictionn. comique*, t. I, p. 230.)

Commencer par la fin.

— Bon cheval de trompette qui ne s'effraye pas du bruit.

(Le Roux, *Dictionn. comique*, t. I, p. 162.)

— Bon cheval, mauvais cheval veut l'esperon,
Bonne femme, mauvaise femme veut le baston.

(Gabr. Meurier, *Trésor des Sentences*.) xvie siècle.

— Cela ne se trouve pas dans le pas d'un cheval.

— Changer son cheval borgne contre un aveugle.

(*Advertissement* de Bruscambille, p. 20.) xviie siècle.

— En son fumier cheval engraisse
Quand il repose à son ayse.

(Bovilli *Prov.*) xvie siècle.

— Fermer l'étable quand les chevaux n'y sont plus.

(*Dictionn. comique*, par P. J. Le Roux, t. I, p. 478.)

— Ferrée jument glisse.

(*Proverbes communs goth.*) xve siècle.

— Hinnir avec les chevaulx.

(Bovilli *Prov.*) xvie siècle.

Cheval. Il fait comme les bons chevaux, il s'échauffe en mangeant.
>(Oudin, *Curiosités françoises*, p. 95.)

— Il fait toujours bon tenir son cheval par la bride.
>(*Dictionn. de l'Académie,* édit. de 1835.)

— Il ne faut pas lier les asnes avec les chevaux.
>(*Prov. communs.*) xve siècle.

— Il n'est cheval qui n'ayt son méhains.
>(*Adages françois.*) xvie siècle.

— Il n'y a si bon cheval qui ne bronche.
>(Oudin, *Curiosités françoises*, p. 95.)

Il n'est si bon cheval qui ne devienne rosse.

— Jamais bon cheval ne devint rosse.
>(Oudin, *Curiosités françoises*, p. 95.)

— Le cheval à œil veron
Est tout méchant ou tout bon.
>(*Encyclopédie des Prov.*)

— L'œil du maistre réal
Engraisse le cheval.
(Gabr. Meurier, *Trésor des Sentences.*) xvie siècle.

— N'achapte cheval jouant de la queue.
>(Bovilli *Prov.*) xvie siècle.

— Ne meurs, cheval, herbe te vient.
>(*Prov. Gallic.*, Ms.) xve siècle.

— Plus court avanture que cheval ne mule.
(Gabr. Meurier, *Trésor des Sentences.*) xvie siècle.

— « Je lui ay bien monstré que quand il panse
» son cheval ils sont deux bestes ensemble. »
>(*Comédie des Prov.*, acte II, sc. III.)

CHEVAL. Prompt comme un cheval à l'éperon.
>(*Encyclopédie des Prov.*)

— Qui aura de beaux chevaux si ce n'est le roi?
>(*Dictionn. de l'Académie*, édit. de 1835.)

— Qui n'a cheval si voist (*si aille*) à piet.
>(*Anc. prov.*, Ms.) xiiie siècle.

— Qui n'a ni chevaux ni bœufs
Il ne tire pas quand il veut.
>(*Encyclopédie des Prov.*)

— Qui est liberal a homme et cheval.

— Qui ne peut battre le cheval
Batte la selle ou le bast.

— Qui ne s'avanture ne va ny à cheval ny à mule.

— Qui panse son cheval par procureur est digne d'aller à pied en personne.
>(*Adages françois.*) xvie siècle.

— Se boter et n'avoir cheval
Est pure folie et très-grand mal.
>(GABR. MEURIER, *Trésor des Sentences.*) xvie siècle.

— Si le cheval se congnoissoit estre cheval
Il vouldroist estre homme.
>(BOVILLI *Prov.*) xvie siècle.

— Soubs cheval roux
Souvent gist un poulx.

— Tel a bon cheval qui va bien à pied.
>(GABR. MEURIER, *Trésor des Sentences.*) xvie siècle.

— Trop presser fait le cheval retif.
>(*Encyclopédie des Prov.*)

— Un bon cheval fait les lieues courtes.

CHEVAL. Un bon cheval, une nonnain en croupe,
Fait eschapper des voleurs la troupe.
(*Adages françois.*) XVIe siècle.

— Ung cheval a quatre pieds et si chiet.
(*Prov. communs.*) XVe siècle.

— Un cheval qui pete devance le vent.
(*Hist. comique de Francion.*) XVIIe siècle.

— Un cheval est bien meschant s'il ne peut porter sa selle.
(*Adages françois.*) XVIe siècle.

Voyez, pour différents proverbes relatifs à ce mot, *Ancien Théâtre franç.*, t. X, Glossaire.

CHEVRE. A la chandelle la chèvre semble demoiselle.
(GABR. MEURIER, *Trésor des Sentences.*) XVIe siècle.

— C'est un donneur de chievre à moytié.

— Ménager la chèvre et le chou.
Ménager deux personnes.
(*Dictionn. de l'Académie*, édit. de 1835.)

— Où la chièvre est liée il faut qu'elle broute.
(*Adages françois.*) XVIe siècle.

— Prendre la chèvre,
C'est-à-dire s'irriter, se piquer facilement.

— Quand la chèvre saute au chou
Le chevreau y saute itou.
(*Encyclopédie des Prov.*)

— Tant grate chièvre que mal gist.
(*Roman du Renart*, v. 5,150.) XIIIe siècle.

Ce proverbe est un de ceux que les auteurs du moyen âge aimaient à citer. On le trouve non-seulement dans les poëtes et dans les romanciers, mais encore dans les chroniqueurs. Ainsi, au chap. 25 de la *Chronique de Rheims*, on lit :

« Puis avint une pieche après que li quens de la

» Marce qui prendoit des deniers le roi cascun an
» trois miles livres de tournois, pour garder les
» marces devers Bordiaux,... si avint que li quens
» refusa à prendre les deniers le roi. Et on dist
» picchà : *Tant grate kièvre que mal gist.* »

CLICHE-FACE. Vous etes un vray Clicheface.
(*Comédie des Prov.*, acte I, sc. IV.) XVIIe siècle.

Chiche-face était un monstre symbolique qui se nourrissait des femmes obéissantes à leurs maris : de là sa grande maigreur et l'emploi de son nom pour désigner une personne étique. On opposoit à Chiche-face un autre monstre prodigieusement gros et gras, *Bigorne, qui mange tous les hommes qui font le commandement de leurs femmes.* (Voyez sur ce sujet un excellent travail de M. A. de Montaiglon, *Recueil de poësies françoises*, etc., t. II, p. 191. Bibliothèque elzévirienne.)

CHIEN. Chien affamé de bastonnade n'est intimidé.
(GABR. MEURIER, *Trésor des Sent.*) XVIe siècle.

— Chien couart voir le loup ne veut.
(*Mimes* de BAÏF, fol. 50.) XVIe siècle.

— Chien dangereux sans maraude se couche.
(*Prov. communs.*) XVe siècle.

— Chien en cuisine son per n'i désire.
(*Anc. prov.*, Ms.) XIIIe siècle.

— Chien enragé ne peut longuement vivre.
(*Adages françois.*) XVIe siècle.

— Chien qui aboye ne veut mordre.
(*Mimes* de BAÏF, fol. 59.) XVIe siècle.

— Chien rioteur a volontiers les oreilles tirées.
(*Adages françois.*) XVIe siècle.

Ou :

Chien hargneux a toujours les oreilles déchirées.

« Avec cette partie en cent lieux altérée,
» Chien hargneux a toujours l'oreille déchirée. »
(La Fontaine, *Fables*, liv. iv.)

CHIEN. Chien sur son fumier est hardy.
(*Adages françois.*) xvie siècle.

— Chien une fois eschaudé
D'eau froide est intimidé.
(Gabr. Meurier, *Trésor des Sentences.*) xvie siècle.

— A bon chien bon os.

— A mauvais chien la queue luy vient.
(*Prov. communs.*) xve siècle.

— A mauvais chien on ne peut montrer le loup.
(*Prov. communs.*) xve siècle.

— A meschant chien court lien.
(Gabr. Meurier, *Trésor des Sentences.*) xvie siècle.

— A meschant chien belle queue.
(*Adages françois.*) xvie siècle.

— Au chien qui d'aboyer s'égueule
Jette un bon os en la gueule,
Incontinent il se taira.
(*Mimes* de Baïf.) xvie siècle.

— A petit chien petit lien.
(*Prov. ruraux et vulgaux.*) xiiie siècle.

— A rebelle chien dur lien.
(*Prov. communs.*) xve siècle.

— A un bon chien il n'arrive jamais un bon os.
(Oudin, *Curiosités françoises*, p. 99.)

— A un os
Deux chiens fallos.

« Ce propos se doit entendre de tous chiens, lesquels,
» quand il y en a deux à un os, sont en grant noises et dis-
» cors, signifians à un même bien deux contendans, les-
» quels ne sont en paix, mais en noise et en discord. »
(*Prov.* de Bouvelles.) xvie siècle.

Chien. Deux chiens à un os ne s'accordent.
> (*Recueil* de Gruther.)

— Appeler un chien pour deffaire le chrétien.

« Lorsqu'André Doria eut quitté le service de François Ier, ce prince se trouva dans de grands embarras, et perdit l'empire de la mer qu'il avoit. Il fut obligé même, pour se défendre contre Charles-Quint, d'emprunter les forces du sultan Soliman, ce qui lui attira le reproche d'appeler un chien pour deffaire le chrestien. »
> (Brantôme, *Hommes illustres étrangers*, t. I des Œuvres compl.)

— Battre quelqu'un comme un chien.
> (*Dictionn. de l'Académie*, édit. de 1835.)

— Cela ne vaut pas les quatre fers d'un chien.

— C'est le gros chien au grant collier.
> (*Prov.* de Jeh. Mielot.) xve siècle.

— Chacun chien qui aboye ne mort pas.
> (*Anc. prov.*, Ms.) xiiie siècle.

— Char lic de chien ne vault rien.
Bonne chair de chien ne vaut rien.
> (Gabr. Meunier, *Trésor des Sentences*.) xvie siècle.

— Charrue de chien ne vault rien.
> (*Prov. communs.*) xve siècle.

— Comme le chien du jardinier qui ne mange pas de choux et ne veut pas que personne en mange.
> (Oudin, *Curiosités françoises*; p. 97.)

— Contre morsure de chien de nuit
Le mesme poil très-bien y duit.
> (Gabr. Meunier, *Trésor des Sentences*.) xvie siècle.

— Courez tousjours après le chien, jamais ne vous mordra, et beuvez toujours avant la soif, jamais ne vous adviendra.
> (Rabelais, liv. i, ch. 5.) xvie siècle.

Chien. Crotté comme un barbet qui cherche son maistre.
>(*Facétieux Réveille-matin*, p. 171.) xviie siècle.

— De toutes tailles bon chien.
>(*Encyclopédie des Prov.*)

— Donner sa part au chien.

— Disner de chien, pain et eau.

— Eau et pain, c'est la viande d'un chien.
>(*Adages françois.*) xvie siècle.

— En lit à chien ne quers (*cherche*) jà soyn.
>(*Anc. prov.*, Ms.) xiiie siècle.

— En lict de chien n'a point d'oingture (*parfum, bonne odeur*).
>(*Adages françois.*) xvie siècle.

— Entrez, nos chiens sont liez.
>(Oudin, *Curiosités françoises*, p. 99.)

— Être féru (*frappé*) comme un chien du bâton.
>(*Moyen de parvenir*, chapitre intitulé *Annotation*.) xvie siècle.

— Fien (*ordure*) de chien et marc d'argent seront tout un au jour du jugement.
>(*Adages françois.*) xvie siècle.

— Figues de chat et marc d'argent seront tout ung au jugement.
>(Gabr. Meurier, *Trésor des Sentences*.) xvie siècle.

— Heureux comme le chien de Brusquet qui alla au bois et le loup le mangea.
>(Oudin, *Curiosités françoises*, p. 98.)

— Il est plus vix que chiens qui nient n'a.
Il est plus vil qu'un chien qui rien n'a.
>(*Anc. prov.*, Ms.) xiiie siècle.

— Il ressemble les grands chiens, il veut pisser contre la muraille.
>(Oudin, *Curiosités françoises*, p. 98.)

CHIEN. Il vaut autant être mordu d'un chien que d'une chienne.
> (OUDIN, *Curiosités françoises*, p. 99.)

— Il fait mal éveiller le chien qui dort.
> (*Anc. prov.*, Ms.) XIIIe siècle.

— Il ne faut pas donner le lard aux chiens.
> (*Recueil* de GRUTHER.)

— Il ne faut pas se moquer des chiens qu'on ne soit hors du village.
> (*Dictionn. comique*, par P. J. LE ROUX, t. II, p. 182.)

— Il n'est abbay de chasse que de vieil chien.
> GABR. MEURIER, *Trésor des Sentences*.) XVIe siècle.

— Il vient là comme un chien dans un jeu de quilles.

Il vient pour tout déranger.
> (*Dictionn. de l'Académie*, édit. de 1835.)

— Jamais bon chien n'abbaye à faute.
> (OUDIN, *Curiosités françoises*, p. 97.)

— Jamais chien ne mordist l'église qu'il n'enrageast.

« Il se dist des hérésiarques, schismatiques et autres
» persécuteurs de l'Église, plusieurs desquels sont morts
» furieux. »
> (*Anthologie, ou Conférences des Prov.*, Ms.) XVe siècle.

— L'aboy d'un vieux chien doit-on croire.
> (*Prov. communs goth.*) XVe siècle.

— Le chien rehume ce qu'il a vomi.
> (BOVILLI *Prov.*) XVIe siècle.

— Le chien ronge l'os
Pour ce qui ne le peult engloutir.
> (GABR. MEURIER, *Trésor des Sentences*.) XVIe siècle.

— Le chien se deffend quand on luy oste un os.
> (*Adages françois*.) XVIe siècle.

Chien. Le chien se frotte à la charongne.
(Bovilli *Prov.*) xvi° siècle.

— Mauvais chien ne trouve où mordre.

— Mauvais chien n'épargne personne.
(*Encyclopédie des Prov.*)

— Pour douter (*par crainte*) bat-on le chien devant le lyon.
(*Anc. prov.*, Ms.) xiii° siècle.

— Pour l'alouette le chien perd son maître.
(*Prov.* de Bouvelles.) xvi° siècle.

— Qui bon chien veut tuer la raige li met seure.
(*Anc. prov.*, Ms.) xiii° siècle.

— Qui chien s'en va à Rome
Mastin s'en revient.
(*Prov. Gallic.*, Ms.) xv° siècle.

— Qui hante chiens puces remportent.
(*Mimes de* Baïf.) xvi° siècle.

— Qui m'aime il aime mon chien.
(*Anc. prov.*, Ms.) xiii° siècle. (*Prov. communs.*) xv° siècle.

« On dit qui m'aime aime mon chien. »
(*Trésor* de Jeh. de Meung, vers 1,567.) xiii° siècle.

— Qui perd un chien et recouvre un chat c'est toujours une beste à quatre pieds.
(Oudin, *Curiosités franç.*, p. 99.)

— Qui se couche avec les chiens
Il se lève avec les puces.

— Qui veut fraper un chien
Facilement trouve un bâton.
(Gabr. Meurier, *Trésor des Sentences.*) xvi° siècle.

— Qui veut avoir bon chien
Il faut qu'il le nourisse bien.
(*Encyclopédie des Prov.*)

Chien. Si l'os est dure le chien est ennoyeux.
>> (*Prov. Gallic.*, Ms.) xve siècle.

— Tant doit-on le chien blandir (*caresser*) c'on ait la voic passée.
>> (*Prov. anciens*, Ms.) xiiie siècle.

— Tel chien tel lien.
>> (Gabr. Meurier, *Trésor des Sentences.*) xvie siècle.

— On norist tel quaiel, ce dist-on bien souvent,
Qui sault son maistre au col molt anguisseusement.

(*Roman de Baudouin de Sebourc*, t. I, p. 38.) xive siècle.

— Tel le chien nourrist qui puis menge la courroye de son soulier.
>> (*Prov. communs.*) xve siècle.

— On ne congnoist pas les gens aux robbes, ne les chiens aux poilz.
>> (*Prov. communs goth.*) xve siècle.

— Petit chien, belle queue.
>> (Oudin, *Curiosités françoises*, p. 99.)

— Par petits chiens le lièvre est trouvé,
Et par les grands est happé.
>> (Bovilli *Prov.*) xvie siècle.

— Plus fol que le chien qui aboye à ses soupes, les cuidant par ce refroidir.
>> (*Adages françois.*) xvie siècle.

— Poil (dit Bacchus) du mesme chien
Est au pion souverain bien.
>> (Gabr. Meurier, *Trésor des Sentences.*) xvie siècle.

— Tu ressembles les grands chiens, tu veux pisser contre les murailles.
>> (*Comédie des Prov.*, acte III, sc. vii.)

Pour différents proverbes relatifs à ce mot, voyez *Ancien Théâtre franç.*, t. X, Glossaire.

Ciron. Il faut avoir de bons yeux pour prendre des cirons à la lune.
>(*Comédie des Comédiens. Ancien Théâtre franç.*, t. IX, p. 336.) xviie siècle.

Cochon. A ton gendre et à ton cochon
Montre leur une fois la maison.

— Camarades comme cochons.
>(*Dictionn. de l'Académie*, édit. de 1835.)

— Grand rumeur, petite toison,
Dit celui qui tond les cochons.

— Il ne perd point son ausmosne
Qui à son cochon la donne.
>(Gabr. Meurier, *Trésor des Sentences.*) xvie siècle.

— Il semble que nous ayons gardé les cochons ensemble.
>(*Dictionn. de l'Académie*, édit. de 1835.)

Colombe. A columbes saoules cerises sont amères.
>(Gabr. Meurier, *Trésor des Sentences.*) xvie siècle.

— Le coulomb n'a point de fiel.
>(*Prov. Gallic.*, Ms.) xve siècle.

— L'on ne peut faire d'un coulomb un espervier.
>(Gabr. Meurier, *Trésor des Sentences.*) xvie siècle.

Conin (*lapin, gibier*) eschappé, conseil trouvé.

Coq. Coc chante ou non, viendra le jour.
>(*Mimes* de Baïf, fol. 23 v°.) xvie siècle.

— Être comme un coq en pâte.

— Être rouge comme un coq.
>(*Dictionn. de l'Académie*, édit. de 1835.)

— Le coq chante, il nous faut haster.
>(Bovilli *Prov.*, lib. i.) xvie siècle.

— Le coq et le serviteur
Un seul an sont en vigueur.

Coq. Malheureuse maison et meschante
      Où coq se tait et poulle chante.
                     (*Recueil* de Gruther.)

— Petit coq a germe.
             (*Prov. Gall.*, Ms.) xve siècle.

— Si jà ne chante le coq si vient le jour.
             (*Prov. communs.*) xve siècle.

Coq-a-l'Ane. C'est bien sauté du cocq à l'asne.
        (*Prov.* de Jeh. Mielot, Ms.) xve siècle.

« Je ne vis jamais tant sauter du coq à l'âne;
» que ne poursuivez-vous votre propos? »
      (*Moyen de parvenir*, chapitre intitulé *Problème*.)

Manière de s'exprimer pour dire passer d'une chose à une autre sans aucune liaison. Clément Marot a fait une pièce de vers adressée à Lyon Jamet, qu'il a intitulée : *Épître du Coq-à-l'Ane*.

Corbeau. Corbeaux avec corbeaux
      Ne se crèvent jamais les yeux,
      Non plus que les brigands grand maux
      Ne se font, l'un l'autre, mais mieux.
(Gabr. Meurier, *Trésor des Sentences*.) xvie siècle.

— De mauvais corbeau mauvais œuf.
          (Oudin, *Curiosités françoises*, p. 120.)

— Le plus souvent en une banque
    Au lieu d'argent on trouve blanque,
    De meschant corbeau meschant œuf.
(*Plaisants Devis des Suppôts du Seigneur de la Coquille*, p. 169.) xvie siècle.

— Nul laict noir, nul blanc corbeau.
             (Bovilli *Prov.*) xvie siècle.

Corneille. Ce que chante la corneille
      Si chante le cornillon.
             (*Prov. Gallic.*, Ms.) xve siècle.

10.

CORNEILLE. Agir comme une corneille qui abat des noix.

Agir trop vite, inconsidérément.

— A tard crie la corneille quand li laz (*le lacet*) la tient par le col.
(*Prov. ruraux et vulgaux*, Ms.) XIIIe siècle.

COULEUVRE. Dedans le muid gist la couleuvre.
(*Mimes* de BAÏF, fol. 42.) XVIe siècle.

— On lui a fait avaler bien des couleuvres.
(*Dictionn. de l'Académie*, édit. de 1835.)

CRAPAUD. Crapaux aux fenestres, pies à la porte :
Aux jardins chèvres.
(GABR. MEURIER, *Trésor des Sentences.*) XVIe siècle.

— A deables tant de maistres, dist li crapos à la herse.

Au diable tant de maîtres, dit le crapaud à la herse.
(*Anc. prov.*, Ms.) XIIIe siècle.

— Chargé d'argent comme un crapaud de plumes.
(*Facétieux Réveille-matin*, p. 99.)

« Au reguard des lettres, d'humanités, de con-
» gnoissance des anticques histoires, ils en estoyent
» chargés comme crapault de plumes. »
(RABELAIS, liv. II, ch. 11.) XVIe siècle.

— Ki crapaut aime lunette li semble.
(*Anc. prov.*, Ms.) XIIIe siècle.

— Saute crapaud,
Nous aurons de l'eau.

— Saute crapaud, voicy la pluie.
(*Comédie des Prov.*, sc. VIII.)

CROCODILE. Le roitellet au crocodile.
(BOVILLI *Prov.*) XVIe siècle.

CROCODILE. Verser des larmes de crocodile.

Verser des larmes trompeuses. On prétend que le crocodile feint de pleurer pour attirer vers lui les passants.

CYGNE. Blanc comme un cygne.

— Blanc comme un cygne qui casse des noix.
Comme un corbeau.

— On ne voit cyne noir, nulle neige noire.
(BOVILLI *Prov.*) xvie siècle.

« Vous y serez cogneu comme un oyson parmy
» les cygnes... je voulois dire comme un cygne
» parmy les oysons. »
(F. D'AMBROYSE, *les Napolitaines. Ancien Théâtre franç.*,
t. VII, p. 256.) xvie siècle.

ÉCORCHER. A l'escorcher la queue est pire.
(*Mimes* de BAÏF.) xvie siècle.

— A l'escorcher gardez la pel.
(*Anc. prov.*, Ms.) xiiie siècle.

— Car qui eschorce et pié tient
Par une voie se contient.
(*Chronique de Godefroy de Paris*, p. 257.)

— Il faut tondre les brebis et non pas les écorcher.

— Jamais beau parler n'écorcha la langue.
(*Dictionn. de l'Académie*, édit. de 1835.)

ÉCORCHEUR. Bon escorcheur choie la peau.
(*Mimes* de BAÏF.) xvie siècle.

ÉLÉPHANT. Flairer de loin comme l'éléphant.

— Le someil est le cheoir de l'éléphant.
(BOVILLI *Prov.*) xvie siècle.

— Faire d'une mouche un éléphant.
(*Dictionn. de l'Académie*, édit. de 1835.)

Épervier. Mariage d'épervier, la femelle vaut mieux que le mâle.
>
(*Dictionn. comique*, par P. J. Le Roux, t. II, p. 120.)

— Miex vaut petit mestiers que ne fait esperviers.
>
(*Anc. prov.*, Ms.) xiiie siècle.

— On ne saurait faire d'une buse un épervier.
>
(*Dictionn. de l'Académie*, édit. de 1835.)

Épaule. Espaule d'asne, groin de porc,
Oreille de singe ou de marchant
Doit avoir un bon servant.
>
(Gabr. Meurier, *Trésor des Sentences.*) xvie siècle.

Faucon. Ainsi comme à celée s'abaisse li faucon,
Quand la faim le justise en la froide saison.
>
(*Roman de Doon de Mayence.*) xiiie siècle.

Le faucon s'abat en cachette, quand la faim le pousse pendant la froide saison.

Fouines. Au poulailler sont les fouines.
>
(*Mimes* de Baïf.) xvie siècle.

Fourmi. Celuy qui est trop endormy
Doit prendre garde à la fourmy.
>
(Gabr. Meurier, *Trésor des Sentences.*) xvie siècle.

— Se faire plus petit qu'une fourmi devant quelqu'un.
>
(*Dictionn. de l'Académie*, édit. de 1835.)

Frélon. Il ne faut pas émouvoir les frélons.

« Comme, en proverbe l'on dit: irriter les frélons,
» mouvoir la camarine (*eau bourbeuse*), esveigler
» le chat qui dort. »
>
(Rabelais, liv. iii, ch. 14.) xvie siècle.

Geline. Noire geline (*poule*) pont blanc oef.
>
(*Anc. prov.*, Ms.) xiiie siècle.

Geline. Pour moult grasse que soit la géline,
Elle a besoing de sa voisine.
(Gabr. Meurier, *Trésor des Sentences.*) xvie siècle.

— Qui est extrait de gelinette il ne peut qui ne gratte (*il faut qu'il gratte*).
(*Prov. communs.*) xve siècle.

— Vieille geline engraisse la cuisine.

Grenouille. Le naturel de la grenouille
Est qu'elle boit et souvent gazouille.
(Gabr. Meurier, *Trésor des Sentences.*) xvie siècle.

Grue. Autant vray que Dieu parla à la grue.
(*Adages françois.*) xvie siècle.

— Le duc des grues
Ne crie, ne mue (*ne remue*).
(*Prov.* de Bouvelles.) xvie siècle.

Hacquenée. Les grandes hacquenées ne font pas les grandes journées.
(*Adages françois.*) xvie siècle.

Hanneton. Aux hannetons la bonne année.

— Étourdi comme un hanneton.
(Oudin, *Curiosités françoises*, p. 264.)

Hareng. Hareng donné à l'homme grand tourment.
(Gabr. Meurier, *Trésor des Sentences.*) xvie siècle.

— Caque sent toujours le hareng.
(Oudin, *Curiosités françoises.*)

— Car la poche sent tousjours le haran.
(*Contes* d'Eutrapel, f° 14 v°. Voyez aussi f° 74 r°.) xvie siècle.

— Être serrés comme des harengs en caque.
(*Dictionn. de l'Académie*, édit. de 1835.)

Herbaut. Monter dessus comme herbaut sur pauvres gens.
(Rabelais, *Pantagruel*, liv. iv, ch. 52.) xvie siècle.

Suivant Leduchat, commentateur de Rabelais, *herbaut* est le nom d'un chien basset, et l'on sait que les animaux se jettent ordinairement sur les gens déguenillés. Leduchat donne encore à ce proverbe une autre origine : *arbaux*, *herbaux*, en Anjou, signifie corvée et aussi pauvreté ; de là le proverbe.

HIBOU. On ne peut faire d'un hybou un espervier.
(GABR. MEURIER, *Trésor des Sentences.*) XVIe siècle.

HUAN (*hibou*). Une fois en l'an chevauche le huan.
(*Prov. communs goth.*) XVe siècle.

JUMENT. Jamais coup de pied de jument ne fit mal à cheval.
(*Dictionn. de l'Académie*, édit. de 1835.)

— Mauvaise ponture fait vieille jument.
(*Anc. prov.*, Ms.) XIIIe siècle.

— Qui que saille nostre jument, le poulain en est nostre.
(*Prov. communs goth.*) XVe siècle.

LAPIN. Qui bons lapins mengue bons lapins le suyvent.
(*Prov. communs.*) XVe siècle.

LÉVRIER. De toute taille vont levriers.
(*Prov. de* JEH. MIELOT, Ms.) XVe siècle.

LEVRON. Il est affamé comme un jeune levron.
(*Dictionn. comique*, par P. J. LE ROUX, t. II, p. 85).

LIÈVRE. Bon est le lièvre dont la peau couste cent soulz.
(*Prov. communs.*) XVe siècle.

— Le lièvre revient toujours à son gîte.
(*Dictionn. comique*, par P. J. LEROUX, t. II, p. 89.)

— Ce n'est pas viande preste que lièvre en genestay.
(*Prov. Gallic.*, Ms.) XVe siècle.

LIÈVRE. On ne prend pas le lièvre au tambourin.
   (GABR. MEURIER, *Trésor des Sentences.*) xvie siècle.

LIMACE. Autant chemine ung homme en ung jour comme une limace en cent ans.
   (*Prov. communs.*) xve siècle.

— Contre la nuict s'arment limaces.
   (*Adages françois.*) xvie siècle.

LION. A l'ongle on connaît le lion.

— C'est l'âne couvert de la peau du lion.

— C'est le partage du lion.
   (*Dictionn. de l'Académie*, édit. de 1835.)

— Le lyon et l'aigle font leurs petitz parfaictz et en certain nombre.
   (BOVILLI *Prov.*) xvie siècle.

LISSE. Pire que le lisse.
   (*Prov. Gallic.*, Ms.) xve siècle.

LOCHE. Qui ne pesche qu'une loche si pesche il.
   (*Prov. communs goth.*) xve siècle.

LOUP. Loup affamé nulle part applacé (*apaisé*).
   (GABR. MEURIER, *Trésor des Sentences.*) xvie siècle.

— Loup ne mange chair de loup.
   (*Recueil* de GRUTHER.)

— A chair de loup sausse de chien.
 Ou :
  A chair de chien saulse de loup.
   (*Prov. communs.*) xve siècle.

— A mol bergier chi lous laine.
   (*Prov. ruraux et vulgaux*, Ms.) xiiie siècle.

— A mol pasteur le loup chie laine.
   (*Prov. communs.*) xve siècle.

A pasteur indolent le loup fait de la laine, ou prépare du tourment.

Loup. A bien petite occasion
Se saisit le loup du mouton.
(Gabr. Meurier, *Trésor des Sentences.*) xvie siècle.

— Au loup ne faut la rage à prendre.
(*Mimes* de Baïf.) xvie siècle.

— Beau escrie le loup
Qui sa proie luy rescout.
(*Prov. communs goth.*) xve siècle.

Bien se récrie le loup contre celui qui lui enlève sa proie.

— Buer chasse le leu qui sa proie en resqueult.
(*Anc. prov.*, Ms.) xiiie siècle.

Bien chasse le loup qui cherche sa proie.

— C'est une bonne prinse que d'un jeune loup.
(*Adages françois.*) xvie siècle.

— Ce pendant que le loup chie
La brebis au bois s'enfuit.

— Connu comme le loup blanc.

— Deux loups mangent bien une brebis
Et deux cordeliers une perdrix.
(Gabr. Meurier, *Trésor des Sentences.*) xvie siècle.

— En espérance d'avoir mieulx
Vit le loup tant qu'il devient vieux.
(*Adages françois.*) xvie siècle. (*Prov. communs.*) xve siècle.

— En tel pel comme li lous vait en tel le convient morir.
(*Anc. prov.*, Ms.) xiiie siècle.

— En la peau où le loup est il y meurt.
(*Adages françois.*) xvie siècle.

— Enfermer le loup dans la bergerie.
(*Dictionn. comique*, par P. J. Le Roux, t. I, p. 448.)

— Entre chien et loup.
(Bovilli *Prov.*) xvie siècle.

« ..... Protestoient de protester, et ly donner
» *entre chien et loup*, ou entre les quatre membres,
» et le percer à jour à belle estocade. »

(*Contes* d'Eutrapel, fol. 87 r°.) xvi° siècle.

Loup. Il faict bien mauvais au bois quand les loups se mangent l'un l'autre.

(*Adages françois.*) xvi° siècle.

— Il faut urler avec les loups.

— Jeune homme en sa croissance
A un loup en la pance.

(Gabr. Meurier, *Trésor des Sentences.*) xvi° siècle.

— La faim enchace le loup du bois.

(*Anc. prov.*, Ms.) xiii° siècle.

— La faim fait sortir le loup du bois.

(Gabr. Meurier, *Trésor des Sentences.*) xvi° siècle.

On dit encore :

— Affamé comme un loup.

— La male garde paist le loup.

(*Roman du Renart*, v. 7,230.) xiii° siècle.

La mauvaise garde nourrit le loup.

— Le dernier le loup le mange.

(*Recueil* de Gruther.)

— Le loup alla à Romme et y laissa de son poil et rien de ses coustumes.

(*Prov. communs.*) xv° siècle.

— Le loup est toujours loup.

(*Recueil* de Gruther.)

— Le loup mourra en sa peau qui ne l'escorchera vif.

(*Prov. communs.*) xv° siècle.

— Les loups ne se mangent pas entre eux.

(*Dictionn. de l'Académie*, édit. de 1835.)

Loup. Mort du louveau santé de l'aigneau.
Mort du louveteau santé de la brebis.

— Mort du loup santé de la brebis.
(Gabr. Meurier, *Trésor des Sentences.*) xvie siècle.

— Myeulx vouldroys trouver ung loup blanc.
(Bovilli *Prov.*) xvie siècle.

— On crie toujours le loup plus grand qu'il n'est.
(*Prov. communs goth.*) xve siècle.

— Quand le loup est pris tous les chiens luy mordent les fesses.
(Oudin, *Curiosités françoises*, p. 110.)

— Quand le loup mange son compagnon
Manger manque en bois et buisson.
(Gabr. Meurier, *Trésor des Sentences.*) xve siècle.

— Quand on parle du loup on en voit la queue.
(*Prov. communs.*) xve siècle.

— Qui a le loup pour compagnon
Porte le chien sous le hocton.

— Qui hante avec le loup
Hurler convient s'il n'est lourd.

— Tel loup tel chien.
(Gabriel Meurier, *Trésor des Sentences.*) xvie siècle.

— Tel pense fuir louve qui rencontre le loup.
(*Recueil* de Gruther.)

— Tenir le loup par les oreilles.
~~Avoir ce que l'on désire~~, profiter de l'occasion.

« Je seroy en grande peine et tiendroy le loup
» par les oreilles. »
(*Satire Ménippée*, *Harangue de M. Lieutenant.*) xvie siècle.

— Ung loup ne mange point l'autre.
(*Prov. communs.*) xve siècle.

Loup. Huléiz de lox.

 Hurlement de loup.

    (*Dit de l'Apostoile.*) xiiie siècle.

— Danser le branle du loup, la queue entre les jambes.

 « Ce proverbe a diverses significations, une obscène qui
» est la plus en usage, et l'autre toute naturelle ; cette
» dernière est prise de la manière de marcher du loup,
» cet animal étant accoutumé d'avoir toujours la queue
» entre les jambes, ce que les naturalistes attribuent à sa
» timidité naturelle. De sorte qu'on peut dire, quand on
» parle d'un homme lâche, il ressemble au loup, il a la
» queue entre les jambes. »
(FLEURY DE BELLINGEN, *Étym. des Prov. franç.*, p. 178.)
 Voyez les *Contes* d'EUTRAPEL, fol. 63 r°.

— Il a vu le loup, il est enroué.

 « Tout cela est beau et bon, mais n'est-il pas
» vray que la veue du loup fait perdre ou pour le
» moins enrouer la voix à celuy qui le regarde,
» car il me semble que c'est pour cela qu'on dit,
» quand un homme est enroué, *qu'il a veu le loup.* »
(FLEURY DE BELLINGEN, *Étym. des Prov. franç.*, p. 178.)

— Jamais loup ne vit son père.

— A la queue leu leu.

— Cette femme ressemble à la louve qui prend de tous les loups le pire.

Ces trois proverbes ont la même origine ; voici comment Pasquier la rapporte au chap. 15 du liv. viii de ses *Recherches :* « Phebus, comte de Foix, dans le livre qu'il a
» fait de la chasse, remarque que quand la louve devient
» amoureuse, elle est aussitôt accompagnée du premier
» loup qui la rencontre, lequel la suit. Le second qui i vient
» se tient derrière le premier, et ainsy de tous ceux qui y
» accourent, tellement que de queue en queue ils font une
» grande traisnée de loups. La louve les meine sans s'ar-
» rester, jusqu'à ce qu'étant tous las elle commence à se

» reposer, et à son exemple les autres loups aussy qui
» s'endorment. Pendant leur sommeil la louve s'addresse
» au pire de la troupe qui est celui qui le premier l'a sui-
» vie ; après elle s'en va laissant ce loup qui s'endort aus-
» sitost ; les autres à leur réveil, estonnez de l'absence de
» la louve, reconnoissant au nez celuy qui leur a esté pré-
» féré, se jettent sur lui, et le dévorent. »

Fleury de Bellingen donne la même explication de ces proverbes, et cite Bodin comme autorité. (Voyez l'*Étym. des Prov. franç.*, liv. II, p. 136.)

L'un de ces proverbes a été employé par Jehan de Meung, dans le *Roman de la Rose*.

> Là nourrist ses amours et couve,
> Tout ainsi comme fait la louve
> Qui sa folie tant empire,
> Qu'el prend de tous les loups le pire.
> (*Roman de la Rose*, t. I.)

On sait combien autrefois les loups étaient répandus en France ; dans certaines provinces on est encore obligé de faire contre ces animaux des battues régulières ; aussi est-ce parmi nous que les loups-garous ont pris naissance ; et de là aussi ces proverbes qui sont rapportés précédemment.

LOUP. La chèvre a pris loup.

« On dit aussi ce proverbe en notre langue, et l'on feint
» qu'une chèvre, poursuivie d'un loup, se sauva dans une
» maison déserte dont elle ferma la porte avec ses cornes,
» après que le loup fut entré, qui fut pris par ce moyen. »
(PERROT D'ABLANCOURT, *Note sur* LUCIEN.) XVIIe siècle.

MARMOTTE. La marmotte demeure marmotte,
        Tant soi gorrie tousjours barbotte.

MATIN. Le gros mastin cherche du matin
        Sa bonne herbe contre le venin.

—   Oncques mastin n'aima levrier.

—   Qui de mastin fait son compère,
        Plus de baston ne doibt porter.
(GABR. MEURIER, *Trésor des Sentences.*) XVIe siècle.

Matin. Un os à deux mastins ensemble,
Combien qu'il soit gros, est trop peu.
(*Mimes* de Baïf.) xvie siècle.

Merle. C'est un dénicheur de merles.

— C'est un fin merle.
(*Dictionn. de l'Académie*, édit. de 1835.)

— Or commence le merle à faire son nid.
(*Prov. Gallic.*, Ms.) xve siècle.

Mouche. Béer aux mouches.

S'amuser aux choses inutiles. S'il faut en croire Fleury de Bellingen, ce proverbe rappelle le plaisir que l'empereur Domitien prenait à tuer des mouches avec une longue aiguille. (Voyez *Étym. des Prov. franç.*, p. 309.)

— Connaître mouche en lait.

Être fin et rusé.

« Il n'eut guères esté en son logis, lui qui bien
» congnoissoit mouche en lait, qu'il ne parcéut
» tantost que la chambrière de léans estoit femme
» qui debvoit faire pour les gens. »
(*Cent Nouvelles nouvelles*, etc., nouv. 18, t. I, p. 146.)
xve siècle.

— En bouche close n'entre mouche.
(*Recueil* de Gruther.)

— Faire la mouche du coche.
(*Dictionn. de l'Académie*, édit. de 1835.)

— Il n'est la mouche qui n'ayt ratte.
(*Adages françois.*) xvie siècle.

— La dernière mouche qui vous piquera sera un taon.
(Oudin, *Curiosités françoises*, p. 359.)

— La mouche se brusle à la chandelle.
(Bovilli *Prov.*) xvie siècle.

Mouche. La mouche va si souvent au laict qu'elle y demeure.
(*Recueil* de Gruther.)

— Laisse la mouche quand elle saoule.
(Bovilli *Prov.*) xvie siècle.

— Mieulx vault une seule mouche à miel
Que cent bourdons sans miel.

— On prend plus de mouches avec du miel qu'avec du vinaigre.
(*Dictionn. de l'Académie*, édit. de 1835.)

— Qui son nez mouche
Ne peut prendre mouche.
(Gabr. Meurier, *Trésor des Sentences.*) xvie siècle.

— Faire un abreuvoir à mouches.
Faire une large plaie.

« Charon... lui jura que... il luy feroit un abreu-
» voir à mouches de son timbre, avec son aviron. »
(*Testament de Gros-Guillaume, etc.* — Voyez Fr. Michel, *Dictionn. d'argot.*)

Moucheron. Deux mocherons valent une chandelle.
(*Prov. communs goth.*) xve siècle.

Mouton. Chair de mouton manger de glouton.
(Gabr. Meurier, *Trésor des Sentences.*) xvie siècle.

— Cherchez cinq pieds de mouton où il n'y en a que quatre.
(*Adages françois.*) xvie siècle.

— Mieux vaut gigot voisin et prochain
Qu'un gros mouton lointain.
(Gabr. Meurier, *Trésor des Sentences.*) xvie siècle.

— Revenir à ses moutons.
Ce proverbe est emprunté à une scène de la Farce de Patelin, l'une des compositions dramatiques du xve siècle les mieux connues et les plus spirituelles. Patelin, après avoir dérobé une pièce de drap à son compère le mar-

chand, paraît devant le juge comme avocat d'un berger infidèle que le marchand veut faire punir. Mais le marchand, qui reconnaît dans l'avocat du berger celui qui a dérobé son drap, entremêle d'une manière fort comique le drap et les moutons; ce qui oblige le juge de rappeler le marchand à son bon sens, et de l'engager à *revenir à ses moutons*. (Voyez plus haut, § III des recherches historiques sur les proverbes, l'indication de tous ceux qui se trouvent dans la Farce de Patelin.)

Rabelais a employé ce proverbe :
Liv. I, ch. 1. « Retournant à nos moutons, je diz, etc. »
Liv. III, ch. 32. « Retournons à nos moutons, dit Panurge. »

MOUTON. Sur toute chair le mouton est le plus chère.
(*Recueil* de GRUTHER.)

MULE. A vieille mule frein doré,
Riche habit fait fol honnorer.
(*Prov. communs.*) xve siècle.

— Bonne mule mauvaise beste.
(*Recueil* de GRUTHER.)

— Mules enfanter chose impossible par nature.
(BOVILLI *Prov.*) xvie siècle.

NID. Villes et maisons sans habitants
Nids sont aux rats et chats huants.
(GABR. MEUNIER, *Trésor des Sentences.*) xvie siècle.

— Aller prendre la mère au nid.

« Ce proverbe est tiré des oiseleurs qui, voulant surprendre la femelle sur les œufs dans le nid, marchent doucement et sans bruit de peur d'estre aperçus et manquer leur coup. Cette précaution est passée en proverbe, car on dit aller prendre la mère au nid lorsque quelqu'un qui veut tromper un autre pour rire marche à petits pas, ou à pas de larrons. »
(FLEURY DE BELLINGEN, *Étym. des Prov. franç.*, p. 317.)

ŒUF. A l'aventure met on les œufs couver.
(*Recueil* de GRUTHER.)

Œuf. Chercher à tondre sur un œuf.
>Agir en avare.

— Couver les œufs d'autrui.
>(Bovilli *Prov.*) xvie siècle.

— Elle passerait sur des œufs sans les casser.
>(Oudin, *Curiosités françoises*, p. 376.)

— Il est plein comme un œuf.

— Il ne saurait pas tourner un œuf.

— Mettre tous ses œufs dans un même panier.
>(*Dictionn. de l'Académie*, édit. de 1835.)

Oiseau. Oyseau débonnaire de luy mesme s'asseiste.

— Oyseau ne peut voler sans ailes.
>(*Prov. communs goth.*) xve siècle.

— Oiseau qui gratte de près le haste,
Et cil qui noe de loing le touste.
>(*Prov. Gallic.*, Ms.) xve siècle.

Oiseau qui gratte poursuis-le de près, et celui qui nage de loin le poursuis.

— A chacun oiseau son nid semble beau.
>(*Prov. ruraux et vulgaux.*) xiiie siècle.

« Quel merveille ! A chacun oisiau
» Est tosjors son ni le plus biau.
>(*Chr. de Godefroy de Paris*, p. 26.) xive siècle.

— A tart crie l'oiseau quand il est pris.
>(*Prov. communs.*) xve siècle.

— Battre les buissons sans prendre les oiseaux.
>(Rabelais, liv. i, ch. 9.) xvie siècle.

— Ce n'est pas pour ton oiseau.
>(*Adages franç.*) xvie siècle.

— De put oef put oisel.
>De méchant œuf méchant oiseau.
>(*Anc. prov.*, Ms.) xiiie siècle.

Oiseau. En ne prent pas les oisiax à la tarterelle (*crécelle*).
>(*Anc. prov.*, Ms.) xiiie siècle.

— Grands oiseaux de coustume
Sont privez de leur plume.
(Gabr. Meurier, *Trésor des Sentences.*) xvie siècle.

— Grande cage ne veut pas un petit oiseau.
>(Bruscambille, *Voyage d'Espagne.*) xviie siècle.

— Il est comme l'oiseau sur la branche.
>(Oudin, *Curiosités françoises*, p. 378.)

— Juge l'oiseau à la plume et au chant,
Et au parler l'homme bon ou méchant.
(Gabr. Meurier, *Trésor des Sentences.*) xvie siècle.

Ou bien encore :

— A la plume et au chant l'oiseau
Et au parler le bon cerveau.

— Léger comme l'oiseau saint Luc.

Léger comme un bœuf.

On sait que c'est l'animal symbolique que l'on représente avec cet évangéliste.
>(Oudin, *Curiosités françoises*, p. 378.)

— Le put et meschant oiseau s'aide de la langue pour cousteau.
>(*Recueil* de Gruther.)

— Les belles plumes font les beaux oiseaux.

— Meschant est l'oiseau
Qui descouvre son nid beau.

— Nid tissu et achevé
Oiseau perdu et envolé.
(Gabr. Meurier, *Trésor des Sentences.*) xvie siècle.

— Petit à petit l'oiseau fait son nid.
>(*Dictionn. de l'Académie*, édit. de 1835.)

OISEAU. Plus l'oiseau est vieil moins il se veut deffaire de sa plume.
(OUDIN, *Curiosités franç.*, p. 378.)

— Tel oiseau, tel nid.

OISELET. Chacun oiselet gasouille comme il est embecqué.

— Mieux vaut estre oiselet de bois au bocage,
Qu'un grand oiseau de cage.
(GABR. MEURIER, *Trésor des Sentences.*) XVIe siècle.

OIE. Gazouiller et siffler oie.

« Ay néantmoins esléu gazouiller et sifler oye,
» comme dict le commun proverbe. »
(RABELAIS, liv. v, *Prologue.*) XVIe siècle.

— Bon oyson mauvaise oye.
(GABR. MEURIER, *Trésor des Sentences.*) XVIe siècle.

— Plumer l'oie sans la faire crier.

« Or ça on plume l'oye sans la faire crier. »
(RABELAIS, liv. v, chap. 13.) XVIe siècle.

OISON. L'oyson et le cochon du cousteau les embroche on.
(*Recueil* de GRUTHER.)

— L'oison mène l'oye paistre,
Et le *bejaune* précède le maistre.
Voyez au mot BÉJAUNE dans cette série.

— Les oisons veulent mener paistre leur mère.
(OUDIN, *Curiosités françoises*, p. 398.)

OUAILLE. Ouaille cornue et vache pançue
Ne la change et ne mue,
Par ce qu'elles sont les meilleures.

— A qui ouailles et troupeau
Ne manque toison, laine ne peau.

— Chacune ouaille cherche sa pareille.
(GABR. MEURIER, *Trésor des Sentences.*) XVIe siècle.

Ours. Il ne fault marchander la peau de l'ours devant que la beste soit prise et morte.

(COMMINES, liv. IV, ch. 3.) xve siècle.

PASSEREAUX. Passereaux comme aussi moineaux.
Sont deux fins et très faux oiseaux.

(GABR. MEURIER, *Trésor des Sentences.*) xvie siècle.

PEAU. Pour être bien battue la peau n'en sera jamais vendue.

(*Prov. Gallic.*, Ms.) xve siècle.

PIE. Estre au nid de la pie.

« On se sert de ce proverbe quand quelqu'un est monté
» au plus haut degré de sa fortune, et cela par application
» à la pie, qui fait son nid au haut des plus grands arbres
» qu'elle peut choisir. » (NICOD.)

— Il ne fut onc pie qui ne ressemblast de la queue à sa mère.

(*Contes* d'EUTRAPEL, fol. 169 v°.) xvie siècle.

— Il donne à manger à la pie.

Se dit d'un joueur qui met de côté une partie de son gain.

— Il est bavard comme une pie borgne.

(*Dictionn. de l'Académie*, édit. de 1835.)

— S'entendre à l'hébreu comme une pie à étendre du beurre frais sur du pain.

(*Moyen de parvenir*, chapitre intitulé *Parlement.*) xvie siècle.

PIGEON. Il n'est vol que de pigeons.

« Comme vous scavez qu'il n'est vol que de pi-
» geon. »

(RABELAIS, liv. IV, ch. 2.) xvie siècle.

— Il ne faut pas laisser de semer pour crainte des pigeons.

(*Dictionn. de l'Académie*, édit. de 1835.)

Pigeon. Qui veut tenir nette sa maison
N'y mette femme, prêtre ni pigeon.
(*Dictionn. comique*, par P. J. Le Roux, t. II, p. 111.)

Plume. Plume nourrit plume destruit.

— Plumes sont enclumes.
(Gabr. Meurier, *Trésor des Sentences.*) xvie siècle.

— Il a perdu la plus belle plume de son aile.

— Il est au poil et à la plume.

— Jetter la plume au vent.
(*Dictionn. de l'Académie*, édit. de 1835.)

— Les belles plumes font les beaux oiseaux.

— Vous mettez bien matin la plume au vent.

— De quel costé jettons-nous la plume au vent?

— Ils n'en ont pas tiré leurs brayes nettes, ils y ont laissé de leurs plumes.

— Je luy ay bien passé la plume par le bec; il a beau maintenant écouter s'il pleut.
(*Comédie des Prov.*, passim.) xviie siècle.
(*Ancien Théâtre franc.*, t. X, Glossaire.)

Poil. De maigre poil apre morsure..
(*Prov. communs goth.*) xve siècle.

— Du poil de la beste qui te mordis,
Ou de son sanc sera guéris.
(Bovilli *Prov.*, liv. ii.) xvie siècle.

— En maigre poil a morsure.
(*Adages françois.*) xvie siècle.

— En maigre poil aigre morsure.
(*Recueil* de Gruther.)

Poisson. Poisson au soleil et chair à l'ombre.

— Poisson fait poison.

Poisson. Poisson, gorret, cochon ou cochin,
La vie en l'eau, la mort en vin.

— Poisson qui cherche le haim (*hameçon*)
Cherche son propre daim.
(Gabr. Meurier, *Trésor des Sentences.*) xvie siècle.

— Au poisson à nager ne monstre.
(*Mimes* de Baïf.) xvie siècle.

— Après poisson laict est poison.
(Gabr. Meurier, *Trésor des Sentences.*) xvie siècle.

— Après poisson noix en poids sont.
C'est-à-dire en estime et prix.
(Gabr. Meurier, *Trésor des Sentences.*) xvie siècle.

— Ce me sera chercher des poissons sur les tours de l'église Nostre-Dame.
(La Rivey, *le Morfondu*, acte IV, sc. 1. *Ancien Théâtre français*, t. V, p. 355.) xvie siècle.

— C'est beau poisson ne fut qu'il noe.
Ce serait un beau poisson s'il nageait.
(*Prov.* de Jeh. Mielot, Ms.) xve siècle.

— Choyr entre le poisson torpeur.
(Bovilli *Prov.*) xvie siècle.

— De petite rivière
De grand poisson n'espère.

— En fleuve où manque le poisson
Jeter fillets est sans raison.

— En grand torrent grand poisson se prend.

— En grand fleuve tel poisson,
Et le bon nageur au fond.
(Gabr. Meurier, *Trésor des Sentences.*) xvie siècle.

— Être heureux comme le poisson dans l'eau.

— Être muet comme un poisson.

— Il n'est ni chair ni poisson.
(*Dictionn. de l'Académie*, édit. de 1835.)

Poisson. Il ne faut pas enseigner les poissons à nager.

— Il n'est que jeune chair et vieil poisson.

— Le grand poisson mange le petit.

— L'hostel et le poisson en trois jours sont poison.

— Si les mois ne sont errez
Le poisson ne mangerez.
(Gabr. Meurier, *Trésor des Sentences.*) xvie siècle.

— Je ne sçay à quelle sauce manger ce poisson.
(*Comédie des Prov.*, acte III, sc. v.)

Poulain. Ce que poulain prent en jeunesse,
Il le continue en vieillesse.
(*Prov. communs.*) xve siècle.

« Ce qu'on apprent en sa jonesce,
» Faut l'encontinuer en vieillesse. »
(Isopet, *Fables de Robert,* t. I, p. 105.) xive siècle.

« Qu'apprend poulain en dentéure (*qui fait ses dents*),
» Tenir le veult tant com il dure. »
(Gautier de Coinsy, *Fabliaux*, t. II.) xiiie siècle.

— De nature va le poulain l'amble
Dont la mère fut acquenée.
(Gabr. Meurier, *Trésor des Sentences.*) xvie siècle.

— De poulain roigneux ou farcineux
Vient beau cheval et précieux.
(Gabr. Meurier, *Trésor des Sentences.*) xvie siècle.

— Il a l'aage des poulains, mardy unze ans.
Le vulgaire répond ainsi à qui s'enquiert mal à propos de l'âge d'une personne.
(Oudin, *Curiosités françoises*, p. 1.)

Poule. C'est une vraie poule mouillée.

C'est un poltron.

Poule. Plus poltron qu'une poule.
>(*Comédie des Prov.*, act. I, sc. vii.) xviie siècle.

— C'est le fils de la poule blanche.

C'est un homme heureux.
>(*Dictionn. de l'Académie*, édit. de 1835.)

— Gratéiz de gelines.

Grattés ou grattement des poules.
>(*Dit de l'Apostoile.*) xiiie siècle.

» C'est chose qui moult me deplaist
» Quant poule parle et coq se taist. »
>(*Roman de la Rose.*) xiiie siècle.

— Les poucins mènent les gélines.
>(*Prov. Gallic.*, Ms.) xve siècle.

— Qui est extrait de geline il ne peut qu'il ne gratte.

Pour signifier que l'enfant retient de la nature de sa mère.

(H. Estienne, *Précellence du langage françois*, etc.) xvie siècle.

— Profiter à quelqu'un comme une poule égarée au renard.

(*Moyen de parvenir*, chap. intitulé *Synode*.) xvie siècle.

— Vous ne vous remuez non plus qu'une espousée qu'on atourne, ni qu'une poule qui couve.

— Rebiffé comme la poule à Gros-Jean.
>(*Comédie des Prov.*, passim.) xviie siècle.

— Plumer la poule sans crier.

Voler adroitement.

« Je le sçavois dextrement manier et le pincer sans
» rire; je sçavois bien manger la poule sans faire
» crier le coq. »
>(*Anc. Théâtre franç.*, t. X. Glossaire, p. 421.)

Poulet. D'un œuf blanc on voit souvent
Un poulet esclore bien noir.
(Gabr. Meurier, *Trésor des Sentences.*) xvi⁰ siècle.

— Porter un poulet.

« Lorsque l'on donne l'estrapade en Italie, pour punir un maquerelage, on pend deux poulets vifs aux pieds de celuy qui a voulu suborner une femme; et de là vient ce que nous appellons en France porter un poulet quant on envoye un billet de galanterie, parce que ceux qui se mesloient autrefois de ce mestier portoient des poulets sous prétexte de les vendre, et mettoient un billet sous l'aisle du plus gros, qui estoit un advertissement à la dame avec qui on estoit d'intelligence. Le premier qui fut descouvert fut puny de l'estrapade avec deux poulets attachez au pied qui ne faisoient ce pendant que voltiger; et depuis tout maquerelage est puny de ceste sorte en Italie. Sans en sçavoir l'origine, l'on apelle en France tout petit billet un poulet. » (*Voyage d'Italie*, par Duval, géographe, 1ʳᵉ partie, à Paris, chez Clousier, 1656, in-8°, p. 72.)

Pourceau. Pourceau gras rompt la sout (*le toit qui le couvre*).
(*Prov. communs.*) xvᵉ siècle.

— Porcelet d'un mois, oison de trois,
Est manger de princes et de roys.
(Gabr. Meurier, *Trésor des Sentences.*) xvi⁰ siècle.

— A graz porcel le dos à oindre.
(*Prov. anc.*, Ms.) xiiiᵉ siècle.

— A petit porcel donne Diex bonne racine.
(*Prov. au Villain*, Ms.) xiiiᵉ siècle.

Au petit pourceau Dieu donne bonne racine.

— C'est folie semer les roses aux pourceaux.
(Gabr. Meurier, *Trésor des Sentences.*) xvi⁰ siècle.

— Donner des perles aux pourceaux.

C'est le *Margaritas ante porcos* des Latins.

On lit dans la Bible de Guyot de Provins :

> Mès jà les oreilles n'i tendent
> Cil qui escotent et n'entendent,
> Qu'espandu sont molt folement
> Buin diz là où l'on n'es entent,
> Comme qui gitteroit rubis
> Entre porz ou entre berbis.
>
> (Vers 611.) XIIIe siècle.

Pourceau. La belle amitié quand un pourceau baise une truie.

Le vulgaire se sert de ce proverbe en voyant un gros valet baiser une servante, ou bien un homme laid embrasser une femme laide.

(Oudin, *Curiosités françoises*, p. 12.)

— Nul ne peut donner des tripes sinon celuy qui tue son porceau.

(Gabr. Meurier, *Trésor des Sentences.*) XVIe siècle.

— On ne doit pas à gras pourceau le cul oindre.

(*Prov. communs.*) XVe siècle.

— Reliques sont bien perdues entre pieds de pourceaux.

(*Prov. communs.*) XVe siècle.

— Plus aise qu'un pourceau qui pisse dans du son.

— C'est que j'ai tué mon pourceau, je me joue de la vessie.

— Se quarrant comme un pourceau de trois blancs qui a mangé pour un carolus de son.

— N'oubliez pas la confrairie des pourceaux, en voicy le marguillier.

— Je te feray plus aise qu'un pourceau en l'auge.

(*Anc. Théâtre franç.*, t. X. Glossaire.)

— Un marchand de pourceaux porte plus de profit aux villes qu'un chicaneur.

(*Encyclopédie des Prov.*)

Pou. Chercher à quelqu'un des poux à la tête.
>(*Dictionn. de l'Académie*, édit. de 1835.)

— Il ne faut pas semer les poux en une vieille pelice.
>(Gabr. Meurier, *Trésor des Sentences*.) xvie siècle.

— Il est laid comme un pou.

— Il écorcherait un pou pour en avoir la peau.
>(*Dictionn. de l'Académie*, édit. de 1835.) xviie siècle.

— Il se quarre comme un pou sur une galle.
>(*Comédie des Prov.*, acte I, sc. vii.) xviie siècle.

— Nul vieil vestement sans poux.
>(*Recueil* de Gruther.)

— Tigneux de pou s'enuie.
>(*Anc. prov.*, Ms.) xiiie siècle.

Puce. Puce en l'oreille
L'homme réveille.
>(*Prov.* de Bouvelles.) xvie siècle.

— Puce se tient au blanc souvent.
>(Bovilli *Prov.*) xvie siècle.

— Avoir la puce à l'oreille.
Être inquiet au sujet de quelque affaire.
>(*Dictionn. de l'Académie*, édit. de 1835.)

— Je la trouverais plus facilement qu'une puce.
>(*Comédie des Prov.*, acte III, scène iii.) xviie siècle.

Queue. En la queue et en la fin,
Gist de coutume le venin.
>(Gabr. Meurier, *Trésor des Sentences*.) xvie siècle.

— En la queue est li encombriers (*difficulté*) souvent.
>(*Anc. prov.*, Ms.) xiiie siècle.

Ramier. Amour de ramière, blandissement de chien.
Amour de colombe, caresses de chien.
>(Gabr. Meurier, *Trésor des Sentences*.) xvie siècle.

Rat. Avoir des rats dans la tête.

Avoir des caprices.

— Être dans un endroit comme un rat dans la paille.

Être à son aise.

— Il est gueux comme ung rat d'église.

— Il pue comme un rat mort.

(*Dictionn. de l'Académie*, édit. de 1835.)

— Prendre ung rat par la queue.

(Bovilli *Prov.*) xvie siècle.

— Tel rat tel chat.

(Gabr. Meurier, *Trésor des Sentences.*) xvie siècle.

— Voilà ce que les rats n'ont pas mangé.

Voilà quelque chose de nouveau.

(Oudin, *Curiosités françoises.*)

Renard. Renard, que tu as grant queue !

(*Prov. communs.*) xve siècle.

— Renard qui dort la matinée
N'a pas la langue emplumée.

(*Prov. communs.*) xve siècle.

— A regnard endormy ne vient bien ne profit.

Ou :

A renard endormi ne lui chest rien en la gorge.

(*Prov. communs.*) xve siècle.

— A regnard regnard et demy.

(Gabr. Meurier, *Trésor des Sentences.*) xvie siècle.

— A la fin sera le renard moyne.

(Gabr. Meurier, *Trésor des Sent.*) xvie siècle.

— Ainsi dist le renard des mures quand il n'en peult avoir : « Elles ne me sont point bonnes. »

(*Prov. communs.*) xve siècle.

RENARD. Avec le renard ou renarde.
(*Mimes* de BAÏF.) xvie siècle.

— Escorcher le regnard par la queue.
(*Adages françois.*) xvie siècle.

« Par saint Jean, je te ferai escorcher le re-
» gnard, car je t'escorcherai tout vif. »
(RABELAIS, liv. II, ch. 6.) xvie siècle.

Écorcher le renard voulait dire aussi rendre gorge.
Rabelais l'a employé dans ce sens, liv. IV, chap. 44 :

« A l'heure du paroxysme il escorchoit un re-
» gnard pour antidote ou contre-poison. »

— Estre aspergé de queue du renard.
(BOVILLI *Prov.*) xvie siècle.

— Et que le vieil regnard toujours reprend
    demeure
    Bien qu'il change de poil, de place et de
    demeure.
(BRUSCAMBILLE, *Voyage d'Espagne.*) xviie siècle.

— Fuir comme un renard devant un lion.

— Les surprendre comme un renard à la ta-
nière.
(*Comédie des Prov.*, p. 60, p. 77.) xviie siècle.

— Il n'y a si fin regnard
    Qui ne trouve plus finard.
(GABR. MEURIER, *Trésor des Sentences.*) xvie siècle.

— Il faut coudre la peau du renard à celle du
lion.
(*Dictionn. comique*, par P. J. LE ROUX, t. II, p. 91.)

— Le renard cache sa queue, c'est-à-dire le
méchant cache son défaut.
(OUDIN, *Curiosités françoises.*)

— Le renard est devenu hermite.
(*Adages françois.*) xvie siècle.

Renard. Regnard a descogneu (*méconnu*) sa qeue.

— Regnard est devenu moyne.
(*Prov. Gallic.*, Ms.) xve siècle.

Salamandre. Plus froid que la salamandre.
(Bovilli *Prov.*) xvie siècle.

Saumon. Saumon comme le sermon
En quaresme ont leur saison.
(Gabr. Meurier, *Trésor des Sentences.*) xvie siècle.

Serpent. C'est un serpent que j'ai réchauffé dans mon sein.

— C'est une langue de serpent.
(*Dictionn. de l'Académie*, édit. de 1835.)

— Salive d'homme tous serpens domme (*dompte*).
(*Prov. de* Bouvelles.) xvie siècle.

Singe. Faire comme le singe, tirer les marrons du feu avec la patte du chat.
(*Mimes* de Baïf.) xvie siècle.

— Le singe est toujours singe, et fust-il desguisé en prince.
(*Mélanges hist.* de Saint-Julien de Baleuvre, p. 634.) xvie siècle.

— Dire la patenostre du singe.
(Rabelais, liv. i, ch. 2.) xvie siècle.

— Ne plus ne moins qu'un singe qui épluche des noisettes vertes.

« Un jour pour faire le mignon, j'avois en l'église
» mon psaultier en hébreu, où je lisois ne plus ne
» moins qu'un singe qui épluche des noisettes vertes.
(*Moyen de parvenir*, au chapitre intitulé *Jamais*.) xvie siècle.

— Oncques vieil singe ne féit belle moue.
(Rabelais, *Prologue* du liv. iii.) xvie siècle.

— Ouvrage de singe peu et bien.
(*Recueil* de Gruther.)

Singe. Payer en monnoie de singe, en gambades.

Ce proverbe est emprunté au *Livre des Métiers* d'Étienne Boileau, prévôt de Paris sous saint Louis. Au Titre II de la seconde partie, intitulé : *Du Péage du petit Pont*, on lit : « Li singes au marchant doit iiij deniers se il pour » vendre le porte : et se li singes est au joueur, jouer » en doit devant le paagier; et pour son jeu doit estre » quites de toute la chose qu'il achète à son usage. » (*Règlemens sur les Arts et Métiers de Paris*, rédigés au XIIIᵉ siècle, etc., publiés par M. Depping, Paris, 1837, in-4º, p. 287.)

— Plus malicieux qu'un vieux singe.

— Tu joues déjà des balligoinses, comme un singe qui demande des écrevisses.

(*Comédie des Prov.*, acte II, sc. III. p. 51.) XVIᵉ siècle.

— Adroit comme un singe de sa queue.

Souris. Blanches souris, chiens à rien faire.

(*Mimes* de Baïf, fol. 42.) XVIᵉ siècle.

— Dolente la souris
Qui ne set qu'un seul pertuis.

(*Anc. prov. franç.*, Ms.) XIIIᵉ siècle.

La souris qui n'a qu'un trou est bientôt prise.

— Encore est vive la souris.

(*Prov. ms.* de Jeh. Mielot.) XVᵉ siècle.

Ce proverbe sert de refrain à une des plus jolies ballades de Charles d'Orléans. Il répond à ceux qui, profitant de sa longue captivité en Angleterre, avaient fait courir le bruit de sa mort :

> Nouvelles ont couru en France,
> Par maints lieux, que j'estoye mort,
> Dont avoient peu desplaisance
> Aucuns qui me hayent à tort.
> Aultres en ont eu desconfort
> Qui m'ayment de loyal vouloir,
> Comme mes bons et vrais amis.
> Si fait à toutes gens sçavoir
> Qu'*encore est vive la souris.*

(Voyez cette Ballade, première série, p. 314 de mon *Recueil des Chants historiques français*, Paris, 1841, in-18.)

Souris. Il est éveillé comme une potée de souris.
(*Dictionn. comique*, par P. J. Le Roux, t. I, p. 484.)

— La montagne a enfanté une souris.

— On le ferait cacher dans le trou d'une souris.

— Jamais ne fut ny sera qu'une souris fasse son nid en l'oreille d'un chat.
(*Adages franç.*) xvie siècle.

— Nulle souris sans pertuis.

— Où y a pain y a souris.
(Gabr. Meurier, *Trésor des Sentences.*) xvie siècle.

Tripe. Estre lié aux tripes.
(Bovilli *Prov.*) xvie siècle.

Troupeau. Le bon pasteur,
Dit un empereur,
Tond son troupeau
Sans l'escorcher, ny grain toucher
Ne cuir ne peau.

— En meschant et laid troupeau
N'y a qu'eslire pour le plus beau.
(Gabr. Meurier, *Trésor des Sentences.*) xvie siècle.

Truie. C'est une bonne truie à pauvre homme.
« Cela se dit d'une femme qui fait beaucoup d'enfants. »
(*Origine de quelques Coutumes; etc.*, par Mosans de Brieux, p. 19.)

— S'en rapporter aux exemples comme une truie qui avorte.

« *Lycurgus.* Ce fut un moyen de parvenir. Voilà,
» il y en a qui parviennent diversement, les uns
» sans y penser, etc. ; quelques autres en dépit
» d'eux, *et s'en faut rapporter aux exemples ainsi*
» *qu'une truie qui avorte.* »
(*Moyen de parvenir*, au chapitre intitulé *Parlement.*) xvie siècle.

Truie. Mieulx aime truye bran que rose.
>(*Proverbes communs goth.*) xve siècle.

— Qui touche le fan de la truie,
Tant soit petit, il grogne et crie.
>(*Mimes* de Baïf.) xvie siècle.

— Si truye forfait les pourceaux le comparent.
>(*Prov. communs.*) xve siècle.

— Tondre sa truye.
>(Bovilli *Prov.*) xvie siècle.

Vache. Vache de loin a assez lait.
>(*Contes* d'Eutrapel, fol. 25 v°.) xvie siècle.

— Il est advis à vielle vache qu'elle ne fust oncques veau.
>(*Prov. Gallic.*, Ms.) xve siècle.

— Il a mangé de la vache enragée.
>(*Dictionn. comique*, par P. J. Le Roux, t. I, p. 454.)

— Ouaille cornue et vache pançue, ne la change et ne mue.
>(*Recueil* de Gruther.)

— Une vache ne sceit que lui vault sa queue jusques elle l'a perdue.
>(*Prov. communs.*) xve siècle.

— Une vache prent bien ung lièvre.
>(*Adages françois.*) xvie siècle.

— Volonté de folie et vache qui mouche sont trop fort à tenir.
>(*Prov. Gallic.*, Ms.) xve siècle.

— Bonhomme, garde ta vache.
Se dit pour prévenir quelqu'un qu'on le trompe.

— Il a pris la vache et le veau.
Se dit d'un homme qui a épousé une fille enceinte.

Vache. Il n'est rien tel que le plancher des vaches.
Il n'est rien d'aussi solide que la terre.
>(*Dictionn. de l'Académie*, édit. de 1835.)

— Il parle français comme une vache espagnole.

— Quand chacun se mêle de son métier, les vaches en sont mieux gardées.
>(*Dictionn. de l'Académie*, édit. de 1835.)

Veau. Veau mal cuit et poulles crues font les cimetières bossus.
>(*Prov. communs.*) xve siècle.

— Veaux, poullets et poissons crus font les cimetières bossus.
>(Gabr. Meurier, *Trésor des Sentences.*) xvie siècle.

— A la fraise on connaît le veau.
>(*Anthologie ou Conférences des Prov. français, anglais, italiens, etc.*, Ms.) xve siècle.

— A la vache est toujours le veau.
>(*Farce de Colin. Anc. Théâtre franç.*, t. I, p. 248.) xvie siècle.

— A cette heure-là, il faut estre grand monsieur pour avoir un pied de veau.

— Tuer le veau gras.
Se réjouir.
>(*Comédie des Prov.*, act. I, sc. vii; act. III, sc. iii.) xviie siècle.

— Aussitôt meurt un minopet,
Comme un vieil, ce dit Isopet.
Aussitôt meurt veau comme vache,
Mort viel et jone ensemble cache.
>(Isopet, *Fables* de Robert, t. II, p. 460.) xiiie siècle.

— Brides à veaulx, choses inutiles.

— Celuy se monstre estre bien veau
Qui par la poincte rend le couteau.
>(Bovilli *Prov.*) xvie siècle.

Veau. Ceste coe n'est pas de ce vel.
    Cette queue n'appartient pas à ce veau.
(*Anc. prov.*, Ms.) xiiie siècle.

— Chacun n'a pas le cerveau
Gros comme un veau.

— De veaux comme de vaches
Vont les peaux à la place.

— D'un veau on espère un bœuf
Et d'une poule un œuf.

— Entre l'enclume et le marteau
Qui doigt y fourre est tenu veau.
(Gabr. Meurier, *Trésor des Sentences.*) xvie siècle.

— Gardez-vous de faire le veau.

  « Au-dessus de sa teste comme en une nue y
» avoit une nymphe qui avoit un escriteau portant
» ces mots : « Gardez-vous de faire le veau. »
(*Satire Ménippée, Tapisserie des États.*) xvie siècle.

— Il a fièvre de veau, il tremble quand il est saoul.

— Il est bien veau qui veau couppe.
(*Adages françois.*) xvie siècle.

— Les nuées ne sont pas peaux de veau.
(*Recueil* de Gruther.)

— Mieulx vault laisser la peau que le veau.

— Qui ose prendre le veau
Osera prendre vache et troupeau.
(Gabr. Meurier, *Trésor des Sentences.*) xvie siècle.

Vautour. De vol de vautour
Guerre en brief jour.
(Bovilli *Prov.*; liv. 1.) xvie siècle.

Ver. Adès dure la lime adès dure li vers.
>(*Testament* de Jeu. de Meung.) xiiie siècle.

Autant dure la lime, autant dure le ver.

— Il faut perdre un veron pour pescher un saulmon.
>(*Recueil de* Gruther.)

Vessie. Me veux-tu faire accroire de vessies que ce sont lanternes?
>(*Adages françois.*) xvie siècle.

Ou bien :

— Veux-tu me faire croire que des vessies sont des lanternes?

SÉRIE N° V.

PROVERBES RELATIFS A L'HOMME.

HOMME EN GÉNÉRAL. — HOMME EN PARTICULIER. — FEMME. — ENFANTS. — ORGANES. — MEMBRES. — MOUVEMENTS DU CORPS. — MALADIES. — INFIRMITÉS. — MÉDECINE. — MÉDECINS.

APOTHICAIRE. Un apothicaire sans sucre.
　Un homme qui n'est pas fourni des choses qui appartiennent à sa profession.
　　　　(*Dict. de l'Académie*, édit. de 1835.)

—　　Un quiproquo d'appothicaire.
　　　(BRUSCAMBILLE, *Voyage d'Espagne*.) XVIIe siècle.

　« Un autre (apothicaire) ayant veu la recepte d'un me-
» decin qui avoit mis *rubarbari opti*, qui est une abbrévia-
» tion d'*optimi*, alla imaginer qu'il y avoit *apii*, et en mit
» tant en la medecine de son patient qu'il l'endormit si bien
» qu'oncques puis ne se resveilla. C'est pourquoi l'on dit
» ordinairement qu'il faut se garder d'un *quiproquo* d'apo-
» thicaire. »
(*Bigarrures du seigneur des Accords*, édit. de 1640, p. 118.)

AVALOIRE; gosier. Je pense que tu es fils de tonnelier, tu as une belle avaloire.
　　　(*Comédie des Prov.*, acte II, scène III.) XVIIe siècle.

AVEUGLE. A l'aveugle ne duit peinture,
　　　Couleur, miroir ne figure.

AVEUGLE. Au pays des aveugles croy
Qui a un œil y est roy.
(GABR. MEURIER, *Trésor des Sentences.*) XVIᵉ siècle.

— Au royaume des aveugles les borgnes sont rois.
(*Recueil* de GRUTHER.)

— Il crie comme un aveugle qui a perdu son bâton.
(*Illustres Prov.*, t. I, p. 87.)

— Juger d'une chose comme un aveugle des couleurs.
(*Dictionn. de l'Académie*, édit. de 1835.)

— Ung aveugle bien ne sçauroit destouiller fil et bien mettre à droict.
(BOVILLI *Prov.*) XVIᵉ siècle.

BARBE. Barbe d'avocat, qui croît par article.

— Barbe de chèvres.

— Barbe de jardinier, qui croît par bouquets.

— Barbe de jardinier, à faire dedans les allées.

— Barbe de lièvre, qui n'ose sortir de peur des chiens.
(OUDIN, *Curiosités françoises.*)

— Barbe mouillée à demi rée.
Barbe bien lavée est à demi faite.
(GABR. MEURIER, *Trésor des Sentences.*) XVIᵉ siècle.

— Barbe ne croy.
(*Adages françois.*) XVIᵉ siècle.

— Barbe rousse, noir de chevelure,
Est reputé faux par nature.
(GABR. MEURIER, *Trésor des Sentences.*) XVIᵉ siècle.

— C'est une barbe de savetier, elle ne croît que par les rivets.
(*Adages françois.*) XVIᵉ siècle.

Barbe. C'est une barbe à l'escopette.
(*Dictionn. comique*, par P. J. Le Roux, t. I, p. 470.)

— En la grant barbe ne gist pas li savoir.
(*Anc. prov.*, Ms.) xiiie siècle.

— Du côté de la barbe est la toute-puissance.
L'homme est le maître dans le ménage.

— Essuyez votre barbe et dites que vous avez beu.
(Oudin, *Curiosités françoises*, p. 29.)

— Reprenons notre chèvre à la barbe.
Reprenons notre propos.
(Oudin, *Curiosités françoises*, p. 30.)

— Avoir de la barbe au menton.
Être un homme résolu.

— La barbe ne fait pas l'homme.

— Ne devriez-vous pas vous réjouir quand la barbe vous vient.

— Vertu-choux! quel chenault! tu as les dents plus longues que la barbe.

— Tu es d'un estrange pays, car tu as de la barbe aux yeux.
(*Comédie des Prov.*, passim.) xviie siècle.

Bigle. Bigle, borgne, bossu, boiteux,
Ne t'y fie si tu ne veux.
(*Adages françois*.) xvie siècle.

Blonde. Faire la blonde.
Faire la belle.
« Elle dort, elle s'accoustre, elle fait la blonde. »
(*Ancien Théâtre franç.*, t. VII, p. 264.) xvie siècle.

Boiaux. Du bien qu'il fit l'enfant, qui tant fist à prisier,
Se repenti c fois et plus, à mon cuidier :
Etrange boiiel fait mals au sien à liier.
(*Roman de Baudouin de Sebourc*, t. I, p. 39.) xive siècle.

BOITEUX. Clochier ne faut devant boiteux.
>(*Prov.* de JEH. MIELOT.) xve siècle.

— Il faut attendre le boiteux.

Pour être sûr d'une nouvelle il faut en attendre la confirmation.
>(*Dictionn. de l'Académie*, édit. de 1835.)

— Il ne faut pas clocher devant les boiteux.
>(GABR. MEURIER, *Trésor des Sentences*.) xvie siècle.

— Un boiteux ne veut aller avec un plus boiteux que luy.
>(*Adages françois.*) xvie siècle.

BOSSU. A bossu la bosse.

Malheur aux méchants.
>(OUDIN, *Curiosités françoises*, p. 50.)

— Le monde est bien bossu quand il se baisse.

— Rire comme un bossu.
>(OUDIN, *Curiosités françoises*, p. 50.)

BOUCHE. Bouche fresche, pied sec.
>(GABR. MEURIER, *Trésor des Sentences.*) xvie siècle.

— Entre bouche et cuillier
Vient bien encombrier.
>(*Anc. prov.*, Ms.) xiiie siècle.

— Gouverne ta bouche selon ta bourse.

— Il dit cela de bouche, mais le cœur n'y touche.

— Cela fait venir l'eau à la bouche.
>(*Dictionn. de l'Académie*, édit. de 1835.)

— Il le garde pour la bonne bouche.

— Quand ce seroit pour la bouche du roy.
>(OUDIN, *Curiosités françoises*, p. 51.)

BOYAUX. Il a toujours dix aunes de boyaux de vuides pour fetoyer ses bons amis.
>(*Dictionn. comique* de P. J. LE ROUX, t. I, p. 509.)

Boyaux. Je vous cheriray plus que mes petits boyaux.

— Mes boyaux crient vengeance.
C'est-à-dire j'ai faim.
(*Comédie des Prov.* — *Anc. Théâtre franç.*, t. X. Glossaire.)

Bras. En avoir tout le long du bras.
Être bien attrapé.

« Et l'autre qui ne pensoit point avoir compai-
» gnon, en avoit *tout au long du bras*, et autant
» que on pourroit entasser à toute force au cœur
» d'un amoureux. »
(*Cent Nouvelles nouvelles*, nouv. 33, t. I, p. 266.) xve siècle.

— On m'appelle Monsieur gros comme le bras.
(Oudin, *Curiosités françoises*, p. 60.)

— Selon le bras fais la saignée.
(*Mimes* de Baïf.) xvie siècle.

Chair. Belle chère et cœur arrière.
Beau visage et cœur arrière.
(Gabr. Meurier, *Trésor des Sentences*.) xvie siècle.

— Belle chère vaut bien un mets.
(*Adages françois*.) xvie siècle.

Corps. C'est un corps sans âme.
(Bovilli *Prov.*) xvie siècle.

— Corps vuide ame désolée,
Et bien repeu ame consolée.
(Gabr. Meurier, *Trésor des Sentences*.) xvie siècle.

— Aux beaux corps belles ames.
(*Contes* d'Eutrapel, fol. 162 r°.) xvie siècle.

— Ce que n'entre au corps
Entre aux manches ou au bords.

Cuisse. Car autrement il m'eût embrassé la cuisse
pour me témoigner moitié figue, moitié raisin, etc.
(*Comédie des Prov.*, acte III, scène v.) xviie siècle.

Cul. Il ne faut pas peter plus haut que le cul.

— On lui boucherait le cul d'un grain de millet.

— Prendre son cul pour ses chausses.
Se méprendre grossièrement.

— Y aller de tête et de cul, comme une corneille qui abat des noix.
(*Dictionn. de l'Académie*, édit. de 1835.)

Ce mot a donné lieu à un grand nombre de locutions proverbiales ; Oudin les a recueillies, p. 142 de ses *Curiosités françoises*, etc. On peut voir aussi *Ancien Théâtre français*, t. X, Glossaire.

Dame. Dame bien dressée, mule enchevestrée.

— Dame qui moult se mire peu file.
(Gabr. Meurier, *Trésor des Sentences*.) xvie siècle.

— Wide chambre fet fole dame.
(*Anc. prov.*, Ms.) xiiie siècle.

Démanger. Tu me grattes où il me demange.
(Bovilli *Prov.*) xvie siècle.

C'est-à-dire tu me flattes.

— Je crois qu'il se gratte bien maintenant où il ne lui démange pas.

— Je vois bien que la chair luy démange.
(*Comédie des Prov.*, acte I, scène viii, etc.)

Dent. Dents aigues et ventre plat
Trouve tout bon qu'est au plat.
(*Gazette franç.* de Mart. Allard, fol. 224 v°.) xviie siècle.

— Dents contre dents se consume.
(Bovilli *Prov.*) xvie siècle.

— A douleur de dent
N'ayde viole, n'instrument
(Gabr. Meurier, *Trésor des Sentences*.) xvie siècle.

— Avoir une dent de lait contre quelqu'un.
(*Dictionn. comique*, par P. J. Le Roux, t. II, p. 58.)

Dent. Avoir les dents longues.
　Avoir faim.

— Il semble à mon ventre que le diable a emporté mes dents.
(*Comédie des Prov.*)

— Battre le tambour avec les dents.
　Trembler.
(Oudin, *Curiosités françoises*, p. 151.)

— Bonnes sont les dents qui retiennent la langue.
(*Anthologie ou Conférences des Prov.*, Ms.)

— Faire de l'alchimie avec les dents.
« Aultres faisoient de l'alchimie avec les dents. »
(Rabelais, liv. v, ch. 22.) xvie siècle.

— Il n'en a pas pour sa dent creuse.

— Les dents ne lui font plus mal.
　Il est mort.
(Oudin, *Curiosités françoises*, p. 151.)

— Les gourmands font leurs fosses avec leurs dents.
(*Adages françois.*) xvie siècle.

— Mentir comme un arracheur de dents.
(*Dictionn. de l'Académie*, édit. de 1835.)

— Parler des grosses dents.
　C'est-à-dire parler avec colère ou très-sévèrement.

— Telle dent telle morsure.
(*Encyclopédie des Prov.*)

Difformité. Difformité est indice de virginité.

— Diformité n'est pas vice,
(Gabr. Meurier, *Trésor des Sentences.*) xvie siècle.

Dos. En avoir dans le dos.
　Être attrapé.

« Vraiment j'en avois bien dans le dos, si je
» n'eusse trouvé cette bonne femme. »
(*Anc. Théâtre franç.*, t. VII, p. 153.)

Dos. Tu as bon dos, tu es bonne à marier.
(*Comédie des Prov.*, acte III, scène VII.) XVIIe siècle.

— Il a bon dos, il portera bien tout.

C'est-à-dire il est riche et puissant, il se tirera bien d'affaire.
(OUDIN, *Curiosités françoises*, etc.)

— J'en ai plein le dos.

C'est-à-dire j'en suis très-fatigué.

Douleur. Douleur de teste veult manger,
Douleur de ventre veult purger.

— Douleur en l'eine pierre prochaine.
(GABR. MEURIER, *Trésor des Sentences.*) XVIe siècle.

— Pour un plaisir mille douleurs.
(*Dictionn. de l'Académie*, édit. de 1835.)

Enfant. Enfant aime moult qui beau l'appelle.
(*Prov. Gallic.*, Ms.) XVe siècle.

— Enfant hay ne loera jà bel.

Enfant détesté ne trouve-t-on jamais beau.

— Enfant de bonne ville est demy escripvain.
(*Prov. communs.*) XVe siècle.

— Enfant de gogo nourri de lait de poule.
(*Dictionn. comique*, par P. J. LEROUX, t. I, p. 447.)

— Enfans de la messe de minuit, qui cherche Dieu à taton.
(OUDIN, *Curiosités françoises*, p. 182.)

— Enfans deviennent gens.
(*Prov. communs.*) XVe siècle.

— Enfant du diable qui a le derrière velu.
(OUDIN, *Curiosités françoises*, p. 182.)

Enfant. Enfans et sots sont devins.

(Gabr. Meurier, *Trésor des Sentences.*) xvie siècle.

— Enfant, grandet, adolescent, jeune homme, parfaict, vieil, décrépit.

(Bovilli *Prov.*) xvie siècle.

— Enfant haï est toujours triste.

« Et j'ay bien oy dire, xiii ans a accomplis,
» Que d'un enfant haï n'a biau jeu ne biau ris. »

(*Roman de Baudouin de Sebourc*, t. I, p. 35.) xive siècle.

— Enfant par trop caressé
Mal appris et pis réglé.

— Enfans, poules et les coulombs,
Embrenent et souillent les maisons.

(Gabr. Meurier, *Trésor des Sentences.*) xvie siècle.

— Enfans sont richesses de pauvres gens.

(*Adages françois.*) xvie siècle.

— Enfans qui sont de la Matte
Savent tous jouer de la patte.

(*Prov. en rimes*, etc.) xviie siècle.

— Enfans de la Matte.

Filous, coupeurs de bourse.

(Oudin, *Curiosités françoises*, p. 336.)

— Bel enfant jusqu'aux dents.

— Bien labeure qui chastoie son enfant.

Bien travaille qui élève bien son enfant.

(*Anc. prov.*, Ms.) xiiie siècle.

On a dit dans le même sens :

Qui aime bien chastie bien.

Dans notre vieux langage, *chastier* ne voulait pas dire *punir, corriger*, mais *élever, instruire, endoctriner*, comme le prouve le poëme intitulé le *Castoiement d'un Père à son Fils*, composé au xiiie siècle, et qui n'est qu'une suite de préceptes accompagnés d'exemples à l'appui.

ENFANT. Ce que l'enfant dit au foyer
Est tost congnu jusqu'au moustier.
(GABR. MEURIER, *Trésor des Sentences.*) XVIe siècle.

— Cet enfant ne vivra pas, il a trop d'esprit.

« Quand ils ont tant d'esprit les enfants vivent peu. »
(C. DELAVIGNE, *Enfants d'Édouard.*)

— De grands personnages
Enfants non sages.

« Les Picards disent que les aisnés de Picardie sont
» souvent fols, ou de moindre sens que les maisnés : car
» ils ressemblent au pain venant du four et au vin pre-
» mier versé, lequel est plus chaut et plus fumeux que le
» second versé. »
(*Prov.* de BOUVELLES.) XVIe siècle.

— De petit enfant petit deuil.
(GABR. MEURIER. *Trésor des Sentences.*) XVIe siècle.

— Il est heureux qui a des enfants,
Et n'est pas malheureux qui n'en a point.
(*Anthologie ou Conférences des Prov.*, Ms.) XVe siècle.

— L'enfant de cent ans qui a perdu son temps.
(BOVILLI *Prov.*) XVIe siècle.

— Enseigner convient aux enfans
Ce qu'est de faire quand seront grands.
(GABR. MEURIER, *Trésor des Sentences.*) XVIe siècle.

— Folle mère pour enfant.

— Il dit grand villenie à l'homme qui enfant l'appelle.
(*Prov. Gallic.*, Ms.) XVe siècle.

— Il est heureux comme un enfant légitime.
(*Dictionn. comique*, par P. J. LE ROUX, t. I, p. 447.)

— Il n'aura jamais enfant qui vive.
Se dit vulgairement d'un avare.

ENFANT. Il ne faut pas faire l'enfant.

— Il n'y a enfant de bonne mère qui n'en veuille estre.
(Oudin, *Curiosités françoises*, p. 182.)

— Il est innocent comme l'enfant qui vient de naître.
(*Dictionn. de l'Académie*, édit. de 1835.)

— Il n'y a plus d'enfants

— Les menteurs sont enfants du diable.
(*Dictionn. de l'Académie*, édit. de 1835.)

— Je les traiteray comme enfans de bonne maison, je les épousteray et étrilleray sur le ventre et partout.

— Je ne suis plus un enfant.
(*Adages françois*.) XVIe siècle.

— Je ne suis pas un enfant, je ne me repais pas d'une fraise.
(*Comédie des Prov.*, acte II, sc. III.) XVIIe siècle.

— Qui voit enfant il voit néant.
(*Prov. communs.*) XVe siècle.

— Ung glaive à ung enfant est nuysant.
(Bovilli *Prov.*) XVIe siècle.

ÉPAULE. Il est riche ou vertueux par-dessus l'épaule.

Pasquier, au liv. VIII, chap. 47 de ses *Recherches*, dit qu'un plaisant jouant au *flus* (sorte de jeu dans lequel l'as est supérieur aux autres cartes), annonça deux as; ayant montré ses cartes, on ne lui trouva que deux valets portant chacun un as sur l'épaule. La compagnie se moqua du joueur, qui répondit qu'effectivement il avoit deux as, mais que c'estoit par-dessus l'épaule. De là, suivant Pasquier, est venu ce proverbe.

— Je l'ai mis dehors par les épaules.

Je l'ai chassé honteusement.

ÉPAULE. Je le porte sur mes épaules.
Je le souffre à regret.

— Je me recommande à leurs espaules.
Se dit quand on voit ou quand on croit quelqu'un bien battu.

— Jeter les espaules de mouton par la fenestre.
Être prodigue.
(Oudin, *Curiosités françoises*, p. 196.)

— Pousser le temps à l'épaule.
Délayer, différer sa condamnation.
(*Dictionn. comique*, par P. J. Le Roux.)

— Prêter l'épaule à quelqu'un.
L'appuyer, l'aider.

— Regarder par-dessus l'épaule.
Mépriser.
(Oudin, *Curiosités franç.*, p. 196.)

FEMME. Abbreuver son cheval à tous guetz,
Mener sa femme à tous festins,
De son cheval on faict une rosse
Et de sa femme une catin.
(*Adages françois.*) xvi⁰ siècle.

— A femme torte un patin.
(*Prov. Gallic.*, Ms.) xv⁰ siècle.

— A femme avare galant escroc.
(La Fontaine, *Contes.*)

— A femme sotte nul ne s'y frotte.
(Gabr. Meurier, *Trésor des Sentences.*) xvi⁰ siècle.

— A la fleur de femme fleur de vin.
A la meilleure femme le meilleur vin.
(*Prov. Gallic.*; *Recueil* de Thou, Ms.) xv⁰ siècle.

— A toute heure
Chien pisse et femme pleure.
(Gabr. Meurier, *Trésor des Sentences.*) xvi⁰ siècle.

Femme. Aux receveurs les honneurs,
Et aux femmes les douleurs.
(*Prov. communs.*) xve siècle.

— Beauté de femme n'enrichit homme.
(Bovilli *Prov.*) xvie siècle.

— Belle femme mauvaise teste,
Bonne mule mauvaise beste.
(Gabr. Meurier, *Trésor des Sentences.*) xvie siècle.

— Bien entretiendra sa maison
Cil qui a bonne sage femme ;
Mais une folle sans raison
Rend son hotel tout infame.
(*Suite aux Mots dorés de Caton.*) xvie siècle.

— Bonne femme, bon renom,
Patrimoine sans parangon.
(Gabr. Meurier, *Trésor des Sentences.*) xvie siècle.

— Celuy qui prend la vieille femme,
Ayme l'argent plus que la dame.
(*Suite aux Mots dorés de Caton.*) xvie siècle.

— Ce n'est qu'une fantaisie de la femme et pierreries.

— C'est une belle marque de maison qu'une belle femme.

— C'est signe grand quand une femme perd son sens, car elle ne sauroit plus mal faire.
(*Adages françois.*) xvie siècle.

— Ce que femme file de fin matin
Ne vient pas souvent à bonne fin.
(Gabr. Meurier, *Trésor des Sentences.*) xvie siècle.

— Ce que femme veut Dieu le veut.
(Méry, *Hist. des Prov.*, t. I, p. 257.)

— Ce que veut une femme est écrit dans le ciel.
(*La Chaussée.*)

Femme. Ce que le baron ayme femme a en hayne.
(Gabr. Meurier, *Trésor des Sentences.*) xvie siècle.

— Chacun cuide avoir la meilleure femme.
(*Adages françois.*) xvie siècle.

— Cœur de femme trompe le monde,
Car en luy malice abonde.

— Dans le bien d'une femme il ne faut planter qu'un chou ou un pecher.
(*Encyclopédie des Prov.*)

— D'avoir mauvaise femme est grand cordeuil,
Et d'estre sans elle extrême traveil.

— De bonnes armes est armé
Qui à bonne femme est marié.

— De femme d'autruy mention ne bruict.

— De jeune femme sur le vin nez rouge et beccu.
(Gabr. Meurier, *Trésor des Sentences.*) xvie siècle.

— Deux choses sont que pas ne quier,
C'est jeune femme et esprevier,
Car il fault pour eux trop receler,
Et si les pert on de légier (*légèrement*).
(*Prov. de Philosophes*, Ms.) xiiie siècle.

— Deux femmes font un plaid,
Trois un grand caquet,
Quatre un plein marché.
(Gabr. Meurier, *Trésor des Sentences.*) xvie siècle.

— Dites une seule fois à une femme qu'elle est jolie, le diable le lui répétera dix fois par jour.
(*Encyclopédie des Prov.*)

— Dieu ayme l'homme quand il lui oste sa femme n'en sachant plus que faire.
(*Adages françois.*) xvie siècle.

Femme. Dueil de femme morte
　　　　Dure jusque à la porte.

— D'une bonne femme et mesnagère
　　Le mary aille premier en terre.

— Femme à son tour doibt parler,
　　Quand la poule va uriner.
　　　　(Gabr. Meurier, *Trésor des Sentences.*) xvie siècle.

— Femme ayme tant comme elle peut,
　　Et homme comme il veut.
　　　　(*Prov. Gallic.*, Ms.) xve siècle.

— Femme barbue de loing la salue, un baston à la main.

Ce proverbe fait allusion à la croyance admise pendant le moyen âge, qu'une femme vieille et barbue était une sorcière.

— Femme bonne qui a mauvais marry
　　A souvent le cœur marry.
　　　　(*Adages françois.*) xvie siècle.

— Femme bonne vaut une couronne.

— Femme de bien vaut un grand bien
　　　　(*Recueil* de Gruther.)

— Femme de riche vestement parée
　　A un fumier est comparée,
　　Qui de vert fait sa couverture,
　　Au descouvrir appert l'ordure,
　　　　(Gabr. Meurier, *Trésor des Sentences.*) xvie siècle.

— Femme deshontée met son pain au four.
　　　　(*Prov. Gallic.*, Ms.) xve siècle.

— Femme et melon à peine les cognoist-on.
　　　　(*Recueil* de Gruther.)

— Femme et vin ont leur venin.
　　　　(Gabr. Meurier, *Trésor des Sentences.*) xvie siècle.

FEMME. Femme est mère de tout dommage,
Tout mal en vient et toute rage;
Plus aigrement poingt que serpent,
Nul ne point qui ne s'en repent.
(*Suite aux Mots dorés de Caton.*) xvie siècle.

— Femme, feu, messe, vent et mer,
Font cinq maux de grand amer.
(GABR. MEURIER, *Trésor des Sentences.*) xvie siècle.

— Femme fort belle
Rude et rebelle.
(*Prov.* de BOUVELLES.) xvie siècle.

— Femme gorrière va par derrière.

— Femme gracieuse veut estre priée,
Et la porée bien reposée.
(GABR. MEURIER, *Trésor des Sentences.*) xvie siècle.

— Femme lescheresse ne fera tost porrée espese.
(*Adages françois.*) xvie siècle.

Femme frivole ne fera pas bonne soupe.

— Femme mariée doit estre simple
Et porter la guimple.
(*Prov. Gallic.*, Ms.) xve siècle.

— Femme mesprent à foiée.
(*Roman du Renart*, v. 12,852.) xiiie siècle.

Femme trompe souvent.

— Femme noire fait bons choux.
(*Prov. Gallic.*, Ms.) xve siècle.

— Femme orgueilleuse se difforme
En délaissant sa propre forme.

— Femme plus volontiers devine
Que n'oyt la parole divine.
Vieilles chevauchent les balais
Par cours, par salles et par palais.
(*Suite aux Mots dorés de Caton.*) xvie siècle.

Femme. Femme prudente et bien sage
Est l'ornement du ménage.

— Femme qui a mauvais mari
A bien souvent le cœur marri.
(*Encyclopédie des Prov.*)

— Femme qui chauffe le four et faict ensemble lessive, elle vaut pis que Proserpine.
(*Adages françois.*) xvie siècle.

— Femme qui enuy file porte chemise vile.
(Gabr. Meurier, *Trésor des Sentences.*) xvie siècle.

— Femme qui parle comme homme, et geline qui chante comme coq ne sont bonnes à tenir.
(*Prov. Gallic.*, Ms.) xve siècle.

— Femme qui prend elle se vent,
Femme qui donne s'abandonne.
(*Adages françois.*) xvie siècle.

— Femme qui ses lèvres mord,
Et par la rue son aller tord,
Elle monstre qu'elle est du mestier ord (*sale*),
Ou ses manières lui font tort.

— Femme rit quand elle peut,
Et pleure quand elle veut.

— Femme saffre (*gourmande*) et ivrognesse
De son corps n'est pas maistresse.
(Gabr. Meurier, *Trésor des Sentences.*) xvie siècle.

— Femme sage et de façon
De peu remplit sa maison.
(*Recueil* de Gruther.)

— Femme salle a tost trouvé de l'eau.
(*Adages françois.*) xvie siècle.

— Femme scet un art avant le diable.
(*Prov. Gallic.*, Ms.) xve siècle.

FEMME. Femme se plaind, femme se deult,
Femme est malade quand elle veut.
(GABR. MEURIER, *Trésor des Sentences.*) xvi siècle.

— Femme se plaint, femme se deult,
Femme est malade quand elle veut,
Et par sainte Marie
Quand elle veut elle est guerrie.
(*Recueil* de GRUTHER.)

— Femme seule est rien.
(*Prov. Gallic.*, Ms.) xv siècle.

— Femmes sont à l'église saintes, ès rues anges,
à la maison diablesses.
(GABR. MEURIER, *Trésor des Sentences.*) xvi siècle.

« Aussi femmes sont anges à l'église, diables en
» la maison et singes au lit. »
(*Moyen de parvenir,* chapitre intitulé *Exposition.*) xvi siècle.

— Femmes sont trop périlleuses
Et par nature dangereuses.
(*Suite aux Mots dorés de Caton.*) xvi siècle.

— Femme sotte se connoist à la toque.

— Femme trop piteuse
Rend sa fille teigneuse.
(GABR. MEURIER, *Trésor des Sentences.*) xvi siècle.

— Femme veut en toute saison
Estre dame en sa maison.
(*Recueil* de GRUTHER.)

— Ferez les chiens, les femmes viennent.
(*Prov. Gallic.*, Ms.) xv siècle.

— Folles femmes n'ayment que pour pasture.
(*Adages françois.*) xvi siècle.

— Honte ait la femme qui fait tout ce que son
mary lui commande.
(*Prov. Gallic.*, Ms.) xv siècle.

Femme. Il faut être compagnon de sa femme et maître de son cheval.

(*Dictionn. comique*, par P. J. Le Roux, t. II, p. 117.)

— Il faut se resveiller deux fois la nuit pour vendre le bien de sa femme.

— Il ne faut rien demander à une femme de bien.

(*Adages françois.*) xvie siècle.

— Il n'y a femme, cheval, ne vache,
Qui n'ait toujours quelque tache.

(*Recueil* de Gruther.)

— Ki croit et aime fole fame
Il gaste avoir, et cors et ame.

(*Anc. prov.*, Ms.) xiiie siècle.

— La beauté d'une femme est quand elle a la teste bien faicte; la plus sage est la moins fole.

— La femme a la réputation de femme.

— La femme a semence de cornes.

— La femme d'un advocat est une teste de mule.

— La femme est faicte de la bource de l'homme.

— La femme estime toujours son voysin estre de violette.

— La femme est la clef du ménage.

— La femme est le savon de l'homme.

— La femme et la muse sont plus contraires que l'eau et le feu.

(*Adages françois.*) xvie siècle.

— La femme et l'œuf
Un seul maistre veut.

— La femme fait un mesnage ou deffait.

(Gabr. Meurier, *Trésor des Sentences.*) xvie siècle.

Femme. La femme meurt de la mort de la femme.

— La femme n'ayme que le hachis.

— La femme ne demande point que le temps se destende.

— La femme ne doit pas apporter de teste en ménage.

— La femme ne faict que ce que son amy lui conseille.

— La femme ne porte point d'oreilles au sermon.

— La femme qui a le soleil au visage n'est jamais nuict pour son mary.
(*Adages françois.*) xvie siècle.

— La femme qui meurt de faim n'a garde d'estre grasse.
(*Adages françois.*) xvie siècle.

— La femme qui parle latin,
Enfant qui est nourry de vin,
Soleil qui luyserne au matin,
Ne viennent pas à bonne fin.
(*Suite aux Mots dorés de Caton.*) xvie siècle.

— La femme sotte doit demeurer en sa folie, autrement deviendra enragée.

— Le célibat ou la femme de bien.

— Le cerveau de la femme est faict de cresme de singe et de fromage de renard.

— Le pré de la femme ne veut point estre borné.
(*Adages françois.*) xvie siècle.

— Li pires riens qui soit c'est male fame.
(*Anc. prov.*, Ms.) xiiie siècle.
La pire chose qui soit c'est une méchante femme.

— Les belles femmes portent leur gain de cause,

Femme. Les femmes au profit, l'homme à l'honneur.

— Les femmes fenestrières et les terres de frontières sont mauvaises à garder.

— Les femmes n'ayment que les rubis.

— Les femmes ont leurs jambes au col.

— Les femmes ont un catarre volant.

— Les femmes sont plus folles que malades.

— Les femmes sont toujours meilleures l'année qui vient.

— L'œil de la femme est une araignée.
(*Adages françois.*) xvie siècle.

— L'on dit par bourgs, villes et villages,
Vin et femmes attrapent les plus sages.

— Mal an et femme sans raison
Ne manquent en nulle saison.
(Gabr. Meurier, *Trésor des Sentences.*) xvie siècle.

— Ne dire à ta fame ce que tu celer veus.

— Ne monstre à nule fame ce que doner ne veus.
(*Anc. prov.*, Ms.) xiiie siècle.

— Ne souffre à ta femme pour rien
De mettre son pied sur le tien,
Car lendemain la pute beste
Le voudroit mettre sur ta teste.
(Gabr. Meurier, *Trésor des Sentences.*) xvie siècle.

— N'est nus si fort loiens (*lien*) comme de feme.
(*Anc. prov.*, Ms.) xiiie siècle.

— Nouvelle femme, nouvel argent.

— On ne sauroit dire de la femme ce qui en est.
(*Adages françois.*) xvie siècle.

— Où femmes y a, enfans, oisons,
Cacquets n'y manquent à grand foison.

Femme. Où femmes y a silence n'y a.
(Gabr. Meurier, *Trésor des Sentences.*) xvie siècle.

— Ou pou ou envis (*contre son gré*) set femme voir dire.
(*Anc. prov.*, Ms.) xiiie siècle.

— Pleur de femme crocodille semble.
(*Prov.* de Bouvelles.) xvie siècle.

— Poi sont de fames sans boisdie,
Par fame est plus noise que pais.
Il y a peu de femmes sans tromperie, etc.
(*Roman du Renart*, v. 15,006.) xiiie siècle.

— Prendre une femme par les yeux et non par le conseil.
(*Adages françois.*) xvie siècle.

— Pren le premier conseil de la femme, non pas le second.
(Bovilli *Prov.*) xvie siècle.

— Quand la femme dit souvent hélas,
Elle demande d'ailleurs soulas.

— Quand la jeune femme se plainct sans occasion, n'est servi à foison.

— Quant la femme se remarie ayant enfans, elle leur fait un ennemy pour un parent.

— Quand la femme traite bien son mari il en vaut mieux.
(*Encyclopédie des Prov.*)

— Qui a femme à garder n'a pas journée assurée.

— Qui a femme est marie.
(*Adages françois.*) xvie siècle.

— Qui a une femme de bien vit longtemps bien.
(*Encyclopédie des Prov.*)

Femme. Qui aime femme mariée
Sa vie tient empruntée.
(Gabr. Meurier, *Trésor des Sentences.*) xvie siècle.

— Qui entretient femme et dez
Il mourra en pauvretez.
(*Prov. communs.*) xve siècle.

— Qui est aimé des femmes a beau chemin.
(*Adages françois.*) xvie siècle.

— Qui fame vorroit decevoir,
Je li faz bien apercevoir
Qu'avant decevroit l'anemi,
Le deable en champ arrami (*en champ clos*).
(*Fabliaux*, t. II, p. 30.) xiiie siècle.

— Qui femme a nois' a.
(Gabr. Meurier, *Trésor des Sentences.*) xvie siècle.

— Qui femme croit et asne meine,
Son corps ne sera jà sans peine.
(*Prov. communs.*) xve siècle.

— Qui folle femme croit, asnes et oisons mène,
Ne peut estre sans fatigue et peyne.

— Qui n'a qu'une muse pour femme faict des enfans perennels.
(*Adages françois.*) xvie siècle.

— Qui veut belle femme querre,
Prenne visage d'Angleterre,
Qui n'ait mammelles normandes,
Mais bien un beau corps de Flandres,
Enté sur un cul de Paris;
Il aura femme à son devis.
(*Contes* d'Eutrapel, fol. 65 ro.) xvie siècle.

— Se garde de femme espouser
Qui veut en paix se reposer.
(Bruscambille, *Voyage d'Espagne.*) xviie siècle.

Femme. Si la femme vaut elle vaut un empire,
Si est autre au monde n'y a beste pire.
(*Recueil* de Gruther.)

— S'il n'avoit une belle femme et une vieille elle seroit trop chière.
(*Prov. Gallic.*, Ms.) xve siècle.

— Souvent femme varie
Bien fol est qui s'y fie.

On a cité bien souvent ce proverbe, en ajoutant que François Ier, causant avec sa sœur Marguerite d'Angoulême sur l'inconstance des femmes, l'avait gravé de sa main sur un des vitraux du château de Chambord, en employant pour cela le diamant de sa bague.

Voici comment Brantôme raconte cette anecdote, dans le quatrième discours de ses *Dames galantes* : « Il me
» souvient qu'une fois, m'estant allé pourmener à Cham-
» bord, un vieux concierge, qui estoit céans et avoit esté
» valet de chambre du roy François, m'y reçut fort honnes-
» tement, car il avoit dès ce temps-là connu les miens à
» la cour et aux guerres, et luy-mesme me voulut
» monstrer tout ; et m'ayant mené à la chambre du Roy,
» il me monstra un escrit au costé de la fenestre : Tenez,
» dit-il, lisez cela, monsieur, si vous n'avez veu de l'escri-
» ture du Roy mon maistre, en voilà ; et l'ayant leu, en
» grandes lettres il y avoit ces mots : *Toute femme varie.* »
(Brantôme, t. VII, p. 395 des *OEuvres*. In-8°.)

— Tout ce que clerc laboure
Folle femme dévore.
(*Prov. communs.*) xve siècle.

— Une bonne femme, une bonne mule, une bonne chièvre, sont trois meschantes bestes.

— Une femme n'apporte guères si elle n'apporte pour enterer l'autre.

— Une femme ne cèle que ce qu'elle ne sçait pas.

— Une femme qui enterre ung mari ne s'en soucy pas d'en enterrer un autre.

(*Adages françois.*) xvie siècle.

— Une femme, une chèvre et un puits,
C'est pour gâter tout un pays.

(*Proverbe normand.*)

— Véit-on jamais femme belle
Qui aussi ne feust rebelle.

(Rabelais, liv. ii, ch. 21.) xvie siècle.

Voir Série n° III, au mot Lune.

Fièvre. Cela est employé comme fièvre en corps de moine.

(*Dictionn. comique*, par P. J. Le Roux.)

— Il a la fièvre de veau, il tremble quand il est sou.

— Que les fièvres quartaines t'attrappent !

— Tomber de fièvre en chaud mal.

Tomber d'un petit péril dans un plus grand.

(Oudin, *Curiosités françoises*, p. 223.)

Fille. Autant se prise beau varlet que belle fille.

(*Prov. communs.*) xve siècle.

— Au train de la mère la fille.

(*Mimes* de Baïf.) xvie siècle.

— Belle fille et méchante robe,
Trouvent toujours qui les accroche.

(Lamesangère, *Prov. françois*, p. 19.)

— De mère piteuse fille teigneuse.

— D'une fille deux gendres.

« Cecy se dit de ceux qui veulent tirer de l'avantage de
» plusieurs personnes par le moyen d'une seule chose,
» comme un homme qui a une fille à marier laisse croire
» à plusieurs qu'il la leur destine pour femme, et cela
» pour tirer du profit de chacun ; cela se peut aussi ap-
» pliquer aux auteurs qui dédient le mesme livre à plu-
» sieurs personnes. »

Fille. Entre promettre et donner
Doibt on sa fille marier.
(Gabr. Meurier, *Trésor des Sentences.*) xvie siècle.

— Fille à se parer,
Jeune homme à jouer et banqueter
Et vieillard à boire
Despendent leur advoir.

— Fille aymant silence a grand science.
— Fille brunette de nature gaye et nette.
(Gabr. Meurier, *Trésor des Sentences.*) xvie siècle.

— Fille de villain se fait toujours prier.
(*Prov. Gallic.*, Ms.) xve siècle.

— Fille fenestrière ou trottière,
Rarement bonne ménagère.
(Gabr. Meurier, *Trésor des Sentences.*) xvie siècle.
Fille regardant par la fenêtre ou aimant à sortir, etc.

— Fille fiancée n'est prinse ny laissée.
(*Adages françois.*) xvie siècle.

— Fille oisive
A mal pensive,
Fille trop en rue
Tost perdue.
(Gabr. Meurier, *Trésor des Sentences.*) xvie siècle.

— Fille, pour son honneur garder,
Ne doibt prendre ne donner.
(*Recueil* de Gruther.)

— Fille qui au matin se leve
Son affaire mieux acheve.
(Pierre Grognet, p. 39.) xve siècle.

— Fille qui trotte et géline qui vole de légier sont adirées.
Fille qui trotte et poule qui vole sont facilement enlevées.
(*Prov. Gallic.*, Ms.) xve siècle.

Fille. Fille qui trop se mire peu file.
(*Recueil* de Gruther.)

— Filles et mères donnant et prenant sont amées.
(*Anc. prov.*, Ms.) xiiie siècle.

— Filles et verriers sont toujours en danger.
(*Recueil* de Gruther.)

— Filles sans crainte ne vaut rien.
(*Adages françois.*) xvie siècle.

— Filles sottes à marier sont bien pénibles à garder.

— Fille telle comme elle est élevée,
Et estoupe comme elle est filée.
(Gabr. Meurier, *Trésor des Sentences.*) xvie siècle.

— Fille trop veue ne robbe trop vestue
Rarement chère tenue.
(Gabr. Meurier, *Trésor des Sentences.*) xvie siècle.

— Il ne faut point faire grenier de filles.

— La fille de bien et de biens n'a que faire de son voysin pour se marier.

— La fille n'est que pour enrichir les maisons estranges (*étrangères*).

— Les filles et les pommes est une mesme chose.

— Mauvaise fille à sa mère fait la nicque.
(*Adages françois.*) xvie siècle.

— Quand notre fille est mariée nous trouvons trop de gendres.
(*Dictionn. comique*, par P. J. Le Roux, t. I, p. 571.)

— Qui a des filles est tousjours berger.

— Qui a des filles à marier luy faut de l'argent à planté.

— Qui n'a que des filles pour des gendres sera à toutes heures en grand esclandre.

Fille. Un homme riche n'est jamais vieil pour une fille.
>(Adages françois.) xvie siècle.

Folie. Folie faire et folie cognoistre ce sont deux paires de folie.

— Folie n'est pas vasselage.
>(Anc. prov., Ms.) xiiie siècle.

— Follie n'est que vent, qui la dit si la prent.
>(Prov. Gallic., Ms.) xve siècle.

Fou. Fol comme un jeune oyson.
>(Adages françois.) xvie siècle.

— Fol devise et fol depart.
Fou divise et fou partage.
>(Prov. communs.) xve siècle.

— Fox dit quanques à la bouche vient.
Fol dit tout ce qui lui vient à la bouche.

— Fox est celui qui prant sur lui la massue pour autrui.

— Fox est cis qui fame veut gaitier.
Fol est celui qui veut surveiller une femme.
>(Anc. prov., Ms.) xiiie siècle.

— Fox est cis qui se met en volenté d'autrui.
>(Anc. prov., Ms.) xiiie siècle.

— Fol est celuy qui dit mal des absens.
>(Adages françois.) xvie siècle.

— ... Fol est cil qui bien esta,
S'il se remue et il lons va
Seur espérance d'avoir mieus.
Fol est celui qui étant bien se remue et va loin, dans l'espérance d'avoir mieux.
>(Roman du Renart, v. 377.) xiiie siècle.

— Fol est et hors de sens, qui femme prend pour son argent.
>(Gabr. Meurier, Trésor des Sentences.) xvie siècle.

Fou. Folle est la querimonie (*plainte*) qui est contre
le temps.
(Bovilli *Prov.*) xvie siècle.

— Fol est le marchand qui déprise sa denrée.

— Fol est le patient et bien grossier,
Qui de son hoyrie faict mire heritier.

Fol est le patient et bien ignorant qui fait son médecin
héritier de son bien.
(Gabr. Meurier, *Trésor des Sentences.*) xvie siècle.

— Fox est li hons qui se met en enqueste.
(*Anc. prov.*, Ms.) xiiie siècle.

— Fos est qui a plus de lui
Se prent, ne ne joue avec lui.

Fol est qui à plus élevé que lui s'attaque, ou bien joue
avec lui.
(Isopet I, *Fables, etc.*, t. I, p. 15.) xive siècle.

— Fol est qui cherche ce qui ne se peut trouver.
(Gabr. Meurier, *Trésor des Sentences.*) xvio siècle.

— Foux est qui croit sa fole pensé.
(*Roman du Renart*, v. 27,783.) xiiie siècle.

— Fol est qui cuide toujours vivre.
(*Prov.* de Jeh. Mielot.) xve siècle.

— Fol est qui d'austruy mesdit s'il ne regarde
à soy.

— Fol est qui despend plus que sa rente ne vaut.
(*Adages françois.*) xvie siècle.

— Fol est qui est à cheval esperonné et dit : hayc.
(Gabr. Meurier, *Trésor des Sentences.*) xvie siècle.

— Fol est qui jette à ses pieds ce qu'il tient en
ses mains.
(*Adages françois.*) xvie siècle.

— Fox est qui quiert (*cherche*) meillor pain que
de froment.

Fou. Fouz est qui se oblie.
>(*Anc. prov.*, Ms.) xiiie siècle.

— Fol est qui se coupe de son propre cousteau.
>(Gabr. Meurier, *Trésor des Sentences.*) xvie siècle.

— Fol est qui se couvre d'un sac mouillé.
>(*Adages françois.*) xvie siècle.

— Por fol tieng celui qui emprent
La chose qu'il ne puet fornir
Miex ne se puet hons par honnir.
>(*Chron. mét. de Godefroy de Paris*, p. 14.) xive siècle.

— Fol est qui s'enyvre de sa propre bouteille.

— Fol est qui se fait brebis entre les loups.

— Fol est qui se fye en eau endormie.

— Fol est qui se marie à femme étourdie.

— Fol est qui se met à discrétion des bastonades.
>(Gabr. Meurier, *Trésor des Sentences.*) xvie siècle.

— Fol est qui se met en enqueste, car le plus souvent : qui mieux abreuve mieux preuve.
>(Loysel, *Institutes coutumières*, etc., n° 770.) xvie siècle.

— Fox est qui vers seigneur estrive.
Fol est qui résiste à son seigneur.
>(*Roman du Renart*, v. 18,263.) xiiie siècle.

— Fol ne croit s'il ne reçoit.
>(Gabr. Meurier, *Trésor des Sentences.*) xvie siècle.

— Fol ne voit en sa folie que sens.
>(*Adages françois.*) xvie siècle.

— Fol promettant
Nuée non pleuvant.
>(*Prov.* de Bouvelles.) xvie siècle.

— Fol qui ne folloye perd moult sa saison.
>(*Prov. Gallic.*, Ms.) xve siècle.

Fou. Fol semble sage quand il se tait.
(Gabr. Meurier, *Trésor des Sentences.*) xvie siècle.

— Fol s'y fie, musart attend.
(*Prov. communs.*) xve siècle.

— Fox vait à cors sans mander.
Fol qui va à la cour sans y être mandé.

— Fox va à plaid s'on ne li mande.
Fou qui va au plaid si on ne l'y mande.
(*Anc. prov.*, Ms.) xiiie siècle.

— A barbe de fol hardy rasoir.
(Gabr. Meurier, *Trésor des Sentences.*) xvie siècle.

— A barbe de fol le rasoir est molt.
(Gabr. Meurier, *Trésor des Sentences.*) xvie siècle.

Dans les proverbes communs et dans les anciens proverbes latins-français, on trouve :

« A barbe de fol aprent-on à raire. »
xve siècle.

C'est-à-dire on apprend à raser avec la barbe d'un fou.

— A conseil de fol cloche de bois.
(Gabr. Meurier, *Trésor des Sentences.*) xvie siècle.

— A fol fourmage.
Au fou (donnez) du fromage.
(*Prov. Gallic.*, *Recueil de* Thou, Ms.) xve siècle.

— A fol ne siet mesure
N'à vieil envoisure (*plaisir, réjouissance*).
(*Prov. au Villain*, Ms.) xiiie siècle.

— A fols, enfans et à gens ivres
Ne faut ses secrets révéler,
Car, selon que trouvons es livres,
Jamais ne veulent rien celer.
(*Suite aux Mots dorés de Caton.*) xvie siècle.

— A faulte d'honnorable et sage homme
L'on baille au fol l'office et somme.
(Gabr. Meurier, *Trésor des Sentences.*) xvie siècle.

Fou. A jeune fol rien impossible.

— A la presse courent les fols.
(*Adages françois.*) xvie siècle.

— A la quenouille le fol s'agenouille.
(Gabr. Meurier, *Trésor des Sentences.*) xvie siècle.

— Au plus fol la massue,
Au plus meschant le vireton.
(*Prov. communs.*) xve siècle.

— Au plus fol baille on la maçue.
(*Prov. ruraux et vulgaux*, Ms.) xiiie siècle.

— Au ris cognoist on le fol et le niais.
(Gabr. Meurier, *Trésor des Sentences.*) xvie siècle.

— A ung fol ton doigt n'abandonne.
(*Mimes* de Baïf.) xvie siècle.

— Accointance de fol ne vault rien.

— Autant chante fol que prestre.
(*Prov. communs.*) xve siècle.

— Bien fol est qui à fol demande sens.
(*Prov. communs.*) xve siècle.

— Bouche en cœur aux sages,
Et cœur en bouche aux fols.
(Gabr. Meurier, *Trésor des Sentences.*) xvie siècle.

— Car saige homs sa langue garde,
Ce ne sauroit mie ung fox faire
Nus fox ne scet sa langue taire.
(*Roman de la Rose*, t. II, v. 4,478.) xiiie siècle.

— Ce esmeut un fol que quarante sages ne pourroyent apaiser.
(*Prov. communs.*) xve siècle.

— Celuy n'est sage qui n'a peur d'un fol.
(*Recueil* de Gruther.)

Fou. C'est estre fol que d'être sage
Selon raison contre l'usage.
(*Mimes* de Baïf, fol. 1.) xvie siècle.

— Chacun a un fol dans sa manche, il le monstre quand il veut.
(*Adages françois.*) xvie siècle.

— Comme le sage se gouverne par raison,
Le fol s'amende par le baston.
(Gabr. Meurier, *Trésor des Sentences.*) xvie siècle.

— De biax parler est fox avers.
Le fou est avare de bonnes paroles.
(*Anc. prov.*, Ms.) xiiie siècle.

— Car je dis voir quand je m'apense
Moult remaint de ce que fol pense.
(*Chron. métr. de Godefroy de Paris*, p. 9.) xiiie siècle.

— De ce que fol pence souvent en demeure.
(*Prov. communs.*) xve siècle.

— De fol et d'enfant se doit-on délivrer.

— De fole promesse se fait fox tous liez.
De folle promesse un fou est tout joyeux.
(*Anc. prov.*, Ms.) xiiie siècle.

— De parler aux foux vient mépris.
(*Mimes* de Baïf, fol. 11.) xvie siècle.

— De fol folie, de cuir corroie.
(*Anc. prov.*, Ms.) xiiie siècle.

— En défaut d'homme sage
Monte le fol en chaire et cage.
(Gabr. Meurier, *Trésor des Sentences.*) xvie siècle.

— En defaut de sage monte fol en chaire.

— En larme de fol ne se doit-on fier.
(*Adages françois.*) xvie siècle

— En repruvier dist hum suvent
Que fox ne crient de si qu'il prent;

Quant fox ne velt croire le saige
Suvent en puet avoir damaige.

En proverbe on dit souvent que fou ne craint pas de prendre partout, etc.

(Marie de France, fable 92.) xiiie siècle.

Fou. En vangeant et jugeant précipitamment,
L'on connoist le fol coustumièrement.

(Gabr. Meurier, *Trésor des Sentences.*) xvie siècle.

— Es chiens tuer congnoit l'on les fous.

(*Prov. Gallic.*, Ms.) xve siècle.

— Faire du fol à la fois est sens
Pour éviter des maux cinq cens.

— Grand besongne a de fol
Qui fol se fait.

(Gabr. Meurier, *Trésor des Sentences.*) xvie siècle.

— Honte est chappeau à foul.

— Il est bien foul qui aprendre ne veult.

(*Prov. Gallic.*, Ms.) xve siècle.

— Il est bien fol qui cuit (*croit*) toujours vivre.

(*Adages françois.*) xvie siècle.

— Il est fou quand il pleut
Qui de son hostel s'esmeut.

— Il est fou qui en ribaut se fie.

— Il est fou qui se prent o plus grand maistre de soy.

Fou qui s'attaque à plus fort que soi.

(*Prov. Gallic.*, Ms.) xve siècle.

— Il est fol qui s'oublie.

(*Adages françois.*) xvie siècle.

— Il faut bien deux saiges à dessaisir ung fol.

(*Prov. Gallic.*, Ms.) xve siècle.

Fou. Il faut estre fol en amour.
(*Adages françois.*) xvɪᵉ siècle.

— Il folie beau qui folie par conseil.
(*Prov. communs.*) xvᵉ siècle.

— Il n'aura jà bon fol qui ne le nourrist.
(*Prov. Gallic.*, Ms.) xvᵉ siècle.

— Il n'est si grant folie que de sage home.

— Il remaint (*reste*) assez de ce que fox pense.

— Le fol croit volontiers ce qu'il désire.
(*Anc. prov.*, Ms.) xɪɪɪᵉ siècle.

— Le fol est plus hardy qu'un sage.
(*Adages françois.*) xvɪᵉ siècle.

— Le fol fait la feste et convy,
Et le sage s'en paist et resjouit.

— Le fol ne sera jamais sage.
(*Plaisants Devis des Suppôts du Seigneur de la Coquille*, de 1593.)

— Le fol sçait mieux son faict en sa propre maison
Que le sage iceluy d'autruy par suspeçon.
(Gabr. Meunier, *Trésor des Sentences.*) xvɪᵉ siècle.

— Le fol se coupe de son couteau.

— Le fol s'enivre de sa bouteille.
(*Prov. communs.*) xvᵉ siècle.

— Le pain au fol est le premier mengé.
(*Prov. communs.*) xvᵉ siècle.

— Les fous inventent les modes, et les sages les suivent.
(*Dictionn. comique*, par P. J. Le Roux, t. I, p. 174.)

— Mets le fol en banc, il branlera la jambe ou dira quelque chant.
(Gabr. Meunier, *Trésor des Sentences.*) xvɪᵉ siècle.

Fou. Mectez foul par soy et il pensera de soy.
>(*Prov. Gallic.*, Ms.) xve siècle.

— Muraille blanche papier de fol.

— On connoist bien fols nourris de cresme,
On connoist tout hormis soy mesme.

— On croit d'un fol le plus souvent
Qu'il soit grand clerc au vestement.

— Passé la feste le fol en blanc reste.
>(Gabr. Meurier, *Trésor des Sentences.*) xvie siècle.

— Pour ce est li fox qu'il face la folie.
Le fou doit faire des folies.
>(*Anc. prov.*, Ms.) xiiie siècle.

— Quand foul se rit de folie luy membre.
>(*Prov. Gallic.*, Ms.) xve siècle.

— Quant li fol eschivent (*évitent*) les visces, il se tornent à lor contraire.
>(*Roman de la Rose*, v. 5,760.) xiiie siècle.

— Qui à fol s'acompaigne drois est (*il est juste*) qu'il s'en repente.
>(*Anc. prov.*, Ms.) xiiie siècle.

— Qui aura son foul si le lie.
>(*Prov. Gallic.*, Ms.) xve siècle.

— Qui bonté fait à fol il pert sa peine.

— Qui est fol en aucuns cas il cuide que tous les autres le soient.
>(*Anc. prov.*, Ms.) xiiie siècle.

— Qui est tenu sage de jour
De nuit ne sera fol ne lourd.
>(Gabr. Meurier, *Trésor des Sentences.*) xvie siècle.

— Qui fol envoie fol attent.
(*Anc. prov.*, Ms.) xiiie siècle. (*Prov. communs.*) xve siècle.

Fou. Qui fol envoye à la mer n'en rapporte poisson ne sel.
>(*Prov. communs.*) xve siècle.

— Qui fol naquit jamais ne garit.
>(Gabr. Meurier, *Trésor des Sentences.*) xvie siècle.

— Qui ne chastioit les foulz ils seroient trop de mal.

— Terme vient et foul s'oblie.
>(*Prov. Gallic.*, Ms.) xve siècle.

— Tête de fou ne blanchit jamais.
>(*Dictionn. de l'Académie*, édit. de 1835.)

— Tosjors attent li fox que la tempeste dure.
>(Huon de Villeneuve.) xiiie siècle.

— Tout est perdu ce que on donne à fol.
>(*Prov. communs.*) xve siècle.

— Trop est cil fol qui fol afole.
>(*Roman du Renart*, v. 15,574.) xiiie siècle.

— Un fol a fait veu
De ne laisser en paix un feu.
>(Gabr. Meurier, *Trésor des Sentences.*) xvie siècle.

— Ung fol advise bien un saige.

— Ung fol en tous lieux monstre sa folie.
>(*Prov. communs.*) xve siècle.

— Un fou enseigne bien un sage.

« J'ay souvent ouy en proverbe vulgaire qu'ung » fol enseigne bien ung sage. »
>(Rabelais, liv. iii, ch. 37.) xvie siècle.

— Un fol faict enrager un sage.
>(*Adages françois.*) xvie siècle.

— Ung fol fait plus de questions
Que ung saige ne donne de raisons.
>(Bovilli *Prov.*) xvie siècle.

Fou. Ung fol fait tousjours le commencement.

— Ung fol quiert son malheur.

— Ung fol vault ung enragé.
    (*Prov. communs.*) xve siècle.

Frère. Courroux de frères,
  Courroux de diables d'enfers.
 (Gabr. Meurier, *Trésor des Sentences.*) xvie siècle.

Front. L'occasion a tous ses chevaux au front.
    (Rabelais, liv. i, ch. 36.)

Gale. Il est méchant comme la gale.

— Il n'a pas la gale aux dents.
   (*Dictionn. de l'Académie*, édit. de 1835.)

— Qui a la galle se gratte et galle.
 (Gabr. Meurier, *Trésor des Sentences.*) xvie siècle.

Galeux. Il ne faut qu'une brebis galeuse pour gâter un troupeau.
   (*Dictionn. de l'Académie*, édit. de 1835.)

— Il y prend plus de plaisir qu'un galleux qu'on étrille.
   (Oudin, *Curiosités françoises*, p. 245.)

— Qui se sent galleux se gratte.
   (Oudin, *Curiosités françoises*, p. 243.)

Géant. De petit crin lie le géant,
 Qui sans pouvoir a vouloir grand.

Goutte. Au mal de la goutte les médecins ne voyent goutte.

— Goutte enossée (*forte, douloureuse*) à peine curée.
 (Gabr. Meurier, *Trésor des Sentences.*) xvie siècle.

— Goutte bien tracassée est, dit-on, à demi pansée.
   (La Fontaine, *Fables.*) xviie siècle.

Goutte. La goutte cause la pierre.
>(Bovilli *Prov.*) xvie siècle.

— La goutte desgoutte.
(Gabr. Meurier, *Trésor des Sentences.*) xvie siècle.

Voyez aussi H. Estienne, *Précellence du langage françois, etc.*)

Homme. Homme à deux visages
N'agrée en villes ne villages.
(Gabr. Meurier, *Trésor des Sentences.*) xvie siècle.

— Homme angulaire est à vérité contraire.

— Homme assailly demy vaincu et desconfi.
(*Recueil* de Gruther.)

— Homme bien abruvé n'est oncques mal pén.
(*Prov. communs.*) xve siècle.

Homme qui a bien bu n'est jamais mal repu.

— Homme chiche n'est jamais riche.
(Gabr. Meurier, *Trésor des Sentences.*) xvie siècle.

— Homme craintif de faible courage,
Porte son cœur en son visage.
(*Recueil de* Gauther.)

— Homme de paille vaut une femme d'or.
(Gabr. Meurier, *Trésor des Sentences.*) xvie siècle.

— Homme de toute flesche.
(*Adages françois.*) xvie siècle.

— Homme digne d'estre baigné en la mer.

— Homme digne d'estre envoyé à Anticyre.
(Bovilli *Prov.*) xvie siècle.

— Honz en aprenant desaprent
Quant il let qu'amours le surprent.
(*Prov. aux Philosophes*, Ms.) xiiie siècle.

Homme désapprend quand il se laisse surprendre par l'amour.

Homme. Homme doit vivre selon le pays où il est.
(*Prov. Gallic.*, Ms.) xve siècle.

— Homme endormy corps ensepvely.
(Gabr. Meurier, *Trésor des Sentences.*) xvie siècle.

— Homme fin
Liève matin.
(*Prov.* de Bouvelles.) xvie siècle.

— Homme hay est demy mort.
(*Prov. Gallic.*, Ms.) xve siècle.

— Homme hutineux (*querelleur*) et cheval coureur,
Flascon de vin ont tost leur fin.
(Gabr. Meurier, *Trésor des Sentences.*) xvie siècle.

— Homme ivre n'est pas à foy.
(*Prov. communs.*) xve siècle.

— Homme yvre et pervers,
Va de travers.

— Homme jeune enuy jeune.
(*Recueil* de Gruther.)

— Homme matineux
Sain et solliciteux.

— Homme mort ne fait pas la guerre.
(Gabr. Meurier, *Trésor des Sentences.*) xvie siècle.

« Or est-il ainsi, comme on dict en un commun
» proverbe, qu'il n'est si foible ne si fort, s'il est
» tué qui ne soit mort. »
(*Bringuenarille cousin germain de Fesse-Pinte.*) xvie siècle.

— Homme n'a nul demain.

— Homme ne peut avoir en cest siecle (*en ce monde*) que sa vie.

— Homme ne peut perdre ce qu'il n'eut oncq.

Homme. Homme ne peut rien prendre là où n'a rien.
(*Prov. Gallic.*, Ms.) xve siècle.

— Home nu ne puet nus home despoillier.
(*Anc. prov.*, Ms.) xiiie siècle.

— Homme paresseux n'aura jà bien
(*Prov. Gallic.*, Ms.) xve siècle.

— Homme plaideur homme menteur.

— Homme poilleux riche ou luxurieux.
(Gabr. Meurier, *Trésor des Sentences.*) xvie siècle.

— Honz qui depense plus qu'il ne doit,
En povreté croler se voit,
Et cil qui despent par raison
En bien monteploier voit-on.
(*Prov. aux Philosophes*, Ms.) xiiie siècle.

— Homme qui porte le feu et l'eau.
(Bovilli *Prov.*) xvie siècle.

— Homme roux et chien lainu ou pelu,
Plustost mort que cognu.

— Homme roux et femme barbue
De quatre lieux les salue,
Avec trois pières au poing
Pour ten ayder, s'il vient à point.
(Gabr. Meurier, *Trésor des Sentences.*) xvie siècle.

— Homme rusé tard abusé.

— Homme sans vertu arbre de fruit nud.
(*Recueil* de Gruther.)

— Homme seul est viande à loup.
(*Adages françois.*) xvie siècle.

— Homme vieil et pauvre qui a mal vescu,
De jeunes femmes sera fouetté et battu.
(Gabr. Meurier, *Trésor des Sentences.*) xvie siècle.

— Homme vif n'a point de heir (*héritier*).

HOMME. Homme vuy (*vide, dénué de tout bien*) est demy enragé.
(*Prov. Gallic.*, Ms.) xve siècle.

— A grant homme grant verre.
(*Prov. communs.*) xve siècle.

— A hardi homme court baton.
« A hardy homme, dist Eutrapel, court baston, à bon maistre hardy valet. »
(*Contes* d'EUTRAPEL, fol. 33 v°.) xvie siècle.

— A l'homme le miroir ne sied, s'il n'a le visage offensé.
(*Adages françois.*) xvie siècle.

— A l'homme vaillant et hautain
La fortune lui presse la main.
(GABR. MEURIER, *Trésor des Sentences.*) xvie siècle.

— A homme rebelle
Doit l'en bailler libelle.

— A homme sot deux paires de matines.
(*Prov. Gallic.; Recueil* de THOU, Ms.) xve siècle.

— A riche homme ne chault qui amy lui est.
(*Prov. communs.*) xve siècle.

— A sage home affiert pou de paroles.
L'homme sage n'a pas besoin de beaucoup de paroles.
(*Anc. prov.*, Ms.) xiiie siècle.

— A sot homme sot songe.
(*Prov. ruraux et vulgaux*, Ms.) xiiie siècle.

— A vieil homme nouvelle peine et somme.
(GABR. MEURIER, *Trésor des Sentences.*) xvie siècle.

— Au riche homme souvent sa vache vêle,
Et du pauvre le loup veau emmène.
(GABR. MEURIER, *Trésor des Sentences.*) xvie siècle.

— A un pauvre homme sa vache meurt et au riche son enfant.
(*Adages françois.*) xvie siècle.

Homme. Aux hommes on baille des femmes,
Et aux enfants des verges fermes.
(Gabr. Meurier, *Trésor des Sentences.*) xvie siècle.

— Au samblant cognoit on l'ome.
(*Anc. prov.*, Ms.) xiiie siècle.

— Au semblant conoit l'en la gent.
Ou ;
Au regarder connoist on la personne.
(*Prov. ruraux et vulgaux*, Ms.) xiiie siècle.

— Aujourd'huy ne te fye poinct
A l'homme sinon bien à poinct.
(Gabr. Meurier, *Trésor des Sentences.*) xvie siècle.

— Autant vault l'homme comme il s'estime.
(Rabelais, liv. ii, ch. 29.) xvie siècle.

— Ce que l'homme espargne de sa bouche
Le chat ou chien vient qui l'embouche.
(Gabr. Meurier, *Trésor des Sentences.*) xvie siècle.

— Ce que l'homme propose Dieu autrement dispose.

— C'est le roy des hommes.
(*Adages françois.*) xvie siècle.

— Chacun homme est un petit monde.
(*Prov.* de Jeh. Mielot.) xvie siècle.

— D'homme contre sa volonté guary
N'attens gré, grace ne mercy.

— D'homme mal barbu, de fol embeu Dieu nous garde,
(*Recueil* de Gruther.)

— D'homme qui s'ennyvre
Tost t'en délivre.
(Gabr. Meurier, *Trésor des Sentences.*) xvie siècle.

— De sage home sage demande.
(*Anc. prov.*, Ms.) xiiie siècle.

HOMME. De sot homme sot songe.
>> (*Prov. communs.*) xve siècle.

— D'un petit homme souvent grand ombre.

— En fromage, lit, argent, jambon,
Congnoistra l'homme son compagnon.
>> (GABR. MEURIER, *Trésor des Sentences.*) xvie siècle.

— Entre jeune homme et vieil chenu
Du pain n'y a de résidu.
>> (BOUILLI *Prov.*) xvie siècle.

— Grant homme est volontiers couart.
>> (*Prov. Gallic.*, Ms.) xve siècle.

— Il faut estimer ce que l'homme faict, non pas ce qu'il peut faire.
>> (*Adages françois.*) xvie siècle.

— Il gèle souvent entre homme et femme.
>> (*Prov. Gallic.*, Ms.) xve siècle.

— Il n'a pas homme qui n'a somme.
>> (GABR. MEURIER, *Trésor des Sentences.*) xvie siècle.

— Il ne se faut fier à homme du monde s'il n'a quatre cribles.
>> (*Adages françois.*) xvie siècle.

— Il n'est homme ne femme où il n'y ait un *si*.
>> (*Prov. Gallic.*, Ms.) xve siècle.

— Il n'est pas homme de bien qui n'a jambe de bois.
>> (*Adages françois.*) xvie siècle.

— Il n'est pas homme
Qui ne prend somme (*dorme, repose.*)
>> (*Prov. Gallic.*, Ms.) xve siècle.

— Il n'y a homme, tant soit il sage,
Qui du futur soit présage,
>> (GABR. MEURIER, *Trésor des Sentences.*) xvie siècle.

HOMME. Il se mêle toujours de l'homme dans nos actions.

— Il y a grande différence d'homme à homme.
(*Dictionn. de l'Académie*, édit. de 1835.)

— Jà encuntre sa lecherie
Ne hums ne fame lecheresse
Ne gardera weu ne promesse.

Jamais homme ni femme lâche ne garde vœu ni promesse.
(MARIE DE FRANCE, fable 73.) XIIIe siècle.

— Jamais homme ne fut pauvre de louer maison.
(*Adages françois.*) XVIe siècle.

— Ja mauvais hom ne saura grès
A mauvais si li fait bonté,
Tost oublie, rien ne l'en est...
(*Fabliaux*, t. I, p. 90.) XIIIe siècle.

— Jamais homme ne gaigne qui plaide à son maistre.
(*Adages françois.*) XVIe siècle.

— Jamais homme sage et discret
Ne révèle à femme son secret.
(GABR. MEURIER, *Trésor des Sentences.*) XVIe siècle.

— Jamès uns prodons n'est amez,
Li plus loiax est plus blamez.
(*Roman du Renart*, v. 13,701.) XIIIe siècle.

— La première année que l'homme se marie
Touser (*raser*) se fait, ou tombe en maladie.

— La robbe fait l'homme.
(GABR. MEURIER, *Trésor des Sentences.*) XVIe siècle.

— Larron est le nom d'un homme.
(*Adages françois.*) XVIe siècle.

— La saisine tue l'omme.
(*Prov. Gallic.*, Ms.) XVe siècle.

Homme. Le bon homme est rare au monde.
(*Recueil* de Gruther.)

— Le fait juge l'homme.
(*Prov. communs.*) xve siècle.

— Les beaux hommes aux gibets.
(Bovilli *Prov.*) xvie siècle.

— Les hommes se rencontrent et les montagnes non.
(Gabr. Meurier, *Trésor des Sentences.*) xvie siècle.

— L'homme à l'homme est ennemy ou à soy mesme.
(Bovilli *Prov.*) xvie siècle.

— L'homme bien sain, mangeant bien et beuvant, sans travail ne le sera pas longtemps.
(*Adages françois.*) xvie siècle.

— L'homme caffart pondra sur le lard.
(Bovilli *Prov.*) xvie siècle.

— L'homme chet en vice facilement,
— Mais en vertu dresse lentement.
(Gabr. Meurier, *Trésor des Sentences.*) xvie siècle.

— L'homme de passage n'attrape femme si elle est sage.

— L'homme de plume vole.

— L'homme doit manger pour lui et pour sa femme.
(*Adages françois.*) xvie siècle.

— L'homme en son heur
N'a que trois jours d'honneur.
(Bovilli *Prov.*) xvie siècle.

— L'homme est brutal et moins de jugement quand le gosier l'occit journellement.
(*Adages françois.*) xvie siècle.

Homme. L'homme est feu et la femme estoupe,
Le diable vient qui souffle.
(Gabr. Meurier, *Trésor des Sentences.*) xvi⁰ siècle.

— L'homme est un homme renversé.
(Bovilli *Prov.*) xvi⁰ siècle.

— L'homme est en enfer qui ne peut plus mettre une borne en un petit pré.

— L'homme est bien heureux qui a une belle femme auprès d'une abbaye.

— L'homme est bien sot qui ne sçait que se faire moquer de soy.

— L'homme est l'âme de la maison.

— L'homme fait la couronne.

— L'homme florit pour mourir.

— L'homme marié est un oiseau en cage.

Commentarius : « *In perpetua est servitute, in tremore, metu, et in dubio, inter spem, desperationem, et fiduciam. Itaque poetis medicis et physicis ut in cælibatu vivant, id est in libertate consulo, alioqui peregrinari non possunt, peregrinatione provida et studiosa absolutiores medic poetæ et reliquum id genus hominum fiunt.* — Qui soit vray, qui n'a veu la Judée, veu et seu les mœurs et condicions et coustumes et estat tant des roys que de toute autre chose du dit pays, n'entendra jamais le divin psalterion de David. »

— L'homme n'a ny sens ny raison qui jeune femme laisse au tison.
(*Adages françois.*) xvi⁰ siècle.

— L'homme n'a rien des cieux que les yeux et l'âme de paradis.

— L'homme ne doit rien à sa femme s'il n'est en sa maison.

Homme. L'homme n'est faict pour la viande.
(*Adages françois.*) xvie siècle.

— L'homme propose et Dieu dispose.
(Gabr. Meurier, *Trésor des Sentences.*) xvie siècle.

— L'homme qui a femme ne peut pas jeûner.

— L'homme qui est seul est fol.
(*Adages françois.*) xvie siècle.

— L'homme qui moult boit
Tard paye ce qu'il doibt.
(Gabr. Meurier, *Trésor des Sentences.*) xvie siècle.

— L'homme qui plaide et replaide ne dort pas quand il veut.
(*Adages françois.*) xvie siècle.

— L'homme qui veut avoir nom de discret
Modérément doibt celer son secret.
(Gabr. Meurier, *Trésor des Sentences.*) xvie siècle.

— L'homme qui vit est demy mort.

Commentaire : « Car l'homme doit manger pour » luy et pour sa femme. »

— L'homme vieil qui demande sa bonne fortune ne doit en futur avoir cure.
(*Adages françois.*) xvie siècle.

— L'en doit aimer tout homme qui se fait par son sens.

— L'en doit aymer tout homme qui se gaigne loyaument.

— L'en ne doit homme servir malgré soy.
(*Prov. Gallic.*, Ms.) xve siècle.

— L'office dénote quel soit l'homme,
Et le pommier quelle est la pomme.

— L'office et la somme
Monstreront quel soit l'homme.

Homme. L'on ne peut homme nud despouiller.
(Gabr. Meurier, *Trésor des Sentences.*) xvi° siècle.

— L'oume qui du renart ne seit,
Ne doit-on tenir à sencit.

L'homme qui ne sait pas les ruses du renard ne doit pas être tenu pour sage.
(*Roman du Renart*, v. 3,165.) xiii° siècle.

— Moult vaut hons qui sest de baraz (*ruse, tromperie*).
(*Roman du Renart*, v. 2,714.) xiii° siècle.

— On connoist bien au pommier la pomme,
A la barbe l'homme.
(Gabr. Meurier, *Trésor des Sentences.*) xvi° siècle.

— On ne se doit soucier de ce que peut advenir à l'homme.
(*Aduges françois.*) xvi° siècle.

— Pauvre homme n'a point d'amis.
(*Prov. Gallic.*, Ms.) xv° siècle.

— Petit homme abbat bien un grand chesne, et douce parolle grande ire.

— Peu de barbe sous blesme couleur,
Monstre homme de peu de valeur.
(Gabr. Meurier, *Trésor des Sentences.*) xvi° siècle.

— Pour bien connaître un homme il faut avoir mangé un minot de sel avec lui.
(*Matinées sénonaises*, p. 246.)

— Quand l'homme dort il a la teste en l'estomach.

— Quand l'homme est en cholère il a le diable au corps.

— Quand l'homme pert son esprit il pert tous ses moyens.

Homme. Quand l'homme vieillist sans y penser s'appesentist.

— Quand un homme est abandonné des médecins Dieu le veut avoir.

— Qui suit l'homme de breviaire de la guerre se tire arrière.

— Santé et maladie sont deux hostes de l'homme.

— Si l'homme ne vit longtemps ne peut avoir longue expérience.
(*Adages françois.*) xvie siècle.

— Soubz la peau de l'homme plusieurs bestes ont umbre.
(Bovilli *Prov.*) xvie siècle.

— Tant vaut l'homme comme on le prise.

— Tel homme tel songe.

— Tel homme telle femme.
(Gabr. Meurier, *Trésor des Sentences.*) xvie siècle.

— Tout homme est menteur.
(*Dictionn. de l'Académie*, édit. de 1835.)

— Un homme à cheval n'y verra rien.
C'est-à-dire on ne s'apercevra pas d'une si petite chose.

— Un homme bien monté est tousjours orgueilleux.

— Un homme confessé passe sur les rivières.

— Un homme dormant est une beste morte.

— Un homme de bonne foy est estimé le plus fol du monde.
(*Adages françois.*) xvie siècle.

— Un homme de paille vaut une femme d'or.
(*Comédie des Prov.*, acte III, sc. vi.)

Homme. Un homme de sac et de corde.

« Pour dire un scelerat digne d'estre mis dans un sac et jetté dans l'eau ou bien pendu avec une corde. »
(Nicod.)

— Un homme marié ne doit servir qu'à sa femme.
(*Adages françois.*) xvie siècle.

— Ung homme qui n'est pas vicieux
N'ayme pas les lieux ténébreux.
(*Prov. communs.*) xve siècle.

— C'est un homme marqué à l'A.

On se sert de ce proverbe pour désigner un homme de bien par excellence. Cette façon de parler est empruntée aux monogrammes que portaient les monnaies de France; celle de Paris, que l'on regardait comme la meilleure, a toujours été marquée d'un A. « Et d'autant que les monnoyeurs de ce pays-là, dit Pasquier, peuvent estre esclairez de plus près par les généraux des monnoies qui y résident, on y a tousjours fait monnoye de meilleur alloy et poids qu'es autres villes; qui a donné cours à cet adage. » (*Recherches*, liv. viii, ch. 23.)

Jambe. Cela ne lui rend pas la jambe mieux faite.

— Jouer quelqu'un par-dessous la jambe.

— Il a la jambe tout d'une venue.
(*Dictionn. de l'Académie*, édit. de 1835.)

— Selon la jambe la chausse.
(Gabr. Meurier, *Trésor des Sentences.*) xvie siècle.

— Selon la jambe le coup.
(*Prov. communs.*) xve siècle.

— Selon la jambe la saignée.
(*Prov. communs.*) xve siècle.

Langue. Langue doit estre refrenée.
(*Roman de la Rose*, v. 7,068.)

LANGUE. Langue d'or
Abbaye l'or.
(*Prov.* de BOUVELLES.) xvie siècle.

— A coup de langue escu d'oreille.
(*Prov.*, Ms.) xve siècle.

— Beau parler n'écorche pas la langue.
(*Dictionn. de l'Académie*, édit. de 1835.)

— Coup mortel gist en langue infecte.

— De fausse langue faux reproche.
(G. ALEXIS, *Martyrologe des fausses langues*.) xve siècle.

— De fausse langue meschante harangue.

— De langue double maint trouble.
(GABR. MEURIER, *Trésor des Sentences*.) xvie siècle.

— En la langue gist la mort et la vie.
(*Anc. prov.*, Ms.) xiiie siècle.

— Il a la langue à la bouche et non à la bourse.
(OUDIN, *Curiosités françoises*, p. 295.)

— Il faut tourner sept fois sa langue dans sa bouche avant de parler.

— Jeter sa langue aux chiens.
(*Dictionn. de l'Académie*, édit. de 1835.)

— Male langue par sa parole
Tout le monde engine et afole.
(ISOPET I, *Fables*, etc., t. II, p. 453.) xive siècle.

— Tirer la langue d'un pied de long.
(OUDIN, *Curiosités françoises*, p. 297.)

— Vous le sentirez mieux à la langue qu'au doigt.
(OUDIN, *Curiosités françoises*, p. 296.)

MAIN. Mains blanches sont assez lavées.
(GABR. MEURIER, *Trésor des Sentences*.) xvie siècle.

MAIN. Main droite et bouche ronde
Pour aller par tout le monde.
(*Recueil* de GRUTHER.)

— Mains ouvreuses (*travailleuses*) sont heureuses.
(*Adages françois.*) xvie siècle.

— A main lavée Dieu mande la repue.

A main lavée Dieu envoie un bon repas.
(GABR. MEURIER, *Trésor des Sentences.*) xvie siècle.

— Attendre de la main gauche.

Manger toujours de la droite sans attendre les absents.
(OUDIN, *Curiosités françoises*, p. 315.)

— Aucune fois on seut baiser
La main qu'on voudroit qui fust arse.

Souvent on a coutume de baiser la main qu'on voudrait qui fût brûlée.
(*Roman de la Rose.*) xiiie siècle.

— Avoir du poil au milieu de la main.

Fleury de Bellingen donne à ce proverbe une origine historique : « Crassus ayant dit devant Agisis, ambassa-
» deur de Seleucie, qu'il repondroit dans cette province,
» celui-ci, étendant la main, luy répliqua brusquement :
» Il croistra du poil dans cette main devant que tu ayes la
» liberté de voir la Seleucie. » (P. 291 de l'*Étymologie des Proverbes.*)

Aujourd'hui on applique ce proverbe aux ouvriers paresseux, et on dit à leur propos qu'il leur croît du poil dans les mains.

— Cela est fait de main de maitre.

— De larron à larron il n'y a que la main.
(*Dictionn. de l'Académie*, édit. de 1835.)

— D'une main laver l'autre doibs,
Comme du poulce les autres doigts.
(GABR. MEURIER, *Trésor des Sentences.*) xvie siècle.

Main. Froides mains chaudes amours.
(*Dictionn. comique*, par P. J. Le Roux, t. II, p. 110).

— C'est un homme fait à la main.

— Il est pourveu de longues mains.
(Oudin, *Curiosités françoises*, p. 315.)

— Il a mis la main à la pâte.
(*Dictionn. de l'Académie*, édit. de 1835.)

— Il est tombé entre bonnes mains.

— Il faut plutôt prendre garde à ses mains qu'à ses pieds.

— Il ne va pas sans ses mains.
Il dérobe volontiers.

— Il n'y va pas de main morte.
Il frappe bien.

— Il passera par mes mains.
Il aura affaire à moi.
(Oudin, *Curiosités françoises*, p. 317.)

— Je m'en lave les mains.
« On se sert ordinairement de ceste façon de parler pour marquer qu'on est innocent d'une chose dont on est accusé. Estoit une coutume parmy les anciens, que celuy qui vouloit monstrer son innocence quand il estoit accusé, prenoit de l'eau et s'en lavoit les mains en présence de tout le peuple. *Mos erat apud antiquos, ut cum vellet quis se ostendere innocentem ab aliquo crimine, accepta aqua lavaret manus suas coram populo.*

» Lorsque Pilate voulut se justifier de la mort de Jésus-Christ, il se lava les mains, pour marquer qu'il en estoit innocent. » (*Évang. selon S. Matth.*, ch. 17 ; *Étymol. des Prov. franç.*, par Fleury de Bellingen, p. 128.)

— Jeu de mains jeu de vilains.

— Les doigts d'une main ne s'entresemblent pas.
(*Prov. Gallic.*, Ms.) xve siècle.

— L'argent ne lui tient pas dans les mains.

Main. Les mains lui démangent.
(*Dictionn. de l'Académie*, édit. de 1835.)

— Les mains sont faites avant les couteaux.

— Mettre la main à la pâte.
Travailler soi-même à ses affaires.

— Mettre la main au bon endroit.
(Oudin, *Curiosités françoises*, p. 317.)

— Nous nous connaissons de longue main.
(*Dict. de l'Académie*, édit. de 1835.)

— Se tenir haut la main.
(Oudin, *Curiosités françoises*, p. 317.)

— Une main lave l'autre.
(*Dictionn. de l'Académie*, édit. de 1835.)

Mal. Mal sur mal n'est pas santé.

— Mal vienne au pélerin
Qui desprise son bourdoncin.

— A mal mortel remède ni médecine.
(Gabr. Meurier, *Trésor des Sentences*.) XVIe siècle.

— Aux grands maux les grands remèdes.
(*Dictionn. de l'Académie*, édit. de 1835.)

— Les maux sont tost venus.
(*Prov. Gallic.*, Ms.) XVe siècle.

— Les maux ou les mots terminés en ique
Font aux médecins la nique :
Hydropique, étique, phtisique,
Paralitique, apoplétique, léthargique.

C'est-à-dire qu'on ne peut guérir de ces différentes maladies.

— Mains griève li mal de quoy on se prent garde.
Le mal que l'on soigne est moins grave.
(*Anc. prov.*, Ms.) XIIIe siècle.

MAL. Mal de dents et mal d'enfans sont les plus grands qui soient.
(*Prov. Gallic.*, Ms.) xve siècle.

— Le mal vient à cheval,
Et retourne boiteux et contreval.
(GABR. MEURIER, *Trésor des Sentences.*) xvie siècle.

— Par pleurs, par cris et par hélas
Le mal on ne soulage pas.
(BRUSCAMBILLE, *Voyage d'Espagne.*) xviie siècle.

— Tomber de fièvre en chaud mal.
(*Dictionn. de l'Académie*, édit. de 1835.)

MALADE. A cause des années passées il est malade.
(*Adages françois.*) xvie siècle.

— Bien est malade qui ne peut gésir.
(*Anc. prov.*, Ms.) xiiie siècle.

— Il est bien aisé aux sains de consoler les malades.

— Il est fort malade, rien ne lui demeure à la bouche.
Par ironie, il se porte fort bien.
(OUDIN, *Curiosités françoises*, p. 332.)

— Le malade a la liberté de tout dire.
(*Adages françois.*) xvie siècle.

— Quand il amande au malade il empire au myre (*médecin*).
(*Prov. Gallic.*, Ms.) xve siècle.

— Qui demande au malade s'il veut santé?
(*Prov. communs.*) xve siècle.

— Un malade est sur une planche,
Un fébricitant est en bataille.
(*Adages françois.*) xvie siècle.

— Vous voilà bien malade!
(OUDIN, *Curiosités françoises*, p. 322.)

MALADIE. Maladie et douleur se cognoist à la couleur.
(*Recueil* de GRUTHER.)

— Maladie n'est pas santé.
(*Prov.* de JEH. MIELOT, Ms.) xve siècle.

— Maladies viennent à cheval et s'en retournent à pied.
(*Adages françois.*) xvie siècle.

— A grande et grève maladie
Bonne médecine y remédie.
(GABR. MEURIER, *Trésor des Sentences.*) xvie siècle.

— C'est une maladie de femme.
Ce n'est rien.
(*Prov. communs.*) xve siècle.

— De grande maladie vient-on bien en grande santé.
(*Prov. communs goth.*) xve siècle.

— De longue maladie
Fin de la vie.
(GABR. MEURIER, *Trésor des Sentences.*) xvie siècle.

— La maladie a prins son tour.
(*Prov. Gallic.*, Ms.) xve siècle.

MÉDECIN. Médecin d'eau douce.
(*Adages françois.*) xvie siècle.

— Médecin de Salamanque
Guérit l'un et l'autre manque.
(*Prov. en rimes*, etc.) xviie siècle.

— Médecin, guéris-toi toi-même.
(*Dictionn. de l'Académie*, édit. de 1835.)

— A poulx de toile médecin de drap.
« Un médecin fut appellé pour visiter une demoiselle
» malade à laquelle voulant taster le poulx esmeue de
» quelque petite honte faisant de la délicate et craignant qu'il
» ne maniast son bras nud elle tira le bout de la manche

» de sa chemise jusques sur sa main ; ce que voyant le
» médecin il prit le bout de son manteau et s'en couvrit
» toute la main, puis maniant le poulx de la demoiselle,
» il luy dit : *A poulx de toile médecin de drap.* »

(*Facétieux Réveille-matin*, p. 352.) XVIIe siècle.

MÉDECIN. Après la mort le médecin.

(*Dictionn. de l'Académie*, édit. de 1835.)

— Bon mire (*médecin*) est qui sait guérir.

(*Prov.* de JEH. MIELOT.) XVe siècle.

— Bon mire fait plaie puante.

(*Mimes de* BAÏF, f° 58 v°.) XVIe siècle.

— Bon est le médecin qui se peut guérir.

(GABR. MEURIER, *Trésor des Sentences.*) XVIe siècle.

— De jeune médecin cimetière bossu.

(*Recueil* de GRUTHER.)

— En despit des médecins nous vivrons jusqu'à la mort.

— Faire comme le médecin et le curé, on sera sauvé si le diable n'emporte le curé.

(*Adages françois.*) XVIe siècle.

— Il est plus facile médeciner que curer.

(GABR. MEURIER, *Trésor des Sentences.*) XVIe siècle.

— Jeune barbier, vieil médecin,
S'ils sont autres ne valent pas un brin.

(GABR. MEURIER, *Trésor des Sentences.*) XVIe siècle.

— La boutique du médecin est aux champs et à la ville.

(*Adages françois.*) XVIe siècle.

— La présence d'un médecin profite beaucoup.

(*Prov. communs.*) XVe siècle.

— La robe ne fait pas le médecin.

(*Dictionn. de l'Académie*, édit. de 1835.)

Médecin. Le médecin défend le boire en maladie pour boire carrouce en santé.

— Le médecin doit avoir des oreilles de Job.

— Le médecin escoute si pleust.

— Le médecin est pauvre et riche.

— Le médecin est la fourmy.

— Le médecin est le ménestrier du corps et de l'âme.

— Le médecin jure quand la maladie le brave.

— Le médecin n'a point de repos s'il n'est à cheval.

— Le médecin ne sauroit pire avoir en enfer que d'avoir un procès.

— Le *Recipe* d'un médecin n'oblige personne.

— Les festes ne demandent point de médecins.

— Les médecins sont les notaires des apoticaires.

(*Adages françois.*) xvie siècle.

— Les médecins et les maréchaux
Tuent les gens et les chevaux.

(*Prov. communs.*) xve siècle.

— Les médecins sont des astres en terre.

— Le teston d'un papau et d'un huguenot ne se battent jamais en l'escarcelle d'un médecin.

(*Adages françois.*) xvie siècle.

— Main de médecin trop piteux
Rend le mal souvent trop chancreux.

(Gabr. Meurier, *Trésor des Sentences.*) xvie siècle.

— On voit plus de vieux ivrognes que de vieux médecins.

Médecin. Quand le médecin boit de son vin il est malade.
>(*Adages françois.*) xvie siècle.

— Quand le médecin meurt il est hors d'apprentissage.

— Quand un médecin pratique il se repose, quand il ne fait rien il travaille.
>(*Adages françois.*) xvie siècle.

— Qui cerche guarison du mire
Luy convient son meshaing dire.
>(Gabr. Meurier, *Trésor des Sentences.*) xvie siècle.

— Qui veult la garison du mire
Il lui convient son mal dire.
>(*Prov. communs.*) xve siècle.

— Si le médecin ne guérist, n'aussi fait messire Denis et sy n'en parle on pas.

— Si le médecin ne demeure riche ç'a esté une beste.

— Si le médecin ne peut sauver le corps il faut sauver l'âme.

— Si les maistres n'estoyent malades ils oublieroyent le nom de leur médecin.

— Si les médecins estoient aux sacs les malades seroient advocats.

— Si les malades avoient sergents le médecin auroit trop d'argent.

— Trop de docteurs peu de médecins.

— Un grand médecin ne fait point le pot bouillir.

— Un médecin comme berger cognoist voisin.

— Un médecin en laisse plus à tuer qu'il n'en tue.

Médecine. Contre la mort n'y a point de médecine.
                    (*Adages françois.*) xvie siècle.

— Contre le vice est vertu médecine.
                    (*Prov. communs.*) xve siècle.

— Médecine fait honneur à urine.

— Fy de la pute médecine
Qui l'homme à la mort enchemine.
(Gabr. Meurier, *Trésor des Sentences.*) xvie siècle.

— Tart médecine est aprestée
A maladie enracinée.
                    (*Prov. communs.*) xve siècle.

— Une pilule fromentine,
Une dragme sermentine
Et la journée d'une géline
Est une bonne médecine.

Mère. Mère trop piteuse fait sa famille teigneuse.
        (Gabr. Meurier, *Trésor des Sentences.*) xvie siècle.

— Faire des contes de ma mère l'oie.
Faire des contes pour les enfants.
            (*Dictionn. de l'Académie*, édit. de 1835.)

Morveux. Pour un morveux s'en torche deux.
                  (*Prov. Gallic.*, Ms.) xve siècle.

— Qui se sent morveux se mouche.
            (*Dictionn. de l'Académie*, édit. de 1835.)

Nain. Ung nain auprès des grandes pyramides d'Égypte.
                    (Bouilli *Prov.*) xvie siècle.

Nez. Beau nez à pompette.
                    (*Adages françois.*) xvie siècle.

— Ce n'est pas pour ton nez.

— Cela paraît comme le nez au milieu du visage.

Nez. Il vaut mieux laisser son enfant morveux que lui arracher le nez.

— Il a autant de nez.

« Ce proverbe, dont on se sert quand on veut désigner
» quelqu'un qui ayant entrepris de faire quelque chose
» n'en est pas venu à bout, n'a de grâce que quant il est
» accompagné d'un geste qui luy est propre, ce que l'on
» fait en serrant les deux points clos de tous les doigts, ré-
» servés les deux pouces, l'un desquels se joint au bout du nez
» et l'autre au petit doigt d'iceluy, de sorte qu'ainsy rangés
» ils peuvent faire la longueur d'un quart d'aulne et avec
» cette gesticulation les Italiens disent : *Tanto di naso.* »

(Nicod, *Dictionn.*) xviie siècle.

— Mener quelqu'un par le bout du nez.

Abuser de la patience de quelqu'un, le faire obéir à toutes ses volontés. Voyez dans le *Moyen de parvenir*, au chapitre intitulé *Couplet*, une interprétation plaisante de ce proverbe.

— Qui te tordroit le nez il en sortiroit encore du laict.

(*Comédie des Prov.*, acte III, scène vii.) xviie siècle.

— Un grand nez ne gâte jamais un beau visage.

(*Dictionn. comique*, par P. J. Le Roux, t. II, p. 208.)

Pour plusieurs locutions proverbiales relatives à ce mot, voyez *Anc. Théâtre franç.*, t. X, Glossaire.

Nourriture passe nature.

Brantôme fait mention de ce proverbe en parlant de la mauvaise *nourriture* ou éducation du roi Charles VIII, en ces termes : « Qui eut jamais pensé et prédit si grand
» courage et si grande ambition à ce jeune Roy veu sa
» nourriture, car le vieux proverbe de jadis disoit que la
» *Nourriture passe nature.* »

OEil. Oueil ung autre oueil voit et non soy.

(Bovilli *Prov.*) xvie siècle.

— L'œil veut de tout sa part.

(Gabr. Meurier, *Trésor des Sentences.*) xvie siècle.

OEil. A l'œil malade la lumière nuyt.
> (*Prov. communs.*) xv⁰ siècle.

— A un œil crévé
Une freluche (*Bagatelle*) ne peut nuire.
(Gabr. Meurier, *Trésor des Sentences.*) xvi⁰ siècle.

— A œil ou nez malade ne touche que du coude.
(*Anthologie, ou Conférences des Prov.*, etc. Ms.)

— Autant m'en pent devant les yeux.
> (*Prov.* de Jeh. Mielot.) xv⁰ siècle.

— Avoir bon pied bon œil.
Ou :

Bon pied bon œil.
> (*Adages françois.*) xvi⁰ siècle.

— Les amoureux ont tousjours un œil aux champs, l'autre à la ville.
(*Comédie des Prov.*, acte III, scène v.) xvii⁰ siècle.

— S'en battre l'œil; ou s'en battre les fesses.
S'en moquer.

« Le Roi dit : Je m'en bats les fesses. »
> (Scarron, *Virgile travesti.*) xvii⁰ siècle.

— Le festu te pend à l'œil.
> (*Prov. Gallic.*, Ms.) xv⁰ siècle.

— Jetter de la poudre aux yeux.

« Ce proverbe prend son origine de ceux qui couroient
» aux jeux Olympiques; ils partoient tous ensemble au
» signal qu'on leur donnoit. La carrière étoit semée de
» sable fort menu, de sorte que les plus légers à la course
» faisoient élever de la poussière en courant, laquelle donnait
» dans les yeux de ceux qui les suivoient. De là est venue
» cette façon de parler que l'on emploie à l'esgard de ceux
» à qui l'on est imposé par quelque subtilitez ou beau
» discours. »
(Fleury de Bellingen, *Étymol. des Prov. franç.*, p. 320.)

OEil. Loin des yeux loin du cœur.
(*Dictionn. de l'Académie*, édit. de 1835.)

— Par l'œil, l'oreille et par l'espaule,
Dieu a tiré trois rois de Gaule.

Ou :

Par l'oreille, l'espaule et par l'œil,
Dieu a mis trois rois au cercueil.

Ces trois rois sont :

« Henri II, roy de France, blessé d'un éclat de lance dans
» l'œil le 30 juin 1559, jouxtant dans la rue Saint-Antoine,
» à Paris, contre Gabriel, comte de Montgomery, capitaine
» de la garde escossoise, dont il mourut au palais des
» Tournelles le 10 juillet suivant.

» François II, roy de France, mort aux estats d'Or-
» léans, le 5 décembre 1560, d'un aposthume à l'oreille,
» âgé de dix-sept ans.

» Antoine de Bourbon, roy de Navarre, blessé à la
» tranchée, au siége de Rouen, d'un coup de mousquet à
» l'espaule gauche, dont il mourut à Landely, le 17 no-
» vembre 1562.

» Ce proverbe a esté fait par les huguenots, qui l'ont
» estendu en ces huits vers :

» Par l'œil, par l'oreille et l'espaulle,
» Dieu a frappé trois rois en Gaulle.
» Par l'espaulle, l'oreille et l'œil,
» Dieu a mis trois rois au cercueil.
» Par l'espaulle, l'œil et l'oreille,
» Dieu a puny par grand merveille
» Antoine, François et Henry,
» Qui s'estoient bandés contre luy. »
(*Manuscrits de Gaignières. Prov. franç.*, t. I.)

— Un seul œil a plus de crédit
Que deux oreilles n'ont d'audivi.
(Gabr. Meurier, *Trésor des Sentences.*) xvie siècle.

— Veoir plus droigt d'ung œil que de deux.
(Bovilli *Prov.*) xvie siècle.

ONGUENT. C'est de l'onguent miton mitaine,
Qui ne fait ni bien-ni mal.
(*Dictionn. comique*, par P. J. LE ROUX, t. II, p. 173.)

— Dans les petites boîtes les bons onguens.
(*Dictionn. comique*, par P. J. LE ROUX, t. I, p. 124.)

OREILLE. Les murailles ont des oreilles.
(*Recueil* de GRUTHER.)

— Les oreilles luy doivent bien corner.

— Je vous jure que je n'ay pas la puce à l'oreille.
(*Comédie des Prov.*, acte I, scène VII.)

OS. Manger jusques aulx os.

— Rompre les os.

— Tirer la mouelle des os.
(BOVILLI *Prov.*) XVIe siècle.

PARENT. A ses parents doit-on bien faire?
(*Adages françois.*) XVIe siècle.

PÈRE. Celui-là est bien père qui nourrist.
(*Adages françois.*) XVIe siècle.

— Ce qui eschet au père eschet au fils.
(*Coustume de Bourgogne.*)

— Il veut monstrer à son père à faire des enfans.

— Eh! suis-je ton père?
(OUDIN, *Curiosités françoises.*)

— Suis-je pas aussi dru que père et mère?
(*Comédie des Prov.*, acte III, sc. VII.)

PET. Glorieux comme un pet, parce qu'il n'a respect de personne.
(*Anthologie ou Conférences des Prov.*, Ms.) XVe siècle.

PIED. Aller à beau pied sans lance.
Aller à pied.
(*Dictionn. de l'Académie*, édit. de 1835.)

— Les pieds lui frétillent.
(*Dictionn. comique*, par P. J. LE ROUX, t. I, p. 546.)

Pied. Tousjours en quelque temps qu'il face
Mieux vallent pieds que eschasses.
(*Prov. communs.*) xve siècle.

Pour d'autres locutions proverbiales relatives à ce mot, il faut voir : Oudin, *Curiosités françoises ; Ancien Théâtre françois*, t. X, Glossaire.

Plaie. Le troisième jour de playe grand' douleur.

— Mettre l'emplastre près de la playe.
(Bovilli *Prov.*) xvie siècle.

Poignet. Garni au pognet.

« Car il estoit de plus hauste estoffe et trop
» mieux garni au pongnet que le premier venu. »
(*Cent Nouvelles nouvelles,* nouv. 33, t. I, p. 267.) xve siècle.

Poing. De grant folie s'entremet
Qui de son poing fait un maillet.
(*Suite aux Mots dorés de Caton.*) xvie siècle.

Pucelle. Petites pucelles
Sont ensemble belles.
(*Prov. communs.*) xve siècle.

Remède. Remède contre la peste et meilleur art
Tost est loing s'écarter et tourner tard.
(Gabr. Meurier, *Trésor des Sentences.*) xvie siècle.

Sage. Sage est le juge qui escoute et tard juge.
(*Prov. communs.*) xve siècle.

— Sage est qui fait de son tort droit.
(*Roman du Renart*, v. 2,291.) xiiie siècle.

— Saige félon doit-on douter, (*redouter*),
Saige deboneire ammer,
Sot félon doit-on eschiver, (*éviter*),
Sot deboneire entreporter, (*renvoyer*).
(*Prov. aux Philosophes.*) xiiie siècle.

— Ce que sage fait est tenu bien fait.
(*Prov. Gallic.*, Ms.) xve siècle.

Sage. En une estroite couche
Le sage au milieu se couche.
(Gabr. Meurier, *Trésor des Sentences.*) xvɪᵉ siècle.

— En tout temps le sage veille.
(*Adages françois.*) xvɪᵉ siècle.

— Il faut que le sage porte le fol sur ses épaules.

— Il faut un fol et un sage
Pour trancher un fromage.

— Les sots font les banquets
Et les sages s'en gaudissent.
(Gabr. Meurier, *Trésor des Sentences.*) xvɪᵉ siècle.

— Il n'y a si sage qui parfois ne rage.

— N'est si sage qui ne foloie.
(*Roman du Renart*, v. 1,679.) xɪɪɪᵉ siècle.

— Por ce li sages dire seult
Ce que yex ne voit cuers ne deut.

Pour cela le sage a coutume de dire que ce que l'œil ne voit pas le cœur n'en est pas attristé.
(*Castoiement aux Dames*, v. 196.) xɪɪɪᵉ siècle.

— Qui compaignie a saige tient
Per raison plus saige devient,
Et qui de fole amour s'asamble
Per raison le fol resamble.
(*Prov. aux Philosophes*, Ms.) xɪɪɪᵉ siècle.

— Tant est le fol saige qu'il se taist.
(*Prov. communs.*) xvᵉ siècle.

Sac. Se couvrir d'un sac mouillé.

« Ce proverbe convient à ceux qui ne veulent jamais
» avouer leurs fautes ou qui se servent d'excuses aussi
» frivoles que si quelqu'un, pour se garentir de la pluye,
» mettoit sur sa teste un sac mouillé. »
(Nicod, *Dictionn.*)

Sang. Bon sang ne peut mentir.

« Le vray sang qui ne peut mentir. »
>(R. Belleau, la Reconnue, comédie, Ancien Théâtre franç., t. IV, p. 433.)

Sang. Avoir du sang dans les veines, ou du sang aux ongles.

— Et je te monstrerois que j'ay du sang aux ongles.

— Le sang me monte au visage.

— Je ne voudrois pas pour une pinte de mon sang ne vous avoir pas trouvé.
>(*Comédie des Prov.*, passim.)

— Vous me faites tourner le sang.

Ou bien encore :

Vous me faites bouillir le sang.

Santé. La santé du corps, la chaleur des pieds.

— Qui n'a santé il n'a rien ; qui a santé il a tout.
(H. Estienne, *Précellence du langage françois*, etc.) xvie siècle.

— Mal sur mal n'est pas santé.

Sourd. A mauvais sourd bonne oreille.
>(Gabr. Meurier, *Trésor des Sentences.*) xvie siècle.

On dit encore :

Il n'y a pire sourd que celui qui ne veut pas entendre.

Et Jehan de Meung dans son *Codicille* :

« N'est si mal sourd comme cil qui ne veut ouïr
>» goutte. »
>>(xiiie siècle.)

— Il n'est point de pire sourd
Que celui qui feint le lourd.
>(Gabr. Meurier, *Trésor des Sentences.*) xvie siècle.

— Il frappe comme un sourd.

Sourd. Le sourd frappe fort pour entendre les coups qu'il donne.

(*Illustres Prov.*, t. I, p. 87.)

Souffler le froid et le chaud.

« Ce proverbe, qui marque l'humeur de certaines gens
» qui flatent ceux dont ils font profession d'être amy lors-
» qu'ils sont avec eux, et qui les déchirent quand ils sont
» avec ceux d'un parti contraire, vient d'un conte. Un
» satyre s'entretenant un jour avec un villageois, remarqua
» qu'il souffloit dans ses mains; il lui en demanda la rai-
» son, le villageois lui répondit : C'est pour les chauffer.
» Quelque temps après le satyre voyant le même homme
» souffler sur son pottage qui estoit brûlant, lui en de-
» manda encore la raison, le villageois lui dit : C'est pour
» le refroidir. Le satyre ne sachant ce qu'il devoit croire,
» voyant des effets si contraires d'une mesme chose, se
» retira tout faché, en luy disant : *Je ne veux point de
» commerce avec toy, puisque d'une mesme bouche tu souffles
» le froid et le chaud.* »

(Fleury de Bellingen, *Étym. des Prov. franç.*, p. 171.)

Talon. — Voyez série n° XV.

Teigneux. Jamais teigneux n'ayma le peigne.

(Gabr. Meurier, *Trésor des Sentences.*) xvie siècle.

Tête. A tête de fer bras d'acier.

— Autant de têtes autant d'avis.

— Ce sont deux têtes dans un même bonnet.

— C'est une bonne tête.

— C'est vouloir se donner la tête contre le mur.

— Il a la tête près du bonnet.

(*Dictionn. de l'Académie*, édit. de 1835.)

— Mal de tête
Veut dormir ou paistre.

(Oudin, *Curiosités françoises*, p. 321.)

Tête. Mauvaise tête et bon cœur.
>(*Dictionn. de l'Académie*, édit. de 1835.)

— Cui li chies deut est tuit li membre.
A qui la tête fait mal souffre partout le corps.
>(*Anc. prov.*, Ms.) xiiie siècle.

— En petite teste gist grand sens.
>(*Adages françois.*) xvie siècle.

— Heurter sa teste au paroy.
>(Bovilli *Prov.*) xvie siècle.

Voir, pour différentes locutions proverbiales relatives à ce mont, *Anc. Théâtre franç.*, t. X, Glossaire.

Unguent miton mitaine, qui ne faict ny bien ny mal.
>(*Adages françois.*) xvie siècle.

Vade et occide Caim.

« Ce proverbe vient de la faculté de médecine de Montpellier ; on y exhorte les jeunes médecins à la pratique de la médecine quand on les passe docteurs, en leur disant : *Vade et occide Caim*, va et tue Caim. C'est-à-dire va faire ton apprentissage au péril et fortune des Carmes, Augustins, Jacobins et Mineurs autrement Cordeliers, car la première lettre de chascun de ces ordres forme le mot de Caim. »
(*Étym. des Prov. franç.*, par Fleury de Bellingen, p. 138.)

Venin. Au venin cognoist le triacle,
Et au grant meshain le miracle.
Au venin on connaît le remède et au mal le miracle.
>(*Prov. aux Philosophes*, Ms.) xiiie siècle.

Ventre. Ventre affamé prent tout en gré.
>(Gabr. Meurier, *Trésor des Sentences.*) xvie siècle.

— Ventre affamé n'a point d'oreilles.
>(La Fontaine, liv. ix, fable 18.)

— Ventre saoul joye.
>(*Prov. Gallic.*, Ms.) xve siècle.

VENTRE. Au ventre tout y entre.
>   (GABR. MEURIER, *Trésor des Sentences.*) xvie siècle.

VIERGE enfanter chose impossible par nature.
>   (BOVILLI *Prov.*) xvie siècle.

VISAGE. C'est ung mot dit à deux visages.
>   (*Prov.* de JEH. MIELOT.) xve siècle.

— Rencontrer visage de bois.

C'est-à-dire ne rencontrer personne.

« Nous ne trouverons pas visage de bois. »
>   (*Comédie des Prov.*, acte III, scène VII.)

— Au vis se découvre souvent le vice.

Au visage on reconnaît souvent le vice.

YEUX. Fumée crève les yeux
A jeunesse et à vieux.
>   (GABR. MEURIER, *Trésor des Sentences.*) xvie siècle.

SÉRIE N° VI.

PROVERBES HISTORIQUES.

PAYS. — PEUPLES ANCIENS ET MODERNES, AUTRES QUE LA FRANCE ET LES FRANÇAIS.

ALLEMAGNE. Li plus ireur sont en Alemaingne.
Les hommes les plus enclins à la colère sont en Allemagne.

— Li plus bel home en Alemaigne.
Les plus beaux hommes en Allemagne.
(*Dit de l'Apostoile.*) XIIIe siècle.

ALLEMAND. Il tient de l'Allemand.

— Les Allemands ont l'entendement es mains.

— Rou comme un Allemand.
(GOMÈS DE TRIER, *Jardin de Récréation.*) XVIe siècle.

— Vous me prenez pour un Allemand.
Vous me prenez pour un étranger.
(OUDIN, *Curiosités franç.*, p. 9.)

— Querelle d'Allemand.
Voyez série n° VIII, au mot ALLEMAN.

— Le peigne de l'Allemand,
Les quatre doigts et le pouce.

ALLEMAND. Il faut hurler et dire nostre ratelée de ce jargon, ou ne s'en point mesler, etc...., pourveu qu'on ne nous entende non plus que le haut Allemand.
(*Comédie des Prov.*, acte III, sc. II.)

— Les Allemands et les Lombards sont volontiers un peu hautains.
(GRINGORE, *Menus propos.*) xve siècle.

— Moi qui suis tousjours plus prest à quereller qu'un Allemand à boire.
(LA RIVEY, *Comédie des Tromperies. Anc. Théâtre franç.*, t. VII, p. 56. — Voir au Glossaire, t. X.)

ALGER. Faire un algarade.

« Ce mot d'algarade, qui signifie insulte, vient de pillages que font les corsaires d'Alger; car algarade est comme si on disoit algerade, ou ce que font ceux d'Alger. »
(FLEURY DE BELLINGEN, *Étym. des Prov. franç.*, p. 213.)

ALMÉRIE. Soie d'Aumarie.
(*Dit de l'Apostoile.*) xiiie siècle.

« AUMARIE. Almérie, ville d'Espagne, dans le royaume de Grenade, dont le commerce étoit très-florissant sous les rois maures. »
(CRAPELET, *Proverbes et dictons populaires.*)

ANGLAIS. Aimable comme un Anglois.
(GOMÈS DE TRIER, *Jardin de récréation.*) xvie siècle.

— Il y a des Anglais dans cette rue, je n'y veux pas aller.

C'est-à-dire j'ai là des créanciers.
(OUDIN, *Curiosités françoises.*)

« Un bien petit de près me venez prendre
» Pour vous payer, et si devez entendre
» Que je n'eus onc Anglois de votre taille. »
(CLÉMENT MAROT, *Rondeaux*, liv. II.) xvie siècle.

(Voyez F. MICHEL, *Dictionn. d'argot, etc.*, et *Ancien Théâtre franç.*, t. X, Glossaire.)

Anglais. Il ne chassera jamais les Anglais hors de France.

François de Lorraine, duc de Guise, ayant pris Calais en 1558, acheva de chasser les Anglais de la France. Cette victoire contribua à lui acquérir une réputation très-méritée de grand homme de guerre. « Si bien, dit Bran-
» tôme, que c'estoit un vieux proverbe parmy nous;
» quand nous voulions mesestimer un capitaine et homme
» de guerre, on disoit : Il ne chassera, etc. »

(Brantôme, *Capitaines françois*, t. II des OEuvres compl.)

— Loyauté d'Anglois, bonne terre mauvaise gent.

(*Prov. flamengs-françois.*) XVIe siècle.

— Saoul comme un Anglois.

Angleterre. Il ha plus à faire que les fours de Noël en Angleterre.

(Gomès de Trier, *Jardin de récréation.*) XVIe siècle.

— Li mieldre buvéor en Angleterre.

Les meilleurs, c'est-à-dire les plus intrépides buveurs, sont en Angleterre.

(*Dit de l'Apostoile.*) XIIIe siècle.

— . . . . . D'Angleterre
Ne vient bon vent ne bonne guerre.

(Papir. Massoni, *Descript. Franciæ per flumina*, p. 53.) XVIIe siècle.

Antioche. C'est la reine d'Antioche
Qui mange plus de pain que de brioche.

(*Encyclopédie des Prov.*)

Anvers. C'est à la foire d'Envers
Que les aulx sont à bon marché.

(Gringore, *Menus propos, etc.*) XVe siècle.

Arabe, voleur.

« On ne sçait ce que vous estes : les uns disent
» que vous estes Grec, les autres Latin ; pour moy

» je dis que vous n'estes ny Grec ny Latin, mais
» vous estes un peu Arabe. »

(*Comédie des Prov.*, acte I, sc. IV.) XVIIe siècle.

ARAGON. Mulez d'Aragon.

Mulets du royaume d'Aragon.

(*Dit de l'Apostoile.*) XIIIe siècle.

ARCADIE. Il ha de l'animal d'Arcadie.

Il tient de l'âne.

(GOMÈS DE TRIER, *Jardin de Récréation.*) XVIe siècle.

BACHA. Qui veut voir une belle femme doit aller à Bachat.

« Bachat ou Bacha, ville de Perse, sur la mer Caspienne,
» fort marchande, est célèbre par les belles femmes qui
» y sont; elles l'emportent autant en beauté sur les autres
» femmes de Perse que les Persiennes l'emportent sur
» toutes les femmes du monde. On y va de tous costez.
» A cause de cela, les Juifs qui demeurent à Bachat re-
» cherchent les pauvres femmes de cette ville, les ha-
» billent richement et les logent auprès du *Machif*, c'est-
» à-dire mauvais lieu, pour en tirer plus de profit. A voir
» la manière magnifique dont elles sont logées et habillées,
» on les prendroit pour des personnes d'une grande
» distinction. Cependant elles sont ordinairement ma-
» riées à des crocheteurs, bouchers et gens semblables.
» Elles sont d'une complexion amoureuse. Leur grande
» beauté a passé en proverbe, et on dit ordinairement en
» Perse, pour donner l'idée d'une femme parfaitement
» belle : Qui veut voir une belle femme doit aller à Bachat. »

(*Voyages* de VINCENT LE BLANC, in-4º, 1658, p. 38.)

BARGAMASQUE. Le Bargamasque ha le parler gros et le faire subtil.

(GOMÈS DE TRIER, *Jardin de Récréation.*) XVIe siècle.

BASQUE. N'est Lacquais, Normand ou Basque
Qui soit des pieds et mains flasque,

(*Prov. en rimes, etc.*) XVIIe siècle.

BASQUE. Un tour de Basque.
  Une supercherie.
> (OUDIN, *Curiosités franç.*, p. 541.)

— Sauter comme un Basque ou comme un Béarnois.

BÉARN (le pays de). C'est la loi du pays de Béarn, que le battu paye l'amende.
  Voir plus loin LORRIS.

BELGIQUE. L'art mange en la Belgique qui n'y mange.

BOHÊME, BOHÉMIEN. Vivre comme un bohême.

BOLOGNE. Bologne la Grasse, Padoua la passe.

— En Bonlongne y a plus d'attrapes que de souris.

BRABANT. Mouton de Brabant, bœuf de Gueldres, chapon de Flandres et vache de Frise.
> (GOMÈS DE TRIER, *Jardin de Récréation.*) XVIᵉ siècle.

BRABANÇON. Aureille de Brabansons.
> (*Prov. flamengs-françois.*) XVIᵉ siècle.

— Des Brabançons et Flamens l'adversité
  Fut des Hollandois et Zelandois la prospérité.
> (GOMÈS DE TRIER, *Jardin de Récréation.*) XVIᵉ siècle.

BRUGES. Saie de Bruges.
  Drap de Bruges.
> (*Dit de l'Apostoile.*) XIIIᵉ siècle.

La fabrication et la vente des étoffes de drap s'appellent encore dans ce pays *sayetterie*.

CALABRE. Miserable la maison
  Où le Calabre larron
  Fait pour un temps sa demeure,
  Et ne fust ce que d'une heure.
> (GOMÈS DE TRIER, *Jardin de Récréation.*) XVIᵉ siècle.

Canada. Celuy vrayment s'hazarda
Qui conquesta le Canada.
(*Recueil des Devis des Suppôts du Seigneur de la Coquille*,
p. 170.) xvi⁰ siècle.

Castille. Destriers de Castele.
Chevaux de combat du royaume de Castille, en Espagne.
(*Dit de l'Apostoile.*) xiii⁰ siècle.

Charybde en Scylla. Tomber de Charybde en Scylla.
Tomber d'un péril dans un autre.
(*Comédie des Prov.*, acte II, sc. ii.) xvii⁰ siècle.

Charybde, gouffre fameux situé sur la côte N. E. de la Sicile au S. O. de celui de Scylla, situé sur la côte méridionale de l'Italie. Le danger qu'offrait le passage entre ces deux écueils était très-redouté chez les anciens, et a donné lieu au proverbe.

Dans les *Plaisants Devis des Suppôts du Seigneur de la Coquille*, pour l'an 1589, on lit :

« Cil souvent qui marche à tastons presumant
» Charybde éviter en Scille tombe. »
(*Recueil des Plaisants Devis récités par les Suppôts du Seigneur de la Coquille*, 1857, in-12.)

Chypre. En Cipre trois choses sont à bon marché à les acheter en gros : sel, sucre et p....., et mauvaises à les acheter à menu, pource qu'elles coustent au double.
(*Bonne Response à tous propos.*) xvi⁰ siècle.

Cologne. Espée de Collogne.
(*Dit de l'Apostoile.*) xiii⁰ siècle.

Constantinople. C'est bonne ville, je m'en lo, que celle de Constantinople.
(Gringore, *Menus propos.*) xv⁰ siècle.

Corinthe. « Car à chascung n'est octroyé entrer et habiter Corinthe. »
(Rabelais, *Prologue du liv.* iii.) xvi⁰ siècle.

Traduction de l'adage latin : *Non licet omnibus adire Corinthum.*

DALASCIA. Sarbayt Dalca.

Anes de Dalascia.

« Dalascia est une isle d'Éthiopie où se trouvent les
» asnes les meilleurs du monde. Ceux qui s'en servent en
» tirent de grands services, car ils passent les déserts beau-
» coup mieux que tous les autres animaux dont on se sert
» ailleurs. Ils font jusques à quinze lieues par jour sans
» paroistre las, et coustent peu à nourrir. On les vend
» jusques à cent ducats en Perse, et mesme davantage.
» De sorte que, quand on veut parler d'un bon asne, on
» dit en proverbe, en ce pays-là, asne de Dalascia. »

(*Voyages* de VINCENT LE BLANC, in-4°, 1658, p. 28.)

DALMATIEN. Il y a des chimères ès maisons des Dalmatiens.

DAMASCO. Tu es une damoiselette de Damasco.

(GOMÈS DE TRIER, *Jardin de Récréation.*) XVIe siècle.

DANEMARK. Haiche de Danemarche.

Hache de Danemark.

— Li plus grant en Danemarche.

Les hommes les plus grands sont en Danemark.

(*Dit de l'Apostoile.*) XIIIe siècle.

DANOIS. Austère comme un Danois.

— Ivroigne comme un Danois.

(GOMÈS DE TRIER, *Jardin de Récréation.*) XVIe siècle.

ÉCOSSE. Li plus truant en Escoce.

Les plus gueux, les plus demandeurs sont en Écosse.

(*Dit de l'Apostoile.*) XIIIe siècle.

ÉCOSSAIS. Fier comme un Écossais.

(*Adages françois.*) XVIe siècle.

Cette expression proverbiale ne regarde pas la nation en général, mais seulement les archers de la garde écossaise que Louis XI avait comblés de faveurs. Cette compagnie étant devenue la plus ancienne des quatre qui composaient la garde du corps de nos rois, ceux qui en faisaient partie continuèrent à se regarder comme supérieurs aux autres ; de là est venu le proverbe.

« Mais d'aultres pays sont ici venuz ne scavons
» quelz oultrecuydez, fiers comme Escossoys. »

(Rabelais, liv. v, ch. 19.) xvie siècle.

« Et si j'osois parler aussi des Escoçois (qui
» sont tous cousins du roy). »

(*Apologie pour Hérodote.*) xvie siècle.

Écossais. Jurer comme un Écossois.

(*Prov. flamengs-françois.*) xvie siècle.

— J'ay la conscience aussy large que les houseaux d'un Escossois.

(Gringore, *Menus propos.*) xve siècle.

Égypte. La pluye d'Égypte.

Chose rare ou impossible.

(Bovilli *Prov.*) xvie siècle.

— Porter des crocodilles en Égypte.

Égyptien. L'Egyptienne dict la bonne fortune à autruy, et la malheureuse ne cognoist la sienne.

— Parler en Egyptien royal.

(Gomès de Trier, *Jardin de Récréation.*) xvie siècle.

Esclavonie. Li plus serf sont en Esclavonie.

(*Dit de l'Apostoile.*) xiiie siècle.

« Les Esclavons, peuples sortis de la Scythie d'Europe,
» se répandirent dans plusieurs contrées, et s'établirent
» aussi dans l'Illyrie, qui en prit le nom d'Esclavonie.
» Subjugués par les lieutenants de Charlemagne, ils furent
» réduits à la condition de serfs par le droit de conquête ;
» des commerçants italiens achetèrent pendant longtemps
» les Sclavons, hommes robustes et actifs, comme on trafique des nègres sur la côte de Guinée. »

(Crapelet, *Prov. et Dictons populaires*, p. 73.)

Esdran. Chair d'Esdran, qui une fois en mange n'en veut plus.

(Gomès de Trier, *Jardin de Récréation.*) xvi⁰ siècle.

Espagne. Faire des chasteaux en Espagne.

Ce proverbe était déjà usité en France au xiii⁰ siècle; on lit dans le *Roman de la Rose* :

> Telle fois te sera advis
> Que tu tiendras celle au cler vis,
> Du tout t'amie et ta compagne ;
> Lors feras chasteaux en Espagne.

Montaigne a dit dans le même sens :

« Une resverie sans corps et sans sujet régente
» notre ame et l'agite; que je me mette à faire des
» chasteaux en Espagne, mon imagination m'y
» forge des commodités et des plaisirs desquels
» mon ame est réellement chatouillée et rejouie. »

Pasquier, liv. viii, ch. 17, dit que les châteaux sont rares en Espagne, et il ajoute : « Ceux qui rendent raison de
» cela estiment que ce fut pour empescher que les Maures,
» qui faisoient ordinairement plusieurs courses, ne sur-
» prissent quelques chasteaux de force ou d'emblée, où
» ils auroient eu moyen de faire une longue et sûre re-
» traite. C'est pourquoy on a dit que celuy fait en son
» esprit des chasteaux en Espagne, quant il s'amuse de
» penser à part soy à chose qui n'estoit faisable. » Cette explication me paraît aussi hasardée que celle de Fleury de Bellingen, qui fait remonter au consul Cecilius Metellus l'origine de ce proverbe. (Voyez *Étym. des Prov.*, p. 271.)

— Li meillor pregator sont en Espaigne.

Les meilleurs prédicateurs sont en Espagne.

(*Dit de l'Apostoile.*) xiii⁰ siècle.

— On fait plus de chemin en Espagne pour dix escus qu'en France pour cent.

(*Adages françois.*) xvi⁰ siècle.

— L'Espaigne esponge de nostre aage,

(Gomès de Trier, *Jardin de Récréation.*) xvi⁰ siècle.

Espagne. Qui a lettres de Recedo,
En Espaigne trouve bon dos.
>(*Adages françois.*) xvie siècle.

— Servir un plat de figues d'Espagne.
« On a accusé autrefois les Espagnols de donner du
» poison dans les figues. »
(Fleury de Bellingen, *Étym. des Prov. franç.*, p. 245.)

Espagnol. L'Espagnol dit qu'il vaut mieux porter ses chausses rompues que rapiécées.
>(*Bonne responce à tous propos.*) xvie siècle.

— Superbe comme un Espagnol.
(Gomès de Trier, *Jardin de Récréation.*) xvie siècle.

— Six Seignors quatre Espagnols sont dix diables en France.
« Qui dit Seignor dit Espagnol, parce que comme le
» François se qualifie Monsieur, ainsi l'Espagnol se qualifie
» *Seignor*, par conséquent six seignors et quatre Espagnols
» sont dix Espagnols. »
>(*Illustres Proverbes*, part. ii, p. 6.)

— Tenant sa gravité comme un asne qu'on étrille, ou comme un Espagnol à qui on donne le chiquin.
>(*Comédie des Proverbes*, acte II, sc. iii.)

Éthiopie. Bourgeois d'Éthiopie.
Un nègre.

— Elle a les lèvres grosses et enflées comme un bourgeois d'Éthiopie.
>(*Anc. Théâtre franç.*, t. VI, p. 38.) xvie siècle.

Ferrare. Faite à Ferrare et tempérée à Piombino?
(Gomès de Trier, *Jardin de Récréation.*) xvie siècle.

Flandres. En Flandres l'oppression a fait la rebellion.
>(*Adages françois.*) xvie siècle.

— Les plus belles femmes sont en Flandres.

Florentin. De trois choses le Florentin fait fricassée.
(Gomès de Trier, *Jardin de Récréation.*) xvi² siècle.

Galles (pays de). Li plus ligier en Gales.
Les plus légers à la course sont dans le pays de Gales.
(*Dit de l'Apostoile.*) xiii² siècle.

On trouve dans le manuscrit nº 7218 : « Li plus légier
» sont en Flandres; » et aussi : « Li plus tost corant sont
» en Gales. »

Gand. Ceux de Gand aiment bien le filz de leur prince, mais leur prince non jamais.
(Commines, liv. v, ch. 16.)

— Esquarlate de Gant.
Couleur et étoffe d'écarlate de Gand.
(*Dit de l'Apostoile.*) xiii² siècle.

Genève. Trois Juifs font un Balois,
Trois Balois font un Genevois.

Genevois. Les Genevois ont vertu de cent lieues de loing.

Genova. Les nonnains de Genova retournent du bain, et puis demandent congé à l'abbesse.

Grec. Grec au lit, Grec en la mer, Grec à la table.
(Gomès de Trier, *Jardin de Récréation.*) xvi² siècle.

— Grec, gar le bec.
(Gabr. Meurier, *Trésor des Sentences.*) xvi² siècle.

— Femme grecque, vin grec, vent grec.

— Il n'y eut jamais Grec de malice net.

— Par-dessus chasque vin
Le grec est divin.
(Gomès de Trier, *Jardin de Récréation.*) xvi² siècle.

Grèce. Li plus traïteurs sont en Gresce.
Les plus traîtres sont en Grèce.
(*Dit de l'Apostoile.*) xiii² siècle.

HOLLANDE. Houcs et Cabeliaus ont en Hollande terrible guerre.

(*Prov. flamengs-françois.*) xvie siècle.

HONGRIE. Li plus trahitre en Hongrie.

Les plus traîtres sont en Hongrie.

— Les (Hongrois) Hongres puent comme daims, c'est pitié que de les sentir.

(GRINGORE, *Menus propos.*) xve siècle.

IPRES. Pers d'Ypres.

Couleur et étoffes de laine bleu foncé d'Ypres.

IRLANDE. Cuir d'Irlande.

— Li plus sauviage en Irlande.

Les plus sauvages sont en Irlande.

(*Dit de l'Apostoile.*) xiiie siècle.

ITALIEN. L'Italien a bonne raison
De l'église faire une toison.

(*Prov. en rimes, Rimes en prov.*) xviie siècle.

— C'est trop d'un demy Italien en une maison.

(*Adages françois.*) xvie siècle.

— L'Italien est sage devant la main, l'Allemant sur le fait, et le François après le coup.

(*Commentaires de l'estat de la religion et République, etc.*, 1565, in-8°, fol. 58.)

— Les Italiens à pisser, les François à crier, les Anglois à manger, les Espagnols à braver et les Allemands à s'enyvrer.

— Les Italiens pleurent, les Allemands crient, et les François chantent.

— Rusé comme un Italien.

(GOMÈS DE TRIER, *Jardin de Récréation.*) xvie siècle.

JUIF. Juifs en Pasques,
Mores en nopces,

Chrestiens en plaidoyers
Despendent leurs deniers.

« Ce proverbe, qui marque les dépenses extraordinaires
» que font les Juifs, les Mores et les Chrétiens, vient de
» la coustume ou de l'inclination des uns et des autres.
» Comme les Juifs n'ont pas de feste plus grande que
» celle des Pasques, c'est en cette occasion particulière-
» ment où ils dépensent le plus : outre les repas et les
» réjouissances qu'ils ont coustume de faire, en mangeant
» leur agneau pascal, ils font des pains azimes qui sont
» des pains sans levain qu'ils ornent de rubans de toutes
» couleurs, et qu'ils donnent ces jours-là à leurs amis,
» quoique d'une religion différente de la leur.

» Les Mores, fort galants, se plaisent à la dépense et
» à l'esclat ; lorsqu'ils font des noces, ils n'oublient rien
» alors pour marquer leur magnificence et leur galanterie,
» soit par des festes, des carrousels, ou par des courses et
» des tournois, ce qui ne se peut faire sans de grandes
» profusions.

» Pour les Chrétiens, on a toujours remarqué qu'ils
» aiment les procès. Jamais religion n'a eu plus de juris-
» consultes, plus de juges, ni plus de gens de pratique,
» ce qui fait que parmy eux ceux qui sont dans la robbe
» sont d'ordinaire riches et puissans. Les procez y sont
» quelquefois immortels par l'opiniastreté de ceux qui les
» ont entrepris. On en a veu en France durer jusqu'à cent
» ans ; et ceux qui savent de quelle manière on plaide à
» la chambre impériale de Spire, et à la Rote de Rome,
» conviennent que les procès y durent encore plus long-
» temps, ce qui ne se peut faire sans la ruyne certaine des
» parties. »

(*Manuscrits* GAIGNIÈRES, *Prov. françois*, t. I.)

JUIF. Aimable comme un Juif envers celuy qui n'a gages.

(GOMÈS DE TRIER, *Jardin de Récréation.*) xvie siècle.

— Riche comme un Juif.

— Vous êtes un Juif.
Se dit à quelqu'un très-intéressé.

(*Dictionn. de l'Académie*, édit. de 1835.)

JUIF. C'est un vrai Juif errant.

C'est un homme qui ne cesse de voyager. Allusion à la légende bien connue du Juif qui avait insulté Jésus-Christ.

LIÉGE. Li gentil de Liége.

Les hommes aimables et polis de Liége.

LINCOLN. Drap blanc de Nicole.

Drap blanc de Lincoln, en Angleterre.

(*Dit de l'Apostoile.*) XIIIe siècle.

LOMBARD. Patience de Lombard.

Patience par force.

« Ce fut à Houlard à piller patience de Lombard. »

(*Contes* d'EUTRAPEL, fol. 49 v°.) XVIe siècle.

— Les grâces du Lombard, trois dez sur la table.

(OUDIN, *Curiosités françoises*, p. 307.)

LOMBARDIE. Lombardie jardin du monde.

(*Bonne Responce à tous propos.*) XVIe siècle.

— Chasteignes de Lombardie.

— Li plus sage homme sont en Lombardie.
Li plus saige marchéant sont en Tosquanne.

(*Dit de l'Apostoile.*) XIIIe siècle.

Ces deux dictons désignent les Pisans et les Florentins, qui, de concert avec les Vénitiens et les Génois, faisaient pendant le XIIIe et le XIVe siècle le commerce du Levant et de la Méditerranée.

LOUVAIN. Mariage de Louvain?

(*Prov. flamengs-françois.*) XVIe siècle.

LUCQUES. Cendax de Lucques.

Étoffes de soie de Lucques.

(*Dit de l'Apostoile.*) XIIIe siècle.

— A Lucca te vis, à Pise te congneus.

(*Adages françois.*) XVIe siècle.

Lucques. Faire comme les phiphres de Luca qui alloyent sonner et furent sonnez.

Malines. Avoir pignon sur rue habitans de Maligne.
(*Adages françois.*) xvie siècle.

Messine. A Messina assez de poudre, puces et p...

Milan. Milan peut faire, Milan peut dire, mais d'eau ne peut faire vin.

— Trop tourner çà et là les yeux desmonstre cerveau de Milan.

Molena. Il ha moins de cervelle que les biscuits de Moléna.

More ou Maure, Africain. Blanchir un More.
Essayer l'impossible.

« Je gaigne autant à luy parler qu'on feroit blanchir un More. »
(*Plaisants Devis des Suppôts du Seigneur de la Coquille*, de l'an 1589.)

Moscovite. Cruel comme un Moscovite.
(Gomès de Trier, *Jardin de Récréation.*) xvie siècle.

Navarre. Asnes de Navare.

— Li meillor lanceor en Navare.
Les meilleurs lanciers ou les hommes les plus habiles à manier la lance sont en Navarre.
(*Dit de l'Apostoile.*) xiiie siècle.

On trouve dans le Ms. 7,218 :

« Li meilleur lanceur de gaverlos en Navarre. »

Océan. Qui ne veut croire au sacrement
Veut nier le grand Océan.
(*Adages françois.*) xvie siècle.

Pailes de paine.
Étoffe de la terre païenne du Levant.
(*Dit de l'Apostoile.*) xiiie siècle.

Le mot *paile* a été fort en usage pour dire manteau, couverture de lit, tenture, tapisserie, étoffe de soie. Ainsi cette ancienne romance de la fin du xiie siècle :

> Belle Aelis à la fenestre, au jor,
> Sor ses genox tient *paile* de color.
> (Paulin Paris, *Romancero françois*.)

Palefroiz norrois.
   Chevaux de parade venant du Nord.
        (*Dit de l'Apostoile*.) xiiie siècle.

Pampelune. Si tu n'avois la caboche bien faite tu serois déjà à Pampelune.
        (*Comédie des Prov.*, acte II, sc. i.) xviie siècle.

Pavie. Les brigueurs de Pavie.
   Surnom donné pendant le moyen âge aux écoliers de l'université de cette ville. (Voyez Chassanneus, *Catalogus gloriæ mundi*, p. 10, cons. 32.)

Pérou. Ce n'est pas le Pérou.
   Le nom de cette grande contrée de l'Amérique méridionale a longtemps désigné le lieu du monde où l'or se trouvait en plus grande abondance. Les richesses que les Espagnols tirèrent de ce pays, aux xvie et xviie siècles, donnèrent lieu à cette désignation. De là est venu ce proverbe, qui se dit à propos d'un objet médiocre ou de petite valeur.

Perse. Il ne vous connoist non plus que le grand sophy de Perse.
        (*Comédie des Prov.*, act. III, sc. vii.) xviie siècle.

Plaisance. Fustaine de Plaisance.
   Futaine de Plaisance, en Lombardie.
        (*Dit de l'Apostoile*.) xiiie siècle.

Pologne. Il est fraizé comme un teston de Pologne.
        (Oudin, *Curiosités françoises*, p. 234.)

Polonais. Courtois comme un Pouloignoix.

Portugais. Sale comme un Portugois.
  — Riche comme un Portugués.
        (Gomès de Trier, *Jardin de Récréation*.) xvie siècle.

Portugal. Faire comme les jumens de Portugal, concevoir du vent.

« Quelques anciens auteurs, suivant Justin, ont dit que
» les jumens de Portugal concevoient du vent. Voici le
» passage de cet historien qui se trouve au xlive livre
» de son histoire, chap. 2 : Plusieurs auteurs ont raporté
» que les jumens concevoient proche le Tage, fleuve du
» Portugal : cette fable est venue de la fécondité des ju-
» mens et du grand nombre de haras qui sont en Galice
» et en Portugal, où les jumens sont si légères à la course
» qu'elles semblent véritablement estre conçues du vent.
» Ce proverbe s'applique à ceux qui ont le cerveau léger,
» et qui ne remplissent leur corps que de vents. »

(Fleury de Bellingen, *Étym. des Prov. franç.*, p. 335.)

Pouille. Compère du pays de la Pouille
Couste cher et puis te despouille.

Ravenne. Chercher Marie par Ravennes.

Ripaille. Faire ripaille.

« Amédée Ier, duc de Savoie, estant âgé de cinquante-
» six ans, perdit Marguerite de Bourgogne, sa femme,
» qui lui laissa plusieurs enfants. Lassé du monde, il
» remit ses Estats à son fils aîné, l'an 1439, et se
» retira à Ripaille, lieu solitaire des appartenances d'un
» prieuré de l'ordre de Saint-Maurice, fondé par ses pré-
» décesseurs et rétably par luy-mesme. Il y prit l'habit
» d'hermite de l'ordre de Saint-Maurice, retenant seule-
» ment pour le besoin de sa personne et de quelques ser-
» viteurs qui s'y estoient retirés avec luy, vingt de ses
» domestiques. Au lieu de se nourrir de racines et d'eau
» claire, il y faisoit une chère si exquise, que depuis ce
» temps-là quand on veut parler de quelqu'un qui fait
» bonne chère, on a dit : Faire ripaille. »

(Fleury de Bellingen, *Étym. des Prov. franç.*, p. 98.)

Romain. Avec les lèvres parloyent les Grecs, et avec le cœur les Romains.

— Des Grecs la déclination fut des Romains l'exaltation.

Romain. Le Romain vainct estant assis.

— Payer à la Romanesque, de faremo.
(Gomès de Trier, *Jardin de Récréation.*) xvie siècle.

Rome la Sainte, Boloigne la Grasse, Florence la Belle, Siène l'Ancienne, Milan la Grande, Naples la Gentille, Gênes la Superbe, Venise la Riche, Paris sans Per, Anvers N.

— Rome ne fut pas faite en un jour.
(Gabr. Meurier, *Trésor des Sentences.*) xvie siècle.

— Chascun n'est nay pour aller à Rome.
(Gomès de Trier, *Jardin de Récréation.*) xvie siècle.

— En demandant on va à Rome.
Ou :
Quand langue a à Rome va.
(Gabr. Meurier, *Trésor des Sentences.*) xvie siècle.

— Elle est plus battue que le pavé de Rome.

— Il boiroit Rome et Thome.

— Il faut vivre à Rome selon les coustumes romaines.

— Jamais homme ni cheval n'amenda d'aller à Rome.
(Gomès de Trier, *Jardin de Récréation.*) xvie siècle.

— Loing est de Rome qui est à Pavie lassé.
(*Anc. prov.*, Ms.) xiiie siècle.

— Plus à Rome est courtizane louée
Que n'est du lieu celle qui est bien née.
(Gomès de Trier, *Jardin de Récréation.*) xvie siècle.

— Trout arrière, trout avant,
Ceux qui viennent de Rome valent pis que devant.
(*Prov. communs.*) xve siècle.

— Tout chemin mene à Rome.

SÉRIE N° VI.

Rome. Qui beste va à Rome tel en retourne.
(Gabr. Meurier, *Trésor des Sentences.*) xvi° siècle.

Salerne. Mires de Salerne.
Médecins de Salerne.
(*Dit de l'Apostoile.*) xiii° siècle.

« L'école de Salerne, fondée au commencement du
» xi° siècle, a joui pendant tout le moyen âge d'une grande
» célébrité. Ce dicton populaire en est la preuve. Elle fut
» fondée par Robert, duc de Pouille, qui suivit les conseils
» de Constantin, surnommé l'Africain, médecin d'Orient,
» disciple d'Avicenne. Jean de Milan recueillit, en 1066,
» les aphorismes de l'école de Salerne et en composa un
» poëme en vers latins, qui a été souvent traduit et imité
» dans les langues vulgaires de l'Europe. »
(Crapelet, *Prov. et Dictons populaires*, p. 90.)

Salernitain. Les Salernites tromperoient le diable.
(Gomès de Trier, *Jardin de Récréation.*) xvi° siècle.

Sardaigne. Pourpre de Sardaigne.
« La beauté de la pourpre de Sardaigne a esté cause
» de ce proverbe. On peschoit autrefois sur les costes de
» Sardaigne le poisson dont on se servoit pour teindre en
» pourpre. L'on a mal à propos attribué la gloire de ceste
» teinture exquise à la ville de Sardis, capitale de Lydie.
» L'origine de cette méprise a esté la corruption des termes
» du proverbe; on a dit *Bamma Sardiacon*, au lieu de
» *Sardiniacum; teinture de Sardis*, au lieu de dire *tein-
» ture de Sardaigne.* »
(*Journal de Trévoux*, année 1710, t. II, p. 358.)

Sarrasin. Les plus engignéor sont en Sarrazienesme.
(*Dit de l'Apostoile.*) xiii° siècle.
Les plus trompeurs sont dans le pays des Sarrasins.

Séville. Qui guère ne vaut en sa ville
Vaudra moins en Séville.
(Gabr. Meurier, *Trésor des Sentences.*) xvi° siècle.

Sicile. Vespres de Sicile, matines de France.
(*Adages françois.*) xvi° siècle.

17.

Ce proverbe rappelle deux des événements les plus célèbres de notre histoire, les Vêpres de Sicile et la Saint-Barthélemy. Ces deux faits sont trop connus pour que je les rapporte ici.

Sicilien. Garde-toy des matines des Pharisiens et des vespres des Ciciliens.

Sinigaglia. Le prévost de Sinigaglia commande ce qu'il est contrainct de faire luy-même.

(Gomès de Trier, *Jardin de Récréation.*) xvie siècle.

— Il est comme le lieutenant du Sénégal, qui commande et faict lui-mesmes.

(*Bonne Response à tous propos.*) xvie siècle.

Sparte. Puisque tu as rencontré Sparte, comme dit le proverbe, tien-y-toy.

(*Contes* d'Eutrapel, fol. 218 r°.) xvie siècle.

Suisse. D'un Suisse n'attends point raison,
D'un bigot en oraison,
Ou d'une femme en sa maison,
Quant elle crie hors de saison.

(*Prov. en rimes, etc.*) xviie siècle.

— Autant vaudroit parler à un Suisse et cogner la tête contre un mur.

(*Comédie des Prov.*, sc. iv.)

— C'est comme les Suisses portent la hallebarde, par-dessus l'épaule.

(*Comédie des Prov.*, acte I, sc. vi.) xviie siècle.

Stamfort. Drap d'Estanfort.

Drap de Stamfort, bourg d'Angleterre, dans le comté de Lincoln.

(*Dit de l'Apostoile.*) xiiie siècle.

Tolède. Jouer des arts de Tolède.

Attraper, tromper, faire des tours de force.

Tolède. Il fait d'un coq une poulette,
  Il joue des arts de Toulete.
  (*Mystère de saint Denys. Mystères inédits du* xve *siècle, etc.*,
  p. 116.)

Tibre. Mieux vault un gobelet de vin que tout le Tibre.
  (Gomès de Trier, *Jardin de Récréation.*) xvie siècle.

Toscan. Toscan de Montferrat.

— Qui a à faire avec un Toscan ne doibt estre louche.
  (Gomès de Trier, *Jardin de Récréation.*) xvie siècle.

Turc. Fort comme un Turc.
  (*Adages françois.*) xvie siècle.

— Le Grand Turc si est mon parent.
  (*Les Menus Propos.*) xvie siècle.

Turin. Les amoureux de Turin.
  Surnom donné pendant le moyen âge aux écoliers de l'université de cette ville.
Chassaneus, *Catalogus gloriæ mundi, etc.*, p. 10, cons. 32.)

Turquie. Jouer des orgues de Turquie.
  Jouer des dents, manger.
  (Oudin, *Curiosités françoises*, p. 382.)

Valence. C'est un avocat de Valence,
  Longue robe et courte science.

— Les médecins de Valence,
  Longues robbes et peu de science.
  (*Prov. en rimes, etc.*) xviie siècle.

— Petite conscience et grande diligence
  Font l'homme riche à Vallance.
  (Gomès de Trier, *Jardin de Récréation.*) xvie siècle.

Vallon (*Flamand*). Le premier assaut des Vuallons excède nature.
  (Bovilli *Prov.*) xvie siècle.

Venise. A Venise qui y naist mal s'y paist.
(Gomès de Trier, *Jardin de Récréation.*) xvie siècle.

— A Venise qui y naist mal se paist,
Qui y vient pour bien y vient.
(*Bonne Responce à tous propos.*) xvie siècle.

— Chacun dist de toy, Venise,
Qui ne te void ne te prise,
Mais si quelqu'un te veut voir
De l'argent luy faut avoir.

— Dans le fleuve d'Arno n'y a tant de poissons
Qu'il y a dans Venise de toicts de maison.

— Le blanc et le noir ont fait Venise riche.

A savoir poivre et coton.

— Toutes les maisons de Venize sont fondées sur pilier de boys.
(*Les Menus propos.*) xvie siècle.

Vénitien. Quatre choses sont difficiles : cuire un œuf, faire le lit d'un chien, enseigner un Florentin et servir un Vénitien.

— Les secours des Vénitiens, trois jours après la bataille.

Ce proverbe courut après la journée de Marignan, les Vénitiens étant arrivés trois jours trop tard pour y prendre part. (Voyez les *Mémoires de Du Bellay,* liv. I.)

Vérone. Monte ci-dessus et tu verras Vérone.
(Gomès de Trier, *Jardin de Récréation.*) xvie siècle.

SÉRIE N° VII.

PROVERBES HISTORIQUES.

PROVINCES. — VILLES. — VILLAGES. — FLEUVES. — RIVIÈRES DE FRANCE.

ABBEVILLE. Blou d'Abbeville.
Drap bleu d'Abbeville.

(*Dit de l'Apostoile.*) XIIIe siècle.

Abbeville, située dans l'ancienne province de Picardie sur la Somme, a été célèbre par ses manufactures de drap. (Voyez le *Grand Dictionnaire géographique, etc., des Gaules et de la France*, par EXPILLY, t. I, p. 6, col. 2.)

— Par Saint-Ferreol d'Abbeville.

(RABELAIS, liv. IV, chap. 11.) XVIe siècle.

— Les gentilshommes de la Cloche.

Avant la Révolution, on appelait ainsi à Abbeville, à Péronne, et dans quatorze autres villes de France, les maires, les échevins à qui l'exercice de leurs fonctions conférait un droit de noblesse. Les assemblées où on les élisait étaient convoquées au son de la cloche.

(QUITARD, *Dictionn. des Prov.*, p. 237.)

— Elle a passé le pont Grenet, elle a bu sa honte.

Il y avait près du pont Grenet, à Abbeville, un hôpital

destiné à recevoir les femmes de mauvaise vie. (Voyez M. ERN. PRARON, *les Rues d'Abbeville, etc.*, p. 133.)

AILLY-LE-HAUT-CLOCHER (arrond. d'Abbeville). Haut comme ech'clokier d'Abbeville.

(CORBLET, *Prov. picards.*)

ALENÇON. Alençon, habit de velours et ventre de son,
Plus de bossus que de maisons.

(CRAPELET, *Prov. et Dictons populaires*, p. 49.)

On dit encore en parlant d'une personne qui devine les choses quand elle les voit :

« Elle est comme les prophètes d'Alençon. »

(PLUQUET, *Contes pop. et Prov., etc.*, p. 111.)

ALONVILLE. C'est comme les cloches d'Alonville, quant l'une s'en va l'autre revient.

» Ch'est comme chez cloques d'Alonville, quand l'un
» s'en vo l'aute ervient.
» Alonville est un village de Picardie à près de deux
» lieues d'Amiens. Les deux cloches de l'église sont dans
» deux ouvertures, au haut du mur du portail, n'ayant
» point de clocher. Quant on sonne le carillon, l'une va
» d'un costé et l'autre revient, ce qui a donné lieu à ce
» proverbe que l'on applique à l'importunité de ceux qui
» ne font qu'aller et venir. »

(*Manuscrits* GAIGNIÈRES, *Prov. françois*, t. II.)

AMBOISE. Le dormir doré est en l'hermitage d'Amboise.

— On visite plus l'hermitage d'Amboyse que les Bons-Hommes.

— Quand on fait une forte glose
Vandosme est prise pour Amboyse.

(*Adages françois.*) XVIᵉ siècle.

AMIENS. Li damoisel d'Amiens.
Les gentilshommes d'Amiens.

AMIENS. C'est Jean d'Amiens
Qui se tue et qui ne fait rien.

C'est ce qu'on dit d'une personne qui s'agite beaucoup pour ne rien faire. Cette allusion proverbiale doit être rapportée au commencement du xviie siècle, époque où l'Artois, occupé par les Espagnols, était en antagonisme ouvert avec la Picardie. En effet, les Artésiens, pour se moquer des Amiénois, qui faisaient de vains efforts pour lutter contre les soldats de Maximilien, disaient : « C'est Jean d'Amiens qui se tue et qui ne fait rien. » En revanche, les Picards pour se railler de la trahison d'Arras, répondaient : « C'est Jean d'Arros qui ..... (caca) et pis qui laisse lo. » Ils accusaient par là les Artésiens de laisser le roi dans l'embarras et de fuir devant l'ennemi.

(*Comm. de M. l'abbé Bourlon.*)

— Amiens noble halle.

(*Fabliau du Lendit rimé.*) xiiie siècle.

— Patés d'Amiens, de Reims et de Pithiviers.

(*Alm. perpét.* du P. DAIRE.)

— Saint Germain coucou
Ch'est l' paroisse d' chès fous ;
Saint Jacques
Paroisse ed' chès braques.

« Les enfants du quartier Saint-Germain répètent ce dicton, la veille de leur patron, en allant solliciter de porte en porte quelques menues monnaies pour faire un régal. Le lendemain ils placent dans l'église une bouteille et une couronne de coucous (primevères à fleurs jaunes). La tradition populaire raconte que les paroissiens, trouvant que leur église serait mieux placée au milieu du Marché aux Herbes, se mirent à la pousser à force de bras ; comme le terrain était humide le long du mur, ils glissèrent en arrière et crurent que l'église avançait. C'est ce qui les aurait fait qualifier de fous. On raconte la même anecdote sur les habitants de Rue. On assigne encore à ce dicton une autre origine. La fabrique aurait refusé une fondation consistant en un fief sis à Mézières, lequel rapportait un septier de blé par jour, par la raison que le blé était à trop bas prix. C'est sans doute uniquement par amour de la rime que l'on ajouté : « Saint Jacques, paroisse ed' chès braques. »

« Monsieur Guérard a lu un mémoire sur l'origine de ce dicton, dans la séance du 27 février 1850. Il réfute l'opinion que nous venons de rapporter, et fait remonter l'origine de ce dicton à une compagnie de fous, dont la fête se célébrait le 1er mai, et dont on retrouve encore un souvenir dans celle qu'on fait aujourd'hui la veille de Saint-Germain qui tombe le premier dimanche de mai. Les enfants déposent devant l'image du saint des bouquets de coucous ou primevères, qui sont l'emblème de la folie. (Voyez *Bulletin de la Soc. des Ant. de Picardie*, Picardie, 1850, N° 1.) » (CORBLET, *Prov. picards*.)

ANDELIS. **Troites d'Andelis.**

Truites d'Andelis.

ANGERS. **Li sonnéor d'Angers.**

Les sonneurs d'Angers.

(*Dit de l'Apostoile.*) XIIIe siècle.

La ville d'Angers renfermait un si grand nombre de chapitres, de communautés, de couvents et de moines, qu'on y entendait sonner continuellement les cloches.

— Angers, basse ville et hauts clochers ; riches p.... pauvres écoliers.

(*Adages françois.*) XVIe siècle.

On disait encore à propos des écoliers de cette ville.

« Les Braguards d'Angiers. »

(CHASSANEUS, *Catalogus gloriæ mundi*, part. 10, cons. 32.)

— Vous venez d'Angers, vous en avez bien veu ceux qui en revenoient.

(*Dialogues* de TAHUREAU, in-16, fol. 24.) XVIe siècle.

ANGERVILLE. Raisons qui sont d'*Angerville*
Pour une bonne il en faut mille ;
Raison qui est de *Bresolle*
La conséquence en est molle.

(*Prov. en rimes*, etc.) XVIIe siècle.

Angerville. Huit pays différents portent ce nom en France. Je crois qu'il est question ici d'Angervilliers, dans l'ancienne province de l'Ile-de-France, aujourd'hui dans le département de Seine-et-Oise.

Bressolle. Il y a deux villages de ce nom : le premier dans l'ancienne province de Bourgogne, aujourd'hui dans le département de l'Ain; le second dans l'ancien Bourbonnais, aujourd'hui dans le département de l'Allier.

ANGEVIN. Angevin,
Sac à vin,
Angevine,
Sac à......

ANGIVILLIERS (Arrondissement de Clermont). Les dindons d'Angivilliers.

ANJOU. Li meillor archier en Anjou.

Les meilleurs archers sont en Anjou.

(*Dit de l'Apostoile.*) XIIIe siècle.

ANTIBES. Faire tout à rebours comme les cordeliers d'Antibes.

Cette comparaison proverbiale dont on se sert en quelques endroits de la Provence et du Languedoc pour marquer une sotte maladresse, doit son origine aux cérémonies pratiquées jadis à la fête des Saints-Innocents. « Lorsque » cette fête se célébrait dans le couvent des cordeliers » d'Antibes, les frères coupe-choux et les marmitons occu- » paient la place des pères, et revêtus d'ornements tournés » à l'envers, portant sur le nez des lunettes garnies d'écorce » de citron, ils marmottaient confusément quelques prières » qu'ils feignaient de lire dans des livres tournés à l'envers. »

(*Voyageur à Paris*, t. II, p. 21, cité par QUITARD, *Dictionnaire des Prov.*)

ANTONY. Les têtes noires d'Antony.

Petit bourg de l'ancienne province de l'Ile-de-France, anjourd'hui dans le département de la Seine, arrondissement de Sceaux.

ANVERS. Il est d'Anvers, il a le nez creux.

Anvers, village près Pontoise.

Appilly (arr. de Noyon). Les esons (*oies*) d'Appilly.
(Corblet, *Prov. picards.*)

Arcques. Estre des ménestriers d'Arcques.
(*Adages françois*) xvie siècle.

Arcques, ville de Normandie, département de la Seine-Inférieure.

Argicourt (canton de Montdidier). Les hurons (*niais*) d'Argicourt.
(Corblet, *Prov. picards.*)

Armançon. Armanson, mauvaise rivière et bon poisson.

On disait encore :

Armanson, ainsi de nom,
Mauvaise rivière et bon poisson.

Armançon, rivière de l'ancienne province de Bourgogne et de Champagne; elle prend sa source dans un bois à deux lieues N. E. de la ville d'Arnay-le-Duc. (Voyez Expilly, *Dictionnaire géographique des Gaules et de la France*, t. I, p. 265.)

Arras. Li Bordéor d'Arras.

Les jouteurs d'Arras.

Bordéor. Dans un autre manuscrit, n° 7218, on lit *Béhordeur*, ce qui fait mieux comprendre ce dicton. Arras a été longtemps célèbre pour les fêtes qu'on y célébrait et principalement pour les joutes ou *Béhordis* qui avaient lieu dans ces occasions.

— Porrée d'Arras.

Poireaux ou porreaux d'Arras.
(*Dit de l'Apostoile.*) xiiie siècle.

Les Picards aiment beaucoup les poireaux, dont ils font une pâtisserie nommée flamique.

— Arras, Arras, ville de plait (*procès*)
Et de haine et de détrait (*médisance*).
On i aime trop crois et pile
Chascuns fut berte (*méchant*) en ceste ville.
(*Li congiès d'Adam de la Halle*, xiiie siècle.)

Arras. Les saies d'Arras.

Les saies d'Arras tenaient 38 aunes dans les foires de Champagne (*Manière des foires de Champagne*, Ms. n° 2, fonds Notre-Dame de la Bibl. nat.)

— Oncques d'Arras bon clers n'issi (*jus de la feuillée*).

Cette imputation contre la ville d'Arras fut renouvelée dans le *Mercure* d'avril 1739. L'abbé Le Beuf y répondit, dans sa dissertation sur l'état des sciences en France, en citant quatre ou cinq clercs d'Arras qui se distinguèrent dans le xie et le xiie siècle par leurs écrits liturgiques.

— Quand on veut d'Arras le plus caitiz prendre,
  En autre païs se puet pour boin vendre.

(*Motets artésiens*, Ms. 184, *Suppl. fr. de la Bibl. imp.*)

— Les hoguisseurs d'Arras.

(C. F. Fauchet, édit. de 1610, p. 524.)

Hoguisser est un mot picard qui signifie fâcher, et que Cotgrave traduit par *to vex, to offend*. Hoguisseur signifie aussi débauché.

— Quand les souris mangeront les cats,
  Le roi sera seigneur d'Arras.

Les Bourguignons avaient inscrit ce dicton sur leur drapeau, alors que Charles VI, en 1414, faisait le siége d'Arras.

(A. Dinaux, *Trouvères artésiens*.)

— Quand les rats prendront les chats,
  Les Français prendront Arras.

Arras portait trois rats de sable dans ses armes. C'est ce qui fit inscrire sur une de ses portes le distique que nous venons de rapporter. Les Impériaux aimaient à répéter ce dicton; mais comme Arras fut pris en 1477 par Louis XII, puis repris sur l'empereur Maximilien par les Français, en 1640, on se vengea de la fanfaronnade des Espagnols par plusieurs caricatures; une de ces estampes satiriques était intitulée : La défaite et prise générale des Chats d'Espagne par les Rats français, devant la cité d'Arras. Une autre représente un Espagnol couché au milieu des rats qui en font leur proie. On voit d'un côté un chat qui n'ose approcher et de l'autre cette inscription :

> Cet Espagnol ainsi décoré par les rats
> Nous semble en le voyant une figure étrange ;
> Mais ce qui plus le ronge et ce qui plus le mange,
> C'est le ressouvenir de la perte d'Arras.

Voyez *Monnaies des évêques des fous*, introduction de M. LEBER.

ARSES (la rivière d').
Voyez SEINE.

ARTÉSIENS. Les Artésiens têtes de chiens.
— Les Artésiens boyaux rouges.

ARTOIS. Camus comme un chien d'Artois.

« Les écoliers furent si estonnés de cette réponse,
» qu'ils demeurèrent camus comme un chien
» d'Artois. »

(*Facétieux Réveille-matin*, p. 7.) XVIIe siècle.

ASNIÈRES, village près de Paris.

Je crois que tu as fait ton cours à Asnières ; c'est là où tu as laissé ton pain à l'asne.

(*Coméd. des Prov.* sc. VII.)

ATHIES (arrondissement de Péronne).
Athies, Fouques, Ennemain,
Sont trois villages en une main.

— Athie la désolée.

(CORBLET, *Prov. picards.*)

AUBE (la rivière d'). Entre Marcilly et Saron
Le fleuve d'Aube perd son nom.

(COULON, *Rivières de France*, t. I, p. 66.)

AUBERVILLIERS. Bourgeoise qu'est d'Aubervillier
D'embonpoint vaut un millier.

(*Prov. en rimes*, etc.) XVIIe siècle.

AUBERVILLIERS. Bourgeoise d'Aubervillers, les joues luy passent le nez.

(*Comédie des Prov.*, act. III, sc. II.)

— Choux pour choux, Aubervilliers vaut bien Paris.

(OUDIN, *Curiosités françoises*, p. 55 et 103.)

Pour exprimer qu'une personne en valait bien une autre.

Aubervilliers, village du département de la Seine, dans l'ancienne province de l'Ile-de-France. On le nommait encore Notre-Dame-des-Vertus.

AUVERGNAT. Les Auvergnats et Lymosins
    Font leurs affaires, puis celles des voisins.

(PAPIR. MASSONI, *Descript. Franciæ per flumina*, p. 37.)

AUVERGNE. Li meilleur mangeurs de rabes sont en Auvergne.

Les meilleurs mangeurs de raves sont en Auvergne.

(*Dit de l'Apostoile.*) XIIIe siècle.

Croque rave.

« Il croît en Savoye des navets d'un goust excellent et
» d'une grosseur excessive; on les appelle en ce pays-là
» raves. Les Savoyards en sont friands et les préfèrent aux
» viandes les plus exquises. Ce goust a fait naître ce pro-
» verbe, que l'on a exprimé en latin dans un vers que les
» écoliers emploient souvent :

   » *Ut comedant rapas pergunt de nocte Sabaudi.*

» Les Savoyards se lèvent de nuit pour manger des raves. »
(FLEURY DE BELLINGEN, *Étym. des Prov. françois*, p. 210.)

AUXERRE. Vin d'Ançoirre.

Vins d'Auxerre.

— Li buvéor d'Aucerre.

Les buveurs d'Auxerre.

(*Dit de l'Apostoile.*) XIIIe siècle.

Les vins d'Auxerre, encore recherchés aujourd'hui, ont été célèbres pendant le moyen âge; de là sans doute est venu ce dicton populaire.

Épithethon d'Auxerre :
« Plus de profit à celuy qui aulx serre,
» Oignons aussi et roses à Provins,
» Que les borgeois et vignerons d'Auxerre
» Quant il advient qu'ilz ne cueillent prou vins. »
(*Mots dorés de Caton*, par P. GROSNET.) XVIe siècle.

AUXERRE. Il est midi en Auxois (province d'Auxerre).

» Ce commun dire porte tesmoignage à ceux d'Auxois,
» qui est une des meilleures contrées de Bourgogne, d'estre
» matineus et diligens, d'où vient que leurs voisins vou-
» lans dire qu'il est jà haulte heure, et que ceux d'Auxois
» ont déjà fait demi-journée, disent qu'il est jà midy en
» Auxois. »

(*Anthologie ou conférences des Prov. franç., italiens, etc.*, Ms.)

AUXONNE. Compagnon d'Auxonne, viens si tu peux.
(*Anthologie des Prov.* Ms.) XVe siècle.

Auxonne, ville assez importante de l'ancienne province de Bourgogne, dans le département de la Côte-d'Or.

AVEYRON (l').

Voyez le LOT dans cette section.

AVIGNON. Avenio vantosa
Sine vento venenosa.

Avignon venteuse, sans vent contagieuse.
(*Manuscrits de* GAIGNIÈRES, *Prov. françois*, t. II.)

— Il n'est palais que en Avignon.

— Qui va à Avignon travaille.
(*Prov.* de JEH. MIELOT, Ms.) XVe siècle.

— Un digemur d'Avignon
Fait manger le gras jambon.
(*Adages françois.*) XVIe siècle.

— Cabats d'Avignon.
Voir plus loin TROYES.

AVIZE (Marne). Les gouailleurs d'Avize.
(BERTIN DU ROCHERET, *Prov. champenois*, Ms.)

AVRANCHES. Li museur de Avranches.
>Les musards d'Avranches.
>>(*Dit de l'Apostoile.*) xiiie siècle.

AVRANCHES (être tout évêque d').
>Être tout taciturne, tout absorbé.
>>(PLUQUET, *Contes pop. et Prov.*, etc., p. 112.)

BAGNEUX. Ce sont les fols de Bagneux qui ont vendu leurs eaux pour avoir du son (*des cloches*).
>*Bagneux*, village assez considérable du département de la Seine, à deux lieues S. S. O. de Paris.

BAGNOLET (village du département de la Seine). Ce suc sera comme celui du figuier de Bagnolet, dont les premières figues sont bonnes, mais les tardives ne vallent rien.
>>(*Anc. Théâtre franç.*, t. V, p. 117.)

BAILLEUL-LE-SOC (arrondissement de Clermont). Les pekeus de Leune (les pêcheurs de lune) de Bailleul-le-Soc.
>>(CORBLET, *Prov. picards.*)

BAPAUME (Pas-de-Calais). Veaux de Bapaume.

— Ch'est le mode d' Bapaume, ch'est le pus sale qui fait l' cuisine.
>>(CORBLET, *Prov. picards.*)

BAR-SUR-AUBE. Escrévéices (*écrevisses*) de Bar-sur-Aube.
>>(*Dit de l'Apostoile.*) xiiie siècle.

— Je ne voudroys pas être roy, si je n'estoys prevost de Bar-sus-Aube.

Ou :

— On ne voudroit pas estre roy qui seroit prevost de Bar-sur-Aube.
>>(*Adages françois.*) xvie siècle.

« Le roy Philippe le Long ayant vendu la ville de Bar-
» sur-Aube, les habitants la rachetèrent afin de conserver

» le titre de ville royale ; en conséquence Bar - sur - Aube
» fut réunie à la couronne sous la condition homologuée
» en la chambre des comptes, de ne pouvoir en être sé-
» parée. » (EXPILLY, *Dictionn. des Gaules.*)

— L'œil toujours ouvert de Bar-sur-Aube.

(BERTIN DU ROCHERET, *Prov. champenois*, Ms.)

BAR-SUR-SEINE. Loches de Bar-Sène.

Loches de Bar-sur-Seine.

(*Dit de l'Apostoile.*) XIIIe siècle.

Loche, petit poisson de la grosseur d'un éperlan, autrefois très-estimé.

BAROU. Les coniaux (*babilliard*) de Barou.

Barou, aujourd'hui *Burrou*, petit bourg de l'ancienne province de Touraine, département d'Indre-et-Loire, arrondissement de Loches.

(CRAPELET, *Prov. et Dictons populaires*, p. 49.)

BASSIGNI. Les vins de Bassigni.

Voyez LORRAINE dans cette série.

Mil tors de roue toute la lieue de Bassigni,
et à la fin tombe par le chemin.

(*Adages françois.*) XVIe siècle.

« *Bassigny*, pays situé aux frontières de la Champagne
» et de la Lorraine qui s'étendoit dans l'une et dans l'au-
» tre. Quelques auteurs prétendent que l'on nommait ainsi
» ce pays parce qu'il contenoit la partie basse de la Cham-
» pagne. » (EXPILLY, *Dictionn. des Gaules.*)

BASTILLE (la), à Paris. Gratter la Bastille avec les ongles.

Faire une chose inutile.

« Vous grattez la Bastille avec les ongles et escrivez sur l'eau. »

(*Comédie des Prov.*, act. III, sc. III.)

BAUDOYER (Porte), à Paris. Il est bien fondé à raison le droit de la porte Baudaiz.

(*Les Menus propos.*) XVIe siècle.

SÉRIE N° VII.

BAUDOYER (Porte). Plus commun que la porte Baudet.
    Vous faites une chose inutile.
            (*Adages françois.*) XVI° siècle.

La *Porte-Baudet*, plus généralement désignée sous le nom de porte *Baudoyer*, était une porte de l'enceinte qui environnait Paris, antérieurement à celle que fit construire Philippe-Auguste. Elle était située sur la place Baudoyer, et le terrain qui l'environnait, planté d'arbres, servait de promenade et de lieu de rendez-vous. Cette promenade occupait l'espace qui se trouve compris aujourd'hui entre la place de Grève et la rue Culture-Sainte-Catherine.

BAYEUX. Li juréor de Baiex.
    Les jureurs de Bayeux.

— Les foireux de Bayeux.

Bayeux était célèbre au moyen âge par le commerce qui se faisait dans les différentes foires de cette ville. De là est venu ce dicton populaire. (Voyez l'*Essai historique sur la ville de Bayeux*, par PLUQUET, chap. 28.)

— Belles tours a à Bayeulx
    Sy fussent toutes d'une pièce;
    On y hurteroit belle pièce
    Sa teste devant qu'ils rompissent.
            (*Les Menus propos.*) XVI° siècle.

BAYONNE. Balaine de Baione.
    Baleine de Bayonne.
            (*Dit de l'Apostoile.*) XIII° siècle.

BEAUCAIRE. Entre Baucaire et Tarascon
    Ne repaist brebis ny oison.

Voici comment Duchesnes, dans ses *Antiquités sur les villes et châteaux de France*, explique ce proverbe : « La
» ville de Tarascon est située sur l'embouchure de la Du-
» rance dans le Rhône, de çà ceste grosse et impétueuse
» rivière, comme au delà de la ville de Beaucaire ; ce qui
» a peut-être donné lieu au proverbe qu'entre Beau-
» caire, etc. » L'explication donnée par Duchesnes n'est pas très-exacte. Beaucaire est séparée de Tarascon par

le Rhône et non par la Durance, qui passe un peu en deçà de cette dernière ville.

BEAUCE. En Beauce bonne terre et mauvais chemin.

Terræ genius admodum bonus, pinguis et ferax; pluvia si solum irrigetur difficile mox iter est peregrinantibus ut habet diverbium, etc. GOLNITZ, p. 256.

La terre (de Beauce) est grasse et fertile; si elle est mouillée, les chemins deviennent impraticables pour les voyageurs.

Dans le *Dit de l'Apostoile* on trouve :

« Oés de Biausse. »

Oies de la Beauce.

— Gentilhomme de Beausse, il est au lit pendant qu'on racomode ses chausses.

— En gentilhomme de la Beausse
Garder le lit faute de chausse.

(*Prov. en rimes, etc.*, t. I, p. 170.) XVIIe siècle.

Rabelais, liv. 1er, ch. 17, fait allusion à ce proverbe quand il dit : « Quoy voyant Gargantua y print plaisir bien grand, sans aultrement s'en vanter et dist à ses gens : Je trouve *beau ce*. Dont feut depuis appelé ce pays la Beauce : mais tout leur desjeuner feut par baisler. En mémoyre de quoy, encore de présent, les gentilz hommes de Bauce desjeunent de baisler et s'en trouvent fort bien, et n'en crachent que mieux. »

De même dans les *Contes d'Eutrapel*, fol. 158 r°, on lit : « Un monsieur de trois au boisseau, ou trois à une espée, comme en Beauce. »

— Gentilhomme de Beauce, qui vend ses chiens pour avoir du pain.

(OUDIN, *Curiosités françoises*, p. 249.)

— C'est comme messieurs de la Biausse, une epée pour trois.

(PLUQUET, *Contes pop. et Prov.*, etc., p. 117.)

— Ils gagnent le haut plus viste qu'un lievre de Beausse.

(*Comédie des Prov.*, act. III, sc. v.)

BEAUGENCY. Les chats de Beaugency.

Un architecte ne pouvait construire le pont de Beaugency. Il était bien parvenu à bâtir la presque totalité des arches, mais, dès qu'on finissait la dernière, elle tombait toujours. Cela était arrivé jusques à trois et quatre fois; le pauvre architecte ne savait à quel saint se vouer : enfin il appela le diable à son secours. Le diable se chargea de l'ouvrage à la condition que la première âme qui passerait sur cette arche lui appartiendrait. L'architecte y consentit; mais, l'arche bâtie, il s'avisa, pour tromper le diable, d'y faire passer un *chat*. Satan se mit dans une grande colère; il fit tout ce qu'il put pour détruire son ouvrage, et en donnant un grand coup de pied fit pencher un contre-fort qui est toujours resté hors de son aplomb : pourtant il ne put venir à bout de son projet. Faute de mieux, le diable se décidait à emporter son chat, lorsque celui-ci, malin s'il en fut jamais, lui déchira les mains et la figure en l'égratignant d'une manière horrible. Satan, malgré tout son courage, ne put résister à la douleur et laissa échapper le pauvre animal, qui tout d'un trait courut se réfugier à une lieue en Sologne; cet endroit a reçu, à cause de ce mémorable événement, le nom de *Chaffin* (chat fin). — Près de Chaffin, à cent pas, se trouve un tumulus nommé la butte de *Moque-Barre* et *Moque-Souris;* ce dernier nom lui vient, dit-on, de ce que dans cet endroit le chat de Beaugency fit une affreuse déconfiture de mulots, de belettes, rats, souris, etc. — Depuis cette époque les habitants de Beaugency ont été nommés chats. La tradition de l'architecte, du diable et du chat, se trouve encore à Pont-de-l'Arche, en Normandie, en Bretagne, à Saint-Sulpice-de-Forière, à propos de l'église, et dans plusieurs autres endroits.

Pellieux, article *Chats de Beaugency*, prétend avoir entendu raconter aux vieillards de son temps (an VIII), que pendant les guerres de religion le prince de Condé étant en Sologne et voulant passer en Beauce, demanda au gouverneur catholique qui tenait Beaugency de vouloir bien lui permettre de traverser la ville. Ce gouverneur y consentit, mais c'était un traître; à peine la moitié de l'armée était-elle passée, que levant le pont, il sépara l'armée en deux ; cependant il permit à une partie des troupes, celle qui se trouvait déjà dans la ville, de la traverser en passant par la rue des *Querres* (des Créneaux), située près des murs à l'est. Ceux-ci pillèrent cette rue en appelant les habitants traîtres et *chats*. (PELLIEUX, *Essai historique sur la ville de Beaugency, etc.*, 1799, 2 vol. in-12.)

BEAUMONT. Saint Cosme a sa grange à Beaumont.
(*Adages françois.*) xvie siècle.

BEAUMONT-LE-ROGER. Les polissons de Beaumont-le-Roger.
(CRAPELET, *Prov. et Dictons populaires*, p. 49.)

Beaumont-le-Roger, petite ville du département de l'Eure, dans l'ancienne province de Normandie.

BEAUMONT-SUR-OISE. Les chaudronniers de Beaumont-sur-Oyse.
(BERTIN DU ROCHERET, *Prov. champenois*, Ms.)

BEAUNE. Il n'est pain que de forment, vin que de Beaune.
(*Prov. flamengs-françois.*) xvie siècle.

— Le vin de Baulne ne pert sa cause que par faute de comparer.
(*Adages françois.*) xvie siècle.

— Les ânes de Beaune.

On prétend que ce sobriquet donné aux habitants de Beaune date du xiiie siècle et vient d'une famille de commerçants distingués dont le nom était *Asne*. Cependant je lis dans le *Glossaire des Noëls bourguignons* de LAMONNOYE, p. 23, que les habitants de Dijon et ceux de Beaune avaient coutume de se railler les uns les autres. Et ceux de Dijon, lorsqu'ils parlent d'un niais disent qu'il est de Beaune, ou qu'il faut l'y envoyer.

BEAUVAIS. Les rougeots de Beauvais.

— Bachelerie de Beauvez.
(Ms. 1830 de la Bibl. nat.)

— Les bacheliers de Beauvais.

C'est-à-dire les aspirants à la chevalerie, étaient renommés pour leurs exploits militaires.

BEAUVAIS. Beauvais cité de nom (*de renom*).
(*Le dit du Landit rimé*, BARBAZAN, t. II.)

— Tout bourgeois de Beauvais
A pignon sur rue et oigne à Rigolet.

— On fait des godés à Beauvais et des poëles à Villedieu.
(*Menus propos.*) XVIe siècle.

— Gens de Beauvais, avant de casser vos uès (*œufs*) taillez vos nouillettes.

C'est-à-dire, avant d'entreprendre quelque chose, prenez vos précautions.

— Beauvais, ville mal sentante,
Mal sonnante, mal disante.
(CORBLET, *Prov. picards.*)

BEAUVOISIS. Vilain de Beauvoisin.

Vilains de Beauvoisis.

Les paysans de cette province furent les premiers qui se révoltèrent contre leurs seigneurs, en 1358, et commencèrent la fameuse insurrection de la Jacquerie. Eustache Deschamps nous a conservé le souvenir de cette guerre, dans ses poésies historiques :

> En Beauvoisins estoit la presse
> De tuer femmes et enfans
> Des nobles, telz estoit li temps,
> Et de leurs maisons démolir,
> Ardre, dérober et tollir.

— La bourgoisie de Beauvoisine font troys mors (*morsure*) en une serise.
(*Les Menus propos.*) XVIe siècle.

BENASTON. Sans Benaston
Montaigu ne serait pas baron.

— Benaston ville de renom
Treize p.... en douze maisons.

Benaston, petit village de la paroisse de Chavasgne-en-Paillers (Vendée), et qui faisait partie de la seigneurie de Montaigu. (Voyez la *Dissertation de M. de la Villegille :*

18.

Notice historique et archéologique sur la paroisse de Cha-ragnes-en-Paillers.)

BÉRISI. Lin de Bérisi.
(*Dit de l'Apostoile.*) XIIIe siècle.

Bérisi. Ce doit être Burisis, arrondissement de Laon, dans le Vexin français, aujourd'hui *Burzy*, département de Saône-et-Loire.

BERNARD (ARC-SAINT-) à Paris. Passer par l'Arche-Saint-Bernard.

Se salir, se gâter, s'embrener.

« L'arche du pont Saint-Bernard, désignée dans ce proverbe, doit être l'ancien *pont Saint-Bernard-aux-Barres* qui joignoit l'île Saint-Louis au quai des Ormes. »
(OUDIN, *Curiosités françoises.*)

BERNAY. Buréax de Bernay.
Bure de Bernay.
(*Dit de l'Apostoile.*) XIIIe siècle.

Bernay, ville de Normandie, dans le département de l'Eure.

— Les bouquetiers de Bernay.
(CRAPELET, *Prov. et Dictons populaires*, p. 49.)

BERRY. Marqués sur le nez comme les moutons de Berry.

« Les bergers de la province du Berry ont coutume de marquer leurs moutons sur le nez pour les reconnoître. On a fait un proverbe de cet usage, que l'on employe de ceux qui par querelle ou autre accident sont marquez au nez. »
(FLEURY DE BELLINGEN, *Étym. des Prov. franç.*, p. 349.)

BERTANGLES (arrondissement d'Amiens). Les carima-ros de Bertangles.

Carimaro, Kerimenéro, bohémien, sorcier.
L'avocat Patelin, dans son délire, s'écrie :

Ostez ces gens noirs marmara
Carimari, carimara.
(CORBLET, *Prov. picards.*)

Besançon. Orgueil et folie sont deux carolus de Besançon.
> (*Adages françois.*) xvie siècle.

Béthune (Pas-de-Calais). Un carrosse de Bethunes.
Voiture à un cheval.
> (Corblet, *Prov. picards.*)

Biaronne. L'ambassade de Biaronne, trois cens chevaux et une mule.
Quatre personnes à pied. Il y a une allusion de *cens* à *sans*, trois sans chevaux et une femme.
> (Oudin, *Curiosités françoises*, p. 11.)

« Nous approchons la vergne, où on nous pren-
» dra pour l'ambassade de *Biaron*, trois cents che-
» vaux et une mule. »
> (*Comédie des Prov.*, act. III, sc. I.)

Biaronne, peut-être *Biarne*, village du Jura dans la Franche-Comté.

Billancourt (canton de Roye). Les cos de Billancourt.
Voici l'origine de ce dicton d'après la tradition locale. Une femme de Billancourt faisait cuire une omelette, un chat noir qui se trouvait dans le coin de la cheminée dit tout à coup : Elle est cuite, il faut la retourner. La bonne femme effrayée lui jeta l'omelette brûlante sur la tête. Le lendemain elle rencontra dans le village un de ses voisins qui passait pour sorcier et qui avait la figure brûlée. Elle reconnut en lui le co de la veille. (Voyez Herly.)

Dans le patois picard, *co* signifie également coq et chat.

Bissêtre. Il me porte Bissestre.
Pour dire : il me porte malheur.
> (Oudin, *Curiosités françoises*, p. 43.)

Bicêtre, hospice des fous et prison, à une demi-lieue de Paris.

Blangy. Siminiaux de Blangi.
Cheminaux de Blangy.
« Sorte de gâteaux encore en usage à Rouen, surtout

» dans le carême. Blangy, petit bourg près d'Eu, dépar-
» tement de la Seine-Inférieure, doit être celui dont il est
» question ici. Un autre Blangy est situé dans le Calvados. »
(CRAPELET, *Prov. et Dictons populaires*, p. 121.)

BLAYE. Esturjons de Blaives.
Blaye.
(*Dit de l'Apostoile.*) XIIIe siècle.

— Vous nous en voulez conter, vous venez de Blays, vous voulez rire.
(*Dialogues* de TAHUREAU, in-16, fol. 24 v°.)

BLOIS. Li péletiers de Blois.
(*Dit de l'Apostoile.*) XIIIe siècle.

Blois était renommée pendant le moyen âge pour son commerce de pelleterie et de fourrure. On y faisait aussi le commerce de ganterie.

On disait encore :

« Les foireux de Blois.

— Les femmes de Bloys ont toujours festes et bloysissent.
(*Adages françois.*) XVIe siècle.

— Les chèvres de Blois.

Sobriquet donné aux femmes de cette ville.
On lit dans les poésies de Guillaume Cretin :

« . . . . Faut-il que amoureux plaitz
» Prennent ressort devant chièvres de Blois. »
(*Poésies*, p. 176.)

— On ne voit point de femmes de Blois à Chastelleraut.

— Loire pleut à Bloys.
(*Adages françois.*) XVIe siècle.

BOHAIN (Aisne). Mier al' mode de Bohain
L' pus sale et l' pus vilain.

Se dit de celui qui fait malproprement la cuisine.
(CORBLET, *Prov. picards.*)

BOHAIN. Bohain-la-Frontière. (*Mercure de France*).

BONNEVAL. Sarges de Bonneval.

Serge de Bonneval.

Bonneval, ville du département d'Eure-et-Loir, dans l'Orléanais. On y fabrique encore aujourd'hui des étoffes de laine, de coton, de calicot, etc.

On dit encore :

« A Bonneval en bonne vallée,
» Autant de p.... que de cheminée. »

BONNEVIOLE. L'as croumpat à Bounobiolo.

Tu l'as acheté à Bonneviole.

C'est ainsi qu'un habitant du Quercy apostrophe un passant monté sur une rosse, parce que le marché de *Bonneviole* est renommé pour la vente des mauvais chevaux.

Bonneviole, section de la commune de Prudhomat près Ceré, département du Lot.

BORDEAUX. Aloses de Bordiax.

Aloses de Bordeaux.

(*Dit de l'Apostoile.*) XIIIe siècle.

BOULOGNE. Qui va à Boloigne
Prend la fièvre ou la roigne.

— Les saucissons de Boulogne.

Voir plus loin TROYES.

BOULONNAIS. Ban du gras Boulognois
Dure trente jours moins un mois ?

(GABR. MEURIER, *Trésor des Sentences.*) XVIe siècle.

BOURBON. Bainz de Borbon.

Les bains de Bourbon-l'Archambault.

(*Dit de l'Apostoile.*) XIIIe siècle.

BOURBONNAIS. Une tarte bourbonnaise.

Un étr.....

(OUDIN, *Curiosités françoises*, p. 521.)

« Et il ne failloit point à vous porter le pauvre

» saint Chelant en un fossé, ou en quelque tarte
» bourbonnoise, etc. »

(*Contes et joyeux Devis* de Bon. Desperiers, nouv. 29.)

Voyez aussi Rabelais, liv. ii, chap. 16.

Bourg-l'Abbé (rue), à Paris. Enfans de la rue Bour-l'Abbé, amour et simplicité.

(*Prov. en rimes, etc.*) xviie siècle.

« Je m'imagine qu'on ne nous prendroit pas
» tous quatre pour des enfans du Bour-l'Abbé qui
» ne demandent qu'amour et simplesse. »

(*Comédie des Prov.*, acte III, scène i.)

Bourg-la-Reine. Les boyaux verts de Bourg-la-Reine.

Bourg-la-Reine, petit village près de Paris, sur la route du midi. Le voisinage de *Sceaux*, où se tient tous les lundis une grande foire de bestiaux, a peut-être donné lieu à ce proverbe.

Bourges. Les armes de Bourges, un âne dans un fauteuil.

Quand on voit quelqu'un assis nonchalamment dans un bon siége, on dit vulgairement qu'il représente les *armes de Bourges*, parce que les armes de cette ville portent un âne dans une chaire. Quant à l'origine de ce singulier blason, on l'explique assez mal, car il est impossible d'admettre celle qui remonte à *Asinius Pollio*, lieutenant de Vercingétorix ; quoi qu'il en soit, voici comment elle est rapportée par Lamesangère, p. 79 de son *Dictionnaire des Proverbes* : « L'origine de ce proverbe se trouve dans un
» manuscrit latin de la bibliothèque du Vatican, plein de
» remarques curieuses sur les *Commentaires de César*. On
» y lit que pendant le siége de Bourges, Vercingétorix,
» chef des Gaulois, commanda à un capitaine, nommé
» Asinius Pollio, de faire une sortie sur les troupes de
» César : celui-ci ne pouvant conduire lui-même ses sol-
» dats au combat, parce qu'il était incommodé de la
» goutte, envoya un lieutenant ; mais une heure après,
» comme on vint lui dire que ce lieutenant lâchait pied,

« il se fit porter dans une chaise aux portes de la ville, et
» anima tellement ses soldats par ses discours et par sa
« présence, qu'ils reprirent courage, retournèrent contre
» les Romains et en tuèrent un grand nombre. Une si
» belle action fit dire qu'Asinius, dans sa chaise, avait
» autant contribué à la défaite de l'ennemi, que les armes
» de ses soldats. Quoique le mot armes ne signifie point
» ici armoiries, et qu'il y ait de la différence entre les mots
» Asinius et Asinus, on n'en a pas moins dit *asinus in*
» *cathedra*, un âne dans un fauteuil, et pris cet âne pour
» les armes de Bourges. »

— Li lichiéor de Borges.

Les gourmands, les friands de Bourges.

— Il est comme les orfévres de Bourges qui ne travaillent point faute de matière.

BOURGOGNE. Escuier de Bourgogne.
(*Dit de l'Apostoile.*) xiiie siècle.

— A la manière de Bourgogne sur le lourd.
(*Adages françois.*) xvie siècle.

— Il regarde en Bourgogne la Champagne qui brûle.

C'est-à-dire il louche.

— Il a passé par Bourgogne,
Il a perdu toute vergogne.
(GOMÈS DE TRIER, *Jardin de Récréation.*) xvie siècle.

— Li plus renoié en Bourgoingne, et reni Dieu se ne di voir.

Les plus renieurs (blasphémateurs) sont en Bourgogne, qui disent : Je renie Dieu si je ne dis la vérité.

— Toile de Borgoigne.
(*Dit de l'Apostoile.*) xiiie siècle.

On trouve dans le *Dict des pays joyeux*, imprimé au commencement du xvie siècle :

« Bonnes toiles sont en Bourgogne. »

Bourguignons salez.

Voici encore une expression proverbiale au sujet de laquelle des opinions bien différentes ont été émises. Celle que Leduchat a proposée me paraît la meilleure; aussi je la reproduirai entièrement.

« Bourguignon salé est une allusion au porteur de cette
» espèce de petit casque ancien, qu'on appeloit salade. De
» là l'équivoque qui a donné lieu au proverbe; l'ancien
» dicton dit :

» Bourguignon salé,
» L'épée au côté,
» La barbe au menton,
» Saute Bourguignon.

« D'où il est visible que le sobriquet de Bourguignon
» salé regarde l'ancienne milice bourguignonne. Ce sobri-
» quet, au reste, en veut à l'opiniâtreté ou tête dure des
» Bourguignons, qu'effectivement d'Aubigné traite de
» *Bourguignons testus.* »

(*Ducatiana*, p. 470.)

Pour les autres origines qu'on a données de ce proverbe, il faut voir Pasquier, liv. 1, ch. 9 de ses *Recherches*; De Serre, dans son *Inventaire de l'Histoire de France*, règne de *Charles VII*; Lamonnoye, *Glossaire de ses Noëls bourguignons*, et Méry, *Histoire des Proverbes*, t. II, p. 318, où l'on trouvera ces différentes opinions analysées.

Bourguignon. Coup de Bourguignon.

« Ce proverbe est venu sur ce que Charles de Gontaut,
» duc de Biron, mareschal de France, ayant fait tirer son
» horoscope à un fameux astrologue de son temps, cet
» homme luy dit de se donner de garde d'un coup de
» Bourguignon par derrière, désignant par là quelle de-
» voit estre sa fin. Dans la suite, ce mareschal, ayant esté
» convaincu d'avoir conspiré contre l'Estat, fut condamné
» à avoir la teste tranchée à la Bastille, à Paris. Après les
» premiers interrogatoires, il demanda de quel pays estoit
» le bourreau de Paris. Ayant appris qu'il estoit Bourgui-
» gnon, il se crut perdu, et dit que c'estoit fait de luy.
» Ce n'est que depuis ce temps-là qu'on a parlé d'un *coup*
» *de Bourguignon par derrière.* Bien des gens citent ce

» proverbe sans en sçavoir l'origine, et en font une appli-
» cation toute différente de ce qu'il signifie. »

(*Étym. des Prov. franç.*, par Fleury de Bellingen, p. 52.)

On disait encore :

— Après le coup Bourguignon sage.

(*Adages françois.*) xvie siècle.

M. C. Duplessis pense que ce proverbe pourrait bien remonter au temps de Charles le Téméraire. (*Fleur des Proverbes français*, Paris, 1851, in-24, p. 85.)

Voyez Breton dans cette série.

Bouzemont. Qui va à Bouzemont sans monter
    A la plus belle femme du monde sans
    la demander.

Bouzemont, village du département des Vosges, arrondissement de Mirecourt. La situation de ce village, auquel on ne peut arriver sans monter, a donné lieu à ce proverbe.

Boves. Le chasteau de Boves, belle monstre et peu de chose.

 « L'quatieu de Bove,
 » Belle monstre et peu d'quose. »

« Ce proverbe se dit en Picardie au sujet du chasteau
» de Boves situé à une lieue et demie d'Amiens, sur le
» chemin de Montdidier. Il est sur une haute montagne et
» fort gros, en sorte qu'on le voit de fort loin, et qu'il
» paroît très-considérable ; mais de près, il n'y a que de
» vieilles masures. »

(*Manuscrit* Gaignières, *Prov. franç.*, t. II.)

Bretagne. Les plus sots en Bretaigne.

Les plus sots (sont) en Bretagne.

(*Dit de l'Apostoile.*) xiiie siècle.

Dans le Ms. 7,218 de la Bibliothèque-Impériale, on trouve :

« Li plus fol en Bretaigne. »

— Qui promet mer, monts et montagne,
  Crédit n'aura en toute Bretagne.

(Gabr. Meurier, *Trésor des Sentences.*) xvie siècle.

Bretagne. Amoureux de Bretagne, ses chausses tirent par le bas.

— Roucins de Bretaigne.

Petits chevaux de fatigue.

(*Dit de l'Apostoile.*) xiiie siècle.

Bretigny. Vin qui est de Bretigny,
De Villejuif ou de Gagny,
Propre à faire les chèvres danser,
Ou en Caresme pain saulcer.

(*Prov. en rimes, etc.*) xviie siècle.

Ce proverbe s'applique à tous les mauvais vins. L'abbé Tuet, dans ses *Matinées sénonaises*, p. 450, explique ainsi le proverbe du vin de Bretigny qui fait danser les chèvres : « Il y avoit à Bretigny, près Paris, un particulier nommé *Chèvre;* c'étoit le coq du village, et une grande partie du vignoble lui appartenoit. Ce bonhomme ne haïssoit point le jus de la treille, et quand il avoit bu, sa folie étoit de faire danser sa femme et ses enfans. Voilà comment le vin de Bretigny *faisoit danser les Chèvres.* »

« C'est du vin à deux oreilles, ou du vin de Bretigny qui fait danser les chevres. »

(*Comédie des Prov.*, acte II, scène iii.)

Breton. Breton cochon,
Français polisson.

— Bon breton de Léon, bon françois de Vannes.

Ce dernier proverbe est relatif aux prétentions qu'ont ces deux provinces de parler l'une et l'autre le breton le plus pur.

— Après le coup sage Breton.

On lit dans Commines :

« Ces deux ducs estoient sages après le coup, comme on dit des Bretons et généralement des François. »

— Le Breton menace quand il a féru (*frappé*).

(*Prov. Gallic.*, Ms.) xve siècle.

BRETON. Qui fit Breton il fit larron.
(FLEURY DE BELLINGEN, *Étym. des Prov. franç.*, p. 133.)

— Un tour de Breton.
Un croc-en-jambe.

BRICHANTEAUX. Soldat de Brichanteaux, qui mange toute nuit.
Soldat poltron et pillard.
(OUDIN, *Curiosités françoises*, p. 508.)

« Parlez haut, enfants, vous ressemblez les sol-
» dats de Brichanteau, vous mangeriez jour et
» nuict, si on vous laissoit faire. »
(*Comédie des Prov.*, acte II, sc. III.)

Brichanteau. Cette seigneurie, située dans l'ancienne province de Beauce, appartenait à la famille de Brichanteau-Nangis, dont le dernier descendant, Julie de Brichanteau, fut mariée à Claude Regnier, baron de Guerchi.

BRIE. Fromage de Brie.
(*Dit de l'Apostoile.*) XIIIe siècle.

— Donner du Brie comte Robert.
Pour en faire accroire, s'excuser par de mauvaises raisons.
(OUDIN, *Curiosités françoises*, p. 63.)

— Les eaues de Brie bonnes à toute vie, celles de Champaigne à toutes font peine.

« Exposition : Les rouliers l'ont par expérience
» qu'en la Brie leurs chevaux engressent, et font
» le contraire en Champaigne. »

— Veau de Brie.
(*Adages françois.*) XVIe siècle.

— Tant en Brie qu'en Champagne
Il n'a du pain qui ne le gagne.

BRIONNE. Les culs torts de Brionne.
(CRAPELET, *Prov. et Dictons populaires*, p. 49.)

Brionne, bourg de l'ancienne province de Normandie, dans le département de l'Eure.

Brou. Les veaux de Brou.

« Ce proverbe est venu d'un tour que trois jeunes gar-
» sons, qui n'avoient pas d'argent, firent aux habitants de
» la ville de Brou en Beausse, en feignant qu'ils estoient
» comédiens. D'abord qu'ils eurent obtenu la permission
» du juge, ils firent afficher par la ville des placards où
» estoient escrits ces mots : « Les comédiens du Roy re-
» présenteront aujourd'huy *la fuite des enfans sans argent*,
» pièce qui n'a jamais esté veue ny représentée. » On leur
» donna une grange où ils firent leur théâtre. L'un d'eux
» garda la porte pour recevoir l'argent, qui estoit de trois
» sols par teste, et les deux autres faisoient jouer deux
» meschans violons, en attendant la pièce qu'ils avoient
» promise, faisant semblant de s'aprester. Lorsqu'ils virent
» la grange pleine, ils descendirent par derrière leur
» théâtre, et celuy qui gardoit l'argent et la porte la fer-
» mant à double tour, ils s'en allèrent tous trois. A une
» lieue de Brou, ils rencontrèrent un homme qui y retour-
» noit; ils le prièrent de vouloir bien se charger de la clef
» d'une grange qu'ils avoient fermée par mesgarde, où il
» y avoit, dirent-ils, quantité de veaux. Ce bourgeois, en
» l'ouvrant, ne peut s'empescher de rire. Les habitans
» crurent qu'il avoit esté d'intelligence avec les prétendus
» comédiens, de sorte qu'ils le batirent rudement. Depuis,
» on a toujours appelé les habitans de la ville LES VEAUX
» DE BROU. » (Voyez le *Facétieux Réveille-matin des esprits
mélancoliques*, ou *Remède préservatif contre les Tristes*,
Rouen, 1659, in-18, p. 3.)

Brouage. Dieu a fait faire le voyage
A celuy qui a prins Brouage.
(*Adages françois.*) xvie siècle.

Brouage, petite ville maritime du département de la Charente-Inférieure, dans l'ancienne province d'Aunis.

Bulles (Arrondissement de Clermont).
A Bulles en Bullois
Les femmes quelquefois

Accouchent au bout de trois mois,
Seulement la première fois.
(CORBLET, *Prov. picards.*)

CACHAN. Aller à Cachan.

C'est-à-dire se cacher, se dérober aux poursuites de ses créanciers, par allusion au nom de ce petit village, situé au bas d'Arcueil, près Paris.
(OUDIN, *Curiosités françoises*, p. 68.)

CAHORS. Usurier de Cahors.
(*Dit de l'Apostoile.*) XIIIe siècle.

Voyez, dans la série n° I, le proverbe CORPS SAINT (enlevé comme un).

CALAIS. Jean Gifflart trompette de Calais.

Une personne qui a les joues enflées.
(OUDIN, *Curiosités françoises*, p. 279.)

CALVADOS. Quand tu verras le blanc moutier
Prends garde au rochier.

« Dicton des matelots du Bessin, qui s'applique à l'église
» de Fresné-Saint-Côme et au rocher du Calvados sur
» lequel se brisa, en 1588, le vaisseau espagnol *le Cal-*
» *vaire*, qui faisoit partie de la grande *armada* envoyée par
» Philippe II contre la reine Élisabeth. Le mouillage voi-
» sin a retenu le nom de *Fosse d'Espagne.* »
(PLUQUET, *Contes pop. et Prov.*, etc., p. 123.)

CAMBRAI. Camélin de Cambrai.

Sorte de camelot, étoffe de poil de chèvre.

— Cervoise de Cambrai.

Bière de Cambrai.

L'usage de la bière a été très-répandu autrefois dans toute la France. Legrand d'Aussy, t. II, p. 345 de la *Vie privée des Français,* nous apprend que, même à Paris, on commençait, dans les repas, par boire de la bière, et qu'on finissait par le vin. Les départements du Nord furent très-renommés pour la fabrication de la bière, et ce dicton populaire en est une nouvelle preuve.

Cambron (Arr. d'Abbeville).
>Al ersane à chès femmes ed' Cambron,
>Leu kemise al dépasse leu cotron.

C'est ce qu'on dit, dans le Ponthieu, d'une femme mal accoutrée.

Camon (Canton d'Amiens).
>I ressane à ch' curé de Camon
>Qui demande et qui répond.

Ce proverbe a le même sens que « il ressemble le prêtre » Martin : il chante et répond tout ensemble. »

Canaples (arr. de Doullens). Canaples, belle église.

La grandeur et la beauté de l'église de Canaples, aujourd'hui détruite, avaient jadis beaucoup de célébrité.

Candas (arr. de Doullens). Les ahuris du Candas.

Les habitants de Candas ont la réputation, sans doute imméritée, d'être extrêmement niais.

Candor (arr. de Compiègne). Sorcier comme ech' curé de Candor.

Canteleu (arr. de Doullens).
>I ressane Monsieur de Canteleu
>S'il avanche d'ein pas, i recule ed' deux.

Allusion à un seigneur de Canteleu qui était d'une excessive temporisation.

(Corblet, *Prov. picards.*)

Carentan. Morue de Carantes.
Morue de Carentan.
(*Dit de l'Apostoile.*) xiiie siècle.

Carentan, ville du département de la Manche, dans l'ancienne province de Normandie.

Caumont. Agneau de Caumont.

« C'est comme les agneaux de Caumont, il n'en » faut que trois pour étrangler un loup. »

(Pluquet, *Contes pop. et Prov.*, etc., p. 111.)

Caumont-sur-Seine, en Normandie, dans le département de l'Eure.

CAYEUX (canton de Saint-Valery). Qui a vu Cayeux et Paris a tout vu.

Parce qu'on a vu les deux contrastes.

(CORBLET, *Prov. picards.*)

CHAILLOT. Aheury de Chaliéau,
  Tout estourdy sortant du bateau.

Chaillot, autrefois village, aujourd'hui un des faubourgs de Paris. (Voyez au sujet de l'antiquité de Chaillot l'*Histoire du Diocèse de Paris,* par l'abbé Le Beuf, t. III, p. 42.)

CHALONS. La nience de Chaalons.

La simplicité des habitants de Châlons-sur-Marne.

Voyez plus loin le proverbe : *Quatre-vingt-dix-neuf moutons et un Champenois font cent bêtes.* »

— Les aveugles de Châlons.

C'était le nom qu'on donnait à des mendiants non engagés dans les ordres, et qui quêtaient par la ville une sonnette à la main. Ils étaient tous mariés; quand ils devenaient veufs, on les obligeait à se remarier six semaines après. Cet ordre fut supprimé en 1641.

CHALON. Luz de Chaalons.

Brochets de Châlons-sur-Saône.

CHAMBLY. Haubers de Chambelin.

Haubert de Chambly.

Chambly, petite ville du département de l'Oise, dans l'ancienne province de l'Ile-de-France.

CHAMPAGNE. Chevaliers de Champaigne.

(*Dit de l'Apostoile.*) XIIIe siècle.

— Être du régiment de Champagne.

C'est se moquer de l'ordre. Dans un bal qui fut donné en 1747, au palais de Versailles, en réjouissance du mariage du dauphin fils de Louis XV, un inconnu prit place sur une banquette réservée, et voulut y rester, malgré l'injonction que lui fit un garde du corps de se mettre ailleurs. Comme cette injonction réitérée devint impérieuse, il répondit : Je m'en f..., et il ajouta : *Si cela ne vous convient pas, monsieur, je suis un tel, colonel du régiment de Champagne.* Une dame témoin de cette scène se trouvait également sur un siége destiné à une autre ; invitée à son tour de quitter la place, elle s'écria fièrement : Je n'en ferai rien, *je suis aussi du régiment de Champagne.* Le mot fit rire et passa en proverbe. — Quelques officiers français qui étaient allés à Berlin ayant été admis à l'honneur de faire leur cour au grand Frédéric, l'un d'eux se présenta devant Sa Majesté sans uniforme et en bas blancs. Le roi lui demanda : Quel est votre nom ? — Le marquis de Beaucour, sire. — Et votre régiment ? — Le régiment de Champagne. — Ah ! ah ! repartit le roi en lui tournant le dos, *ce régiment où l'on se moque de l'ordre.*

(QUITARD, *Dictionnaire des Prov.*)

CHAMPAGNE. Il sait les foires de Champagne.

Pour faire entendre qu'un homme était habile en affaires et connaissait bien l'objet dont on l'entretenait. Au moyen âge, les foires de Champagne étaient les plus importantes du royaume. Dans les manuscrits qui contiennent le *Dit de l'Apostoile*, on trouve à la fin de cette pièce une nomenclature des foires de Champagne divisée en plusieurs chapitres : 1° *Ci commancent li foire de Champaigne et de Brie.* 2° *C'est la division des foires et coutumes.* 3° *Ce sont les moisons (ou mesures) des dras qui viennent aux foires.* On peut voir à ce sujet l'ouvrage de M. Crapelet, *Prov. et Dictons populaires*, p. 125.

— La Champagne est gaulée.

Tout est renversé, tout est détruit.

(OUDIN, *Curiosités françoises*, p. 248.)

— Les procès de Champagne et la monnoye de Paris.

(*Adages françois.*) XVIe siècle.

— Teste de Champagne n'est que bonne,
Mais ne la choque point personne.

(*Prov. en rimes, etc.*) XVIIe siècle.

Champenois. Quatre-vingt-dix-neuf moutons et un Champenois font cent bêtes.

Les auteurs qui font remonter à Jules César l'origine de ce proverbe ne méritent pas d'être réfutés. Aussi Grosley, qui a écrit à ce sujet une petite dissertation fort spirituelle, ne daigne pas même parler de cette étrange opinion. Le savant troyen dit seulement que l'épithète de *sot*, *balourd*, *lourdier*, a été donnée aux Champenois, et qu'on la trouve employée dans les *Contes de la reine de Navarre*, et que telle est probablement l'origine de ce proverbe. (Voyez les *Mémoires de l'Académie des sciences, inscriptions et belles-lettres de Troyes*, 1756, in-12, t. II, p. 10.)

Chantilly. Les canards de Chantilly.

Chantilly, bourg du département de l'Oise, célèbre par le château superbe qui a servi de résidence au dernier des Condé.

Chapelle (la Sainte-), à Paris. Vin couleur des vitraux de la Sainte-Chapelle.

A cause du rouge éclatant dont ils étaient peints. — Proverbe badin, dit Sauval. (*Antiquités de Paris*, t. I, p. 445.)

Charleville. Les brûleurs de noir de Charleville.

(Bertin du Rocheret, *Prov. champenois*, Ms.)

Chartres. Flaons (*flans*) de Chartres.

— Li cler Nostre Dame de Chartres.
Le clergé de Notre-Dame de Chartres.
(*Dit de l'Apostoile*.) xiiie siècle.

— Le chanoine de Chartre
Peut jouer aux detz et aux cartes.
(*Adages françois*.) xvie siècle.

Chastelleraut (ville de).
Cocus de Chastellerault,
Amancheurs de cousteaux,
Il nous vient des cornes à pleins basteaux.

(*Comédie des chansons. Ancien Théâtre français*, t. X, p. 23.)

CHATEAUDUN. Il est de Châteaudun, il entend à demi-mot.

CHATEAU-LANDON. La moquerie de Château Landun.

Les mauvaises plaisanteries des habitants de Château-Landon.

(Dit de l'Apostoile.) XIIIe siècle.

— Château-Landon,
Petite ville de grand renom,
Personne n'y passe qui n'ait son lardon.

Dans un miracle de sainte Geneviève, joué au XVe siècle, on lit ces vers :

« Il fut né à Château-Landon,
» Sire, pour Dieu ne vous desplaise ;
» Jamais il ne dormiroit aise
» S'il ne moquoit, c'est sa nature.... »

(*Mystères inédits du* XVe *siècle*, publiés pour la première fois par A. JUBINAL, t. I, p. 263.)

CHATEAU-THIERRY. Bouquet de feuilles de houx de Château-Thierry, nul ne s'y frotte.

(BERTIN DU ROCHERET, *Prov. champenois*, Ms.)

CHATEAU-VILAIN. Surprinse de Château-Vilain.

(*Adages françois.*) XVIe siècle.

Château-Vilain, petite ville de l'ancienne province de Champagne, dans le département de la Haute-Marne, de l'arrondissement de Chaumont en Bassigny, dont elle n'est éloignée que de quatre lieues. On y voit encore les restes d'un château fortifié et ancien, qui servait d'habitation aux seigneurs de Château-Vilain. Voyez EXPILLY, *Dictionn. géograph. de la France*, t. II, p. 282.

CHATELLERAULT. Voyez Blois.

CHATENAY. Les fressuriers de Châtenay.

Châtenay, village du département de la Seine, arrondissement de Sceaux, dans l'ancienne province de l'Ile-de-France. Le voisinage du marché de Sceaux a donné lieu, je crois, au dicton sur les habitants de ce pays.

CHAUMONT. C'est un enfant de Chaumont
Belle entrée et la fin non.
(*Prov. en rimes, etc.*) xviie siècle.

Ou :

Enfans de Chaumont beau commencement et pute fin.

— A Chaumont dragée d'amydon.

— Le pavé de Chaumont porte médecine.

— Le pavé de Chaumont n'est fait que pour les avocats.

— L'officialité sont les jours de caresme-prenant de Chaumont.

« Commentaires : Car elle ne parle que de grasses matières. »

(*Adages françois.*) xvie siècle.

Plus de vingt pays en France, soit villes, bourgs ou villages, portent ce nom, ce qui rendrait difficile l'application de ces proverbes à un de ces pays ; mais l'auteur des *Adages françois* qui les a recueillis, Ch. Lebon, était né à Chaumont en Bassigny, c'est donc à ce dernier pays que les dictons précédents ont rapport.

CHAUNY (Aisne). Chauny-le-Bien-aimé.

— C'est comme les enfants de Chauny, il a plus d'esprit que père et mère.

— Tout-le-Monde, vacher de Chauny.

La tradition populaire raconte des faits merveilleux sur ce personnage. C'était, dit-on, une espèce de géant qui, pendant soixante-dix ans, fut vacher. Il gardait les vaches à cheval, et offrait à boire d'excellent vin, dans son cornet d'argent, à ceux qui venaient le visiter. On aurait inscrit cette épitaphe sur son tombeau :

Ichi chous chete lorde tombe
Gist li vacher, dit Tout le Monde,
De Chalny, chité de grand prix,
Entre maintes chités du pays ;

> Qu'il passé de Kéron la barque
> Autant bien qu'y wardit nos vaques.
> Chilt trépassa dans chent dix neuf,
> Si gras de vertus comme bœuf.
> Boviers, vaques, kevals et ane
> Bin wardez d'interrompre s'ame.

Les bestiaux, dit-on, suivent cette recommandation, en s'abstenant de paître dans le saint camp où est enterré Tout-le-Monde. Il est probable que Tout-le-Monde fut le sobriquet héréditaire d'une famille de vachers de Chauny, et que ce nom bizarre continua d'être appliqué à ceux qui menaient paître les bestiaux dans les marais de la commune. Il y avait près de Chauny un fief relevant de La Fère, qui s'appelait Tout-le-Monde. (Voyez *Mém. de l'Académie celtique*, t. VI, p. 72.) On raconte qu'un vacher de Chauny aurait répondu à Henri IV, qui lui demandait son nom : Je m'appelle Tout-le-Monde. Mais ce ne peut être l'origine de ce dicton si connu, puisqu'il était déjà question du vacher de Chauny, *Jean Tout-le-Monde*, dans le *Jeu du bon temps,* par d'Estrées, né à Amiens en 1472, etc.

(CORBLET, *Prov. picards.*)

CHAUNY. Chauny la bien placée.

(*Annales de Noyon.*)

— Chauny la bien nommée. *Id est calva,* dit Coliette.

— Les singes de Chauny.

La municipalité de Chauny, voulant, dit-on, peupler de cygnes les eaux qui entourent cette petite ville, en fit la demande à la ville de Paris. Celui qui fut chargé d'écrire, soit par distraction, soit par ignorance, mit cynges au lieu de cyngnes. Or, comme on orthographiait autrefois le mot singes par un *c* et un *y* (*cynge*), les Parisiens envoyèrent à Chauny une collections de sapajous. De là serait né le dicton des singes de Chauny : *Si non è vero, ben è trovato.* Mais il est beaucoup plus probable que ce surnom provient de ce que les arquebusiers de Chauny portaient la figure d'un singe sur leur bannière.

M. Boileau de Manlaville pense que ce sobriquet vient du goût prononcé que les habitants de Chauny avaient au moyen âge pour les jeux publics, les jongleries et les singeries. Il cite une curieuse épigramme sur les singes de Chauny qu'il a trouvée dans un Ms. latin :

> Calnia, dulce solum, cui septem commoda vitæ :
> Poma, nemus, segetes, linum, pecus, herba, racemus,
> Cujus et indigenis Simii sunt propria septem :
> Fraus, amor, ira, jocus, levitas, imitatio, rictus.

(CORBLET, *Prov. picards.*)

CHINON. Chasteau de Chinon, petite ville et de grand renom.

Brantôme, en parlant de M. de La Roche du Mayne, qui était gouverneur du château Chinon, dit : « Sur la » capitainerie de ce chasteau de Chinon, ne se faut esbahir » si ces vieux et grands capitaines se sentoient bien honno- » rez d'avoir ces capitaineries de chasteaux des roys, et » combien ces dignitez le temps passé estoient honnorables » et portoient grande qualité. » Brantôme cite plusieurs lettres des princes de la maison royale adressées aux diffé- rents gouverneurs du château de Chinon, dans le but de prouver tout l'honneur attaché à un pareil titre. Il termine ainsi : « Je ne sçay qui en est à ceste heure gouverneur, » c'est le moindre de mes soucis ; mais c'est un bel estat » et belle marque de chasteau de qui on dict : *La ville de* » *Chinon, petite ville et chasteau de grant renom*, quand ce » ne seroit que pour nostre bon maistre Rabelais, qui a » esté natif de là. » (*Capitaines françois*, etc., t. III, p. 17 des OEuvres complètes, in-8°, 1822.)

Rabelais, liv. v, chap. 25, a dit : « Et ne fais doubte » aulcun que Chinon ne soit une ville anticque ; son bla- » son l'atteste, auquel est dict deux ou troys foys :

> » Chinon,
> » Petite ville et grand renom. »

CLAIN (le). Au port de Senom
Le Clain perd son nom.

(PAPIR. MASSONI, *Descript. Franciæ per flumina*, p. 92.)

Le Clain, rivière du Poitou, qui baigne les murs de Poitiers, passe par Ménigouste, Sansay, Lusignan, etc., et vient se jeter dans la Vienne, au-dessus de Sénon (au- jourd'hui Sennones), village du département de la Mayenne, arrondissement de Château-Gontier.

CLERMONT (Oise). Clermont clair vin
Grandes moisons, rien dedin.
(CORBLET, *Prov. picards.*)

CLÉRY. Les pigeons de Cléry.

Cléry-sur-Loire, dans l'ancien Orléanais, département du Loiret.

COILLI. Mil-cinq-cent-vingt et quatre
Coilli fut prins sans combatre;
Et les blés furent engelés
Et maints gens déshonorés.
(*Adages françois.*) XVIe siècle.

Coilli, *Couilly*, petit village de la Brie champenoise, aujourd'hui dans le département de Seine-et-Marne, arrondissement de Meaux.

COGNAC. Il ressemble les arbalestes de Coignac, il est de dure desserre.

Se dit en parlant d'un avare.
(OUDIN, *Curiosités françoises*, p. 16.)

« Ils ressemblent les arbalestiers de Cognac, ils
» sont de dure dessere. »
(*Comédie des Prov.*, acte III, sc. VIII.)

Cognac, ville du département de la Charente, dans l'ancienne province de l'Angoumois.

COISY (Arr. d'Amiens). Les salops de Coisy.
(CORBLET, *Prov. picards.*)

COMMERCY (Meuse). Les prophéties de Commerci.
(CHARTON, *Annuaire administratif, statistique des Vosges* pour 1836, p. 146.)

COMPIÈGNE. Coeffes de Compigne.
(*Dit de l'Apostoile.*) XIIIe siècle.

« Les coiffes de Compiègne étoient en dentelle noire
» et pareilles à celles que font encore aujourd'hui les pay-
» sannes du Vexin de Normandie. »
(CHAPELET, *Prov. et Dictons populaires*, 100.)

COMPIÈGNE. Les dormeurs de Compiègne.
(CORBLET, *Prov. picards.*)

CONCHES. Les foireux de Conches.
(CHAPELET, *Prov. et Dictons populaires*, p. 49.)

Conches, ville de Normandie, dans le département de l'Eure.

On dit aussi, dans le même sens, *les foireux de Blois, les foireux de Bayeux*.

CORBEIL. Oignons de Corbueil.
Ognons rouges de Corbeil.
(*Dit de l'Apostoile.*) XIIIe siècle.

— C'est fruict de Corbel belles despeches.

— Elles sont belles et bonnes, les pesches de Corbeil.
(*Adages françois.*) XVIe siècle.

On trouve quelquefois *des pêches*, mais ce n'est qu'un mauvais jeu de mots; voici une des circonstances qui a donné lieu à cet adage. Il s'agit du duc de Parme, que les auteurs de la *Satire Ménippée* ont si joliment plaisanté sous le nom de Jean de Lagny, roi de Brie, duc prétendu de Corbeil et vicomte de Neufchâtel. Ce prince, qui s'était rendu maître de Corbeil avec beaucoup de peine, fut obligé de quitter cette ville en une nuit, et, comme on le dit fort bien, chap. 10 du *Supplément au Catholicon d'Espagne* : « Enfin Jean prist Lagny et Lagny Jean, l'un vaut l'autre... » et de ceste gloire s'engendra en luy l'envie de manger » des pesches de Corbeil; mais il luy cousta bon. Et se » voyoit en un mesme tableau la prise de la dicte ville » comme il fist *despesche* et furent ses gens despeschez. »
Quant aux pêches de Corbeil, on dit qu'une ancienne famille de cette ville, la famille *du Donjon*, plaçait au-dessus de l'écusson de ses armes une tige droite surmontée d'une boule. Les Corbeillais s'emparèrent de cet emblème héraldique, et y reconnurent une pêche; mais on a prétendu que ce n'était qu'une pomme, et même un oignon; à l'appui de cette dernière explication l'on citait une pièce du XIIIe siècle dans laquelle certaines villes de France sont désignées par

ce qu'elles avaient de singulier, et dans laquelle on trouve *oigneus de Corbeil*. — Quoi qu'il en soit, il faut reconnaître, dans le second adage, un sens ironique qui prouve que déjà, au xvie siècle, les pêches de Corbeil n'étaient plus estimées.

CORBEIL. **Prendre Paris par Corbeil.**

Brantôme, dans son *Éloge du maréchal de Saint-André*, dit que ce dernier n'ayant pu empêcher la jonction de l'amiral d'Andelot et du prince de Condé, se jeta dans Corbeil, sachant que l'intention des huguenots était de s'emparer de cette ville et *de prendre Paris par là* (comme on dit en commun proverbe). (*Capitaines françois*, t. II, p. 387 des Œuvres complètes.)

Pasquier, dans une de ses lettres (de 1562), rapporte le même fait, et il ajoute : « Pour ceste cause court maintenant un commun proverbe : *Prendre Paris par Corbeil*, quand après avoir peu venir à chef d'une petite entreprise on se promet de parvenir à une grande. »

La situation de Corbeil sur la Seine et l'importance de cette situation, d'où l'on peut facilement empêcher les approvisionnements de Paris, ont donné lieu à ce proverbe.

On disait aussi, à propos de quelqu'un qui se trompait lourdement.

— **Prendre Paris pour Corbeil.**

« Je retourne chez mon hoste, lequel en riant, dist que je m'estois lourdement mesconté, prenant Paris pour Corbeil. »

(*Contes* d'EUTRAPEL, fol. 95 v°.) xvie siècle.

CORGEBUYN. **Devenir les garses et guenons du Corgebuyn.**

(*Adages françois.*) xvie siècle.

Le *Corgebuyn*, aujourd'hui le *Corgebin*, hameau de Brottes, dans la Haute-Marne, arrondissement de Chaumont en Bassigny.

CORMERY. **Partage qui est de Cormery
Tout de là et rien icy.**

(*Prov. en rimes et Rimes en prov.*, etc.) xviie siècle.

Cormery, ville du département d'Indre-et-Loire, dans l'ancienne province de Touraine.

L'église de Cormery, ancienne abbaye de Bénédictins, est située à une des extrémités de la ville. On assure que cette circonstance a donné lieu au proverbe rapporté plus haut, parce que toutes les maisons se trouvent d'un seul côté.

Coulommiers. Les mangeurs de dagourmiaux de Coulomiers-en-Brie.

(Bertin du Rocheret, *Prov. champenois*, Ms.)

Courtille (la). Vigne qui est de la *Courtille*,
Aussi bien que femme ou fille,
Belle montre et peu de rapport;
Qui s'y fie a très-grand tort.

(*Prov. en rimes.*) xviie siècle.

C'est encore un proverbe contre le vin des environs de Paris, qui déjà au xvie siècle était fort décrié.

La Courtille, située près du faubourg du Temple, à Paris, était autrefois environnée de vignes.

« La vigne de la Courtille, belle montre et peu
» de raport. »

(Cyrano de Bergerac, *le Pédant joué*, p. 26.)

Coutances. Li sorcuidié de Coutances.

Les présomptueux de Coutances.

— Seches de Constanches.

Seiches de Coutances.

(*Dit de l'Apostoile.*) xiiie siècle.

Crécy-en-Brie. Les rogneurs de molues de Crécy-en-Brie.

(Bertin du Rocheret, *Prov. champenois*, Ms.)

Crépy (arr. de Senlis). Les cochons de Crépy.

Le marché de Crépy servait d'entrepôt de bétail aux marchands flamands et picards. On y conduisait un nombre si considérable de porcs, qu'une entrée de la ville prit le nom de *Porte aux Pourceaux*. C'est pour cela que les habitants de la ville furent désignés abusivement sous le noms de cochons de Crépy.

Crotoy (arr. d'Abbeville).

    Min beudet en trotant sur l'herbe
    L' long d' el Somme m'mène au *Crontoué*
    L'eune des pus belles villes du Roué,
    A c' que nous dit l'ancien proverbe.
           (*Chanson de M. Delegorgue-Cordier.*)

Mon baudet en trottant sur l'herbe
Le long de la Somme m'emmène à Crotoy,
L'une des plus belles villes du roy,
A ce que nous dit l'ancien proverbe.
           (Corblet, *Prov. picards.*)

Dieppe. Les enfans de Dieppe.

On appelle ainsi les harengs, parce qu'il en venait de cette ville une grande quantité.
           (Oudin, *Curiosités françoises*, p. 182.)

Dijon. Moutarde de Dijon.
           (*Dit de l'Apostoile.*) xiiie siècle.

On se sert beaucoup de cette expression proverbiale, parce qu'effectivement l'on fait beaucoup de moutarde à Dijon. L'auteur de l'*Étymologie des proverbes* donne à ce dicton une origine historique : « Ceux de Dijon ayant
» loué à leurs dépens mille hommes qu'ils envoyèrent en
» Flandre à Philippe le Hardy, duc de Bourgogne en 1388,
» ce prince, en reconnoissance de ce service, donna pou-
» voir à cette ville de porter en ses armes celles de Bour-
» gogne ancienne et moderne, avec son cry qui estoit :
» *Mout me tarde.* Mais comme cette devise estoit escrite
» en cette forme :

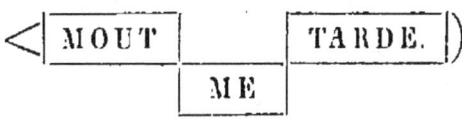

» plusieurs, en la lisant sans prendre garde au mot de *me*
» qui est au bas, lisoient seulement de suite ces deux mots
» *Mou tarde* qui sont vis-à-vis l'un de l'autre, d'où est

» venu qu'on a dit moutarde et moutardiers de Dijon. Ce
» qui prouve encore que le mot de moutarde ou moutar-
» dier de Dijon vient de cette devise *mout me tarde*, c'est
» que l'on dit en commun proverbe, un homme qui s'amuse
» mal à propos à quelque chose et qui retarde ce qu'il de-
» vroit faire, *il s'amuse à la moutarde;* car on disoit, en
» vieux françois, *moult tarde* pour dire tarde beaucoup. »
(FLEURY DE BELLINGEN, *Étymol. des Prov. franc.*, p. 195.)

Cette étymologie, qu'on trouve citée dans un grand nombre d'ouvrages, me paraît inventée à plaisir. Toineau Arbeau, qui écrivait son livre singulier des *Bigarrures et Touches du Seigneur des Accords*, à la fin du xvi⁰ siècle, rapporte cette histoire, p. 55 de l'édit. de Rouen, 1640. Mais ce qui doit faire douter qu'elle soit vraie, c'est que, dans le *Dit de l'Apostoile,* qui date au plus tard de la fin du xiii⁰ siècle, on trouve *moutarde de Dijon.* Ce qui prouve que cette ville était déjà en réputation pour fabriquer cet assaisonnement si répandu parmi nous, et dont le nom rappelle la saveur piquante qui le distingue. *Mout arde*, qui brûle, qui pique beaucoup.

On disait au xv⁰ siècle :

« Il n'est ville se non Dijon,
» Il n'est moutarde que à Dijon. »
(*Prov.* de JEH. MIELOT, Ms.) xv⁰ siècle.

DIJON. Mocqueurs de Dijon.
(*Bigarrures et Touches des Accords,* édit. de 1640, p. 171.)

DINANT. Coivre de Dinant.

Cuivre de Dinant.
(*Dit de l'Apostoile.*) xiii⁰ siècle.

Dinant, ville importante de l'ancienne province de Bretagne, dans le département des Côtes-du-Nord.

DÔLE (la ville de). Jamais homme ne pourra faire lance de jonc, ni bons gens d'armes de Dôle.

DOMART en Ponthieu. Domart en Ponthieu,
Triste séjour et pauvre lieu.
(CORBLET, *Prov. picards.*)

Domfront. Domfront, ville de malheure,
Pris à midi, pendu à une heure.
(Crapelet, *Prov. et Dictons populaires;* Pluquet, *Contes pop. et Prov.*, etc., p. 116.)

Domfront, ville de l'ancienne province de Normandie, dans le département de l'Orne.

Dompaire. Qui va à Dompaire sans affaire
Peut aller par toute terre.
Village du département des Vosges.
(Charton, *Annuaire administratif et statistique des Vosges pour 1836.*)

Dormans (Marne). Les coqs de Dormans.
(Bertin du Rocheret, *Prov. champenois,* Ms.)

Doullens. Tarte de Doullens.
Doullens, ville de l'ancienne province de Picardie, dans le département de la Somme.

Dourdan. Menuise de Dordan.
Petit sable de Dourdan.
(*Dit de l'Apostoile.*) xiiie siècle.

Dourdan, petite ville de l'ancienne province de l'Ile-de-France, dans le département de Seine-et-Oise.

Drome. La rivière de Drôme
A tous les ans cheval ou homme.
(Pluquet, *Contes pop. et Prov.*, etc., p. 116.)

Durance (la), fleuve.
Voyez Provence dans cette série.

Écouché. La Judée d'Écouché.
(Crapelet, *Prov. et Dictons populaires,* p. 49.)

Écouché, ville de Normandie, dans le département de l'Orne.

Épéhy (arr. de Péronne). Comme les coqs d'Épéhy, deux pour un.
« Les religieux d'Épéhy ayant abandonné leur maison conventuelle, il s'y éleva plusieurs habitations de fermiers,

dont se forma le hameau de Pézières. Afin de le réunir au hameau de le Riez, localité voisine où se trouvait l'église, ils divisèrent en un grand nombre de portions le terrain qui séparait les deux hameaux, et le donnèrent à tous ceux qui voulaient y élever une maison, pour la seule redevance d'un chapon. De là l'accroissement rapide et l'entière réunion de Pézières et de Le Riez ; de là ce proverbe local : Comme les coqs d'Épéhy, deux pour un. »

(L'abbé Decagny, *l'Arrondissement de Péronne*.)

Épernay. Les bons enfants d'Épernay.

(Bertin du Rocheret, *Prov. champenois*, Ms.)

Équihen (arr. de Boulogne-sur-Mer). La république d'Équihen.

« On appelait ce hameau la République d'Équihen, dit M. Henri, parce que les habitants en étaient si pauvres, qu'on ne pouvait tirer d'eux aucune contribution, et qu'ils vivaient dans leurs chaumières dans une indépendance semblable à celle des castors et des loutres, auxquels on peut les assimiler, à cause de leur position. »

(*Essai hist. sur l'arrond. de Boulogne*, p. 132.)

Éragny. Les endiablés d'Éragny.

Éragny-sur-Epte, dans le département de l'Oise.

Éragny-sur-Oise, dans le département de Seine-et-Oise.

Estrées-lès-Crécy (arr. d'Abbeville). Les ahuris d'Estrées.

On applique le même dicton aux habitants d'Estrées-Deniécourt, de Vironchaux, de Candas, etc.

Étampes. Eschaloignes d'Estampes.

Échalotes d'Étampes.

— Sablon d'Estampes.

Sable d'Étampes.

Le sable de ce pays a la blancheur de la craie : c'est pourquoi on a surnommé les habitants *les sabloniers d'Étampes*.

Arena ejus loci cretæ albedinem ostendit, inde incolæ dicuntur les sabloniers d'Étampes. (Golnitz, *Itinerarium belligo-gallicum*, etc., p. 221.)

Étouy (cant. de Clermont). Aussitôt planté, aussitôt repris.

Étouy est habité par des pépiniéristes qu'on accuse de se voler mutuellement leurs jeunes plants.

(*Prov. picards.*)

Eu. Champion de Eu.

Champion de la ville d'Eu.

Eure. Pinperniax d'Eure.

Pimperniaux d'Eure.

(*Dit de l'Apostoile.*) xiiie siècle.

« Petite anguille que l'on pêche encore à l'embouchure de la Seine et surtout de l'Orne. Le peuple de Caen en fait grand usage. »

(Crapelet, *Prov. et Dictons pop.*, p. 119.)

Eustache (Saint-). Église de la ville de Paris.

Avant 1789, on disait communément :

Il faut être fou pour se faire curé de Saint-Eustache.

L'assujettissement dans lequel était le curé de cette paroisse à l'égard du curé de Saint-Germain l'Auxerrois, et les charges de toute nature qui pesaient sur lui avaient donné lieu à ce proverbe. (Voyez Le Beuf, *Histoire du Diocèse de Paris*, t. I, p. 97 ; et mon *Essai sur l'Église et la Paroisse de Saint-Eustache;* Paris, 1850, in-folio.)

Évreux. Les piaffeux d'Évreux.

(Crapelet, *Prov. et Dictons populaires*, p. 49.)

Fécamp. Harent de Fesquant.

Hareng de Fécamp.

Fère-en-Ardenois. Les brûleurs de fer de Fer-en-Ardenois.

(Bertin du Rocheret, *Prov. champenois*, Ms.)

Flandres. Chiens de Flandres.

— Les plus belles femes sont en Flandres.

(*Dit de l'Apostoile.*) xiiie siècle.

FLANDRES. Aller en Flandres sans couteau.

Henry Estienne, dans ses deux *Dialogues du nouveau langage françois italianisé*, etc., p. 529, dit: « Il vaudroit mieux aller en Flandres sans couteau (ce que toutesfois l'ancien proverbe ne conseille pas) qu'aller à la cour sans estre garni d'impudence. » Ainsi, dès la seconde moitié du xvie siècle, époque où Henry Estienne écrivait, ce proverbe était regardé comme ancien. S'il faut en croire Leduchat, *Ducatiana*, p. 488, ce proverbe fait allusion à l'ancien usage de la Flandre et de toute l'Allemagne, qui consistait à porter avec soi un étui renfermant un couteau et une fourchette, ce qui fait qu'on ne trouvait ni l'un ni l'autre dans les auberges. Cette explication semble confirmée par le proverbe suivant :

> Qui va en Flandres san couteau.
> Il perd de beure maint morseau.

(*Prov. flamengs-françois.*) xvie siècle.

— Il n'y a conte que de Flandres.

(*Prov. flamengs-françois.*) xvie siècle.

— Il n'est comté que de Flandres,
Duché que de Milan,
Royaume que de France.

(*Anthologie des Proverbes*, Ms.)

FLESSELLES (arr. d'Amiens). Les beudets de Flessel.

Ce dicton provient-il, comme on le dit, de ce que les habitants auraient laissé boire un âne dans leur bénitier? Cette version, au reste, n'est point la seule. On raconte qu'un des villageois chargea son baudet de lattes, dont on fait un grand commerce à Flesselles ; mais il les mit en travers, au lieu de les placer en long : de cette sorte, l'âne ne put entrer par la porte de la ville d'Amiens. Le villageois revint chez lui, en disant que les portes d'Amiens étaient trop étroites et qu'il n'y avait pas moyen de passer. C'est cette naïveté qui aurait donné lieu au dicton des baudets de Flesselles.

(CORBLET, *Prov. picards.*)

FRANCE. France est un pré qui se tond trois foys l'année.

« Il vient d'une response du roi François Ier à l'empe-
» reur Charles V, lequel ayant demandé combien il levoit
» par an sur son royaume, François lui dit : Mon royaume
» est un pré, je le fauche quand je veux. »

(*Anthologie des Proverbes,* Ms.)

— Li plus apert homme en France.

Les hommes les plus francs, les plus ouverts sont en France.

(*Dit de l'Apostoile.*) XIIIe siècle.

— Noble n'est France que pour la guerre,
Si point n'y va paye en sa terre?

— Quand l'or défaut en France et la monnoye
N'y a commerce en chemin ni en voye.

— Trop de chasteaux en France, et de là trop de pauvres.

(*Adages françois.*) XVIe siècle.

FRANÇAIS. Aye les François pour amis, mais non pour voisins.

Claude Fauchet, au chap. 10, liv. VII de ses *Antiquités françoises*, dit que l'empereur Nicéphore ayant traité avec les envoyés de Charlemagne, vers l'année 803, prit toutes sortes de précautions pour se soustraire à l'envahissement dont les Occidentaux le menaçaient. Fauchet ajoute : « Il
» avoit toujours ce proverbe à la bouche : *Ayez les Fran-*
» *çois pour amis, mais non pour voisins.* »

— Les François ont laissé leur grandeur en Italie.

(*Adages françois.*) XVIe siècle.

— François légers.

Dans le second volume des *Illustres proverbes*, p. 163, on lit : « Nos François, qui sont estimez si volages entre
» toutes les nations de l'Europe que ces termes *François*
» *légers* et *la légèreté des François* tiennent rang entre les
» proverbes. »

FRANÇAIS. Léger comme un François.
(GOMÈS DE TRIER, *Jardin de Récréation.*) XVIᵉ siècle.

— Quand le François dort, le diable le berce.
(*Satire Ménippée, Harangue de M. d'Aubray.*) XVIᵉ siècle.

FRANSART (canton de Rozières). Les baudets de Fransart.

FRAVILLERS (canton de Corbie).
    Si tu es de Fravilliers
    Autre raison de guerre.
(CORBLET, *Prov. picards.*)

FRONSAC. Fronsac, Cropignac et Broue
    Ont fait aux Anglais la moue.

Ces trois villes de la province de Gascogne ont résisté aux invasions anglaises.

FRONTIGNAC (vins muscats de). Voir plus loin TROYES.

GANDELU. Aux de Gandeluz.
    Ail de Gandelu.
(*Dit de l'Apostoile.*) XIIIᵉ siècle.

Gandelu, bourg de Brie, dans le département de l'Aisne, à quatre lieues de Château-Thierry.

GASCOGNE. Li meillor jugléor sont en Gascoigne.
Les meilleurs jongleurs sont en Gascogne.
(*Dit de l'Apostoile.*) XIIIᵉ siècle.

— Salade de Gascogne.

Une corde.
(OUDIN, *Curiosités françoises*, p. 495.)

GASCON. Lo no es bon Guasconet
    Se no sabe dezi,
    Higue, hogue, hagasset.

L'on n'est pas bon Gascon quand on ne sait pas dire : Higue, hogue, hagasset
(PAPIR. MASSONI, *Descript. Gallic.*, etc, p. 536.)

Gascon. Le hazard du Gascon, trouver la messe dite.

— Un tour de Gascon.

Une supercherie.

(Oudin, *Curiosités françoises*, p. 269 et 541.)

Gascon et Normand. Garde d'un Gascon ou Normand,
L'un hable trop, l'autre ment.

(*Prov. en rimes, etc.*) xviie siècle.

Gaulois. A la vieille gauloise.

C'est-à-dire à la vieille mode, grossièrement, rudement.

(*Anthologie*, Ms.) xve siècle.

Gérardmer. Sans Gérardmer et un peu Nancy, que seroit-ce Lorraine?

Proverbe attribué aux habitants de cette petite commune, située au milieu des Vosges.

Gonesse. Bourgeois de Gonesse qui a les yeux bordez d'escarlatte.

(Oudin, *Curiosités françoises*, p. 55.)

Gonesse, bourg du département de Seine-et-Oise, dans la province de l'Ile-de-France.

— Mion de Gonesse.

Petit jeune homme, petit badin.

(Oudin, *Curiosités françoises*, p. 349.)

Le pain blanc de Gonesse était fort renommé :

Vin blanc muscat et vin vermeil,
Pain de Gonesse et rost de Corbéil
Avec force angelots de Brie.

(*Anc. Théâtre franç.*, t. VII, p. 462.)

— Je donne au diable s'elle ne se ressemble comme un moine à un fagot ou bien elle a baise le meunier; c'est une boesmienne de Gonnesse, car elle est blanche comme farine.

(*Comédie des Prov.*, acte III, scène III.)

Goron. A la ville de Goron, quinze faux tesmoins pour un oignon?

Goron, petite ville dans le bas Maine, département de la Mayenne.

Gournay. Elle a honte bue, elle a passé le pont de Gournay.

On dit ce proverbe en parlant d'une fille débauchée.

— Le pont de Gournay.

Réponse du vulgaire lorsque quelqu'un demande une chose avec importunité.

(Oudin, *Curiosités françoises*, p. 439.)

Granville. Granville, grand vilain,
Une église et un moulin,
On voit Granville tout à plein.

(Pluquet, *Contes pop. et Prov.*, etc., p. 119.)

Grenoble. Faire la reconduite de Grenoble.

Accompagner quelqu'un à coups de pierres, le renvoyer en le maltraitant. Les uns pensent que ce dicton est né d'une allusion à l'échec éprouvé par Lesdiguières, lorsque, voulant surprendre Grenoble, il en fut repoussé à coups de pierres, les autres le font venir des rixes si fréquentes dans cette ville entre les compagnons du devoir et les cordonniers, qui se combattent à coups de pierres.

(Quitard, *Dictionn. des Prov.*)

Grève (la) à Paris. Il a mieux la mine d'un ange de Grève que d'un amoureux bourgeois.

Un crocheteur ou portefaix de Paris.

(*Illustres Prov.*, IIIe part., p. 115.)

— Vous serez un jour capitaine d'une grande réputation, on vous donnera le hausse-col en Grève.

(*Comédie des Prov.*, acte III, scène III.)

C'est-à-dire vous serez pendu.

Guignes. Guignes la P...

(Bertin du Rocheret, *Prov. champenois*, Ms.)

Guingamp. Rasoars de Guingant.

Rasoirs de Guingamp, en Bretagne.

Hainaut. La province de Hainaut se vante de n'estre sujete qu'à Dieu et au soleil.

Cet ancien et orgueilleux proverbe de la province de Hainaut est rapporté dans *Davila*, traduction de Durier. In-folio, p. 285.

Ham. Ham la bien placée.

(Levasseur., t. I, ch. 49.)

— A Ham il y a une femme de fer.

Une tradition populaire raconte qu'une femme de fer faisait toutes les nuits une promenade sur le rempart de l'abbaye.

Hin,
Sans s'chrétien, s' n'abbaye,
Hin,
N'ecroit que du brin.

— Les sots de Ham.

(*Dit de l'Apostoile.*) xiiie siècle.

Ce dicton populaire se rapporte à la *Compagnie des Sots* qui existait dans cette ville comme dans les autres villes de la France. (Voyez à ce sujet une lettre publiée dans le *Mercure* de mai 1735, sur les dénominations et sobriquets populaires de plusieurs villes de France; réimprimée, t. VIII, p. 265 de la collection des meilleures dissertations, notices et traités particuliers relatifs à l'histoire de France, par Leber, Salgues et Cohen. In-8°, 16 vol.)

— Vos vos marierez ech' l'année ci, vos avez des pierres ed' capucin dans vo poche.

On voit dans l'un des cachots de la tour de Ham une pierre qui, dit-on, servit d'oreiller à un capucin qui y fut prisonnier. On y montre l'empreinte de sa tête et même de son oreille. Une croyance populaire admet que toute jeune fille qui recueille un petit morceau de cette pierre se marie infailliblement dans le cours de l'année :

> Filles de Picardie,
> Venez au caveau de Ham,
> Et l'église vous marie
> Avant qu'il soit un an.
> Ayez figure vermeille,
> Bonne dot, et pour certain
> Vous bénirez l'oreille,
> L'oreille du capucin.

Voyez *Notice sur le château de Ham*, par M. DE LA FONS.

(CORBLET, *Prov. picards.*)

HARCOURT. Les Juifs d'Harcourt.

(CRAPELET, *Prov. et Dictons populaires*, p. 49.)

Harcourt, dans la Normandie, département du Calvados.

HARLY (*Aisne*). Ch'est du bien apothiqué dessus chés brouillards d'Harly.

On dit à Paris : Hypothéqué sur les brouillards de Montmartre ou de la Seine.

HERLY (canton de Nesles).

> Herly, Seffours,
> Château fort à Billancourt.

Ce dicton fait suite à celui de *Languevoisin*.

HESDINS (*Pas-de-Calais*).

> Es-tu de cels de Hesding,
> De la foi male.

(*Resveries*, dit publié par M. A. Jubinal.) xive siècle.

Ce dicton, dit M. A. Dinaux, est fort peu honorable pour les habitants du Vieil-Hesdin, qui, d'après le trouvère artésien, auraient hérité de la male (mauvaise) foi des Carthaginois.

— Cuisinier de Hesdins qui empoisonne le diable.

C'est-à-dire mauvais cuisinier.

(OUDIN, *Curiosités françoises*, p. 141.)

> Quand les François prendront Hesdins
> Cette truy aura fillé son lin.

Comme les Français prirent Hesdin en 1639, ils répondirent à cette inscription par le distique suivant, placé au-dessous de la truie qui filait :

Les François ont prins Hesdins ;
Cy cette truy n'a pas fillé son lin.

(Corblet, *Proverbes picards*.)

Indre (la rivière d').
Indre a tous les jours sa proye,
Ou d'un costé ou d'autre quelqu'un s'y noye.

(Papir. Massoni, *Descript. Franciæ per flumina*, p. 76.)

Irles (canton d'Albert).
Irles, Pys, Miraumont,
Font trois villages en un seul mont.

(Corblet, *Proverbes picards*.) xvie siècle.

Isigny. Les bonnes moules d'Isegny vallent mieux que chien ne tonque.

(Gringore, *Menus propos*.) xvie siècle.

Issoire. Qui bon vin veut très bien boire
Faut aller dedans Issoire,
Qui à belle femme veut parler
Dans Issoire il faut aller.

(*Prov. en rimes*, etc.) xviie siècle.

Issoire, située dans la province d'Auvergne, département du Puy-de-Dôme.

Jugon. Qui a la Bretagne sans Jugon
A chape sans chaperon.

Jugon en Bretagne, département des Côtes-du-Nord. Le château fort qui défendait cette ville avait donné lieu au proverbe.

L'Aigle. Fer de l'Aigle.

(*Dit de l'Apostoile*.) xiiie siècle.

L'Aigle, en Normandie, dans le département de l'Orne.

La Fère (Aisne). Les corbeaux de La Fère.

(*Mercure de France*, février 1735.)

LAFERIÈRE. Les noirquins de Laferière.

« Les habitants de Laferrière, en Normandie, étant
» presque tous forgerons, ont nécessairement la peau
» noire. »

(CRAPELET, *Prov. et Dictons populaires*, p. 49.)

LAGNY. A Lagny, combien vaut l'orge?

Petite ville de l'ancienne province de l'Ile-de-France, dans le département de Seine-et-Marne.

En 1544, les moines de l'abbaye et les habitants se révoltèrent contre les troupes du roi, qui y envoya le capitaine Lorges pour les soumettre; mais ils se défendirent courageusement. Lorges, indigné de leur résistance, pressa vivement les attaques, donna assaut sur assaut, et parvint à s'emparer de la ville. Le soir même il invita toutes les dames à une fête qu'il donna, au milieu de laquelle il fit fermer toutes les portes, et dans un instant tous les hommes capables de porter les armes furent massacrés, et toutes les femmes, sans distinction, livrées à la brutalité des soldats. Cette action produisit bientôt une nouvelle génération qui repeupla la ville; aussi les habitants actuels ne peuvent-ils souffrir qu'on leur rappelle leur origine; c'est ce qui fait qu'on ne peut y demander sur le marché *combien vaut l'orge?* sans avoir la main dans le sac, sinon ils croient qu'on veut faire allusion au capitaine Lorges.

Voir tome II, série n° VIII, au mot *Jean de Lagny*.

LA LOUPE. Saint Thibaud de la Loupe qui ne maudit n'y n'absoud.

« *La Loupe* est un village du Perche, dont l'église a
» pour patron saint Thibaud; on n'y fait point de vœux
» pour estre heureux ou pour éviter d'estre malheureux,
» parce que les paysans du lieu ne se souviennent pas
» qu'il s'y soit fait de miracles. De ceste croyance il s'est
» fait un proverbe qu'on applique à ceux qui ne peuvent
» faire ny bien ny mal. On dit de ces sortes de gens, ils
» sont comme saint Thibaud de La Loupe, ils ne mau-
» dissent ny n'absoudent. » (*Lettre adressée à M. de Gaignières au mois de septembre* 1706, *par* M. HOVAU.)

La Loupe, bourg du département d'Eure-et-Loir, dans l'arrondissement et à cinq lieues de Nogent-le-Rotrou.

LAMBALLE. Camus de Lambale, un pied et demy de nez.

Lamballe, dans la Bretagne, chef-lieu de canton, dans le département des Côtes-du-Nord.

(OUDIN, *Curiosités françoises*, p. 71.)

LANDRECIES. Plus veillaque que les tranchées de Landrecy.

« L'empereur Charles-Quint assiégea Landrecy en l'année 1544. Le roy François Ier avoit mis dans cette place le capitaine Lalande, avec deux cents chevaux et trois mille hommes de pied, et luy avoit joint le seigneur d'Esse pour le seconder; mais les fortifications en estoient nouvelles et faciles à esbouler. Les gelées mêlées de pluye froide incommodoient également les assiégés et les assiégeans qui estoient dans la boue jusqu'à my jambe, de sorte que les attaques furent fort molles, d'où vient le prouverbe *plus veillaques que les tranchées de Landrecy*.

» Veillaque est un mot espagnol qui signifie mauvais ou meschant, ou qui ne vaut rien.

» L'empereur, qui croyoit avoir la place par famine, fut enfin obligé de lever le siége après deux mois de résistance, parce que le roy s'estant approché à la teste de son armée, y fit jetter du secours. »

(*Manuscrit* GAIGNIÈRES, t. I.)

LANGRES. Langres est une Narbonne en Champagne.

— Les chanoines de Langres font bien.

— Qui a maison à Langres
Il a chasteau en France.

(*Adages françois*.) XVIe siècle.

LANGUEVOISIN (canton de Nesles).
Quiquery, Lonpain,
Château fort à Languevoisin.

(CORBLET, *Proverbes picards*.)

Laon. Seignor de Loon.
- Les seigneurs de Laon.

Laon a été la demeure ordinaire des rois de la seconde race, et la principale ville du royaume en France, jusqu'au moment où les comtes de Paris se sont emparés du trône avec Hugues Capet. De là sans doute est venu ce dicton populaire.

— Les glorieux de Laon.
(M^s Bertin du Rocheret.)

— Laon la clouée.

D'après Flodoart, Laon a été surnommée ainsi à cause des clous brodés sur le manteau du préteur Marcobrius, qui aurait été le fondateur de cette ville.
(Corblet, *Proverbes picards*.)

Larchant. Raiz de Larchant.

Raiz, grillage de fil d'archal pour les fenêtres, s'il faut en croire Barbazan, qui explique ainsi ce mot que l'on trouve dans les crieries de Paris.

Larchant, ville du département de Seine-et-Marne, dans l'ancienne province de l'Ile-de-France.

La Rochelle. Congre de La Rochele.

Sorte de poisson de mer du genre murène qui ressemble à l'anguille.
(*Dit de l'Apostoile*.) xiiie siècle.

Leigne. (la rivière de).

Voyez Seine.

Léon (province de), en Bretagne.

Voyez dans cette série au mot Breton.

Lepange. Les loups de Lepange.

On a donné ce nom injurieux aux habitants de ce hameau, dépendant de la commune de Rupt, arrondissement de Remiremont, à cause d'un procès où quelques-uns d'entre eux, à la faveur d'un déguisement en loups-garous, commirent plusieurs vols qui les firent condamner à être pendus; c'est du moins la tradition fort ancienne sur ce petit village composé seulement d'une douzaine de maisons habitées par de très-braves gens, dont les ancêtres, encore avant la révolution, auraient fait de mauvaises affaires à l'imprudent qui se serait avisé d'aller crier au milieu d'eux : *loups de Lepange.*

(*Annuaire administratif et statistique des Vosges, pour* 1836, par M. Charton. Epinal, in-18, p. 146.)

Lesglantiers (Oise). Les bisets de Lesglantiers.

(*Proverbes picards.*)

Limoges. Crucefix de Limoges.

Crucifix de Limoges.

— Convoi de Limoges.

On appelle ainsi l'usage de se reconduire l'un l'autre avec cérémonie, de manière que chacune des deux personnes puisse croire avoir fait à l'autre plus de politesse. Ainsi, après avoir conduit une personne jusqu'à la porte de la rue, elle vous reconduit jusqu'à l'appartement. Cet excès de prévenance a été fort en usage à Limoges, et de là est venu ce dicton.

Limousin. Li plus roignox en Limouzin.

Les plus rogneux en Limousin.

(*Dit de l'Apostoile.*) xiiie siècle.

On dit encore :

Manger du pain comme un Limousin.

(*Dictionn. critique*, par P.-J. Le Roux, t. II, p. 91.)

— Papes de Limousin, chanceliers d'Auvergne, maréchaux de Gascogne, i. c. de Bourges?

(Catrinot, cité par Gaignières, *Prov. franç.*, t. II.)

Lintot. Les sapas de Lintot?

(Crapelet, *Prov. et Dictons populaires.*)

Lintot. Deux villages de l'ancienne province de Normandie portent ce nom, l'un dans l'arrondissement de Dieppe, l'autre dans celui du Havre.

Lisieux. Li donéor de Lisiez.

Les donneurs de Lisieux.

(*Dit de l'Apostoile.*) xiiie siècle.

« Il a été fait de vaines recherches dans le pays pour

» retrouver quelques traces de l'origine ou de l'existence
» actuelle de ce dicton. Quant au mot donéor, il avoit
» encore une autre signification que celle de donneur; il
» signifioit *notaire, secrétaire.* »

(CRAPELET, *Prov. et Dictons populaires.*)

LOCHES. Cela fut dit à Loches.

Ce proverbe, qui se dit à propos d'une vieille histoire que l'on entend raconter, fait allusion au séjour que la cour de France fit dans cette ville pendant le règne de Louis XI.

LOIRE. Saumon de Loire, saumon d'Angers.

(*Dit de l'Apostoile.*) XIIIe siècle.

— Les processions de Loire vont pour monter.

— L'aymant des femmes de Loire tient les processions à belles voiles.

(*Adages françois.*) XVIe siècle.

— Quant Loyre et Loyret s'entretiennent, il n'y a pays qu'ils ne tiennent.

(PAPIR. MASSONI *Descript. Franciæ per flumina*, p. 59.)

LONGPRÉ-LÈS-AMIENS. Sonner les matines à Longpré.

Les religieuses de l'abbaye de Longpré avaient la réputation de ne pas suivre leur règle avec exactitude, ce qui ne les empêchait pas de sonner matines à grand bruit de cloches. Aussi, pour faire entendre que quelqu'un faisait beaucoup d'ouvrage avec la langue, disait-on : il sonne matines à Longpré. Ce dicton, encore usité au commencement du XVIIIe siècle, est tombé en désuétude.

(*Mém. chronologiques de* DE COURT. *Manuscrits de la Bibliothèque imp.* CORBLET, *Prov. picards.*)

LORRIS. La coutume de Lorris, où le batu paye l'amende.

On lit dans Pasquier : « Quand un homme qui, au
» jugement du peuple, avoit bonne cause, et toutesfois,
» par malheur, avoit perdu son procès, on disoit en com-
» mun proverbe: *Il est des hommes de Lorris, où le battu*
» *paye l'amende.* Si on lit la coutume de ce pays, l'on

» n'y trouve plus cet article, quoy que cependant il y ait
» esté autrefois en usage. » (*Recherches*, liv. VIII, chap. 29.)

LORRAIN. Lorrain mauvais chien,
Traître à Dieu et à son prochain.

— Lorrain, prête-moi ton lard? — Non, ça s'use. — Prête-moi ta femme? — La voilà.

LORRAINE. Li meilleur danseur sont en Loheraine.
Les meilleurs danseurs sont en Lorraine.

(*Dit de l'Apostoile.*) XIIIe siècle.

— L'hiver passe par Lorraine en France.

— Les femmes hayent (*haïssent*) les arrêts de Lorraine qui sont par semblant et au plus près du droict.

— Les carouses sont plus dangereuses en Lorraine qu'en Allemagne.

— Les vins de Bassigny et de Lorraine ne portent point d'eau ny l'eau de vin.

(*Adages françois.*) XVIe siècle.

— Les princes Lorrains ressemblent les coursiers de Naples, qui sont longs et tardifs à venir, mais venant sur l'âge ils sont très bons.

Brantôme prête ce proverbe au roi François Ier, mais il l'applique à Louis de Lorraine, cardinal de Guise, qui avait plus employé sa jeunesse aux plaisirs qu'aux affaires; mais il s'y appliqua si bien, sur le tard, qu'il mourut avec la réputation d'un très-sage prélat.

(*Capitaines et hommes illustres françois*, t. II des *OEuvres complètes*, in-8°.)

LOT. Qui passe lo Lot, lo Tar et l'Aveyron
N'est pas segur de torna en sa meyson.

Qui passe le Lot, le Tar et l'Aveyron n'est pas sûr de revenir dans sa maison.

(PAPIR. MASSONI *Descript. Gall.*, etc., p. 596.)

Loudun. Chapons de Lodun.
   Loudun, ville du Poitou.
            (*Dit de l'Apostoile.*) xiiie siècle.
   « Abraham Golnitz, dans son livre intitulé *Ulysses
» Belgico-Gallicus*, imprimé en 1631, dit que Loudun
» produit une grande quantité de volailles, d'où, ajoute-
» t-il, est venu le proverbe : *Les poules de Loudun.* »
            (Crapelet, *Prov. et Dictons populaires*, p. 101.)

Louviers. Les mangeurs de soupe de Louviers.
   « Ce sobriquet fut donné aux habitants de Louviers
» parce que Rosset, gouverneur de Pont-de-l'Arche,
» s'empara de leur ville pour Henri IV, au moment du
» dîner de la garnison et des bourgeois. »
            (Crapelet, *Prov. et Dictons populaires*, p. 49.)

Lucheux (arrondissement de Doullens).
                Lucheux
                Gueux
            Et glorieux.
                  (Corblet, *Proverbes picards.*)

Lyon. Li maistre de Lions.
   Les maîtres de Lyon.
            (*Dit de l'Apostoile.*) xiiie siècle.

— A Lyon la Saone perd son nom.
            (Coulon, *Rivières de France*, t. II, p. 65.)

— Qui a un loup en la jambe a une braye de Lyon.
            (*Adages françois.*) xvie siècle.

— Marons de Lyon. Voir plus loin Troyes.

Macon. Li laron de Mascon.
   Les voleurs de Mâcon.
            (*Dit de l'Apostoile.*) xiiie siècle.

Magny (Aube). Les foireux de Magny.
         (Bertin du Rocheret, *Prov. champenois*, Ms.)

Manceau. Un Manceau vaut un Norman et demy.
   « Cette expression proverbiale, dont se servent plusieurs

» personnes pour piquer ceux de la province du Maine, a
» une signification éloignée de cet usage. On peut l'expli-
» quer de deux manières différentes. La première par
» rapport à la monnoye, parce que dans le temps que les
» provinces du Maine et de Normandie avoient chacune
» leur prince souverain, la monnoye des comtes du Maine,
» qu'on appeloit *manséis*, estoit d'un tiers plus forte que
» celle des ducs de Normandie, qu'on appeloit *normands*.
» La seconde explication vient des guerres que les peu-
» ples de ces deux provinces avoient souvent ensemble.
» Quoique les Normands missent sur pied des troupes plus
» nombreuses que les Manceaux, à cause de la grande
» estendue de leur province, cependant les Manceaux,
» quoiqu'en petit nombre, estoient victorieux de ces pre-
» miers, et ces deux explications faisoient dire égale-
» ment : *Un Manceau vaut un Normand et demy.* »

(FLEURY DE BELLINGEN, *Étym. des prov. franç.*, p. 134.)

MANS. Du Mans le païs est bon,
Mais aux gens ne se fie t'on.

(*Prov. en rimes, etc.*) xviie siècle.

— Li papelart du Mans.

Les faux dévots et gens de mauvaise foi du Mans.

(*Dit de l'Apostoile.*) xiiie siècle.

— Li demoisel du Mans.
Li espringueur (*sauteurs, danseurs*) du Mans.

(*Dit de l'Apostoile.*) xiiie siècle.

MARGON. Il a entendu sonner la cloche du Margon.

Pour dire il est dans une mauvaise passe, parce que tous les ans à Margon on brûle, à une certaine époque de l'année, un mannequin dont l'exécution est annoncée par la cloche de la paroisse. Ce mannequin, qu'on appelle *la Bourbonnaise*, est, dit-on, la représentation d'une dame de Margon qui fut condamnée au feu pour crime de faux.

Margon, village du département d'Eure-et-Loir, dans l'ancienne province du Perche, arrondissement de Nogent-le-Rotrou.

MARMOUTIER. De quelque costé que vient le vent,
Marmoutier a argent content.
(*Adages françois.*) xvie siècle.

Marmoutier, célèbre abbaye auprès de Tours, fondée au ive siècle par saint Martin, dans laquelle était conservée la *sainte ampoule* qui servait au sacre des rois de France.

MAROLLE. Pucelles qui viennent de Marolle
On les prend à tour de rolle.
(*Prov. en rimes*, etc.) xviie siècle.

Suivant Le Duchat (*Ducatiana*, p. 516), le *Marolle* ici désigné est un gros bourg sur la Sambre, deux lieues plus loin que Landrecies, dans lequel se trouvait une abbaye de bénédictins. Voyez aussi LAMONNOYE dans ses notes sur les *Contes et Nouvelles de Bonaventure Desperiers*. Nouv. 5, on lit ce passage : « Les licts se font, les trois pucelles de Marolles se couchent et les marys après. »

MARNE. Anguilles de Marne.
(*Dit de l'Apostoile.*) xiiie siècle.

MARSEILLE (figues de). Voir plus loin TROYES.

MAUBERT (place) à Paris. Faire des compliments de la place Maubert.
Dire des sottises ou des choses ridicules.
(*Illustres Prov.*, t. II, p. 58.)

MAYÉNNE (la), rivière. Au lieu de Clisson la Mayenne perd son nom.
(PAPIR. MASSONI *Descript. Franciæ*, etc., p. 100.)

MEAUX. La crote de Mialz.
La crote de Meaux.
— Famine de Mialx.
— Li troteur de Miaus.
(*Dit de l'Apostoile.*) xiiie siècle.
— Les chats de Meaux.
(BERTIN DU ROCHERET, *Prov. champenois*, Ms.)

MÉLUN. Les anguilles de Melun.

MELUN. Il est des anguilles de Melun,
Il crie avant qu'on ne l'écorche.

Voyez série n° VIII, au mot LANGUILLE.

METZ. Li usuriez de Metz.

(*Dit de l'Apostoile.*) XIIIe siècle.

Le grand nombre de Juifs qui se trouvent à Metz doit avoir donné origine à ce dicton.

On trouve aussi dans les *Adages françois*, imprimés à la fin du XVIe siècle :

— Metz est en Lorraine.

— Se confesser comme les cordeliers de Metz.

C'est-à-dire se battre et s'entretuer. Cette locution proverbiale doit son origine à un événement historique qui eut lieu au mois d'avril 1555. Le P. Léonard, gardien du couvent des Cordeliers de Metz, ayant conçu le projet de livrer la ville, soumise aux Français depuis trois ans, aux impériaux ses anciens maîtres, fut découvert, et jeté en prison ainsi que plusieurs soldats impériaux qu'il avait introduits dans le couvent sous le costume des Cordeliers. Le P. Léonard et vingt de ses moines furent condamnés à mort. On rapporte qu'enfermés dans la même chambre et invités à se préparer à la mort en se confessant les uns aux autres, ces malheureux éclatèrent en reproches contre le gardien Léonard, le massacrèrent sur place, et blessèrent plusieurs de leurs confrères. » (Voyez QUITARD, *Dictionnaire des Proverbes*.)

MÉZIÈRES. Mézières-la-Pucelle.

(BERTIN DU ROCHERET, *Prov. champenois*, Ms.)

MEUNG. L'an mil trois cens septante et un
Mourut le bon roy Charles à Meung.

« Et aussi pour avoir esté le séjour ordinaire et le lieu
» de plaisance du roy Charles V, lequel y mourut comme
» il y avoit vescu, si nous nous en rapportons au proverbe
» des bonnes gens du pays. »

(COULON, *Rivières de France*, t. I, p. 289.)

— Les ânes de Meung-sur-Loire.

On prétend que des pêcheurs de Meung trouvèrent dans

la Loire quelque chose de fort gros qu'ils prirent pour un poisson extraordinaire, pour une baleine ; c'était le corps d'un âne mort gonflé d'eau qu'ils portèrent à la ville d'un air de triomphe. On se moqua d'eux ; et suivant la même tradition, l'épithète d'*ânes* est demeurée depuis à leurs descendants.

MONTARGIS. Montargis bon baston.

« Il y a proche de Montargis une grande forest d'où l'on
» tire une grande quantité de bois pour la charpente, la
» menuiserie et pour les usages ordinaires des familles.
» La bonté de ce bois fait dire : *Montargis bon baston.* »

(FLEURY DE BELLINGEN, *Étym. des Prov. franç.*, p. 210.)

C'est la forêt d'Orléans dont veut parler Fleury de Bellingen.

MONTDIDIER (*Somme*). Les promeneurs de Montdidier,
Les gourmets de Montdidier.

(CORBLET, *Prov. picards.*)

MONTEREAU. A Montereau fault Yonne
Fut tué Jean de Bourgogne.

Ce proverbe rappelle le meurtre de Jean Sans-peur, troisième duc de Bourgogne, de la maison de Valois, qui fut assassiné en 1419 sur le pont de Montereau par les conseillers du Dauphin. (Voyez à ce sujet l'*Histoire de Jean Juvénal des Ursins*, et de BARANTE, *Histoire des ducs de Bourgogne*, t. IV, p. 433.)

MONTIGNY (arrondissement de Doullens). LES JON-
GLEURS DE MONTIGNY.

Le village de Montigny a sans doute donné naissance à quelques célèbres jongleurs. On l'appelle Montigny-les-Jongleurs pour le distinguer des deux autres villages du département de la Somme qui portent le nom de Montigny.

(CORBLET, *Prov. picards.*)

MONTLHÉRY. Tous les bourgeois de Chatres et ceux de Montlhery.

« Voici l'origine de ces paroles par lesquelles on a cou-
» tume de désigner un air d'ancien noël. Philippe de
» France, duc d'Anjou, second fils du Dauphin, et petit-

» fils de Louis XIV, allant en 1700 prendre possession
» du royaume d'Espagne, et passant par Montlhery, le
» curé se présenta au prince à la tête de ses paroissiens,
» et lui dit : Sire, les longues harangues sont incommodes
» et les harangueurs ennuyeux; ainsi je me contenterai
» de vous chanter :

> » Tous les bourgeois de Chatre et ceux de Montlhery
> » Menent fort grande joie en vous voyant ici.
> » Petit-fils de Louis, que Dieu vous accompagne,
>> » Et qu'un prince si bon,
>> » Don, don,
>> » Cent ans et par de là,
>> » La, la,
> » Règne dedans l'Espagne. »
>> (LAMESANGÈRE, Dictionn. des Prov., p. 304.)

Voir sur cet ancien noël quelques détails curieux qui se trouvent p. 371, deuxième partie du t. I des *Variétés historiques d'un savant*. Paris, 1752, 3 vol. in-12.

MONTONVILLIERS (arrondissement d'Amiens). Les moutons de Montonvilliers.

(*Proverbes picards.*)

MONTMARTRE. Il y plus de Montmartre à Paris que de Paris à Montmartre.

On disait ce proverbe, suivant Golnitz, à cause des carrières qui existent à Montmartre, et d'où l'on tirait toutes les pierres de construction. (Voyez *Itinerarium Belgico-Gallicum*, in-18, p. 176.)

> C'est du vin de Montmartre,
> Qui en boit pinte en pisse quarte.

Sauval. qui cite ce proverbe, t. I, p. 350 des *Antiquités et Recherches de la ville de Paris*, demande s'il n'a pas été altéré, et propose de le rétablir en ces termes :

> C'est du vin de Montmartre
> Qui en boit pinte en pisse quatre.

— Devin de Montmartre qui devine les festes quant elles sont venues.

C'est-à-dire un qui fait le devin et qui ne l'est pas.
(SAUVAL, t. I, p. 350. — OUDIN, *Curiosités françoises*, p. 162.)

Montmartre. Je t'envoierai paître à Montmartre, et boire au Marais.

(Sauval, t. I, p. 350.)

Montpellier. Epoussette de Montpellier.

Coups de bâton.

On lit dans les Mémoires de Philippi, sous l'année 1562 : « Messieurs de Saint-Pierre ayant mis garnison dans leur fort avec la permission de Joyeuse, les protestans s'armèrent de leur côté, et firent faire garde la nuit ; quelques-uns alloient par troupes le jour, armés de gros bâtons dont ils frappoient, et ces bâtons se nommoient *espoussettes*, d'où vint en proverbe : l'*Espoussette de Montpellier.* » (T. VIII, première série, p. 624, des *Mémoires relatifs à l'Histoire de France*, édition Michaut.)

Montrouge. Les boyaux rouges de Montrouge.

Montrouge, petit village de la banlieue de Paris, arrondissement de Sceaux. (Voyez pour l'origine probable de ce dicton Bourg-la-Reine.)

Montsoreau. Entre Cande et Montsoreau
Il n'y paist ni vache ni veau.

On ajoute :

Mais dans Monsoreau et dans Cande
Il en paist plus de cinquante.

Une seule rue séparait l'abbaye Saint-Martin de Cande du village de *Montsoreau;* l'un était en Touraine, l'autre en Anjou. Golnitz cite ainsi ce proverbe ;

Entre Saint-Martin et Montsoreau
N'y croist ni vache ni veau.

(*Itinerarium Belgico-Gallicum*, p. 243.)

Rabelais, liv. IV, chap. 19, emploie ce proverbe, et à la fin du chapitre 24 il fait dire à Panurge :

« Je proteste devant la noble compaignie que de la
» chappelle vouée à saint Nicolas, entre Quande
» et Monssoreau, j'entenz que sera une chapelle
» d'eau rose, en la quelle ne paistra vache ne
» veau..... »

Moreuil (arrondissement de Montdidier). Les Moniquins de Moreuil (*les depensiers de Moreuil*).
(Corblet, *Prov. picards.*)

Mortagne (Nord). Que je t'envoyes à Mortagnes ou à Cancale pescher des huîtres.
(*Comédie des Proverbes*, acte II, sc. i.)

Mortain. Mortain, plus de roches que de pain.
(Crapelet, *Prov. et Dictons populaires*, p. 50.)

Mortain, ville de Normandie, dans le département de la Manche; la situation de cette ville au milieu des rochers a donné lieu au dicton.

Moyenneville (arrondissement d'Abbeville).
Moyenneville, moyennes geins,
Grand pot au fu, rien dedins.
Belles filles à marier,
Rien à leur bailler.

Nantes. Lamproies de Nantes.

— Li poissonnier de Nantes.
(*Dit de l'Apostoile.*) xiiie siècle.

Naours (arrondissement de Doullens). Les grands pieds de Naours.

Un habitant de ce village dont les pieds étaient fort grands avait, dit-on, commandé à Abbeville une paire de souliers. Il n'alla point la réclamer. Pour l'utiliser, le cordonnier en fit une enseigne, avec cette inscription : *Aux grands pieds de Naours*. Ce surnom resta depuis aux habitants de Naours.
(Corblet, *Proverbes picards.*)

Nesles (Somme). Nesles-la-Noble.
(Corblet, *Proverbes picards.*)

Neubourg. Les rustiques de Neubourg.
(Crapelet, *Prov. et Dictons populaires*, p. 49.)

Le Neubourg, en Normandie, dans le département de l'Eure.

Nevers. Li perdrior de Nevers.
   Les chasseurs de Nevers.

— Pertris de Nevers.
   Perdrix du Nivernais.
   (*Dit de l'Apostoile.*) xiiie siècle.

Niort. A Niort qui veult aller
   Faut qu'il soit sage à parler.
   (*Prov. en rimes, etc.*) xviie siècle.

— La reine de Niort malheureuse en beauté.
   (Cyrano de Bergerac, *le Pédant joué*, p. 24.)

— Prendre le chemin de Niort.
   Nier une chose.
   (Oudin, *Curiosités françoises*, p. 371.)

Nogent-sur-Seine. Les vivants de Nogent-sur-Seine.
   (Bertin du Rocheret, *Prov. champenois*, Ms.)

Normand. Normand boulieux, Normand bigot.
   Voici de quelle manière Mosans de Brieux, dans son livre intitulé : Les Origines de coutumes anciennes et de diverses façons de parler triviales, etc., p. 6, explique le sobriquet de *boulieux* donné aux Normands : « *Normani pulmentarii* ou *pultiphagi*, comme Plaute appelle les Carthaginois, ainsi nommés à cause des Bas-Normands que nous appelons *Hoüivets*, et qui mangent force *polus, puls, pulmentum* (bouillie). » Textor, en l'une de ses élégies, faisant une longue énumération des choses impossibles, dit entre autres : « Qu'on ostera plustot aux Flamans le beure, aux Auvergnats les raves, et aux Normands la bouillie qu'on ne lui ostera le souvenir de son amy, etc. »
   Quant au surnom de *Normand bigot*, on le trouve dans le *Roman de Rou*, composé par Wace au xiie siècle.

   Sovent dient : Sire, porquoi
   Ne tollez la terre à *Bigos* ?
   La tollirent vos à vos.

— Adroit comme un prêtre normand.
   « Maladroit, gaucher. — Saint Gaucher, prêtre de Normandie, dont on fait mémoire dans le bréviaire de

" Rouen, paraît avoir donné lieu à cette ironie proverbiale
" qui porte sur l'équivoque du mot *gaucher*. "
(*Matinées sénonaises*, p. 153.)

NORMAND. Gars normand, fille champenoise,
Dans la maison toujours noise.
(*Prov. en rimes*, etc.) XVIIe siècle.

— Jamais Rousseau ni Normand ne prens ni crois à serment.
(*Prov. en rimes, Rimes en prov.*, etc.) XVIIe siècle.

— Le Normand trait l'Orient et l'Occident.

— Le vin, le per et le proche Paris
Met le Normand en maints divers pays.

— *Pars* est l'Arabie heureuse des Normans.
(*Adages-françois*.) XVIe siècle.

— Rousseau François, noir Anglois,
Blanc Italien, ce sont trois,
Et le Normand de tout aage
A qui ne se fie le sage.
(*Prov. en rimes*, etc.) XVIIe siècle.

— Roux François, noir Anglois, et Normands de toute taille, ne t'y fie si tu es sage.
(*Adages françois*.) XVIe siècle.

— Qui fit Normand il fit truand.

Le mot de *trus* signifiait autrefois tribut au péage, de sorte que quand des gens étaient réduits à la mendicité par les impôts et qu'ils étaient forcés de mendier, on les appelait *truands;* " c'est apparemment pour cette raison, ajoute
" Pasquier, auquel j'emprunte cette explication, que le
" peuple a esté porté de dire au désavantage des Nor-
" mands : *Qui fist Normand il fist truand*, parce que de
" toutes les provinces du royaume la Normandie est celle
" qui a esté le plus chargée d'impôts. " (*Recherches*, liv. VIII, chap. 42.)

— Un Normand a son dit et son dédit.

Ce proverbe vient de l'ancienne coutume de cette province par laquelle un contrat n'était valable que vingt-quatre heures après la signature.

On lit encore dans les *Illustres proverbes* :

« Il estoit de Caen en France (comme parlent ceux du
» païs), c'est-à-dire franc Normand et vray *traiflagoula-*
» *men*, estant doué de toutes les rares qualités que tout le
» monde attribue aux Normands, épiloguées en ce mot et
» désignées dans les cinq syllabes de traiflagoulamen, car
» il estoit traistre, flatteur, gourmand, larron et men-
» teur. » (P. 3.)

NORMAND. Si le Normand n'exerce la pyratique en mer il exerce en terre.

— C'est bon courage de Normand
Jusque au mourir il se rend.
(GRINGORE, *Menus propos*.) xvie siècle.

NORMANDIE. Normandie pays de sapience.
(*Adages françois*.) xvie siècle.

— En Normandie on vendange avec la gaule.

— Li plus enquerant en Normandie : ou aliax? que queriax? dont veniax?

Les plus questionneurs sont en Normandie : où allez-vous? que cherchez-vous? d'où venez-vous?
(*Dit de l'Apostoile*.) xiiie siècle.

— Si bonne n'estoit Normandie
Saint-Michel n'y seroit mie.
(*Prov. en rimes*.) xviie siècle.

Saint-Michel, c'est-à-dire le mont Saint-Michel, situé en Normandie.

— Un chapon de Normandie.
C'est une croûte de pain dans de la bouillie.
(OUDIN, *Curiosités françoises*, p. 85.)

NORMANDIE, BRETAGNE, GASCOGNE.
A cadet de Normandie
Espée, bidet et la vie;

A cadet de la Bretagne
Ce que son industrie gagne ;
Et à cadet de Gascogne
Souvent rien que galle et rogne.

« Ce proverbe ne parle que des cadets de ces trois provinces et il est fondé sur les coutumes de ces pays-là. En Normandie, les cadets de noblesse n'ont rien. En Bretagne la noblesse, sans déroger, peut faire le négoce, et par ce moyen les cadets des gentilshommes amassent souvent de grands biens. Pour la Gascogne, on sait, comme dit le proverbe, qu'ils n'ont que la cape et l'épée, et qu'à peine ont-ils de quoi s'habiller. »

(*Manuscrits* GAIGNIÈRES, t. I.)

NORMANDIE. Il vous a donné à plus de diable qu'il n'y a de pommes en Normandie.

(*Coméd. des Proverbes*, acte II, scène III.)

NOTRE-DAME DE L'ÉTANG. A Nostre Dame de l'Étang
La Duonon se vainct tyran?

(*Adages françois.*) XVIe siècle.

Notre-Dame de l'Étang, écartement de Velars-sur-Ouche, département de la Côte-d-Or, arrondissement de Dijon.

NOYON (la ville de) (Oise). Noyon bien sonnée.

Il y avait beaucoup de cloches dans l'ancienne église de Saint-Charlemagne.

— Noyon bien chantée.

« Charlemagne ordonna le chant selon la réforme romaine, dit Levasseur, un chant tellement chant, qu'il est tout ensemble mélodie et psalmodie. » Ce qui a donné lieu au proverbe glorieux : Noyon bien chantée.

(*Annales de Noyon*, t. II, p. 610.)

— Noyon la Sainte.

Est-ce parce qu'elle a donné le jour à un bon nombre de saints personnages ou parce qu'elle fut de bonne heure le siége d'un évêché?

— Les friands de Noyon.

(*Mercure de France*, mai 1735.)

NOYON. La boule de Noyon.

L'acception de boule, dans le sens d'astuce, provient, selon M. Crapelet, du jeu de boule, où les joueurs ont la réputation d'user d'astuce en mesurant la distance des boules.

(*Proverbes et Dictons du moyen âge.*)

— Une gerbe de Cupidon
Pour les dames de Noyon.

(*Adages françois.*) xvie siècle.

— Regarder du côté de Noyon si Saint-Quentin ne brûle pas.

Se dit d'une personne qui louche.

— Jambons de Noyon.

C'est ainsi qu'on désigne quelquefois les haricots. On cultive fort bien ce légume dans le Noyonnais.

(CORBLET, *Proverbes picards.*)

OISE. Ventoises d'Aisne.

(*Dit de l'Apostoile.*) xiiie siècle.

Vandoise, petit poisson, autrement nommé *dard*, de la rivière d'Oise.

(CRAPELET, *Prov. et Dictons populaires*, p. 120.)

OMIÉCOURT (cant. de Nesles). Les omelettes d'Omiécourt.

(CORBLET, *Proverbes picards.*)

ORLÉANS. Camus d'Orliens.

Les camus d'Orléans.

(*Dit de l'Apostoile.*) xiiie siècle.

Ce sobriquet n'est pas le seul qu'on ait donné aux Orléanais, on les a aussi nommés *Bossus*, *Guépins* et *Chiens*. Dom Pelluche a écrit, au sujet de ces qualifications, trois lettres imprimées dans le *Mercure* des mois de mars 1732, janvier 1733 et mai 1735. Il y prouve assez bien que le surnom de *Guespin* vient de guêpes, et que les habitants d'Orléans méritèrent ce sobriquet par leur esprit caustique et railleur. Bonaventure Desperiers, dans ses *Contes*, dit en parlant d'une dame d'Orléans : « Une dame gentille et
» honnête, encore qu'elle fût guespine. » Et dans les *Mé-*

moires de la Ligue : « Le naturel des guespins, j'en prends
» Orléans pour exemple, est d'estre hagard, noiseux et
» mutin. » Ne serait-ce pas cette réputation de moquerie
qui aurait valu aux Orléanais le surnom de *bossus* qu'on
leur donne encore ?

La Fontaine en explique autrement la cause. D'après une
ancienne tradition, les Orléanais, fatigués de grimper sur
les rochers de leurs pays, s'en plaignirent au Sort, qui
leur dit :

> Vous faites les mutins ! et dans toutes les Gaules
> Je ne vois que vous seuls qui des monts vous plaigniez ;
> Mais puisqu'ils nuisent à vos pieds
> Vous les aurez sur vos épaules.
> Lors la Beauce de s'aplanir,
> De s'égaler, de devenir
> Un terroir uni comme glaces ;
> Et bossus de naître en leurs places.

Quant au surnom de *chiens*, dom Pelluche, d'après
Matthieu Pâris, en explique parfaitement l'origine ; les réflexions qu'il fait à cet égard montrent quels rapports il
existe entre cette dénomination et celle de *Guépins* dont
j'ai parlé précédemment. Je cite donc le passage en entier :

« C'est à Matthieu Pâris que nous devons recourir pour
» trouver ce que nous cherchons. Cet écrivain, qui mourut
» en 1259, marque dans la vie de Henri III, roi d'Angle-
» terre, qu'en l'an 1251, pendant la captivité du roi
» saint Louis, les *pastoureaux*, étant arrivés à Orléans,
» prirent querelle avec quelques écoliers. Une rixe s'en-
» gagea et plusieurs personnes furent tuées, et notamment
» du clergé ; ce que les Orléanais souffrirent non-seule-
» ment, mais ce qu'ils semblèrent approuver : pourquoi,
» ajoute Matthieu Pâris, ils méritèrent d'être appelés *chiens*.
» *Dissimulante populo, et verius consentiente, unde caninus*
» *meruit appellari.*

» Un témoignage aussi précis, et d'un auteur contem-
» porain, ne nous laisse rien à désirer, tant sur le com-
» mencement que sur la signification du sobriquet dont il
» est question entre nous et qui emporte avec lui, comme
» on le voit, les termes de *hagard, noiseux* et *mutins*....
» d'où on peut conclure que *chiens* et *guespins d'Orléans*
» dérivent du même principe... M. de Valois confirme cette
» conjecture, en soupçonnant que dans le passage de Mat-

» thieu Pàris, *caninus* a été mis pour *capinus* abrégé de
» *cenapinus*, diminutif de *cenapensis*, dont se sert Orose
» pour désigner les Orléanais, le mot de *Guespin* ayant
» bien pu être formé de ce dernier. »

On disait encore à propos des écoliers d'Orléans :

« Les danseurs d'Orléans. »

(CHASSANEUS, *Catalogus gloriæ mundi*, part. 10, cons. 32.)

ORLÉANS. C'est la glose d'Orléans, elle est plus difficile que le texte.

(*Adages françois.*) XVIe siècle.

Ce proverbe, dont l'origine est incertaine, est ancien ; on le trouve dans le livre IV des *Institutes*, titre VI *de Actionibus* de Pierre de Belleperche, jurisconsulte assez célèbre, qui devint évêque d'Auxerre en 1307. Voici le passage : *Licet glossa alio modo exponat, glossa Aurelianensis est quæ destruit textum.*. Le Maire, auteur d'un livre sur les antiquités d'Orléans, a cherché l'origine de ce proverbe ; il croit pouvoir l'attribuer à l'esprit railleur des Orléanais, dont le génie particulier étant d'ajouter toujours aux faits qu'ils rapportent, conformément au proverbe, détruisaient le texte par la glose.

Dans les *Menus propos*, imprimés à la fin du XVe siècle :

On dit volontiers que la glose
D'Orléans se détruit par le texte.

— Il est de l'abbaye des luniers d'Orléans.
Lunatique.

(OUDIN, *Curiosités franç.*, p. 313.)

— La grande forest d'Orléans,
Est mer qui est dedans.

(*Prov. en rimes*, etc.) XVIIe siècle.

— La forest d'Orléans est à la fontaine à Jargeau.

(*Adages françois.*) XVIe siècle.

— Qui n'a couché dans Orléans
Ignore quelles sont gens léans.

(*Prov. en rimes*, etc.) XVIIe siècle.

ORLÉANS. Qui n'a couché à Orléans ne sçait que c'est de femme.

— A Orléans la broche est rompue et la femme a emporté sa clef.

(*Adages françois.*) xvie siècle.

OISE (la rivière d')
Voyez SEINE.

PARAY. Les Cacous de Paray.

Le surnom de *Cacous*, donné aux habitants de ce pays, rappelle une race dégénérée sur laquelle on a déjà fait beaucoup de recherches, mais qu'on n'est pas encore parvenu à bien connaître; les uns veulent que ce soient des Sarrasins égarés en France à l'époque des grandes invasions de ces infidèles dans notre pays, les autres une race de malades repoussés par les lois. — On peut voir, au sujet des Cagouts, une note curieuse dans le tome Ier, p. 495 de l'*Histoire de France* de M. Michelet. Il faut consulter l'ouvrage de M. Fr. Michel, *Histoire des races maudites de la France et de l'Espagne, etc.*, t. II, p. 105. Dans cet ouvrage, on lit que le Paray du proverbe est Paray-le-Monial, chef-lieu de canton et de l'arrondissement de Charolles, département de Saône-et-Loire; il existe encore un Paray dans le Lot-et-Garonne, c'est un hameau de l'arrondissement d'Agen.

PARIS. A Paris fait-on lanternes?

(*Adages françois.*) xvie siècle.

— A Paris il n'y a escu qui n'y doive dix sols de rente une fois l'année.

(BLAISE DE MONLUC, *Commentaires*, livre II.) xvie siècle.

— A ta gorge, marchand de Paris.

On lit dans le *Moyen de parvenir,* chapitre intitulé *Stance* :

« Il a fait comme le prince de delà des monts qui de-
» mandant à Paris *pers un sol de velurs*, et le marchand
» qui pensoit qu'il dut en prendre quantité, lui dit: *bran,*
» *bran*. Ce seigneur étant sur la montagne de Tarare,
» s'en souvint et demanda à ses gens que c'étoit à dire

» bran. Le plus hardi dit que c'étoit m.... Ah! dit le sei-
» gneur, en ta gorge, marchand de Paris. »

Fleury de Bellingen, dans son *Étymologie des Proverbes françois*, raconte le même fait; il nomme le prince italien Amédée, duc de Savoie, et dit qu'il était venu en France pour traiter d'affaires importantes avec Henri IV. Bellingen s'est trompé de nom, c'est Charles-Emmanuel Ier dont il a voulu parler.

Paris. Bife de Paris.

Sorte d'étoffe claire en laine.

(*Dit de l'Apostoile.*) xiiie siècle.

— C'est acheter Paris du Roy.

(*Prov.* de Jeh. Mielot.) xve siècle.

— Escuyers de Paris.

(*Prov. flamengs-françois.*) xvie siècle.

— Faire comme l'on fait à Paris, laisser pleuvoir.

(Oudin, *Curiosités françoises*, p. 212.)

« Il vaut mieux faire comme on fait à Paris,
» laisser pleuvoir. »

(*Comédie des Prov.*, acte II, sc. iii.)

— Il est riche à Paris, jamais n'y a rien vendu.

(*Adages françois.*) xvie siècle.

— Il n'est cité que Paris.

(*Prov.* de Jeh. Mielot, Ms.) xve siècle.

— Il ne fait jamais mauvais temps pour retourner à Paris.

— Il ne faut pas laisser Paris pour trouver des chirurgiens en voye.

(*Adages françois.*) xvie siècle.

— « J'ay tousjours ouy dire que Paris estoit le
» purgatoire des plaideurs, l'enfer des mules et le
» paradis des femmes.

(*Anc. Théâtre franç.*, t. VII, p. 207.)

— Le conseil soubscrit est d'avis
   Qui le pert icy le peut gaigner à Paris.

(*Adages françois.*) xvie siècle.

Paris. Les badauds de Paris.

Au sujet de ce sobriquet des habitants de Paris, on a proposé plusieurs étymologies aussi ridicules les unes que les autres. (Voyez Ménage, *Dictionnaire étymologique*.) Voltaire croit que *badaud* vient de l'italien *badare*, qui signifie *regarder en l'air, muser*, perdre son temps. Mais il repousse l'explication de *sot, niais, ignorant* du dictionnaire de Trévoux, et il ajoute :

« Si on a donné ce nom au peuple de Paris plus volon-
» tiers qu'à un autre, c'est uniquement parce qu'il y a
» plus de monde à Paris qu'ailleurs, et par conséquent
» plus de gens inutiles qui s'attroupent pour voir le pre-
» mier objet auquel ils ne sont pas accoutumés... Il y a
» des badauds partout, mais on a donné la préférence à
» ceux de Paris. » (*Dictionnaire philosophique*, art. *Badaud*.)

— Les potz de chambre de Paris empoisonnent les rues.

(*Adages françois*.) xvie siècle.

— L'on crie demain des coterets à Paris (?).

(*Comédie des Prov.*, acte I, sc. iii.)

— Li bourgois de Paris.

Les bourgeois de Paris.

— Li chanoines de Paris.

Les chanoines de Paris.

(*Dit de l'Apostoile*.) xiiie siècle.

Dans le manuscrit n° 7218, on lit :

« Li chanoine de saint Martin de Tours.

Ce dicton populaire a consacré le souvenir de deux établissements ecclésiastiques qui pendant le moyen âge ont été célèbres par leur richesse et leur puissance, la cathédrale de Paris et celle de Tours, dont l'administration était confiée aux chanoines.

— Les croetz (*crottés*) de Paris.

C'était le surnom donné aux écoliers de Paris. (Voyez Chassaneus, *Catalogus gloriæ mundi*, part. 10, cons. 32.) Sauval dit en parlant des boues de Paris : Il n'y a rien de si puant, et de plus elles sont si noires qu'elles tachent toutes sortes d'étoffes, dont les marques sont si difficiles à enlever qu'elles ont donné lieu au proverbe : *Il tient comme boues de Paris.* (*Hist. et Antiquités de la ville de Paris*, t. II, p. 23.)

PARIS. On ne sçauroit estre amoureux à Paris,
(*Adages françois.*) xvie siècle.

— Le blason de Paris.

> P aisible demaine,
> A moureux verger,
> R epos sans dangier,
> J ustice certaine,
> S cience hautaine,
> C'est Paris tout entier.

(*Mots dorés de Caton*, par GROSNET.) xvie siècle.

— Pastés de Paris.
(*Dit de l'Apostoile.*) xiiie siècle.

Au xiiie siècle, on criait à Paris des pâtés, des gâteaux tout chauds et des gaufres comme de nos jours. Une pièce imprimée en caractères gothiques, au commencement du xvie siècle et intitulée *Dict des pays joyeulx*, contient ces deux vers :

> « Les bons pastez sont à Paris,
> » Ordes tripes à Saint-Denis. »

(CRAPELET, *Prov. et Dictons populaires*, p. 121.)

— Six mois de Paris et trois mois de Valogne rendent un homme parfait.
(*Almanach perpétuel*, p. 13.)

— Si Paris estoit plus petit
On le mettroit dans un baril.

— Paris est bon pour voir,
Lyon pour avoir,
Toulouse pour apprendre,
Et Bordeaux pour dispendre (*dépenser*).
(CAHIER, *Quelques six mille Prov.*)

Paris. Quand Paris boyra le Rhin
Toute la Gaule aura sa fin.

— Qui se tient à Paris ne sera jamais pape.
(*Adages françois.*) xvie siècle.

— Si Paris estoit assiégé les bourgeois auroient bel effroi.
(*Les Menus propos.*) xvie siècle.

— Tel est à Paris qui ne sçait que c'est de Paris.
(*Adages françois.*) xvie siècle.

— Testes et aiguilles de Paris
Peuvent estre fines selon leur prix.

— Testes longues, enfants de Paris,
Ou tous sots ou grands esprits.
(*Prov. en rimes, etc.*) xviie siècle.

— Tout est à Paris hormis la sanctita (*santé*).

— Troys pieds et demy, l'aune de Paris.

— Une bonne bibliothèque sert d'estre à Paris.
(*Adages françois.*) xvie siècle.

— *Patientia vincit omnia.* Paris la grande ville ne fut pas faite en un jour.
(*Comédie des Prov.*, sc. vi.)

Perche. Notaire du Perche, il passe plus d'échalliers que de contrats.

Échalliers, ouverture dans les haies, barrée par des pieux.

Périgueux. Couteaux de Pierregort.
Couteaux de Périgueux en Périgord.
(*Dit de l'Apostoile.*) xiiie siècle.

Péronne. Les ivrognes de Péronne.
(*Lettre adressée au Mercure de mai* 1735, *sur plusieurs dénominations et sobriquets populaires.*)

Dans la même lettre on cite un passage des *Annales de Noyon* du Père Levasseur, à propos des *Larrons de Ver-*

mand. (Voir plus loin.) Le même écrivain ajoute que dans le diocèse de Noyon on disait de son temps (vers 1633) :

Noyon la Sainte. — Saint-Quentin la Grande. — Péronne la dévote. — Chauny la Bien-Nommée. — Ham la Bien-Placée. — Bohain la Frontière. — Nesle la Noble. — Athie la désolée.

(*Annales de Noyon*, t. II, p. 373.)

PÉRONNE. Péronne la pucelle.

Parce qu'elle fut longtemps imprenable. Ce n'est que par ruse qu'elle fut prise en 1445.

— Vous êtes de Péronne,
Tout le monde vous donne.

— Péronne la dévote.

(*Annales de Noyon*, ch. 49.)

— Raviser sur le chemin de Cambrai si Péronne i ne brûle pas.

Nous supposons que ce proverbe a le même sens qu'un dicton analogue que nous avons cité à l'article NOYON.

— Lens gentilshommes de la cloche.

Voyez l'article ABBEVILLE.

— Toujours francs Péronnais
Auront beau jour :
Toujours et en tous temps
Francs Péronnais auront beau temps.

Pendant le siége mémorable de 1536, les Péronnais répétaient ce dicton, emprunté à une chanson patriotique. (Voyez DUPLEIX.)

(CORBLET, *Prov. picards.*)

PETIT-PONT (le) à Paris. Plus bavard qu'une harengère du Petit-Pont.

(SAINT-JULIEN DE BALEUVRE, *Mélanges histor.*, etc., p. 112.)

Ce pont, le plus ancien de Paris, était situé sur le petit bras de la Seine, et servait de communication entre le quartier Saint-Jacques et la Cité. On le nomma ainsi pour le distinguer du grand pont, aujourd'hui le pont au Change qui était sur le grand bras de la Seine. Le Petit-Pont a été remplacé par le pont Saint-Michel.

Picard. **Un bon Picard.**
On dit un bon Picard pour dire un homme droit, tout rond, qui n'entend point finesse. *Homo rectus et simplex.*
(*Dictionn. de Trévoux,* verbo Picard.)

— **La franchise née picarde a le cœur à la main.**
(*Recueil de pièces concernant le prix de l'arquebuse,* p. 102.)

— **Comme le vers hors sa coquille**
Se change en papillon brillant,
Ainsi Picard hors sa mandille
Paraît en marquis éclatant.
(*Archives de Picardie.* — Corblet, *Prov. picards.*)

— **Les Picards ont la tête chaude.**
Ou bien encore :

— **Les Picards ont la tête près du bonnet.**

— **Tout bon Picard se ravise.**

— **De plusieurs choses Dieu nous garde,**
De toute femme qui se farde,
De la fumée des Picards,
Avec les boucons des Lombards.
(*Quatrains moraux.*) xve siècle.

— **Tête et fête de Picard.**
Ce dicton résume les deux défauts qu'on reproche aux Picards, l'emportement et l'amour de la table.

— **Pitié de Lombard,**
Labour de Picart,
Humilité de Normand,
Patienche d'Alemant,
Larghece de François,
Loyauté d'Anglois,
Dévocion de Bourguignon,
Ces huit coses ne valent pas un bouchon.
(Ms. 2566 de la Bibl. imp.)

PICARD. Isti Picardi non sunt à prelio tardi.
Primo sunt hardi, sed sunt in fine couardi.

La fausseté de ce dicton, consigné dans un manuscrit de la bibliothèque de Sens, a été trop bien prouvée sur maint champ de bataille, pour qu'il nous soit besoin d'insister sur la valeur des Picards. Nous aurions pu également protester en ce qui concerne le précédent dicton.

(CORBLET, *Prov. picards.*)

— Vous n'êtes pas trop nigaud pour un Picard.

(DANCOURT, *les Curieux de Compiègne.*)

— Picard, ta maison brûle! — Fuche! j'ai l'clef dins m'poke.

On veut par la citation de ce dialogue ridiculiser la naïveté et l'insouciance prétendue des Picards.

— Tout Picard que j'étais, j'étais un bon apôtre ;
Et je faisais claquer mon fouet tout comme un autre.

(RACINE, *les Plaideurs.*)

— Pour retrouver leurs maîtres, les chiens normands regardent en haut, et les chiens picards en bas.

Parce que les Normands méritent souvent d'être pendus et que les Picards sont quelquefois couchés ivres morts.

— I rwette en Champagne si l'Picardie brûle.

C'est ce qu'on dit en Hainaut de quelqu'un qui louche.

(*Dict. Rouchi*, p. 117.)

PLESSIS-PICQUET. Les hiboux de Plessis-Picquet.

Village du département de la Seine, dans l'arrondissement de Sceaux, situé au milieu des bois. C'est probablement cette situation qui a donné lieu au dicton populaire.

POISSY. De la venaison de Poissy.

Des bœufs.

(OUDIN, *Curiosités françoises*, p. 565.)

POITIERS. Heaume de Poitiers.

(*Dit de l'Apostoile.*) XIIIe siècle.

Poitiers. Le pavé est à Poitiers
Et si rude et si mauvais,
Que si les femmes et bordeliers
N'y alloient faire leurs mestiers
Bien des gens n'iroient jamais.

(*Prov. en rimes, etc.*) xviie siècle.

— Le pavé de Poictiers est si mauvais que si les femmes n'y alloient les hommes n'iroyent pas.

— Le vin est si frais à Poictiers qu'il esteindroit le feu d'enfer.

— Les argonautes de Poitiers ont tonsures.

(*Adages françois.*) xvie siècle.

— Li mangéor de Poitiers.
Les grands mangeurs de Poitiers.

(*Dit de l'Apostoile.*) xiiie siècle.

On disait encore :

« Li flustueux ou joueux de peaulme de Poitiers. »

Chassaneus cite ce proverbe à propos de l'indiscipline et de la paresse des écoliers au moyen âge. (Voyez Chassaneus, *Catalogus gloriæ mundi*, Lugduni, 1529, in-fol., part. 10, cons. 32.)

— Ne se faut esbahir s'il y a université de loix à Poictiers, veu qu'il y a tant d'asnes.

(*Adages françois.*) xvie siècle.

— O! je suis roy de Poictiers, il ne faut plus que me couronner d'une chauffrete.

(*Comédie des Prov.*, acte II, sc. iii.)

Poitou. La guerre et les femmes ont gasté les prestres de Poictou.

(*Adages françois.*) xvie siècle.

— Li meillor sailléor en Poitou.
Les meilleurs sauteurs ou danseurs sont en Poitou.

(*Dit de l'Apostoile.*) xiiie siècle.

Dans le manuscrit 7218 on trouve :

« Li meillor caussier en Poitou. »

Caussier signifie faiseur de chausses, tailleur.

Poix (Somme). Jamais Créquy n'a été saoul de Poix (?).

(CORBLET, *Prov. picards.*)

PONTLÈVE. C'est un astrologue de Pontlève.

« Ce proverbe se dit au Mans lorsqu'on veut se moquer de quelqu'un qui veut faire l'habile homme sans l'estre. »

Pontlève est une petite paroisse tout proche de la ville du Mans sur le bord de la rivière et sur le chemin qui conduit à Paris.

(*Manuscrit* GAIGNIÈRES, *Prov. françois*, t. II.)

PONTAILLÉ. Hennas de Pontaillé.

Hanaps (*vase à boire*) de Pontailler.

(*Dit de l'Apostoile.*) XIIIe siècle.

Pontaillé, bourg du département de la Côte-d'Or, à six lieues de Dijon, sur la Saône.

PONTIBAUT. Les avocats de Pontibaut relèvent mangerie.

« *Pontibaut* est un village à trois lieues du Mans, où est la jurisdiction de la seigneurie de Belin. Les avocats qui y plaident gagneroient bien peu s'ils s'en tenoient aux affaires ordinaires; mais ils sçavent si bien multiplier les procès, que les autres jurisdictions qui sont, comme l'on dit dans le pays du Maine, pleines de mangeries n'approchent point de celle de Pontibaut. On y renchérit et on y relève jusques aux bagatelles, de sorte que quand on veut marquer le caractère d'un homme qui d'un rien fait une querelle ou un procez, ou qui trouve des ressources dans des choses dont les autres ne peuvent rien tirer, ou enfin qui empêche que son métier ne tombe, on dit ce proverbe : Il est *des avocats de Pontibaut, il relève mangerie.* »

(*Lettre adressée à M. de Gaignières, au mois de septembre 1606, par* M. HOYAU.)

PONTOISE. Usurier de Pontoise.

Pont-Neuf (le) à Paris. Avant-coureur du Pont-Neuf.
Officier du Pont-Neuf.

Voleur, coupeur de bourses.

(Oudin, *Curiosités françoises*, p. 438.)

Pont-Sainte-Maxence. (Arr. de Senlis.) Les soupiers de Pont-Sainte-Maxence.

(*Prov. picards.*)

Pré aux Clercs. Il chante comme une sereine du pré aux Clercs, et fredonne comme le cul d'un mulet.

(*Comédie des Prov.*, acte II, sc. vi.)

Allusion moqueuse aux grenouilles, qui étaient en grand nombre dans les fossés du *pré aux Clercs*. Le pré aux Clercs, situé au sud-ouest de Paris, non loin du bord de la Seine, fut pendant plusieurs siècles la promenade favorite des habitants de cette ville. L'emplacement qu'il occupait est compris dans le faubourg Saint-Germain.

Provence. Cordouan de Provence.

Cuir tanné, préparé dans la Provence.

— Li plus courtois en Provence.

(*Dit de l'Apostoile.*) xiiie siècle.

— Trois choses gastent la Provence,
Le vent, la comtesse et la Durance.

On lit dans Brantôme, *Hommes illustres :*

« Les Provençaux disoient ce proverbe en leur langue
» sur ce que la comtesse de Tende, femme d'Honorat de
» Savoye, comte de Tende, gouverneur de ce pays, qui
» estoit de la religion réformée, donnoit occasion d'en
» soupçonner son mary aux gens de guerre. Les vents,
» quand ils s'y mettent, sont horriblement grands, et font
» beaucoup de maux au pays aussi bien que la rivière de
» la Durance quant elle est grosse et débordée. Elle se
» fait si furieuse et impérieuse qu'elle fait de grands
» maux. C'est pourquoy, comme les Provençaux sont très-
» bons catholiques, ils mestoient en paralelle les maux des
» vents, de la comtesse et de la Durance. »

On disait encore :

Le gouverneur, le parlement, la Durance,
Ces trois ont gâté la Provence.

(Papir. Massoni *Descript. franc.*, p. 402.)

Provins. Pers de Prouvins.
Couleur et étoffe bleu-foncé de Provins.

(*Dit de l'Apostoile.*) xiiie siècle.

— Il n'est château tel que Provins.

(*Prov.* de Jeh. Mielot.) xve siècle.

Quercy (province de). Les trois merveilles de Quercy.
Batisse d'Acier.
Jardin de Montsalès.
Ornemens (*mobilier*) de Saint-Sulpice.

Acier, château près de Figeac, bâti par Gaillot de Genouillac, grand maître de l'artillerie et grand écuyer de France sous François Ier.

Montsalès, château en Rouergue, sur la frontière du Quercy, appartenant à la maison de Balagnier, et plus tard au duc d'Uzès.

Saint-Sulpice, château sur le Celé, près de Marcillac, appartenant à la famille d'Ebrare, et plus tard aussi au duc d'Uzès.

On disait encore :

— Les quatre merveilles du Midi : l'église d'Alby, le clocher de Rodez, le portail de Conques, la cloche de Mende.

Lo gleyo d'Alby, lou clouquié de Roudez, lou pourtal de Connquos, lo compono de Mendé.

Quesmy (Oise). Quesmy, Maucourt,
Tarlefesse, Happlaincourt,
Berlancourt, Saint-Aubin,
Dans ces villages il y a très-bien
Des fius et des p.....

Quinze-vingt (les) de Paris. Les aveugles des Quinze-Vingt ne doivent rien en luminaire.

(Gringore, *Menus propos.*) xvie siècle.

Quivières. (arr. de Péronne). L'un fait l'autre, comme les fromages du curé de Quivières.

» Un ancien curé de ce village avait, dit-on, deux
» vaches, l'une blanche, et l'autre noire dont le lait était
» de moindre qualité. Sa domestique lui demandait de
» séparer ces deux espèces de lait, pour en faire deux
» sortes de fromages. — Non, dit le curé, mêlez tout
» ensemble, l'un fera l'autre. De là le proverbe : « L'un
» fait l'autre, comme le fromage du curé de Quivières. »
» Les prêtres émigrés ont répandu ce proverbe jusque
» dans les royaumes du nord de l'Europe, et on l'a en-
» tendu citer même en Angleterre. » (Decagny, arr. de Péronne, p. 449.)

Reims. Persones de Rains.

Le mot *persones* dans le vieux langage, signifiait *directeur de paroisse, curé*. Le chapitre de Reims comptait au nombre des chanoines dont il était composé, des *persones* qui avaient la prééminence sur leurs confrères dans les cérémonies, et qui jouissaient, en outre, de certains priviléges. De là est venu ce dicton populaire.

— Tapis de Rains.

Tapis de Reims.

Dans le manuscrit 7218, on trouve Touailles de Rains. *Touailles* signifie linge en général.

— Mangeurs de pain d'épices de Reims.

(Bertin du Rocheret, *Prov. champenois*, Ms.)

Ravenel (Oise). Les plats pieds de Ravenel.

(Corblet, *Prov. picards.*)

Rethel. Les mangeurs de gandichons de Rethel.

(Bertin du Rocheret, *Prov. champenois*, Ms.)

Ribemont (Aisne). A Ribemont,
    Peu d'honnêtes gens, beaucoup de fripons.

(*Prov. picards.*)

La Rochelle. Il vient de La Rochelle, il est chargé de maigre.

Ce proverbe fait allusion au fameux siége de La Rochelle,

que les partisans de la religion réformée soutinrent contre les armées de Louis XIII. La ville fut obligée d'ouvrir ses portes en octobre 1628, après un siége de treize mois.

ROCQUENCOURT (Oise). Rocquencourt ivrogne.

ROUSOY (canton de Roisel).
>Il a tous les ans douze mois
>Comme chés vius.beudets de Ronsoy.

C'est la réponse qu'on fait dans l'arrondissement de Péronne à ceux qui demandent : Quel âge a-t-il ?

ROUEN. Li garsilléor de Roam.
Les coureurs de filles de Rouen.
>(*Dit de l'Apostoile.*) XIIIe siècle.

Dans le manuscrit n° 7218, on trouve les *Guersilleurs de Roen en Normandie.* En quelques lieux de cette province, et notamment au Pont-de-l'Arche et à Louviers, le peuple dit encore *garçailliers* pour coureurs de mauvais lieux.
>(CRAPELET, *Prov. et Dictons populaires*, p. 48.)

— Vieux comme le pont de Rouen.

Ce proverbe a rapport à l'ancien pont de pierre construit en 1151 par l'impératrice Mathilde, et dont les ruines se voyaient encore il y a peu d'années au-dessus des basses eaux.
>(PLUQUET, *Contes pop. et Prov.*, etc., p. 127.)

— Il est froid comme la corde du puits de saint Eloy.

Ce proverbe se dit à Rouen de ceux qui sont froids, parce que le puits de Saint-Éloy de Rouen est très-froid.

ROUTOT. Les gais de Routot.
>(CRAPELET, *Prov. et Dictons populaires*, p. 49.)

Routot, bourg de Normandie, dans le département de l'Eure.

ROYE (Somme). Les glorieux de Roye,
>Ventre de son, habit de soie.
>Picquigny, Moreuil, Roye,

Ceints de même courroye
Feroient la guerre au roi.

« Ce dernier vers a été supprimé dans les ouvrages hé-
» raldiques imprimés sous le règne de Louis XIII. On re-
» connaît bien là l'influence du cardinal de Richelieu. »

(Dr Goze, *Notice sur les familles nobles de Picardie*.)

« Si le démon sortait de l'enfer pour se battre
» en duel, il se présenterait d'abord un Boucicault,
» un Renaud de Roye, un Sempy, pour accepter
» le défi. »

Ce fut le pas d'armes de Saint-Idemard qui donna lieu à ce dicton, connu au moyen âge, même des nations étrangères. Les trois preux qui y sont désignés avaient fait annoncer dans toute la chrétienté qu'ils soutiendraient envers et contre tous des combats à l'épée et à la lance, à l'occasion du sacre de Charles VII. De nombreux chevaliers venus de tous les points de l'Europe, et parmi lesquels nous citerons le frère du roi d'Angleterre, Jean de Hollande, le comte de Derly, les sires de Clifford et de Beaumont, se rendirent à Saint-Idemard, situé entre Calais et Boulogne. Les trois chevaliers se mesurèrent avec quarante paladins étrangers, et remportèrent constamment la victoire.

(V. le Laboureur et la *Touraine*, par Stan. BELLANGÉ.)

ROSAY-EN-BRIE. Les mangeurs de soupes chaudes à Rozay-en-Brie.

(BERTIN DU ROCHERET, *Prov. champenois*, Ms.)

RUE (Somme). Les baubaus de Rue.

En langue romane baubau signifie sot, niais, nigaud. On raconte malignement que les habitants de Rue voulurent faire reculer leur église, qui était trop près de la route. Ils essayèrent de la pousser à force d'épaules. L'un des travailleurs, en glissant sur un terrain humide, crut avoir fait avancer l'église et s'écria : Elle marche ! elle marche ! Depuis ce temps, dit la légende, on traita les habitants de Rue de Baubaus. Nous devons ajouter qu'on conserve dans l'église de Rue une image miraculeuse nommée Bobo ou plutôt Beaubeau, parce que Isabeau de Portugal l'enrichit de ses présents. Il y aurait peut-être là matière à une autre interprétation du dicton des baubaus de Rue.

(Corblet, *Prov. picards.*)

Saint-Cloud. Jean Ridou marguillier de Saint-Cloud.

Locution employée quelquefois pour dire un niais.

(Oudin, *Curiosités françoises*, p. 481.)

Saint-Denis. Tripes de Saint-Denis.

Le peuple faisoit autrefois une grande consommation de cette nourriture. Dans une pièce de vers du xvie siècle, intitulée les *Souhaits du Monde*, le gueux demande :

> Pour tout chevet une grosse royllarde
> Pleine de vin pour resjouir le gueux,
> Grasses tripes à force de moutarde.

Dans une autre pièce de vers imprimée au xvie siècle, appelée le *Dict des pays joyeulx*, il est question des tripes de Saint-Denis :

> Les bons pastez sont à Paris,
> Ordes trippes à Saint-Denis.

— Li privé de Saint-Denise?

(*Dit de l'Apostoile.*) xiiie siècle.

On disait encore au xve siècle :

— Il n'est tel bourc que Saint-Denis.

(*Aduges françois.*) xvie siècle.

— Mesure de Saint-Denis, plus grande que celle de Paris.

(Oudin, *Curiosités françoises*, p. 382.)

— Saie de Saint-Denis.

Drap de Saint-Denis.

Saint-Dizier. Les bragards de Saint-Dizier.

(Bertin du Rocheret, *Prov. champenois*, Ms.)

Saint-Florentin. Barbotes de Saint-Florentin.

(*Dit de l'Apostoile.*) xiiie siècle.

« Lottes de Saint-Florentin, ville de Champagne, dé-
» partement de l'Yonne. La lotte ressemble à la lamproie;

» elle a la queue en forme d'épée et le corps rond et brun ;
» sa chair passe pour très-délicate ; mais quelque friand
» que soit ce morceau, le proverbe semble le mettre à
» trop haut prix :

« Pour la moitié d'une lotte,
» Une fille trousse sa cotte. »

(CRAPELET, *Prov. et dictons populaires*, p. 119.)

SAINT-JACQUES-DE-L'HÔPITAL. Il est comme Saint-Jacques-de-l'Hôpital, il a le nez tourné à la friandise.

L'image de saint Jacques, qui se trouvait à Paris sur le portail de l'église de ce nom, était placée en face de la rue aux Ours, jadis occupée par les rôtisseurs de Paris, qu'on appelait généralement *oyers*. Aussi le véritable nom de cette rue était-il *Aux Ouës*. Ce qui donna lieu au proverbe que l'on applique aux gens portés à la gourmandise.

SAINT-LÔ. Qui voudroit avoir bon cousteaux
Il faudroit aller à Saint-Lô.

(*Les Menus Propos.*) XVIe siècle.

Saint-Lô, petite ville de Normandie, dans le département de la Manche. Elle compte encore aujourd'hui au nombre de ses industries la fabrication des couteaux.

SAINT-MALO. Il a été à Saint-Malo, les chiens lui ont mangé les mollets.

Voici le fait qui a donné lieu au proverbe : « C'était
» une coutume fort ancienne à Saint-Malo d'y lâcher la
» nuit quinze gros chiens qui parcouraient la ville et dé-
» chiraient les jambes de ceux qu'ils rencontraient. Avant
» de les déchaîner on sonnait une cloche pour avertir. »

On connaît la chanson populaire qui commence ainsi :

Bon voyage, monsieur du Mollet,
A Saint-Malo débarquez sans naufrage, etc.

SAINT-MAUR. Comme la chandeliere de Saint-Maur, s'aller coucher sans estreiner.

(OUDIN, *Curiosités françoises*, p. 79.)

SAINTE-MENEHOULD. Les chasseurs de Sainte-Menehould.

(BERTIN DU ROCHERET, *Prov. picards*, Ms.)

SAINT-MICHEL. Le Coesnon par sa folie,
Mit Saint-Michel en Normandie.

— C'est aux pélerins de Saint-Michel qu'il faut aporter des coquilles.

(CYRANO DE BERGERAC, *le Pédant joué*, p. 97 et 99.)

« Mais à qui vendez-vous vos coquilles? à ceux
» qui viennent de Saint-Michel. »

(*Comédie des Prov.*, p. 22.)

SAINT-QUENTIN (Aisne). Les beyeurs de Saint-Quentin.

(*Dit de l'Apostoile.*) XIIIe siècle.

— Saint-Quentin la grande.

(COLLINETTE, *Mém. sur le Vermandois.*)

— Le Bénédicité de Saint-Quentin.

Dans les villages du Vermandois, les convives d'un grand repas commencent par embrasser leurs voisines. C'est ce qu'on appelle le bénédicité de Saint-Quentin.

« Je n'aime pas les manières de Saint-Quentin
» Où toutes les paroles sont dans la main. »

(*Le Bouquet improvisé.*)

On accuse les Saint-Quentinois de discuter souvent à coups de poing.

— Les canonniers de Saint-Quentin.

Une chanson composée en 1774 fait allusion à ce dicton ; en voici quelques couplets :

  Un canonnier vole à la gloire
   S'il fait bien son métier ;
  Il entre au temple de Mémoire,
   S'il est franc canonnier.

  Tambour battant, brûlante mèche,
   Intrépide guerrier,

Il mine, il sape ou bat en brèche,
S'il est franc canonnier.

Avec grâce présenter l'arme,
Viser, se déployer,
Dans le ponton faire vacarme,
Voilà le canonnier.

(*Recueil de pièces concernant le prix général de l'arquebuse royale de France, rendu par la compagnie de la ville de Saint-Quentin, le 5 septembre et jours suivants, 1774.* Saint-Quentin, 1774.)

(Corblet, *Prov. picards.*)

Saint-Rieul. Poires de Saint-Riule?

(*Dit de l'Apostoile.*) xiiie siècle.

Saint-Rieul, petite ville de Bretagne, département des Côtes-du-Nord, à six lieues de Saint-Brieuc, canton de Lamballe.

Saint-Valery (Somme). La clef du Vimeu.

Surnom donné à cette ville par Charles VII.

(Louandre, *Hist. d'Abbeville*, t. II, p. 339.)

Saintonge. Si la France estoit un œuf
Saintonge en seroit le moyeuf (*milieu*).

(Froissard ; Papir. Massoni *Descript. Gall.*, p. 655.)

Samaritaine. C'est un frère de la Samaritaine.

C'est un filou, un coupeur de bourses.

(Oudin, *Curiosités françoises*, p. 236.)

Pour comprendre cette expression, il faut savoir qu'il existait autrefois sur le Pont-Neuf une machine hydraulique, construite vers 1603 par un Flamand, destinée à fournir de l'eau aux palais du Louvre et des Tuileries. Sur la façade de cette machine, du côté du Pont-Neuf, on voyait un groupe de figures en bronze doré, représentant Jésus-Christ et la Samaritaine auprès du puits de Jacob. Cette représentation donna au monument le nom qu'il a toujours porté : *la Samaritaine du Pont-Neuf*. Ce lieu fut en outre le rendez-vous des flâneurs de toute nature, et par conséquent celui des filous.

SANCERRE. Les pistolets de Sancerre.

« Le maréchal de la Chastre ayant mis le siége devant
» la ville de Sancerre, la battit furieusement l'espace de
» sept ou huit mois ; mais les assiégés se défendirent avec
» beaucoup de valeur. Cent cinquante vignerons, entre
» autres, causèrent avec leurs frondes un tel désordre
» dans le camp des assiégeans, que ceux-cy les nom-
» mèrent les pistolets de Sancerre, comme si les pierres
» que jetoient ces paysans eussent produit le même effet
» que les balles de pistolet. Ce nom est demeuré jusqu'à
» présent, et est encore aujourd'hui commun dans tout
» le voisinage de Sancerre. »

(FLEURY DE BELLINGEN, *Étym. des Prov. franç.*, p. 231.)

SAULIEU. Chevres de Saulieu.

(Voyez *Bigarrures des Accords*, édit. de 1640, p. 171.)

SAVOISY. Lourdy de Savoisy.

C'est-à-dire maladroits et louches, parce qu'il y en a beaucoup à *Savoisy*, village à deux lieues d'Asnières, et à deux lieues de Rochefort-sur-Armençon, en Bourgogne.

SCEAUX. Les cochons de Sceaux.

Le marché considérable qui se tient chaque lundi dans cette ville, située à trois lieues de Paris, a sans doute donné cours à ce dicton. (Voyez MONTROUGE, BOURG-LA-REINE, CHATENAY.)

SEBONCOURT (Aisne). I ressane les poules de Seboncourt, i cante son malheur.

(*Journal de Saint-Quentin.*)

SEINE. Barbiaus de Saine.

Barbeaux et barbillons de Seine.

(*Dit de l'Apostoile.*) XIIIe siècle.

On dit aussi :

Orse, Arse, Leigne et Seine.
Abordent au pont de Bar-sur-Seine.

(COULON, *Rivières de France*, t. I, p. 60.)

Orse, Arse, Leigne, sont trois petites rivières qui se jettent dans le fleuve de Seine à Bar.

Senlis. **Li cheitif de Senlis.**
　Les malheureux de Senlis.
　Dans le Ms. 7218, il y a : Li vallet de Senlis.

— **Le vallet de Senlis.**
(Prov. aux Vilains.)

— **Les besaciers de Senlis.**
(Recueil concernant le prix de l'Arquebuse.)

Sens. **Li chanteur de Sens.**
　Les chanteurs de Sens.

Lors de son sacre à Rome, Charlemagne, émerveillé de la solennité que le chant *grégorien* imprimait aux cérémonies du culte, résolut de le faire adopter dans son royaume. C'est pourquoi il fonda trois écoles de chant, l'une à Metz, l'autre à Orléans, et une troisième à Sens. L'école de Metz fut la plus célèbre. Celle de Sens eut aussi beaucoup de réputation, et, en 1553, le chapitre de l'église d'Auxerre arrêta que l'office de Noël serait chanté selon l'usage de Sens. Lebrun-Desmarets, dans un voyage liturgique qu'il fit en France à la fin du xviie siècle, parle avec éloge du chant de l'église de Sens. (Voyez à ce sujet une *Lettre de l'abbé Lebeuf,* dans *le Mercure* de février 1734, réimprimé, t. VIII, p. 251 de la *Collection des meilleures Dissertations, Notices et Traités relatifs à l'Histoire de France,* de MM. C. Leber, Salgues et J. Cohen. Paris, 1826, in-8°.)

Sens. **Li cloistrier de Sanz.**
　Les moines cloîtrés de Sens.
(Dit de l'Apostoile.) xiiie siècle.

Epithon de la ville de Sens :

　« Noble ville de Sens, ville de renommée,
　» Auprès de la rivière tu es bien colloquée ;
　» D'une part les bons vins et d'autre part la prée,
　» Les jardin d'environ valent une contrée. »

(Mots dorés de Caton, par P. Grosnet.) xvie siècle.

On trouve dans le même *Recueil* ces quatre vers appliqués à la ville de Clamecy.

SÉRIE N° VII.

Soissons. La ribaudie de Soissons.
Le libertinage de la ville de Soissons.
(*Dit de l'Apostoile.*) xiii° siècle.

— Les beyeux de Soissons.
(*Recueil concernant le prix de l'Arquebuse.*)
(Corblet, *Prov. picards.*)

Sologne. Les Solognots sots à demi,
Qui se trompent à leur profit.

Ou bien encore :

— Un fol de Souloigne qui s'abuse à son profit.
(Oudin, *Curiosités françoises*, p. 228.)

— Quel niais de Sologne ! tu te trompes à ton profit.
(*Comédie des Prov.*, act. II, sc. III.)

Strasbourg. Fy ! quand les femmes par Strasbourg
veulent boire au Rhin.
(*Adages françois.*) xvi° siècle.

Suzon. Suzon quelque jour noyera Dijon.

Le *Suson*, petit ruisseau qui traverse Dijon et déborde très-souvent.
(Coulon, *Rivières de France*, p. 79, t. II.)

— Distinguant souvent les saisons,
Sans eau est souvent Suzon.
(*Adages françois.*) xvi° siècle.

Tarn (le).

Voyez Lot (le) dans cette série.

Tavers. Les sorciers de Tavers.

« *Tavers*, village situé à une lieue ouest de Beaugency
» sur le territoire duquel on trouve trois monuments drui-
» diques, une fontaine miraculeuse et une croix ; on appelle
» cette dernière *la croix Ouleppe*, où Monsieur et madame
» Ouleppe reviennent à minuit danser un menuet. »
(*Note* communiquée par M. Duchalais.)

Temple (la porte du) à Paris.

— Les nèfles commencent à mollir, on les donne pour rien à la porte du Temple à Paris (?)
(*Annuaire de la Soc. de l'hist. de France*, 1847.)

Terrouane. Li esgarés de Terroanne.

Les fous de Terrouanne.
(*Dit de l'Apostoile.*) xiiie siècle.

Thérouanne.

Cette ville fut surnommée *l'oreiller du roi*, parce que François Ier avait coutume de dire que Thérouanne et Aix en Provence étaient les deux oreillers sur lesquels le roi de France pouvait dormir en paix.

Nous trouvons plusieurs allusions à ce dicton dans une chanson de 1553 sur la destruction de Thérouanne, publiée par M. le baron de Hautecloque, dans le VIe volume du Puits artésien.

> Mourut le roi François de nom.
> Son fils Henri fut roi de France.
> Il me fit devant sa présence
> Mettre dans un si bel arroi
> Que partout le païs de France
> Fus nommé l'oreiller du roi.
> . . . .
> Fus nommé l'oreiller du roi.
> Les Flamands en ont mal à la tête.
> . . . .
> Besoin en a la Picardie,
> O roi Henri, éveille-toi,
> N'entends-tu pas le chant qui crie :
> Perdu est l'oreiller du roi.
>
> Ne laissèrent pierre dessus moi.
> De m'abolir ils ont envie;
> Dites adieu à l'oreiller du Roi,
> Adieu Boulogne et Picardie.
> (*Puits artésiens*, 1842.)

Thuileries (le jardin des) à Paris.

> Le cours et les Thuileries
> Sont les écoles des Amours.

(*Comédie des Chansons. Anc. Théâtre franç.*, t. IX, p. 27.)

TIBERVILLE-LES-HOUSSEAUX.

« Ainsi désignée à cause de la boue de ses chemins,
» qui oblige à porter des *houseaux*, espèce de bottines de
» cuir qui se ferment avec des boucles et des courroies. »

(CRAPELET, *Prov. et Dictons populaires*, p. 49.)

TIN, aujourd'hui THAIN.

Voyez TOURNON dans cette série.

TOUL. Li enfrun de Tol.

Les méchants de Toul.

(*Dit de l'Apostoile.*) XIIIe siècle.

Le mot *enfrun* a plusieurs significations. Il veut dire *audacieux, hardi, insolent*; on le prend assez souvent en mauvaise part. S'il venait du mot latin *infrunitus*, qu'on trouve dans la Vulgate et dans Sénèque le philosophe, il aurait encore la signification de *fou, insensé*. Dans le poëme français du XIIIe siècle, qui a pour titre *Miserere du Reclus de Molien*, on lit ces deux vers :

> Homs *enfruns* et d'avères mains
> Ne peut estre saus anemis.

TOULOUSE. C'est de l'or de Toulouse, il lui coûtera bien cher.

« De là en hors feut tenu comme chose certaine
» que l'argent de Basché estoyt aux chicanoux
» et recors pestilens, mortels et pernicieux que
» n'estoyt jadis l'or de Tholose, etc. »

(RABELAIS, liv. IV, chap. 15.)

Cette façon de parler tire son origine du fait suivant : Le consul Q. Cepion s'étant emparé de la ville de Toulouse, trouva dans le temple d'Apollon cent mille marcs d'or et cent dix mille marcs d'argent, que les Tectosages avaient enlevés du temple de Delphes. Cepion reçut l'ordre du sénat romain d'envoyer tout ce trésor à Marseille. Les conducteurs furent assassinés en route; tout l'argent fut enlevé. Cepion, accusé d'avoir commis ce crime à son profit, fut banni de sa patrie avec toute sa famille. L'or de Toulouse passa en proverbe, et fut regardé comme quelque chose de funeste par ceux qui le possédaient.

(Méry, *Histoire des Prov.*, t. III, p. 144.)

Toulouse. Les bons étudians de Toulouse.

Chasseneux, en parlant de l'indiscipline des écoliers et des désordres qu'ils commettaient, cite le surnom donné à ceux d'Orléans, d'Angers, de Paris, de Pavie, de Turin, et il ajoute : « Cependant l'on dit de ceux de Toulouse :
» *les bons estuans* (étudiants) *de Tholouse.* »

(Chassaneus, *Catalogus gloriæ mundi*, part. 10, cons. 32.)

Touraine-Anjou. Des Tourangeaux, Angevins
    Bons fruits, bons esprits, bons vins.

« L'Anjou est un bon pays et fort agréable ; il touche
» à la Touraine que l'on appelle le jardin de la France,
» et il y croist des fruits aussi excellens. Il y a des grands
» hommes dans l'une et l'autre de ces deux provinces, et
» qui ont donné des marques de leur esprit et de leur
» savoir. La Touraine et l'Anjou produisent aussi de bons
» vins, que l'on transporte dans les pays étrangers, où ils
» sont estimés. »

(Gaignières, Ms., *Prov. franç.*, t. I.)

Touraine. La Cataloine (*Catalogne*) tire à Touresne.

 — Les Troglodites de Touraine
  Ont pour maison herbes ou graine.

Tourangeau. Des Tourangeaux, Angevins
    Bons fruits, bons esprits, bons vins.

 — La Tourengeoise propre en cotte et plus en son cuir.

(*Adages françois.*) xvie siècle.

Tournai. Buriers de Tornai.

Marchands de beurre de Tournai.

(*Dit de l'Apostoile.*) xiiie siècle.

Tournon. Entre Tin et Tournon
  Ne paist brebis ne mouton.

(*Adages françois.*) xvie siècle.

Tournon, ville du Languedoc, dans le département de l'Ardèche, communique par un pont avec la ville de Thain, dont elle est séparée par le Rhône.

Tours. Coupes d'argent de Tors.

— Li povre orgueillox de Tors.

Les pauvres orgueilleux de Tours.

(*Dit de l'Apostoile.*) xiiie siècle.

Ce dicton s'applique aux religieux des différents ordres mendiants qu'on trouvait en grand nombre à Tours. Dans une pièce de vers composée au xvie siècle, intitulée *les Souhaits du Monde*, voici comment un frère mendiant s'exprime :

« En vérité, pour tout mon beau souhait,
» Je souhaite bribes en ma besace,
» A déjuner avoir un œuf mollet;
» A disner humer la souppe grasse;
» Un grant godet en lieu d'une grant tasse
» Plein de vin blanc au retour de matines.... »

— Quand une femme de Tours met quelque chose en sa teste, les notaires y ont passé.

(*Adages françois.*) xvie siècle.

Dans le *Moyen de parvenir*, chapitre intitulé *Théorème*, on lit : Mais j'ouïs une fois un Parisien qui parlant des » Tourangeaux les appela *Bougres* de Tours, c'est qu'il » vouloit dire *Bougrans*, parce que les bougrans s'y » font. »

Trevières. Si je vous dois je vous payeraye
   Ce sont les gages de Trevieres.

(Gringore, *Menus propos.*) xve siècle.

Troyes. Femme de Troye
   Femme de proye.

(*Adages françois.*) xvie siècle.

Le commentaire ajoute : *De œconomia intelligitur*.

— Li cointerel de Troies.

Les aimables, les élégants de la ville de Troyes.

— Ribaux de Troies.

(*Dit de l'Apostoile.*) xiiie siècle.

— D'où viens-tu? — Je viens de Troyes. — Qu'y fait-on? — L'on y sonne.

(*Dictons popul. de la ville de Troyes*, cité par M. VALLET DE VIRIVILLE, p. 303 des *Arch. hist. du départ. de l'Aube*, etc., in-8°, 1841.)

— Andouilles de Troyes, saucissons de Boulongne, marrons de Lyon, vin muscat de Frontignac, figues de Marseilles, cabats d'Avignon, sont des mets pour les bons compagnons.

(*Comédie des Prov.*, act. II, sc. III.)

UZERCHE. Qui a maison à Uzerche a chasteau en Limousin.

« La seconde ville du bas Limousin est Uzerche, belle,
» gracieuse et tempérée, assise sur le torrent de Vezère,
» et presque imprenable selon le jugement des hommes.
» Les eaux la défendent de tous côtés, et n'y a que deux
» avenues, mais si fortes qu'on dit communément : *Qui a*
» *maison à Uzerche a chasteau en Lymousin.* »

(DUCHESNE, *Antiquité des villes de France*, t. I, p. 676.)

VALOGNE. Voyez PARIS.

VALLOIRE. Petite rivière du Dauphiné dans le département de la Drôme.

On lit dans la statistique de ce département par M. Delacroix, page 206, à propos des trois petites rivières la *Valloire*, l'*Auron* et la *Veuze* : après avoir coulé dans une direction à peu près parallèle, elles disparaissent tout à coup pour reparaître réunies sous le nom de sources de *Claires*, environ cent mètres au-dessous de *Coineau*, d'où elles vont se jeter dans le Rhône, après avoir passé sur le Pont et un peu au nord de Saint-Rambert. Quand les eaux de *Coineau* ou de Collières sont assez fortes pour grossir celles de *Claires*, c'est le présage d'une mauvaise récolte en blé; aussi dit-on :

Beaucoup d'eau dans les *Claires*
Peu de blé en Valloire.

Vannes (province de), en Bretagne.
Voyez dans cette série au mot Breton.

Vanvres. Il est sur le four de Vanves.
Il est égaré.
(Oudin, *Curiosités françoises*, p. 232.)

Vaugirard. C'est le greffier de Vaugirard, il ne peut écrire quand on le regarde.

« Cet homme tenoit son greffe dans un endroit fort
» obscur, qui ne recevoit de jour que par une petite fenê-
» tre; si l'on se mettoit devant lui il n'y voyoit plus, par
» conséquent ne pouvoit plus écrire. »
(Tuet, *Matinées sénonaises*, p. 160.)

Dans une pièce assez rare, imprimée en 1638 et intitulée : *Les nopces de Vaugirard où les Naïvetés champestres*, Paris, in-8°, p. 130, on lit les vers suivants :

LE GREFFIER.

. . . .
Bergers, levez le nez; à quoy prenez-vous garde?
Je ne saurois écrire alors qu'on me regarde.

A la marge on lit :
Les bergers font feinte de regarder ce que le greffier escrit.

On disait encore :

La burette du curé de Vaugirard.
Pour désigner une grande bouteille.
(Oudin, *Curiosités françoises*, p. 66.)

— Les députés de Vaugirard, ils sont un.
(Oudin, *Curiosités françoises*, p. 151.)

— Tu viens de Vaugirard,
Ta gibecière sent le lard.
(Oudin, *Curiosités françoises*, p. 561.)

Vaux (Aisne). Entre Vaux et Berny
Sont les trésors du roi Henry.

Albéric raconte, dans sa chronique, qu'une jeune paysanne de Berny (Soissonnais), qui menait paître une truie, laissa, par mégarde, entrer cet animal dans un souterrain. Elle l'y suivit. Mais bientôt l'écho rendu par les voûtes frappa tellement son imagination, qu'elle crut apercevoir un vieillard qui gardait d'immenses trésors. Elle s'enfuit aussitôt pour raconter ce qu'elle avait vu. Le souvenir de ces prétendus trésors s'est perpétué dans le canton depuis le xiie siècle jusqu'à nos jours et a donné lieu au dicton que nous venons de rapporter.

(V. Carlier, *Histoire du Valois*, t. I, p. 363.)

Vendôme. Voirre de Vendôme.

Verrerie, vitrerie de Vendôme.

Verberie (Oise). Les sautriaux de Verberie.

Les enfants de ce pays sont habitués à se laisser rouler du haut d'une petite montagne, en agençant la tête et les jambes de manière à former une espèce de boule; on les appelle *sautriaux*. Quelquefois deux sautriaux s'entrelacent les bras et les jambes et exécutent la même manœuvre. Depuis un temps immémorial, les sautriaux de Verberie étaient inscrits sur l'état des menus plaisirs du roi. Leur renommée engendra des imitateurs sur divers points de la France et jusqu'en Provence. Les sautriaux portèrent d'abord le nom de tombereaux. « On voit à Verberie, dit l'auteur de l'Antiquité des villes de France, une société de tombereaux ou petits galantz, qui se laissent rouler du haut en bas d'une colline pour amuser les passants. » Ce singulier talent n'est exercé que par les enfants du peuple, et le plus souvent pour solliciter une aumône. Cependant le sobriquet de sautriaux s'applique à tous les habitants de Verberie.

(V. Carlier, *Histoire du Valois*, t. II, p. 650.)

Verdun. Li musart de Verdun.

Les fainéants, les oisifs de Verdun.

Vermand. Les larrons de Vermand.

Vermand, bourg ancien de Picardie, dans le département de l'Aisne.

Tome I, page 36 des *Annales de Noyon* du père Levasseur, on lit: « Quand quelqu'un de ce lieu (*Vermand*)

» passe par les villages d'alentour et qu'il est reconnu
» pour tel, chacun le houppe et crie après : « Voilà un
» des larrons de Vermand. »

Vermandois. Pois de Vermandois.
    (*Dit de l'Apostoile.*) xiiie siècle.

Versailles. Aller à Versailles.
 Être renversé.
    (Oudin, *Curiosités françoises*, p. 569.)

Vertus. Les gens de Vertus.
    (Bertin du Rocheret, *Prov. champenois*, Ms.)

Vexin. Fourment de Vestguessin.
 Froment, blé du Vexin.

Vézelai. Lièvres de Vergelai.
 Lièvres de Vézelai en Nivernais.

— Estamine de Verdelay.
 Etamine de Vézelai.
    (*Dit de l'Apostoile.*) xiiie siècle.

Villedieu (Oise). On fait des godes à Beauvais et des poêles à Villedieu.
    (*Menus propos.*) xvie siècle.

Villejuif. C'est le chemin de Villejuif, Long-Boyeau.
    (*Dictionn. comique* de P. J. Le Roux, t. II, p. 90.)

« Villejuif, situé à une grande lieue ou une lieue et
» demie du centre de Paris, sur le haut de la colline où
» commence la longue plaine de Longboyau, etc. » (Lebeuf, *Histoire du diocèse de Paris*, t. X, p. 38.)

Villenaux. Les Jean-F.... de Villenaux.
    (Bertin du Rocheret, *Prov. champenois*, Ms.)

Vironchaux (canton de Rue). Les ahuris de Vironchaux.

Vosges. Le bois est cher en Vosge comme l'eau de la rivière.

Vosges. Les femmes de Vosge ne laissent jamais leurs masques à Vic?

— Qui est cognu en Vosge n'est pas incognu partout.

(*Adages françois.*) xvie siècle.

Warloy-Baillon (canton de Corbie).
Warloy,
Bon pays, mauvaises lois.

On reproche au peuple de Warloy d'être querelleur et enclin au vol. Comme on ne payait autrefois dans cette commune aucun droit pour les boissons, la plupart des habitants buvaient avec excès et se battaient ensuite entre eux. C'est pourquoi l'on dit encore aujourd'hui proverbialement : Warloy, bon pays, mauvaises lois. » (Dusevel, *Lettres sur le département de la Somme*, p. 181.)

(Corblet, *Prov. picards.*)

FIN DU TOME PREMIER.

TABLE DES MATIÈRES

CONTENUES DANS LE TOME PREMIER.

Avertissement de cette seconde édition.   I

Recherches historiques sur les proverbes français, et leur emploi dans la littérature du moyen âge et de la renaissance.   VII

   § I. Origine et caractère de nos anciens proverbes. — Examen des recueils de proverbes composés depuis le XIIe siècle jusqu'au XVe siècle.   VII

   § II. Recueils des proverbes français imprimés. — Examen des principaux ouvrages consacrés à l'histoire et à l'explication des proverbes.   XXXV

   § III. De l'emploi des proverbes par les auteurs français depuis le XIIe jusqu'au XVIIe siècle. . . .   XLVII

   § IV. De l'emploi des proverbes par les auteurs français des XVIIe et XVIIIe siècles : Molière, La Fontaine, Corneille, Racine, Regnard. — La Comédie des Proverbes. — Le proverbe dramatique. . .   LXIV

TABLE DES MATIÈRES.

SÉRIE N° I.

PROVERBES SACRÉS.

Dieu. — Jésus-Christ. — Personnages de l'Ancien et du Nouveau Testament. — Apôtres. — Saints. — Papes. — Évêques. — Prêtres. — Moines. — Religions diverses autres que la religion catholique. — Diable. — Mythologie ancienne et moderne. 1

SÉRIE N° II.

Éléments. — Terre. — Métaux. — Pierres. — Plantes. — Fruits. — Culture des biens de la terre. 57

SÉRIE N° III.

Temps. — Astres. — Cours de l'année. — Année. — Saisons. — Jours. — Heures. 89

SÉRIE N° IV.

PROVERBES RELATIFS AUX ANIMAUX.

Quadrupèdes. — Oiseaux. — Insectes. — Poissons. 138

SÉRIE N° V.

PROVERBES RELATIFS A L'HOMME.

Homme en général. — Homme en particulier. — Femme. — Enfants. — Organes. — Membres. — Mouvements du corps. — Maladies. — Infirmités. — Médecine. — Médecins. 208

TABLE DES MATIÈRES.

SÉRIE N° VI.

PROVERBES HISTORIQUES.

Pays. — Peuples anciens et modernes autres que la France et les Français. 279

SÉRIE N° VII.

PROVERBES HISTORIQUES.

Provinces, villes, villages, fleuves, rivières de France. 301

FIN DE LA TABLE DU TOME PREMIER.